中國古代物質文化史

绘画

石窟寺壁画（敦煌）

王治 编著

开明出版社

出版说明

在人类历史长河中，我们的民族创造出光辉灿烂的中华文明，虽历经坎坷而连绵不绝，成为我们这个星球上唯一从远古走来，中途不曾断裂的最完整的一脉文化体系，留下了博大丰厚的文化遗产，对人类文明进步作出了独特而巨大的贡献。完整而丰富的地上、地下物质文化遗存就是中华文明传承与发展的最好佐证。然而遗憾的是，到目前为止，尽管我们的物质遗存如此丰赡，却没有一部全面系统基于实体的物质资料而构建和叙写的中国古代文化史。我们这个出版项目的主旨，就是尝试弥补这个巨大缺憾和学术空白。

以往我们看到的中国历史著作，大都是基于传统文献资料，来进行政治、经济、军事、文化等各个领域的书写和诠释。当我们开始有意识地利用考古资料、地上文物遗存资料，并借助人类学、民族学、社会学等研究方法和手段来观察历史时，我们的研究空间和视域顿时更加广阔，某些隐藏至深的信息得以深入发掘，原有的历史认识进一步丰富而立体。这是因为历史本身的复杂性，决定了我们发掘历史信息的方法和途径也应该是多方面的。而随着近几十年考古发掘工作的不断推进，地下考古发现越来越丰富，地上文物遗存越来越受关注，同时学界的相关研究也越来越多，这些地下、地上文物遗存所展示给我们的信息就越来越系统，这些信息所构成的历史文化空间就越来越恢宏。最终使得我们不仅有必要而且也有可能不再拘泥于传统的历史记述与研究的路数，另辟蹊径，书写一部基于物质的中国古代文化史，即首先立足于地下、地上文物遗存，同时充分参考文献资料来诠释这些文物遗存的文化内涵与外延而构建的中国古代物质文化史。

这样的一部中国古代物质文化史，必然是一部能够让我们从物质实体出发来认识博大精深的中国古代文化的历史，一部广阔而深邃、客观而生动、系统而完整的历史，既能反映政治、经济、军事、文化、法制、科技、社会各方面情况，又能反映人们的生产、生活、信仰以及思想观念、审美理念、价值取向、生活情趣等。从中我们可以感受到历史发展的脉搏，探索历史最生动的层面，还原历史本来面貌。

从某种意义上来说，编纂这样一部系统科学的物质文化史不但势在必行，而且极具创新价值、学术价值和开拓意义。这样的工作，对于彰显中华民族的伟大创造力、诠释中华民族优秀的历史文化、使我们更好地认识源远流长的中华文明有着极为重要的意义。同时这种注重物质的客观性和系统关联性的学术视角，也必然会在学术领域产生积极的影响，对于推动历史学、人类学、考古学等学科的深入研究具有积极意义。此外，我们也希望这部书能够进一步唤起我们珍视历史、热爱文物、保护文物的意识。一个爱护文物、爱护历史文化遗产、尊重历史的民族，才是一个有未来的民族。

我们的中国古代物质文化史项目从策划到最终立项经过了数年时间的酝酿，从立项到陆续开始出版又经历了数年。我们计划全套书共出70卷，除索引卷外，分为通史和专题两个系列，以纵、横的脉络建立历史时空坐标。纵的是通史系列，分为史前、商周、秦汉、魏晋南北朝、隋唐五代、宋元明清六个阶段，按中国历史的时间顺序，遵循物质文化变化节奏和规律，在历史大背景下宏观阐述中国古代物质文化史的发展进程，使读者对文化遗存在中国历史洪流中有个整体、全局性的把握。横的是专题系列，按照材质、用途和功能、艺术表现形式等的不同分为石器、陶器、瓷器、玉器、青铜、金银器、漆器、兵器、乐器、家具、纺织、货币、天文历法、水利、建筑、墓葬、雕塑、绘画、书法篆刻等类。内容丰富的类别再做进一步的细致分类，并分册出版，如绘画类包括壁画（寺观壁画、墓室壁画、石窟寺壁画）、卷轴画等；雕塑类包括石窟寺雕塑、墓葬雕塑和其他雕塑等。各专题或以时间为轴或以类别为序，展现各个物质形态继承与发展、沿袭与嬗变的过程，通过点线面结合，揭示物质遗存所特有的发展曲线和深层次的历史内涵。每卷随文附图200幅左右，以体现内容和版面的活泼生动，强调实证效果，增强视觉感知及可读性。对于某些卷册，如龟兹、敦煌等，由于涉及大量译名，还会附加名词索引。

经过编委、各位作者和编辑人员的共同努力，如今这套书终于要依次与读者见面。个中滋味，甘苦各半。回顾起来，我们不得不说，这样大规模高难度的项目，在当今要集合如此众多的专家学者，进行如此大量的资料、图片的收集与整理工作，其难度远超我们的预期；尤其是若没有足够的资金支持，仅凭一家出版社的力量，几乎是不可能开展也不可能完成的。对此，国家出版基金会给我们提供了最大限度的支持，不仅是资金方面，还有精神方面，使得我们有决心、有信心也有力量把这个项目逐步完成。也正因为这样，这套书才能有幸与读者见面。在此，我们对国家出版基金会表示由衷的感谢。此外，参与主编策划和书稿撰写的各位专家、学者也付出了异常艰辛的努力，他们每个人本身的工作都很忙，可为了这套书的构思策划，为了每一卷书稿的高质量完成，还是付出了大量的时间和精力，做了最严谨而细致的工作，在此也对他们表示诚挚的谢意。

项目编辑组

总序：中国历史和文化的物质表征

《中国古代物质文化史》经过参与该书策划、撰写和编辑的诸多学者的共同努力，现在终于问世了。这个总序本来应该由项目的主编、前国家文物局局长、北京大学兼职教授张文彬先生来写，以阐述项目成果即本套书的编写宗旨、设计体例、内容特点，并介绍每分卷的写作情况等。由于张文彬先生在主持项目过程中遇身体不适，我这个后来被指定的执行主编只有勉为其难，代张文彬先生撰写这个《中国古代物质文化史》的总序了。鉴于这套书的编写宗旨、内容特点及框架体例等在出版说明中已有介绍，每分卷的写作情况在每本书的后记中也多有述及，无须我在这里重复。下面，我拟从中国物质文化史的概念定义、发展历程、专项分类三个方面，谈谈自己对中国古代物质文化史以及编写这套书的粗浅认识。

一、中国物质文化史的含义

人们通常这样认为，“物质文化，是指为了满足人类生存和发展需要所创造的物质产品及其所表现的文化”。物质文化既然是文化的一种呈现形态，那么，与“物质文化”相对应的另一种文化呈现形态就应是“非物质文化”，它们之间的关系是怎样的呢？要弄清这个问题，还需要从“文化”这个最基本的概念说起。

关于文化的定义很多，20世纪50年代有人作过统计，据说那时就有164种之多。文化人类学的鼻祖英国学者爱德华·伯内特·泰勒（Edward Burnett Tylor，1832—1917）是第一个从学术的角度对文化进行定义的学者。他认为，文化是复杂的整体，它包括知识、信仰、艺术、道德、法律、风俗，以及其他作为社会成员所习得的任何才能与习惯的综合体，是人类为使自己适应其环境和改善其生活方式的努力的总成绩[1]。泰勒关于“文化”的定义，尽管还存在不全面等问题（如泰勒没有提及需要后天习得的文化要素“语言”），却已给后人奠定了很好的解释基础，以后的学者又不断有补充和发展。英国功能主义人类学家A. R. 拉德克利夫-布朗（Alfred Radcliffe-Brown，1881—1955）认为，文化是一定的社会群体或社会阶级与他人的接触交往中习得的思想、感觉和活动的方式，是人们在相互交往中获得知识、技能、体验、观念、信仰和情

1 [英]爱德华·泰勒著，连树声译：《原始文化》，上海文艺出版社，1992年。

操的过程，文化只有在社会结构发挥功能时才能显现出来，如果离开社会结构体系就观察不到文化。美国学者阿尔弗雷德·克鲁伯（A.L Kroeber）和克莱德·克拉克洪（Clyde Kluckhohn）在1951年出版的著述中，对西方164种文化的定义进行了评析后，提出了他们新的定义，即“文化存在于各种内隐的和外显的模式之中，借助符号的运用得以学习与传播，并构成人类群体的特殊成就，这些成就包括他们制造物品的各种具体式样，文化的基本要素是传统（通过历史衍生和由选择得到的）思想观念和价值，其中尤以价值观最为重要”[1]。以后，还有一些学者对文化下过定义，如美国学者罗伯特·F.墨菲(Robert F.Murphy)这样定义文化：“文化是意义、价值和行为标准的整合系统，社会的人们据此生活并通过社会化将其在代际传递。”文化具有这样一些特点：“文化定义关键部分就是，它意指行为的规则和确定方式，而不是指行为的本身”“文化是我们在这个世界上的行为导引和对这个世界经验的符号表达”“文化也是所有知识、信念和生存技能的百科全书”“行为的不同习惯方式，以及某些特定的物质制品或艺术风格，可以使文化具有典型特征”[2]。根据以上学者对文化这一概念的解释，我们可以将文化理解为：

文化是人类社会在长期发展过程中凝固下来并在代际传承的价值观念、社会机制和行为规则，社会的人们据此思维、交流和行为，并且产生和创造具有特征的物质制品或艺术风格。

上述对文化的解释，包括了三个层面：其核心层面是人们的社会性，其中间层面是人们基于这种社会性的思维和行为，其外表层面则是人们思维和行为的产物。文化从表至里的三个不同的层面，其他两个层面都蕴含在表层的物质层面之下，故文化的三个层面又可以归结为两个不同的范畴（或两种不同的存在状态）——无固定形态的非物质的范畴就是所谓“非物质文化”（无形文化），有固定形态的物质范畴就是通常所说的“物质文化”（有形文化），这两种文化范畴构成了完整的文化形态。作为前人的完成了代际传承，经历了时间的筛选的两种文化的存在形态，已经成为我们需要加以关注、保护和传承的遗产。按照通行的解释，“非物质文化遗产”是人类创造这些物质文化的过程以及人类各社群为了满足自己精神生活需要的具有社会性、凝固性和典型性的行为，它是被各地区和社群视为其文化传统的表现形式、知识和技能，包括了口头传说、表演艺术、社会风俗、礼仪节庆、传统工艺等；而“物质文化遗产”，则是人类这些思维和行为的创造物，是有固定形态的可以被视觉感知的人类创造、制作和使用的人工遗留物。

说到文化的物质层面，就不得不提到考古学的一个核心概念“考古学文化”。我的专业是考古学，我们考古学家天天都在与考古学的文化打交道，不少考古学家还强调我们的考古学文化与别的学科的文化如何的不一样。翻开《中国大百科全书·考古卷》，该书对考古学文化的解释代表了目前中国考古界的主流认识：“文化一词有着不同的含义，一般是指人类社会在科学、技术、艺术、教育、精神生活以及其他方面所达到的总成就，如中国文化、文化遗产等。考古学中所讲的文化，有其特定的含义，专门指考古发现中可供人们观察到的属于同一时代、分布于共同地区、并且具有

1 A.L.Kroeber & Clyde Kluckhohn, Culture: A Critical Review of Concepts and Definition, Random House, New York, 1952.

2 [美]罗伯特·F.墨菲著，王卓君译：《文化与社会人类学引论》，北京：商务印书馆，2009年。

共同的特征的一群遗存。"[1]从这个定义中也可以看出，所谓具有独特性的考古学文化，与其他学科的文化概念并没有什么不同。文化的物质表层要素——即可以观察到的一定时期、一定区域的一群经常共存的具有共同特征的遗迹和遗物——就是考古学的文化；获取并研究这些文化的物质表征，透过现象去发现本质，揭示隐藏在物质表层之下的创造和使用这些遗存的人们的行为及其社会关系，即这些物质遗存所蕴含的非物质的东西，就构成了考古学这一学科的基本内涵。

考古学在包括中国在内的不少国家和地区的学科分类中，是历史学的分支，是以物质材料为主要研究对象去探究人类历史的一门学问。这里，我们有必要再谈谈物质文化史与考古学的联系与区别。考古学是通过调查和发掘地下古代物质遗存、并通过这些遗存提供的信息来理解和复原古代社会历史的学科，物质文化研究也是通过古人的物质文化遗存来重构古代社会历史，从研究目的上来看，二者并没有什么不同。正是由于这样的原因，苏联的全国性考古研究机构曾经被命名为"物质文化史科学院"或"物质文化研究所"[2]，以后才改为"考古学研究所"。仅从研究机构名称上来说，物质文化研究与考古学之间无疑具有密切的关系。不过，物质文化研究与考古学尽管内涵大致相同，其外延（主要是研究对象、研究内容等）也还存在差异。考古学研究的主要是埋藏在地下的古代物质遗存，物质文化研究的对象则包括了地下、地上和传世的古代文化遗存，后者比前者的研究范围要宽；考古学不仅研究古人遗留下来的物质遗存所包含的历史文化信息，还要研究获取这些物质遗存并提取其包含信息的技术和方法，后一方面的研究已经不是物质文化史研究所关注的问题。就中国的考古学科而言，其构成包括了考古学理论与方法、中国考古学、外国考古学、专门考古学等，如何开展田野考古和如何更多地提取遗存的历史信息，已经包含在考古学方法和专门考古学的分支中。可以这样说，中国考古学是基于考古获取的物质资料和考古学的研究方法所构建的中国物质文化史；而中国物质文化史，则是通过考古发现和现存于世的实物资料所构架的能够反映历史发展主线的中国古代史。

英国学者鲁惟一（Michael Loewe）和美国学者夏含夷（Edward Louis Shaughnessy）在《剑桥中国古代史》的序言中，将研究中国古代史的材料分为"文献资料"和"物质资料"两类，前者包括了出土文献和传世文献，后者也就是通过考古调查和发掘获取的实物资料。他们指出："一个不注意考古证据的历史学家会感到他无法去顺应当代的学术潮流；同样，一位不熟悉传统文献的考古学家会难以把握相当一部分的中国文化之精髓。"正是基于这种考虑，这两位学者在主编《剑桥中国古代史》时，组织了历史学家和考古学家两个领域学者，各自基于不同类型资料来分别撰写同一个时期同一个区域的历史[3]。《剑桥中国古代史》的先秦卷面对的是文献资料并不丰富的"原史时代"，所以他们采取了历史学家和考古学家各自表述而不加整合的编写方式。即使在文献资料逐渐丰富的汉唐时代，甚至文献资料已经非常丰富

1 中国大百科全书总编辑委员会《考古学》编辑委员会：《中国大百科全书·考古学》，北京/上海：中国大百科全书出版社，1986年。

2 王伯洪、王仲殊：《苏联考古工作访问记（一）》，《考古》1959年第2期，101—104页。

3 The Cambridge History of Ancient China: From the Origins of Civilization to 221B.C., Edited by Michael Loewe and Edward L. Shaughnessy. Cambridge University Press, 1999.

的宋元明清时代，主要基于通过物质的资料来编写一套中国古代的历史，与主要采用文献资料编写的中国古代历史并行于世，这对于全面认识和理解中国的古代文化和古代社会，仍然会有很大的帮助。

二、中国古代物质文化发展的历程

我们这套“中国古代物质文化史”是由纵、横两部分组成。最前面的是“中国物质文化史综述”，这是按中国历史的纵向时间顺序来概述中国古代物质文化史的发展进程。中国古代漫长的物质文化发展进程从来不是匀速前进，波澜不惊的，发展中会有大小不同的转折，高低不同的峰谷。根据物质文化面貌变化节奏的不同和撰写史书详略的不同，一套多卷本的中国古代物质文化史也有不同的分卷方式。如果编写比较简明的中国古代物质文化史，我个人倾向于以魏晋之际将其划分为两个阶段，也就是一套两卷本的书系。如果编写稍微详细的中国古代物质文化史，我希望划分为四卷，四卷本除了以魏晋之际作为一个分界外，另两个分界可定在龙山时代与二里头文化时代之间、五代十国与北宋之间。如果要编写更为详细的中国古代物质文化史，也就是类似本书系的规模，我们可将其细分为史前中国、商周、秦汉、魏晋南北朝、隋唐五代、宋元明清六个阶段即六卷，这样分卷主要基于这样一些理由。

我们知道，最能导致物质文化发生大变化的因素，是重大技术发明带来的产业革命。这些发明或本土自身产生，或域外传播而来。正是基于这些重大发明，才导致了中国古代社会的巨大变化，才引起中国物质文化的多次明显转折。在这些创造性的发明中，首先应该提到的是谷物栽培和动物驯化。谷物中的人工粟等人工栽培作物大约在距今一万年前后出现在中国北方的黄河流域，以后向周边传布，甚至远布至青藏高原地区，形成了范围广大的北方旱地粟作农业区。而稻等人工栽培作物，更远在一万多年前就出现在中国南方长江中游地区，以后更传播至东北至朝鲜半岛，东南至东南亚等广阔的温暖湿润的区域，形成了广大的南方水田稻作农业区。农业的发生和推广，使得人类的生活资源趋于稳定，从而脱离了栖居山洞和追猎迁徙的不稳定生活，开始走出山洞步入旷野，在平川形成了定居的聚落，产生了钻孔、磨制和制陶等新的工艺，促使社会逐渐复杂化和多样化，奠定了中国万年农业文明的基础。大约在距今4000年前后，大麦、小麦和青稞等作物传入中国，这种适应性强的谷物丰富了旱地农业的种类，除了在低海拔地区普遍种植外，青稞这类作物还经过了高原严酷的自然选择，成为青藏高原的单一谷物。至于工业的技术革命，从先前的手工业发展成为近代化的大工业，在中国开始较晚，直到清代晚期的鸦片战争后才逐渐引入西方工业革命的成果，从而从某种程度上推动了社会的变革。因此，以农业革命的发生和工业革命的引入为标志，将中国的物质文化史划分为三个大的时代，也就是猎取时代、农业时代和工业时代（相当于以生产工具为标准划分社会发展史的旧石器时代，新石器、青铜、铁器的时代，以及机器的时代），应该是比较恰当的。只是中国的工业时代已经属于近代，古代的物质文化史不宜包括工业革命时代；而旧石器时代的人类物质文化遗存较少，如果把它作为书系中的一本就显得单薄，故将其与新石器时代合并称为“中国史前物质文化史”，只是在这个“史前时代”

中，也明确划分出这两个时代而已。换句话说，这套中国古代物质文化史去掉了工业时代，弱化了猎取的时代，强调的是建立在农业革命基础上的石器、铜器、铁器三个时代。物质文化材料的年代越早，保存至今的也就越少，因而石器时代和青铜时代只能各自作为一卷，而物质文化材料丰富的铁器时代却被划分为四卷，可能会给人以前轻后重之感，尽管历史时代考古学的重要性已不如更早的时代。

说到史前时代，这就不可避免地会涉及介于史前与历史时代之间的“原史时代”。学术界一般认为，原史时代是一个过渡性质的时期，这一时期无论是属于本社群文字还是他社群文字的文献记录都相当有限，仅据这些零星和片段的文字和文献资料无法复原该社群历史的主要梗概，要认识一时期该社群的历史需要综合考古学、人类学、文字学、历史学及自然科学的知识体系和研究手段[1]。原史时代可有广狭二义：严格的原史时代不包括传说时代，而是以成熟文字体系的出现为开始，以这种文字体系撰写的史书出现为结束。具体到中国古代史来说，也就是商代晚期至西周时期，其开端以殷墟甲骨文的出现为标志，结束以中国最早的编年体史书《春秋》开始的年代为标志，二者间的年代跨度很小[2]。宽泛的原史时代以中国古史传说时代为开始，以文字产生后出现史书为结束，具体到中国古代史来说，其开端可以上推到传说中的夏代甚至龙山时代，而其下限则与狭义的原史时代相同。不过，就物质文化这个层面来看，无论是技术上还是艺术上，大约相当于夏代后期的二里头文化与先前的龙山时代诸文化都发生了许多变化，而这种变化在战国中期又一次出现。这之间的时间幅度约略相当于中国考古学界的夏商周时代或史学界的先秦时代，也约略相当于西方汉学界所说的“从文明起源到秦统一”的阶段[3]。在这个时代里，青铜既是一种制作工具、武器和礼仪用器的最重要材料，制造青铜器又是当时技术含量最高的工艺，青铜器具这类作品还是当时艺术的集中体现，如果史前时代是以石器制作为标志的石器时代，这个时代就是以青铜为标志的青铜时代。尽管关于中国青铜时代开始和结束的时间，学术界还有一些不同的说法。

按照我个人的见解，中国的原史时代应当定位在二里头文化中期至战国前期，这是基于这样几个考虑。首先，从二里头文化兴盛开始，具有中国金属铸造的特色的泥范铸造技术开始出现，并完成了从红铜时代（或称铜石并用时代）向青铜时代的转变；而人工铁器尽管早在两周之际就已引入中国，却也是在战国前期偏晚才与青铜冶铸技术相结合，使得大量冶炼铁和普遍使用铁器成为可能，才真正进入了铁器时代。其次，也是从二里头文化兴盛期起，青铜鼎等礼器、青铜戈等兵器，以及兽面纹等动物纹样才出现并流行，独特的中国艺术传统才开始形成；而到了战国前期以后，先前流行的礼器种类和装饰纹样已经趋于消失，来自北方草原地区的艺术风格已经占据主导地位。其三，从中国的史学传统来看，中国古人向来有将秦以前的历史划分为五帝时代和三王时代的传统，现代的史学家也还将先秦史单独出来，并将夏以前的传说时代与夏商周三代区分开来。因此，我们将夏、商、周三代作为中国物质文化

1 Glyn Daniel, A Short History of Archaeology. London: Thames and Hudson, 1981.

2 李学勤先生就这样说，这样一个原史时代与中国古代历史时代的对应关系，学者们认识也不尽相同，李学勤先生认为，商与西周时期属于原史时代，而不同于商和西周的东周已脱离了原史时代而跨入真正意义的历史时代了。参看李学勤《东周与秦代文明》，北京：文物出版社，1984年。

3 鲁惟一、夏含夷主编的《剑桥中国古代史》，其副标题就是“从文明起源到秦统一”，由此可见一斑。

发展历程中的第二个时期，也就是这套书通史系列的第二卷。

中国中心地区在战国后期就已出现了统一的趋势，东齐西秦是当时最有可能推进统一事业进行的大国，在齐国当时就有一批学者聚集在一起，开始构拟大一统后的政治构架，勾画新王朝的理想图景。秦国结束了战国时期诸侯割据的局面，建立了中央集权的大一统王朝，开创了中国历史的一个全新的时代。从此广泛推行的郡县制代替了传统的封建制，由中央政府控制的官营手工业作坊遍及全国各地，各地间的商业往来也较过去更为频繁。在这种背景下，秦汉王朝直接统治范围内物质文化产品，无论是工艺、种类，还是形制、纹饰，都逐渐呈现高度一致的状况，中国大部分地区的延续了千百年的区域文化差异从此逐渐减弱甚至消失。尽管从战国后期到西汉前期，这一时期物质文化的总体面貌还处在从商周旧制向秦汉新制的转变过程中；尽管在三国至两晋时期，中国的物质文化的发展进程发生了从“早期中国”到“晚期中国”的大转变；但如果模糊这个具体的分界，将秦汉时期这个中国古代文化发展的高峰期作为中国物质文化史的一个时期，单独设置秦汉卷作为这套书通史系列的第三卷，这应该是恰当的。

从三国鼎立局面形成一直到隋代，除了西晋短暂的统一外，中国出现了长达三百余年的分裂局面。北方古族在这期间纷纷进入中原，出现了空前的民族大融合。在这种历史背景下，各地区在文化面貌上的差异也进一步缩小，但由于从西晋以后长期的南北对峙，以及僻处一隅的某些由少数民族建立的国家保留了比较多的自身文化传统，这一时期文化除了存在着比较明显的南北差别外，在北方还存在一些更小的地区之间的差异。隋王朝结束了自西晋以后长期的分裂混乱局面和南北对峙的政治文化格局，中国遭受长期战乱破坏的社会经济得以恢复和发展。唐王朝继承了隋王朝的统一基业，实行了一系列重要的政治、经济和军事的改革措施，将中国古代社会推向了秦汉王朝以来又一个空前鼎盛的发展阶段。盛唐气象强大而持久，流风余韵，一直延续至五代十国间。基于这种考虑，虽然两晋南北朝和隋唐都是宗教热情极度高涨的时期，但两晋南北朝与隋唐五代的物质文化仍然存在比较大的差异。因此，我们将两晋南北朝与隋唐五代各自作为中国物质文化史的一个时期，各自单独作为一卷。

至于宋元明清时期，这个时期文献资料已经非常丰富，考古学家讲历史时期考古一般都只讲到元，北京大学过去的中国考古学教材最后一卷就是《宋元考古》，就反映了这个问题。我们认为，尽管在中国历史的重要性中，明清时期的物质遗存的确不如早先时期，但作为中国物质文化史应该是一个完整的过程。因此，我们这套中国古代物质文化史通史系列的最后一卷，从宋代一直写到清代，希望这些年代较晚的物质文化资料有助于丰富对这段时期历史的认识。

三、中国古代物质文化的种类

如同历史著述有通史和专门史一样，按照中国物质文化发展阶段编写的历史，只是基于物质文化遗存透露的历史文化信息，按照时间发展顺序和物质文化表征的变化程度连缀而成的中国物质文化的“通史”，“通史”中不同时段的物质文化史则相当于“断代史”。就整个中国物质文化史来说，有了这个“通史”系列，虽然可以从纵向认识整个中国古代物质文化发展的概貌，却难以从横向全面展示中国古代物质文化的方方面面。因此，还需要根据中国古代物质文化遗存的分类，按“类”来叙述某类物质文化遗存的分述系列，这个系列就是中国物质文化的“专门史”。

物质文化具有可视性，不同的物质文化具有不同的面貌特征，因而可以根据这些特征展开分类。物质文化是一个笼统的概念，我们所面对的古代物质文化是过去人们行为创造的物质遗留，也就是人们通常所称的“物质文化遗产”或“文物”。物质文化遗产的体量有大有小，大的文化遗产如建筑、壁画、纪念碑等，当初选址、设计、创造时就考虑了永固性等因素，没有考虑其位置变换，今天我们采取保护措施时也不便于将其移至他处，只能在原地保存（从保留关联信息的角度，也只能在原地保存）；小的文化遗产如家具、陈设、用具等，当初设计制作时就考虑了方便移动的使用功能，今天我们对其进行保护时，可以将其搬移到博物馆等具有更好保存环境的空间去保存。因此，物质文化遗产即文物首先可以划分为不可移动文物和可移动文物两大类，这两大类文物各自可以作为中国古代物质文化史“专门史”中的一个系列。

不可移动文物包括了大到历史城镇、传统村落、古代遗址等综合性的文物，也包括了宫殿衙署、寺观祠庙、陵园坟墓、石刻造像等专门性的文物，这些文物有三类不同的保存状态：第一类文物在历史上就已经废弃，成为历史的陈迹，呈现在人们面前的只是残缺不全的局部，有的还全部或大多掩埋在地下。历史上城镇村落的废墟、曾经一度兴旺的工矿作坊场所、废弃并垮塌殆尽的寺观祠庙、地面建筑甚至封树都已经不存的帝陵坟墓，乃至于一座房屋或一座塔幢的废址等，都属于这类文物。第二类文物虽然失去了它在历史上的作用，却仍然屹立在地表，被作为其他用途或作为历史名胜而存在。已经没有皇室官员使用的宫殿衙署、中断了宗教活动的寺观祠庙、原有功能已经退化或消失的石窟碑刻、已经弃置或被改做他用的城堡等，都属于这类文物。 第三类恐怕已不能简单地称之为文物，而是具有“物”和“非物”的综合体。至今还基本保持着原来的功能和文化传统，并随着时代的推移，继续在发生着变化，古今重叠且文化延续的城镇和村落，至今还有人居住的古村落民居，仍在使用传统工艺进行生产的作坊、农庄、牧场等，都可归属此类。

可移动文物，包括历史上各时代的重要工具、武器、礼仪用器、生活用器、艺术品、文书、档案、图书等，这些文物的材料和材质大致有两大类：第一类采用曾经具有生命的物质制作而成，也就是被称为“有机质文物”的一类，如竹木漆器、骨牙角器、纤维制品等。这类文物的存在周期相对较短，对保存条件要求也较高。第二类采用没有生命的物质制作而成，也就是被称为“无机质文物”一类，包括地球自然演化形成的天然材料和人工合成的金属材料，如玉石制品、金属制品等。这类文物的存在周期相对较长，对保存条件的要求也相对较低。

上述对于物质文化遗产即文物的分类方式，是以文物的保存状态和保存条件作为分类标准，这对于文物的保护研究来说，无疑是最恰当的分类方式。不过，这种分类没有考虑这些文物的用途和功能，而文物这方面的属性恰好是从文物这一文化的表层物质现象通向创造和使用这些文物的人、人的行为及其社会关系的桥梁，是将物质资料变为物质文化史的重要途径。因此，我们这部中国古代物质文化史的“专门史”不采取上述分类方式来分卷，而是按照材质和功能对不可移动文物进行分类。

中国文物管理部门对于不可移动文物的分类，以全国重点文物保护单位的分类最具代表性。该文物分类体系将不可移动文物分划为古遗址、古墓葬、古建筑、石窟寺及石刻、近现代重要史迹及代表性建筑等类。这些类型的不可移动文物，除了古遗址是以文物的保存状态为分类标准，近现代重要史迹及代表性建筑是以时代为分类标准，其类型与以功能作为分类标准的类型有所不同外，其他诸类都可以作为中国物质文化专门史的不可移动分系列。由于遗址大多都在中国物质文化通史系列中曾经引述，且通史系列的物质材料主要就是遗址加上遗址和墓葬等出土的各类可移动文物，专门史系列可以不必再列出遗址作为一卷；由于中国物质文化史只是有关古代中国，不涉及近代中国，故本丛书也没有近现代重要史迹及代表性建筑的内容。

中国文物管理部门对于可移动文物的分类，以全国首次可移动文物普查的分类标准最为详细。该分类标准"根据文物的异同，即构成每件文物基本物质的自然属性和社会属性之差异性、同一性"，将可移动文物划分为金/银器、铜器、铁器、陶/泥器、瓷器、砖瓦、宝/玉石器、石器石刻、漆/竹器、绘画、书法、拓片、珐琅器、玻璃器、骨/牙/角器、纺织/绣品、皮革、玺印、文具/乐器/法器、货币、雕塑/造像、古人类遗体遗骸、文献图书、徽章/证件、邮品、票据、音响制品、交通/运输工具、度量衡器、武器装备/航天装备、古脊椎动物化石和古人类化石、其他共32类[1]。正如该分类系统的分类标准有文物的自然属性和社会属性两个一样，可移动文物实际上可以划分为两个小系列：一个系列是按照文物的自然属性即材料和材质划分的系列，如玉石器、金银器、铜器、铁器、陶器、瓷器、玻璃器、骨牙角器等；一个系列是按照文物的社会属性即功能用途等划分的系列，如纺织品、货币、雕塑、武器、度量衡器等。我们编写的这套中国物质文化史的可移动文物部分基本就按照这个体系进行划分，只是一些偏小的文物类型和产生年代较晚的文物类型难以单独成册，我们这套古代物质文化史只能暂且舍弃了。

在艺术史学界，尤其是西方关于中国艺术史的研究，往往综合考虑其时代、功能和形式等方面的因素，将能够基于视觉观察的物质文化领域的中国艺术品划分为四大类。第一大类是主要兴盛于商周时期的青铜艺术；第二大类是主要存在于两汉时期的汉画艺术；第三大类是风行于晋唐时期的佛教艺术；第四大类则是从宋代以后大盛的以卷轴画为主体的绘画艺术。青铜艺术比较单纯，其物质材料就是青铜器。绘画艺术也不复杂，主要是卷轴画，此外就是壁画。汉画艺术的涉及面较广，包括了汉代画像砖、画像石、独立雕塑和建筑雕刻等诸多类型的文物。佛教艺术就更为广泛，与佛教相关的石窟、雕像、壁画、供器等，乃至于佛教寺庙建筑等都可归属于佛教艺术。以上四大类，只是中国艺术门类的主流，其他如产生于中国本土且长期与佛教艺术并存的道教艺术，在东亚地区具有广泛影响的建筑艺术（尤其是园林建筑），具有中国特色的玉器、漆器、瓷器等艺术类型，也从不同的方面丰富和补充着中国艺术史和中国物质文化史。

正是基于以上诸方面的考虑，我们主编的这套中国物质文化史的专门史划分为了不可移动文物和可移动文物两大系列，前者又包括了古建筑、石窟寺、古陵墓、古水利、古天文等不同的功能类型，后者更包括了玉器、铜器、铁器、瓷器、金银、玻璃

1 国家文物局编：《第一次全国可移动文物普查工作手册》，北京：文物出版社，2013年。

等不同的材料材质类型，雕塑、绘画等不同艺术表现形式的类型，以及兵器、货币、纺织品等不同社会功能的类型。每个类型作为一卷，有的类型因文物丰富再细分为若干册。这种最终分卷的分类标准的不一致，我想读者应该是能够理解的。

四、另类的中国物质文化史

编写一套系统的中国古代物质文化史，是主编张文彬教授提出的构想。张文彬教授早年就读于北京大学历史系考古专业，以后曾在郑州大学历史系任教，对中国古代物质文化史自然非常熟悉；他又曾担任国家文物局局长和中国博物馆学会会长，熟悉全国的文物状况和博物馆藏品情况，是主编中国古代物质文化史的最好人选。在已经拟定了基于文物分类的物质文化史编写纲要，这套书各卷刚启动编写不久，张文彬教授就因病卧床，不能继续主持编写工作。还在张文彬教授患病之前，我就受他之命协助联络作者；张文彬教授患病后，我受参与编写工作的朋友的推举，担任这套书的"执行主编"。我基于自己对中国古代物质文化史的理解，增强了这套书的纵向通史系列，其他基本上按照张文彬教授原先拟定的编写体例来组织。现在大部分分卷已经定稿，回过头来看当时全书的设计框架，总觉得还有一些不尽如人意之处。这些主要表现在以下两个方面：

首先，一套完整的古代物质文化史通史不仅要有以时间为纲的通史主干，还应该有相应的纵向旁支。就如同北宋司马光主持编写《资治通鉴》（下简称《通鉴》），他首先按照年代编出汇集史料的"长编"，以此为基础才编写《通鉴》这部翔实的编年体通史。与此同时，为了说明自己对史料异同的取舍，还编写了《资治通鉴考异》作为附属，以驳斥相反意见并客观保存异说。由于皇帝日理万机，没有那么多时间来翻阅294卷的《通鉴》，他们还编写了简写本30卷的《通鉴目录》，以满足特定读者的需要。除此之外，为了弥补《通鉴》覆盖时间跨度上的不足，司马光等还编写了20卷的《稽古录》这样的简录，时间上溯至传说中的伏羲，下延至宋英宗末年。可见司马光等人编写《通鉴》，原本有一整套完整周密的构想，即便都是编年体的史书，也有主有从，有繁有简，有纲有目，所以《通鉴》才显得与众不同，为史家所重。作为一套体例完整的中国物质文化史，在通史部分也需要像《通鉴》那样，除了需补充强化史前的旧石器时代卷和新增近现代卷，编写与中国古代物质文化史相关的资料和研究汇集外，还需要考虑简化本的中国古代物质文化史。

简化本的中国古代物质文化史以上下两卷最为恰当，这是因为基于可视的物质文化形态和面貌，在公元3—4世纪间，也就是三国至两晋间，以佛教传入并流行中国为标志，中国的主流物质文化发生了重大变化——在佛教传布开来之前，中国的城市和乡村的标志性建筑和景观是统治者的宫殿、衙署、宗庙、神祠，人们崇奉的是祖先以及社稷、山川、天地诸神祇，并且这些神祇都不采用造像的形式来表现；而在佛教流行中国后，中国城市的标志性建筑和人文景观除了宫殿和衙署外，佛教寺庙（包括仿效佛寺而建的道教宫观）成为城乡最引人瞩目的标志性建筑和人文景观，大量佛教造像和少许道教造像占据了人们精神世界，成为最广泛的崇奉对象。因此，西方汉学界往往都是以佛教传入并流行中国作为中国历史和艺术的最重要的转折标志，这以前的中国为“早期中国”，这以后的中国是“中晚期的中国”。早期中国的文化主流是传统的自然发展过程，尽管不断会有来自周边，尤其是来自北方草原地区文化的影响，但这种影响的程度是有限的，没有造成传统的变异、转移或中断。晚期的中国，由于外来佛教的强力介入，使原先中国的主流文化发生了变异，佛教深深地浸入到社会生活的各个方面。原先不事偶像崇拜的中国社会，开始将大量财富用于制作顶礼膜拜的佛教像设和象征物，用于营建覆盖这些像设和象征物的殿堂楼塔，从而导致国家财政来源的分流，带来相应的经济和社会问题。宗教的驱动力量往往巨大且持久，以佛教传入中国且在中国流传为标志，将中国物质文化史划分为早晚两个大的时期，我想应该比较恰当。佛教传入中国的年代，尽管可以追溯到两汉之际前后[1]，但在整个东汉时期，佛教都是混杂在中国传统的神仙方士中流传，还没有得到人们的广泛认知。佛教成为一种专门的宗教为人们所接受，不会早于三国两晋时期。三国两晋时期正是中国制度、思想和文化的大变革时期，文学上有所谓“魏晋风骨”，反映在物质文化上，这时期的城市、陵墓、器用、书画等也都出现了一系列新的气象。据此，以三国两晋之际作为首要转折点，将中国古代物质文化史的通史部分划分为两个大的时期，编写一套两卷本的中国古代物质文化史简本，这一定是很有意义的。

其次，我们这套中国古代物质文化史虽配有大量的图片，但基本体例还是以文字为主，图片配合文字出现。而物质文化的视觉感知非常重要，故以文物的图像为基础而加以文字解说和诠释，对于形象地认知和理解中国古代物质文化非常必要。中国国家博物馆（原中国历史博物馆）研究员孙机先生，曾编写了一本《汉代物质文化资料图说》。这是孙机先生基于多年对汉代文物研究的心得，在数十篇论文的基础上完成的图文并茂的著作[2]。这种以图说的方式叙述一个朝代的物质文化史，既是中国“左图右史”史学传统的延续，又是博物馆陈列必要的基础研究和公众获取知识的良好途径，应当大力推广。只是这种以图说史的著述，另有一套独特的编写体系，需做大量资料整理的工作，还需有系统的研究积累，编写难度很大，故迄今未见以图说的形式撰写的其他时代的中国物质文化史的著作。续写一套中国古代物质文化史图说，应当很有必要。

作为一套全方位的“中国古代物质文化史”，理所当然应有一个“中国古代物质文化史图说”系列。这套图说不宜按照中国的历史时代来述说，而应该以物质文化本身发展演变的阶段性来编写。如果按照我们前面所说的中国物质文化发展的进程，需要有史前、三代、秦汉三国、两晋南北朝、隋唐五代、两宋·辽金西夏·南诏大理、蒙元、明清诸时代。每个发展阶段则应该有都城市镇、宫殿衙署、坛壝社稷、神祠寺观、祭祀礼器、街坊住宅、园囿苑林、陵园坟墓、矿场作坊、生产工具、钱币量具、路河邮驿、衣冠服饰、家具陈设、生活用器等名目，每个名目下再细分为若干种类来展开图文的叙述。这样一部图说的中国古代物质文化史，可以弥补目前这套书的不足，

1 关于佛教传入中国的时间，有两种说法：一种是西汉末期汉哀帝元寿年间，大月氏使者伊存向博士弟子景庐口授《浮屠经》之说，见《三国志》卷三〇裴松之注引曹魏鱼豢《魏略·西戎传》；一种是东汉明帝永明年间，蔡愔出使大月氏，与僧人摄摩腾和竺法兰一起用白马驮回佛经和佛像至洛阳之说。二说的年代相差不多，且都与大月氏有关。

2 孙机：《汉代物质文化资料图说（增订本）》，北京：文物出版社，2008年。

能够从更具体和更微观的层面展现中国古代物质文化的面貌。

我希望，今后如果能够有比较充裕的时间，组织相关专家编写一套这样的中国古代物质文化图说，对于更加深入地理解古代中国，普及传统文化知识，推进博物馆教育，将是一件很有意义的事情。

编写中国古代物质文化史是一项长期的工作，要有相当长时间的资料积累和研究积累。北京大学的考古学科，自1952年以来先后编写过多个版本的《中国考古学》征求意见稿，如1960年、1972年版的《中国考古学》铅印本等，并有“多卷本中国考古学”这样的重大科研项目来推动，但迄今为止，这套多卷本《中国考古学》仍然没有问世。这其中既有新的考古资料不断涌现所带来的认识的更新，也有老一辈学者与新一辈学者认识上的差异，当然也还有这样和那样的原因。不过，仅从这一事例就可以看出，要编写一套优秀的学术著作是多么的不容易。《中国考古学》从某种意义上来说，与《中国古代物质文化史》有许多共通之处，要编写这样一套书需要投入较长的时间和相当的人力和精力。这部《中国古代物质文化史》作为一项国家出版项目，有出版的时间限定，我这个慌忙上阵的执行主编，只能尽可能召集一些长期从事中国考古学教学和科研，手头有比较现成的研究成果或讲稿，经过补充、整理、强化就可以成书的研究者，来承担中国古代物质文化史的通史系列各卷的撰写任务[1]。由于撰写时间的限制使得一些作者在完成初稿后，可能没有更多的时间来广泛征求意见和做细致的加工完善。可安慰的是，这套《中国古代物质文化史》本来就有为今后编写《中国考古学》和修订补充各专门物质文化史征求意见的意图。如果读者发现这套《中国古代物质文化史》存在着这样或那样的不足，就尽管提出批评和建议，我们一定虚心听取，以便在今后编写《中国考古学》系列时能够做得更好些。

孙 华

1 考虑到我所在的北京大学考古文博学院，也在考虑重启多卷本《中国考古学》的编写，为了使二者不发生重合，保持《中国古代物质文化史》通史系列自身的特色，我主要邀请了北京大学以外的高校考古专业的专家和教师来承担各卷的编写任务。

目录

绪论　敦煌历史与敦煌石窟 / ○○一

第一章　佛光初现与梵夏合璧 —— 十六国北朝石窟艺术 / ○○五

第一节　北凉石窟艺术（401—439 年）/ ○○六
　一、北凉代表洞窟 / ○○八
　二、北凉物质文化精粹举隅：北朝的度量衡器 / ○一四
第二节　北魏石窟艺术（445—534 年）/ ○一五
　一、北魏代表洞窟 / ○一七
　二、北魏物质文化精粹举隅 / ○三二
第三节　西魏石窟艺术（535—556 年）/ ○三五
第四节　北周石窟艺术（557—581 年）/ ○五二

第二章　江山一统与疏密二分 —— 隋代石窟艺术 / ○七七

　一、隋代表洞窟 / ○七九
　二、敦煌隋代物质文化精粹举隅 / ○九七

第三章　盛世春秋与吴带当风 —— 唐代石窟艺术 / 一〇一

第一节　初唐石窟艺术（618—704 年）/ 一〇一
一、初唐代表洞窟 / 一〇三
二、敦煌初唐物质文化精粹举隅 / 一二六
第二节　盛唐石窟艺术（705—781 年）/ 一二九
一、盛唐代表洞窟 / 一三一
二、敦煌盛唐物质文化精粹举隅 / 一六三
第三节　中唐石窟艺术（781—848 年）/ 一六六
一、中唐代表洞窟 / 一六八
二、敦煌中唐物质文化精粹举隅 / 一八六
第四节　晚唐石窟艺术（848—907 年）/ 一九一
一、晚唐代表洞窟 / 一九四
二、敦煌晚唐物质文化精粹举隅 / 二一三

第四章　割据一隅与画院规制 —— 五代、北宋石窟艺术 / 二二一

第一节　五代石窟艺术（907—960 年）/ 二二一
一、五代代表洞窟 / 二二三
二、敦煌五代物质文化精粹举隅 / 二四七
第二节　北宋石窟艺术（960—1036 年）/ 二五五
一、北宋代表洞窟 / 二五八
二、敦煌北宋物质文化精粹举隅 / 二六三

第五章　沙洲回鹘石窟艺术（1030 年前后—1068 年）/ 二七一

一、沙洲回鹘代表洞窟 / 二七一
二、敦煌沙洲回鹘物质文化精粹举隅 / 二七二

第六章　西夏石窟艺术（1036—1227年） / 二七四

一、西夏代表洞窟 / 二七六

二、敦煌西夏物质文化精粹举隅 / 二八二

第七章　蒙元石窟艺术（1227—1368年） / 二八五

一、蒙元代表洞窟 / 二八六

二、敦煌蒙元物质文化精粹举隅 / 二九〇

绪论
敦煌历史与敦煌石窟

“敦，大也；煌，盛也。”之名彰显了其悠久历史，灿烂文化。早在原始社会末期，中原部落征战失利后，河西三苗人迁徙于此，开始逐渐掌握原始的农耕技术。夏、商、周三代，敦煌属古瓜州，既有三苗后裔，又有羌戎族在此地游牧，现存许多岩画见证了当时游牧民族的文明星火。战国及秦，敦煌一带大月氏、乌孙人和塞种人杂居共生。以后，大月氏一部逐步强盛，战国末期独据敦煌。

西汉初，匈奴人入河西，两次挫败月氏，迫使月氏人西迁，河西走廊成为匈奴领地，威胁西汉王朝。汉武帝继位后，于建元二年（前 138 年），首遣张骞使西域，联络月氏、乌孙夹击匈奴。汉元鼎二年（前 115 年），张骞二使西域，由此开通了通往西域的丝绸之路。张骞“凿空”之行，是中西交通史上的创举，为促进中外以及中原同西域各民族之间的经济文化交流，建立了不朽的历史功绩。元狩二年（前 121 年），汉武帝在河西设置了酒泉郡和武威郡。汉元鼎六年（前 111 年），又将酒泉、武威二郡分别拆置敦煌、张掖两郡，并设置阳关、玉门关，史称“列四郡，据两关”，保证了丝路的畅通。各国使臣、商贾、僧侣往来都要经道敦煌，敦煌成为中西交通的“咽喉锁钥”。其时敦煌疆域辽阔，统管六县，西至龙勒阳关，东到渊泉（今玉门市以西），北达伊吾（今哈密市），南连西羌（今青海柴达木）。敦煌建郡，为西汉王朝经营西域打下了坚实的基础。

东汉初年，匈奴逐渐强盛，征服了大部分西域地区，丝路中断。公元 75 年，凉州牧窦固率河西兵大败匈奴，重新打开通向西域的门户。同时派遣名将班超两度出使西域，联络西域诸国，与东汉建立了友好关系，使丝绸之路重新畅通。自西汉设郡到西晋末的数百年间，丝绸之路虽几通几绝，但敦煌日渐繁荣昌盛，成为“华戎所交大都会”。

永嘉之乱，晋室南迁，北方出现“五胡十六国”的混战、割据局面，魏晋河西地区先后建立了前凉、后凉、南凉、西凉、北凉等地方政权。东晋隆安四年（400 年）李暠建西凉国，初都敦煌，以后亡于北凉。前凉、西凉、北凉三政权先后统治河西地区时，谨修内政，安民保境，轻徭薄赋，劝课农桑，崇尚儒学，兴办教育，遂使河西地区经济繁荣，文化昌盛。凉州成为北部文化中心，名流学者代不乏人。

十六国时期，群雄逐鹿中原，百姓流离失所，而河西相对稳定。中原大批硕学宿儒和百姓逃往河西避难，带来了先进的文化和生产技术。敦煌是佛教东传的通道，也是河西地区的佛教中心，大批佛学高僧在敦煌讲经说法，河西各地的佛门弟子也多来此地研习。前秦建元二年

（366 年），乐僔和尚在三危山下的大泉河谷首次开窟供佛。之后，开窟凿龛之举延续近千年，创造了闻名于世的敦煌石窟艺术。

北魏灭北凉，统一北方，占据河西。北魏初（439 年）置敦煌镇，526 年置瓜州，敦煌均为治所。此期敦煌安定，百姓安居乐业，佛教随之盛行。

隋朝的建立，结束了西晋以来三百余年的分裂局面，完成了统一中国的大业。隋初废郡置瓜州，大业三年（607 年）复置敦煌郡。隋文帝平定南方割据政权后，将成批南朝贵族连同其部族远徙敦煌充边，给敦煌带来了南方的文化和习俗，南北汉文化在敦煌融为一体，使敦煌的地方文化更加富有特色。在最高统治者的提倡下，隋代国祚虽仅 37 年，但在莫高窟开窟 70 余个，规模宏大，壁画和彩塑技艺精湛，并存了南北两种不同的艺术风格。

唐初，在河西设肃、瓜、沙三州。贞观十四年（640 年），唐太宗铲除了东西大道上以西突厥为主的障碍，确保了丝路的畅通。唐代的敦煌，经济文化高度繁荣，佛教非常兴盛，莫高窟开窟数量多达 1000 余窟，保存至今的有 230 余窟，绘塑达到了极高的艺术水平。

安史之乱以后，唐王朝由盛而衰。吐蕃乘虚进攻河西，攻陷了凉州、甘州、肃州等地。沙州将士百姓坚持了长达 11 年的抵抗，终因弹尽粮绝，以城降蕃。自此，吐蕃统治河西长达 70 多年，莫高窟中唐洞窟中保存了大量吐蕃统治时期的壁画艺术，藏经洞内也保存了大量吐蕃文经卷。唐宣宗大中二年（848 年），张议潮乘吐蕃王朝内乱，聚众起义，光复沙州。再经过 10 余年斗争，收复河西、河湟等地，并遣使奉表归唐。唐王朝封张议潮为河西、河湟十一州节度使，建归义军，治沙州。

后朝廷诏张议潮入朝为官，其孙张承奉嗣节度使，叛唐自立“西汉金山国”，后败于回鹘。914 年，金山国亡，张氏绝嗣，沙州长史曹议金取代节度使地位，统领瓜、沙二州。曹氏统治期间，注意发展生产，重视经济、军事和文化建设，改善同周围各民族的关系，东交回鹘，西联于阗，维持了 130 多年的统治。

11 世纪初，西北地区的党项族开始兴起，攻陷瓜、沙二州，称霸河西。宋景佑三年（1036 年），占领敦煌，于 1038 年建立了西夏王朝，统治敦煌达 191 年，形成了宋、辽、西夏三足鼎立的局面。西夏统治敦煌一百余年，“民物富庶，与中原不殊”。在文化艺术方面长足发展，莫高窟和榆林窟保存了大量丰富而独特的西夏佛教艺术。

1227 年，蒙古大军灭西夏，攻克沙州等地，河西地区归元朝所有，于至元十四年（1277 年）复设沙州，农兵屯垦遍布党河、疏勒河流域，和西域的贸易也更加频繁。元朝统治者也崇信佛教，莫高窟营建得以延续，现存元代洞窟 10 余个。

明王朝为了加强西北边疆的防卫，设置了关西七卫。永乐三年（1405 年），在敦煌设沙州卫。后又在沙州古城设置罕东左卫。正德十一年（1516 年），敦煌被吐鲁番占领。嘉靖三年（1524 年），闭锁嘉峪关，徙关西平民入关内，废弃了瓜、沙二州。

清康熙后期，清王朝渐次收复了嘉峪关外的广大地区。雍正三年（1725 年），在敦煌建立沙州卫，移民垦荒。雍正末，沙州已有耕地 10 万余亩，农业的恢复和发展形成了河西走廊西部的戈壁绿洲。

敦煌石窟，包括莫高窟、东千佛洞、西千佛洞、瓜州榆林窟、水峡口下洞子石窟、肃北五个庙石窟、玉门昌马石窟等，是我国乃至世界闻名的珍贵历史文化遗产。诸窟艺术风格一脉相承，其中规模最大、艺术成就最高的莫高窟属古敦煌郡，中古为本地区政治、经济、文化中心，故合称周边诸窟为“敦煌石窟”。莫高窟俗称“千佛洞”，位于今甘肃省敦煌市东南25千米处的鸣沙山东麓断崖上，前临宕泉河，面东背西，南北长约1680米，高约15—30米，各窟上下分布，高低错落，1—4层不等。莫高窟现存北朝至元的洞窟735个，分南、北两区。北区洞窟243个，供僧人们修行、居住，有时也作为死亡后掩埋的瘗窟。洞内有土炕、灶炕、烟道、壁龛、灯台等生活设施。南区492洞为礼佛修禅之所，有壁画4.5万余平方米，泥质彩塑2000多尊，唐宋木构崖檐5座。

莫高窟始建于十六国时期，据唐《李克让重修莫高窟佛龛碑》记载，前秦建元二年（366年），沙门乐僔路经此山，忽见金光闪耀，如现万佛，便在岩壁上开凿了首窟。此后法良禅师继之，建洞修禅，称“漠高窟”，意为“沙漠高处”，后因“漠”“莫”通用，便改称“莫高窟”。北魏、西魏和北周统治者崇佛，王公贵族大规模开窟凿龛，发展较快。

公元6世纪末，隋王朝的建立结束了长期战乱和分裂的局面，同时也加强了对西北的经营。由于隋朝的皇帝都崇奉佛教，所以国祚虽短，但莫高窟在数量和规模上都达到了非常可观的程度。唐代是中国封建社会的高峰期，也是中国历史上文化交流最活跃的时期，丝绸之路的繁荣及帝国的强盛，莫高窟开凿勃然兴盛，仅至武周圣历元年（698年），即已有“窟室一千余”。安史之乱后，敦煌先后被吐蕃和归义军占领，但造像活动并未受太大影响。

晚唐至五代，张氏和曹氏家族均崇信佛教，为莫高窟开凿出资出力甚多，因此供养人画像在这个阶段大量出现并且内容也很丰富。此期绘塑都沿袭了晚唐的风格，但后期程式化严重。其中第61窟的地图《五台山图》是莫高窟最大的壁画，高5米，长13.5米，绘出了山西五台山周边的山川形胜、城池寺院、亭台楼阁等。五代和宋时期的洞窟现存有100多个，改建、重绘了许多前朝窟室。

莫高窟现存西夏和元代的洞窟有80多个。西夏多改造和修缮前朝洞窟，西夏晚期，壁画中出现了西藏密宗的内容。元代开窟8个，出现了方形窟中设圆形佛坛的形制，绘塑大都和西藏密宗有关。此后，石窟开凿渐趋衰落。

清光绪二十六年（1900年），道士王圆箓在为第16窟（现编号）清除淤沙时，发现了北侧甬道壁上的一个小门，打开后，出现一个长宽各2.6米、高3米的方形窟室（现编号为第17窟），内有从4世纪到11世纪（即十六国到北宋）的历代文书、纸画、绢画、刺绣等文物5万多件，即著名的“藏经洞”。莫高窟藏经洞是中国考古史上一次重大的发现，其出土文书多为写本，少量为刻本，汉文书写的约占六分之五，其他则为古藏文、梵文、佉卢文、粟特文、于阗文、回鹘文、龟兹文等。文书内容主要是佛经，此外还有道经、儒家经典、小说、诗赋、史籍、账册、历本、契据、信札、状牒等，其中不乏孤本和绝本。这些对研究中国和中亚地区的历史文化，都具有重要的史料和科学价值。

莫高窟经十六国、北凉、北魏、西魏、北周、隋、唐、五代、宋、回鹘、西夏、元等时代历时千年之修凿，规模宏远。

莫高窟各窟由洞窟建筑、彩塑和壁画综合构成，洞窟建筑形式主要有禅窟、中心塔柱窟、佛坛窟、大像窟等。塑绘结合的彩塑主要有佛、菩萨、弟子、天王、力士像等。壁画内容大致可分为佛教尊像画、本生画、佛教史传画、经变画、供养人画像、装饰图案等。精美的彩塑与壁画系统地反映了各个时代的艺术风格及其传承演变，具有珍贵的历史、艺术、科技价值。

敦煌自西汉张骞出使西域后，即成为东西交通的枢纽，并逐渐演化为印度犍陀罗文化、希腊文化和中原文化三大文化的汇合地。敦煌石窟系统地保存了从十六国到元代近千年间佛教艺术的发展序列。因此，以敦煌遗书、敦煌石窟艺术为主，兼及敦煌史地等共同构成了一门世界性的独立学科“敦煌学”——研究、发掘、整理和保护中国敦煌地区文物、文献的综合性学科。

第一章
佛光初现与梵夏合璧——十六国北朝石窟艺术

五胡十六国（304—439年），简称“十六国”。自304年刘渊及李雄分别建立汉国（后称“前赵”）及成汉起，至439年北魏拓跋焘灭北凉为止，共计135年时间，地域范围大致上涵盖华北、蜀地、辽东，最远可达漠北、江淮及西域，其民族以匈奴、鲜卑、羯、羌、氐为主，统称“五胡”。北魏史学家崔鸿选取“五凉、四燕、三秦、二赵，并成、夏为十六”为代表撰写《十六国春秋》，此后史学家称此期为“五胡十六国”。西晋时，五胡居西晋北方、西方之边陲，八王之乱后纷纷举兵，史称“五胡乱华”。西晋亡后，华北战火不断，经济摧毁。永嘉之祸后，百姓多逃难到凉州、辽东以及江南地区。诸国混战期间，前秦皇帝苻坚一度统一华北，但由于淝水之战惨败，加之关东、关中叛变，东晋北伐，前秦全面崩溃。北魏立国后，经过拓跋珪、拓跋嗣及拓跋焘的经略，于439年统一华北，进入南北朝时期。

十六国时期，“天下方乱，避难之国唯凉土耳。张凉州德量不恒，殆其人乎！”凉州八郡在张轨治下，“内抚遗黎，外攘逋寇”，外来人口的涌入，带来了经济的发展，许多文人学者也避乱于此，在河西传授儒学，使中原失传的一些经籍学说得以保存，河西的经济文化有了稳定的发展和进步。

十六国前秦建元二年（366年），沙门乐僔行脚至敦煌鸣沙山，忽见金光，状有千佛，遂架空凿岩，造窟一龛，此后法良继之，从此历代开凿不断，直到宋、元、西夏。莫高窟现存十六国窟七个——267、268、269、270、271、272、275窟。莫高窟分布在南北长约1600米的崖面上，绝大部分集中在南段900米崖面，上下三、四层，十六国七窟处南段中心崖面中层。

十六国彩塑多以弥勒菩萨为主尊，275窟南北壁上部的阙形龛中就塑有形象各异的交脚弥勒像，阙楼拟比弥勒菩萨所住的兜率天宫。交脚弥勒是早期形象特点，头部比例较大，272窟西壁菩萨上身裸露，粗线条勾勒眼、脸、胸、腹，凹凸晕染，立体感很强，当是借鉴印度“凹凸法”所绘。275窟南壁龛下绘佛传，北壁龛下自西向东依此绘“毗楞竭梨王身受千钉本生”“虔阇尼婆梨王剜身燃千灯本生”“尸毗王割肉贸鸽”等本生故事，“本生”是指释迦牟尼为净饭王家太子以前某世的善行故事。壁画下部并列一排供养人，约三十余人，个头不及菩萨膝头。

敦煌在北魏治下93年这段时期（442—534年），魏灭北凉，徙沮渠牧犍宗族及吏民三万户于平城，这对云岗乃至龙门石窟的开凿起了促进作用，同时也影响了莫高窟的发展。另外，太武帝拓跋焘信奉道教，太延六年（440年）改元太平真君，其后在道士寇谦之策划下大规模废佛灭法，直到七年后太武帝被杀。因此北魏治敦煌之初，莫高窟鲜有兴建。太和十八年

（494 年）孝文帝迁都，西域胡僧随迁甚众，并大建龙门石窟，佛教一时兴盛。但此时敦煌莫高窟的发展受当地人、财所限，建窟不多。正光五年（524 年）春，北边六镇起义，敦煌改镇为州，取名“瓜州”。孝昌三年（527 年）明元帝拓跋嗣四世孙元荣出任瓜州刺史，大举修建莫高窟，一直延续到西魏大统十年（544 年），这十七八年是继北凉后的第二个兴建高潮。

北魏现存 246、248、251、254、257、259、260、263、265、273、431、435、437、441、487 诸窟。北魏出现了中心塔柱窟，这是在模仿印度支提窟的基础上加以改造的民族形式。其窟室前部窟顶作屋宇式人字披，模仿木构凿出椽柱斗拱施以彩绘，前壁门道上方凿有通光明窗。窟室后部中央从地面到窟顶设中心塔柱，四面凿龛造像。壁画布局和十六国时期相似——顶部装饰藻井、平棋，四壁上端绕窟一周绘天宫伎乐，四壁腰部绘尊像和主题画（佛传、本生、因缘等），其下为供养人行列，底部金刚力士，其余壁画千佛。佛传讲释迦生平，本生讲释迦前生，因缘讲度化事迹。北魏壁画以粗重线条勾勒出画像形体轮廓，颜、躯、手、足施以晕染，白鼻梁、白眼眶，俗称“小字脸”。北魏塑像，以一佛二胁侍菩萨居多。259 窟北壁东龛坐佛，衣纹疏密协调，纹路优美，受到古印度犍陀罗艺术风格影响。也有少量魏塑，其轻薄流畅似“曹衣出水”。孝昌中东阳王元太荣出任瓜州刺史，带入南朝中原文化，秀骨清相、褒衣博带是北魏彩塑的新面貌。

535 年，宇文泰毒杀孝武帝，立文帝，史称西魏。掌握西魏、北周、隋、初唐政权的宇文氏、杨氏、李氏，均属中下层军官出身。这些人不因袭旧制，一反南朝士人颓废夸诞之气，刚强勇健，最终统一北方。西魏北周生气勃勃的政治景象，也反映到了敦煌艺术中，西魏开 247、249、285、286、288、432、461 等七窟。285 窟壁画中的五百强盗成佛，反映了当时战争、刑罚、兵甲、服饰诸多方面的社会内容。285 窟的伏羲、女娲、雷公，249 窟的东王公、西王母、羽人，均为汉代以来民众信仰天神，属西魏壁画新题材。249 窟窟顶北披下部狩猎场面，折射出当地民众的游牧生活。西魏时期南北交融，中原、南方的艺术风格对敦煌石窟艺术产生了明显影响。

宇文泰死后，557 年三子宇文觉废魏自立，建北周。武周圣历碑中和东阳王并列的建平公，北周贵族于义出任瓜州刺史，莫高窟开窟造像活动在其主持下，兴盛之貌，不输前代。莫高窟现存北周窟十五个，包括 250、290、291、294、296、297、298、299、301、428、430、438、439、440、442 窟。其中 428 窟面积达 178.38 平方米，是北周大窟。北周时译经数量渐增，经变故事画随之增加——微妙比丘尼变、福田经变、善事太子入海品、得眼林故事均为此期内容。北周处在社会由乱而治的过渡中，这一类的故事在当时比较有吸引力。画塑中人物衣着形象除南朝的褒衣博带式外，出现了窄袖小衫。塑像中出现了迦叶和阿难像，北周窟中从而有了一辅五身的新组合。

第一节　北凉石窟艺术（401—439 年）

北凉（397 年或 401 年—439 年）系十六国之一，397 年沮渠蒙逊堂兄沮渠男成拥立段业称凉州牧，并改元神玺为立国之始，因而部分史家认为建立者为段业。401 年蒙逊诬男成谋反，段业斩男成，蒙逊以此为借口灭段业，亦有人以此为北凉立国之始。北凉都张掖，412 年迁姑臧，蒙逊称河西王。420 年北凉灭西凉，次年蒙逊再破敦煌“屠其城”。422 年李宝自伊吾帅两千人据敦煌，修缮城府。约三年后，北魏在敦煌设军镇，河西走廊西端的军政中心又从酒泉移到敦煌，敦煌再度进入发展期。433 年沮渠牧犍继位，439 年北魏攻姑臧，北凉亡。东晋十六国时中原离乱，中原名士多避难河西，“天下丧乱，凉州独全”。河西的安定富庶、文化的繁荣为莫高窟提供了物质上、精神上的支持。

北凉敦煌石窟艺术，敦煌石窟艺术分期之一，指建于十六国北凉时期（401—439 年）的敦煌石窟艺术。敦煌研究院编（即史苇湘编）《敦煌莫高窟内容总录》[1]确定 421 年至 439 年间凿建七窟。编号是 267、268、269、270、271、272、275。《敦煌莫高窟北朝洞窟分期》[2]确定在北凉玄始九年至北魏太平真君三年（420—442 年）之间凿建七窟。编号与《敦煌莫高窟内容总录》同。莫高窟的七个窟是现存的敦煌石窟中开凿最早的洞窟。这些洞窟的窟型各不相同，第 268 窟为正壁开龛塑像、两侧壁置小禅室的平顶禅窟；第 272 窟为正壁开龛塑像、穹窿顶方形佛殿窟；第 275 窟为正壁塑像、两侧壁开龛塑像的纵向人字披顶佛殿窟。此组洞窟兼有禅行、观像、礼拜作用。各窟彩塑均为单身造像，题材内容有交脚坐的弥勒佛像和菩萨像，仅第 275 窟就有五身。主尊交脚坐菩萨是其典型。此外还有善跏坐佛像、思惟菩萨像。彩塑造像的衣冠服饰，或右袒袈裟，或高髻宝冠，上身半裸，下身羊肠裙。衣裙上装饰密集的衣纹，有薄纱透体之感。人物面相丰圆，造型雄健厚重，肩宽胸平，姿态端庄，少动态，手法简朴。

壁画按内容分为四类：1. 本生、佛传故事画。第 275 窟北壁绘有“毗楞竭梨王身钉千钉本生”“虔阇尼婆梨王剜身燃千灯本生”“尸毗王割肉贸鸽本生”“月光王施头本生”“快目王施眼本生”等。故事内容多为六度修行，表现佛教所要求的忍辱牺牲的精神。此窟南壁绘佛传中悉达太子出游四门的事迹。故事画采用主体式单幅画并列的组画形式，排列于同一个横卷上，既可单独欣赏，又可连续观看。单幅画只表现故事中主体人物的主要情节，构图简练，特点明确，一目了然。人物作平列安排，无前后层次。画面表现出布满空间的平面装饰美。2. 尊像画。有构图严谨的小说法图；有既千篇一律、又色彩缤纷的千佛；有排列有序、舞姿婀娜、作群舞的供养菩萨；有高居天宫楼阁欢畅地奏乐歌舞的乾闼婆、紧那罗。3. 供养人像。形象较小，高不及尺，多分布于壁面下部，服装分为三种：（1）汉装有第 268 窟男供养人的深衣大袍和女供养人的大袖裙襦；（2）汉胡混合装有第 285 窟女供养人的小袖衫裙；（3）胡装有第 275 窟男供养人的交领窄袖束腰裤褶。4. 图案纹样。第 268 窟窟顶斗四平棋与第 272 窟藻井，均为三层叠套方井，井心绘圆形大莲花，错叠的井角绘火焰纹、飞天等；井边绘忍冬纹、云气纹，纹样简练朴实。画面以土红为底色，着以石绿、纯白、黑褐（变色），色调质朴浑厚，单纯豪放。北凉时代壁画人物造型体态健壮，面相椭圆，高鼻大眼，菩萨和故事

1 敦煌研究院史苇湘编：《敦煌莫高窟内容总录》，文物出版社，1982 年。以下简称《内容总录》。
2 樊锦诗、马世长、关友惠合撰：《敦煌莫高窟北朝洞窟分期》，《中国石窟·敦煌莫高窟》中文版第一卷，中国文物出版社、日本平凡社，1982 年；《敦煌研究文集》，甘肃人民出版社，1982 年。

画中的国王都穿相同的西域式衣冠服饰；人物面部晕染采用表现明暗的凹凸法，面部轮廓及眼眶均用朱色（已变为黑褐色），作圆圈晕染，眼睛和鼻梁涂以白粉，以表现人物面部和肢体的立体感。人物形象均以土红线起稿，赋色后以深墨铁线定型，线描细劲有力。此时彩塑和壁画是中原传统艺术和西域艺术的融合。

一、北凉代表洞窟

（一）第 268 窟（图 1-1-1）

第 268 窟位于南区崖面中段三层，建筑形式属毗诃罗窟，又称“禅窟”，主要用于禅行。主室纵长方形，泥塑叠涩式仿木构平綦顶，套叠数层，中心饰莲花（图 1-1-2）。西壁开券形小龛，南北壁对称各开平顶小禅室两间，编号分别为 267、269、270、271。西壁（图 1-1-3）龛内塑交脚佛，高 0.76 米，内着僧祇支，偏袒右肩，袈裟裹体。龛楣饰以火焰纹，两端下部绘爱奥尼亚卷旋柱头，柱下大上小，是莫高窟唯一的希腊式柱头。龛外两侧绘胡跪供养菩萨四身，上方两侧边角为二飞天。龛下壁面绘男女供养人，壁画重层，表层上排南侧绘女供养人，一着汉式大袖襦裙，一着汉胡混合式小袖衫裙。北侧绘男供养人，均着汉式深衣，为汉晋衣冠遗

图 1-1-1　北凉莫高窟第 268 窟　内景

图 1-1-2　北凉莫高窟第 268 窟　窟顶平綦

图 1-1-3　北凉莫高窟第 268 窟　西壁

制。壁画以土红为底色，使用了西域传来的“凹凸法”表现形体，朴拙而浑厚。该窟隋代重修，主室南北壁有隋绘千佛、飞天等。千佛是壁画中绘制的排列规则的成排佛像，表达十方世界的无量众佛。主室两侧四禅室，空间狭小，仅容一人禅坐其中，最初粉壁，隋重修时绘制千佛与说法图。

（二）第272窟（图1-1-4）

第272窟，北凉代表窟之一，位于九层楼以北。主室平面长方形，西壁中央开圆拱形龛，内塑坐佛一身，窟顶中心浮塑斗四藻井。顶部中心与四坡所形成的空间，类似中国古代盛粮用的斗倒扣过来，故称“覆斗型”；又其中心凹入似水井，藻绘纹样，故称“藻井”。覆斗顶窟内空间敞亮，适于讲经礼拜，从北凉到元代一直沿用。壁画上段天宫伎乐和飞天围绕；中段西壁两侧绘供养菩萨（图1-1-4），南北壁绘尊像图和千佛，东壁绘千佛；下段周壁绘三角垂帐纹。窟外两侧崖壁上各凿一券形小龛，内塑禅僧像。西龛彩塑佛像作善跏坐，头部重修，手臂已残，身材魁梧雄健，偏袒右肩，内着僧祇支，袈裟裹体，泥条衣纹垂饰。彩塑左右壁面绘侍立胁侍菩萨，上身略倾，小供养菩萨围绕胁侍菩萨，低头胡跪，合十礼拜。佛龛两侧各画四排小菩萨，每排有五身，持花、徒手，坐、跪于莲台之上，舞姿翩翩，无一雷同。两侧壁正中结跏趺坐佛，旁边围绕菩萨、弟子、飞天。雷同重复的千佛，表示十方诸佛，是坐禅僧人“观像”的内容之一——体会“佛佛相次，光光相接”的佛国幻境。窟顶藻井四围圆拱形建筑内，排列一周伎乐天人，有的演奏琵琶、横吹、长笛、法螺、腰鼓等梵乐器，有的踏歌跳舞，飞天则裙衣飞扬。

图1-1-4 北凉莫高窟272窟西壁南侧 供养菩萨

第272窟飞天，飞天代表作之一。位于窟顶天宫伎乐外圈及说法图上方和佛像背光饰带中。北凉绘制。面相丰圆，躯体短壮，戴花蔓，披大巾，飘扬如鼓双翼，腰裹长裙，姿态大方而略生硬，变色后面部圆圈叠晕，小字脸特别显著，但与印度、西域晕染不同，具有敦煌本土特色。

（三）第275窟（图1-1-5）

第275窟，位于九层楼以北，与第272窟相连。甬道接主室，主室平面纵长方形。西壁中央塑交脚

图1-1-5 北凉莫高窟第275窟 内景

图 1-1-6　北凉莫高窟第 275 窟西壁　交脚弥勒菩萨

图 1-1-7　北凉莫高窟第 275 窟南壁　双树圆拱龛思惟菩萨

坐弥勒菩萨（图 1-1-6），高 3.40 米，头部略有重妆，头戴三珠冠，发披两肩，左手置膝作与愿印，右手已残，按其举臂及左手印当为施无畏印。颈饰项圈，胸挂璎珞，肩披长巾，腰束大裙，衣褶泥条隆起，加阴刻衣纹线。菩萨面相浑圆，隆鼻齐额，眉弯眼长，唇角微翘，厚宽窄腰，体态壮硕，双足相交，倚坐方台，三角靠背，双狮护卫，神情浑穆，表现出西域佛教艺术的影响，具有十六国时期造像的特点。彩塑主尊左右侍立胁侍菩萨，四围供养菩萨或坐或跪，或礼拜听法，或持花供养。

南北壁上部各开两个阙形龛和一个双树圆券龛，对称布置，龛内分别塑交脚弥勒和思惟菩萨。阙形龛是中国传统建筑，常见于中国古代官式建筑群前两侧，“阙者缺也，中间阙然为道”，带有观望与军事作用。两阙间加殿顶，代表佛教天宫。龛中菩萨，属于“补处菩萨”，未来佛。南壁上部的双树圆拱龛源自西域或印度，表现菩萨树下思惟（图 1-1-7）。龛侧对称浮塑两树，树干纹理真实，树叶纹饰优美。树下菩萨高座，左足着地，右腿曲置左膝，左手抚右脚，右臂残，颈、胸璎珞繁复，早期菩萨装多仿西域印度王族衣饰，可见于此。

南壁中部佛传故事主要表现的是释迦牟尼成佛因缘。绘悉达太子从迦毗罗城四门出游，据《修行本起经》等所载，悉达太子久居深宫，不知人间疾苦。一日，在侍卫扈从下出游。出东门，见色衰哀老之翁，乃觉世间老苦。出南门，见人病苦缠身，乃感病苦可厌。出西门，见扶舆死人，随行啼哭，遂感死苦可厌。旋即转辔出北门，见法服持钵沙门步行安详，遂决心舍宫逾城、出家修行。画面采用汉晋横卷形式，人、景不分远近，平列构图。壁画中太子遇老人与出家人两段保存较好，图中右侧为遇老人，老人须发皆白，面容憔悴，伛偻老态，着短裤，似与向太子行礼。左侧为遇僧人，僧人偏袒右肩，左手握袈裟，其俊逸与老人形对比鲜明。

北壁中部画本生，是释迦牟尼前生累世行善的故事。此图仍采用横卷式构图，自西向东排列“毗楞竭梨王身钉千钉”“虔阇尼婆梨王剜身燃千灯”“尸毗王割肉贸鸽”“月光王施头”“快目王施眼”等内容。

毗楞竭梨王本生故事画（图1-1-8），内容据《贤愚经·梵天请法六事品》。故事为：毗楞竭梨王爱民如子，心好正法。劳度叉请以王身椓千钉而为之说法，王从之。劳度叉颂偈后，王即以身椓千钉。帝释天问王何所求，王答唯求佛道，因其心诚，椓钉之身平复如故。本窟采用主体式单幅画构图，描绘劳度叉手执钉、锤向毗楞竭梨王身上钉钉，王却神态安详，法喜充满，全然忘痛之场景。

图 1-1-8 北凉莫高窟第 275 窟北壁中层 毗楞竭梨王身钉千钉

虔阇尼婆梨王本生故事画，内容据《贤愚经·梵天请法六事品》。故事为：虔阇尼婆梨王布告天下，寻求真谛妙法，时有劳度叉来到王宫称，若大王能在身上剜燃千灯供养，我当为之说法。王欣然应允，闻毕偈语，即任劳度叉在自己身上剜燃千灯。帝释天感其诚，使国王身体恢复如初。本窟以单幅画形式表现，构图简单，画面略残。取剜肉点灯的典型情节，国王端坐，飞天散花，前有一人正剜凿国王身体，座下一人惊恐而观。

图 1-1-9 北凉莫高窟第 275 窟北壁中层 尸毗王割肉贸鸽

尸毗王本生故事画（图 1-1-9），内容出自《六度集经·菩萨本生》《贤愚经·梵天请法六事品》。故事讲：尸毗王普救众生苦难，帝释天和毗首羯摩考验其志，帝释天化为鹰，毗首羯摩化作鸽，鹰急逐鸽。鸽惶恐飞至尸毗王腋下求救，鹰立王前，乃作人语：此鸽乃我之食，我甚饥饿，愿王还我。王曰：我当救护一切，鸽来投我，当然护之。鹰曰：我若断食，命亦难保。王曰：我若与肉，可否弃鸽。鹰答：我只吃新鲜血肉，分量与鸽同重。可尸毗王割尽身肉仍不够鸽重，遂举身上秤。一时天地震动，帝释天以神力恢复尸毗王身体。此画为主体式单幅画，主要表现尸毗王割肉场面，画面左侧，国王右手握鸽，一人正割王腿肉，右侧一人提大称，一头是小鸽，另一头是合十而坐的国王。

值得一提的是，画中秤是敦煌壁画中较早出现的提系杆秤，秤的一盘中放鸽子，另一盘中坐尸毗王。敦煌壁画为我们留下公元4世纪以来衡器的形象资料，中国古代衡器发展，大体上经过天平·环权—衡秤·秤锤—杆秤·秤砣三个阶段。考古材料证明，至迟在春秋战国时就已出现衡秤及不等臂秤。三国时，天平提纽渐渐从中点偏移，并在衡杆上刻斤、两数，形成提系杆秤的雏形。后经革新，大约在公元5、6世纪的南北朝，出现今天的提系杆秤。提系杆秤是用钩子把秤杆吊起，钩两旁的两个力臂长短不等，所称物挂在短力臂一边，然后把秤砣沿长力臂一边移动，直到两边平衡，长力臂上标有刻度重量，是现代秤的雏形。敦煌、新疆石窟壁画以及出土的北朝铁秤砣表明，魏晋南北朝时期，提系杆秤已经得到广泛应用。

中掌衡者所用的提系杆秤，秤两边各垂一秤盘，一盘放鸽子，另一盘中坐尸毗王。

月光王本生故事画（图1-1-10），内容据《贤愚经·月光王施头缘品》。故事为：月光王仁慈恩惠，救济贫困，“如民父母”。时有毗摩斯那王妒忌月光王，悬赏能取月光王头之人。外道劳度叉应募，向月光王乞头。月光王慨然应允，说过去已布施九百九十九颗头，施此一头即满一千，遂将头发系在大树上，让劳度叉将头砍去。此处由两个画面组成。左侧月光王端坐，用左手指己头，面前侍者跪捧托盘，盘上三人头表示前世已布施过很多次头颅；右侧月光王以发系于树身，后刽子手举斧欲砍，以表现献头。画面表现月光王沉着镇静的神情和慈悲为怀的气度，构图简练、单纯。

快目王本生故事画，内容据《贤愚经·快目王施眼缘品》。故事为：富迦罗拔城快目王眼目明净，清妙无比，乐善好施，恩慈广被。另一小国，王名波罗陀跋弥，生性傲慢，不从王命，快目王兴兵讨伐，波罗陀跋弥为逃避惩罚，遣盲婆罗门乞求快目双眼。王喜，谓持此眼布施，可以求佛无上一切智眼，乃令剜眼布施盲婆罗门。本窟故事画采用主体式单幅画构图，描绘快目王安坐，侍者持针挑快目王之眼，构图简练，因部分壁面被后代覆盖，仅露出一部分。

图1-1-10 北凉莫高窟第275窟北壁中层 月光王施头

本生以故事的主要人物为中

图 1-1-11　北凉莫高窟 275 窟南壁佛传故事（出游四门）中之伎乐

心，用一两个画面表现核心情节。如毗楞竭梨王忍受千钉剧痛神态自若，尸毗王利刃加身安详镇定，月光王无所畏惧甘施千头。故事画用肉体的痛苦引发出心灵之圣洁，表现佛教的忍辱牺牲精神。此窟故事画取横卷式单幅故事画的组画形式，以人物为主体，平列安排，无远近大小，每幅榜题一方。壁画土红打底，浑和淳润。

南北壁下部绘供养人，北凉沮渠氏属匈奴后裔，供养人服饰能看到匈奴人的一些特点。这些人均着袴褶，是北方少数民族的传统服饰。褶为上衣，圆领或交领，对襟或左衽，窄袖。画中男供养人头戴幅巾，上身穿交领窄袖褶衣。左衽是北方少数民族和西域胡服款式，与汉族传统以右衽为习尚不同。所谓右衽即衣襟在胸前相交，左襟压右襟，在右腋下挽结。而北方少数民族则相反，是右襟压左襟，在左腋下挽结，故称左衽。在队伍最前列的两人，正在吹奏长号角，一般认为是匈奴族的特征。东壁门两侧画观音变及女供养人，门上画尊像图。窟顶四坡为宋画飞天和千佛。

壁画在绘制供养人时，有时也绘制一些伎乐，称为“供养人伎乐”。这种伎乐直接反映各个时代的音乐舞蹈生活，比较客观地反映民间的世俗乐舞。供养人伎乐，所占画面较小，人数也不多，只具象征意义。北凉第 275 窟南壁有早期的供养人乐伎图像，绘两个吹大角的供养人乐伎，大角类若后来出行图中之画角，但无花纹，角体呈觚弯形，这种角显然不是兽角，似为皮革、木质合成之物质，后面还有海螺及竖笛演奏者。

第 275 窟南壁佛传故事（出游四门）中之伎乐，壁画中最早的一幅音乐图像（图 1-1-11）。第 275 窟建于北凉，属早期石窟。南壁经宋代改建，一半壁画被遮盖。今敦煌研究院将被盖之壁画揭露，与另一半合并，复原成为一幅具有音乐内容的、完整的壁画。全图分段布局，绘有楼阁数座，楼阁左右，有四组站立演奏之伎乐，每一楼阁中居有头饰宝冠、有光环的菩萨，旁有侍从，在聆听伎乐演奏，象征宫阙琼楼，玉宇千层，仙乐缭绕，歌舞升平的极乐世界景象。此图的艺术价值为:（1）是敦煌地区继魏晋之后，最早的一幅以音乐为题材的佛教壁画。（2）乐器比较丰富，出现琵琶和箜篌、横笛、大角、筚篥五种。特别是琵琶、箜篌的造型、结构、细部绘得十分具体，写实。（3）体现了中西文化的交汇，壁画上可明显地看到印度佛教文化、西域文化的影响，可以从阿旃陀、克孜尔、库姆吐拉等石窟看到模仿的原型，比如伎乐混杂于天人菩萨之间，边奏边舞，人物的脸型、体态、服饰、巾带，皆具西域特征。同时也体现了汉文化、绘画艺术的传统，接受了汉画像的风格，比如横向分层的构图形式；也接受融会嘉峪关、酒泉及敦煌本地墓葬画的风格特点，线条明快生动，造型简略，设色凝重，而且比之有明显的进步和发展。

晚唐发生的地震使此窟前壁大部崩塌。五代于窟的中部建一土墙，将此窟一分为二，形成"前室""后室"，并于土墙、窟顶、土墙前的"前室"作了局部重绘。现在重绘部分逐渐剥落，露出原绘壁画，其余保存尚好。

北凉艺术是在本土汉晋文化艺术基础上，直接接收西域（龟兹）佛教石窟艺术的影响，其中不同程度地包含着印度、阿富汗、波斯以及希腊、犍陀罗艺术的成分。人物面相略长而丰满，鼻直、眉眼上斜、披发，肢体健壮，动态朴拙，上身半裸，色彩浓重热烈，凹凸晕染，富于立体感，披巾长裙，神情静穆，形成了有敦煌特色的西域式佛教艺术。

二、北凉物质文化精粹举隅：北朝的度量衡器

自西汉开发敦煌以来，有关度量衡器和天文历算的科学知识就应用发展起来。敦煌汉简和藏经洞遗书中有古代数学史料——算书、算经、算表等手抄本，以及与之密切相关的计量、衡量方面的史料。北凉莫高窟275窟北壁壁画"尸毗王本生"的提系杆秤，体现了早期不等臂秤的某些特点，是魏晋南北朝时期广泛应用提系杆秤的重要图像资料。

尺子主要有木工尺和衣工尺两类。木工尺又称"鲁班尺"，中国建筑业自汉以来自成体系，其用材、结构标准较为固定，所以尺度也基本稳定，一尺约合31.3厘米。西魏第285窟东坡所绘伏羲、女娲，手持矩尺和墨斗，这两种工具还出现在唐、五代、北宋时期壁画阿修罗手中。隋302窟"福田经变"建塔场面中，塔下一人也是手持矩尺。

衣工尺或称"裁尺"，用于量布裁衣，自成系统。民间裁尺早期各地并不统一，当时官府征收布帛税，为此定出通用尺度，作为标准，民间裁尺受此影响，逐渐与通用尺度接近。朝廷裁制官服尺度，与礼制密切相关，不能随意变动，基本采用另一种尺度——小尺。古时敦煌裁尺使用广泛，文献多有记载，如敦煌遗书某卷记"辛巳年二月十日卢博士付生绢一匹，长、裁衣尺量得三丈四尺，幅一尺七寸三"，文中提到裁衣尺及其单位丈、尺、寸。敦煌出土两把北凉骨尺，反映了当时的尺度标准[1]。

1 参见敦煌研究院王进玉主编：《敦煌石窟全集·23·科学技术画卷》，商务印书馆（香港）有限公司，2001年。

第二节　北魏石窟艺术（445—534 年）

385 年，鲜卑族拓跋部首领拓跋珪建立代国，早期国语鲜卑语，386 年改国号为魏，史称北魏。398 年道武帝拓跋珪迁都平城（今山西大同市），439 年太武帝拓跋焘统一北方，为隋的统一奠定了基础。493 年起孝文帝拓跋宏迁都洛阳，皇帝改姓元，因而北魏历史别称后魏、拓跋魏、元魏。534 年，北魏分裂为东魏与西魏。北魏时期，佛教空前发展，迁都洛阳和移风易俗，促进了北魏的封建化和民族融合。东魏武定八年（550 年），高洋废孝静帝，代东魏自立，建立北齐。西魏于恭帝三年（557 年）被权臣宇文护逼迫禅位于堂弟宇文觉建立北周（图 1-2-1）。

439 年，拓跋焘占姑臧，沮渠牧犍投降，北凉亡，但沮渠无讳仍据守敦煌。442 年，无讳撤离敦煌，西凉王李暠之孙李宝乘机占据敦煌，并派李怀达入魏归降。444 年，北魏召李宝入平城，直接控制敦煌，建敦煌镇，仍把这里作为经营西域的基地。太平真君六年（445 年）和九年（448 年），万度归两次进军西域，西域诸国纷纷归附，丝路再度畅通。后来，游牧于北魏北境的柔然逐渐强大。到献文帝时，柔然控制了西域，敦煌又成为北魏抗击柔然的前沿阵地。敦煌镇将尉多侯、乐洛生都曾击退柔然对敦煌的骚扰。孝文帝时，进一步加强对敦煌镇的守备，在此置都大将。同时，居住在阴山南北的游牧民族高车日益强盛，与柔然为敌。柔然在北魏和高车的夹击下逐渐衰落，敦煌的外部威胁得以解除。正光五年（524 年），敦煌镇改为瓜州。次年，北魏宗室元荣任瓜州刺史。北魏分裂后，敦煌属西魏，西魏仍以元荣为瓜州刺史。元荣死后，瓜州先后发生了邓彦和张保叛乱，赖瓜州大族的力量，叛乱得以平息。西魏委派为民众所信服的申徽为瓜州刺史。由于此时突厥、吐谷浑分别在河西走廊以北和东南兴起，并控制了西域，申徽也只能做到保境安民而已。北周取代西魏后，仍在敦煌设瓜州，曾委任建平公于义为瓜州刺史。因北周的主要注意力在统一中原，未暇西顾，敦煌未能改变防守局面。北朝时期，敦煌的佛教继续发展。孝文帝时任敦煌镇都大将的穆亮和后来任瓜州刺史的元荣、于义等几位来自中原的敦煌地方长官，都尊奉佛教。元荣、于义不但大兴佛事，还亲自出资在莫高窟开窟造像。致使“合州黎庶，造作相仍”，莫高窟的开窟造像活动，渐趋兴盛。这里逐渐发展成为佛教徒传授教义、举行佛事活动的重要场所。在元荣时期开凿的洞窟中，融入了他从中原带来的文化艺术；北周时期，建平公于义再次带来了中原的文化艺术。此时的敦煌石窟艺术已突破

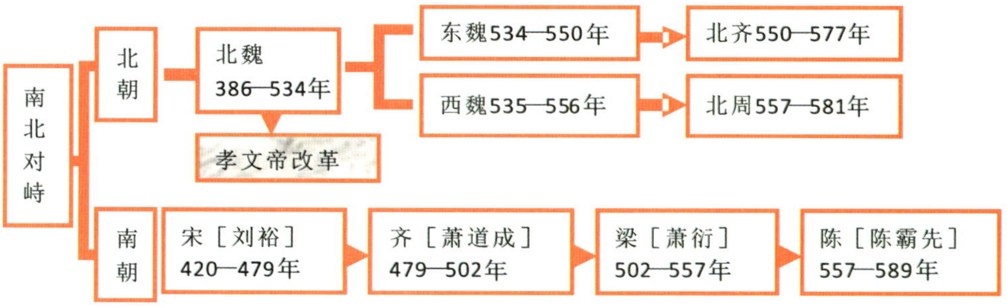

图 1-2-1　南北朝对峙示意图

西域佛教艺术的规范，开始形成具有敦煌特色的中国式佛教艺术体系。

北魏敦煌石窟艺术，敦煌石窟艺术分期之一，指北魏太平真君六年（445 年）平定西域到永熙三年（534 年）期间的敦煌石窟艺术。莫高窟有十窟。多为人字披中心柱窟，中心柱四面上下两层开龛，南北壁上层开阙形龛。龛内外塑释迦禅定、苦修、降魔、说法和菩萨像，塑有交脚弥勒菩萨像的上层阙形龛，象征兜率天宫。此时还出现一种新窟型，如第 259 窟，窟内中心柱已不是四面环通、立于窟中，只有前半部柱身，后半部背靠西壁，柱身正面开龛，内塑释迦、多宝二佛并坐说法像，窟的南北两壁各开四龛，内塑禅定佛像。这种窟型已属从中心柱窟向殿堂窟转变的一种过渡形式。佛的塑像神态沉蕴，面和目慈，或袒臂斜披，或通肩裹体。其中第 259 窟北壁东龛结跏坐佛，笑意含蓄，恬静温和，是北魏塑像之佼佼者。菩萨塑像裸脚露臂，斜着络腋，云髻高耸，宝冠裹额，辫发垂肩，姿容清秀。窟内壁画多有固定格式，即四壁上部为绕窟一周的“天宫伎乐”，中部是“千佛”和“本生”“因缘”故事画，下部是金刚力士（或称“地神”）。寓意天、人、地三界。上部的“天宫”是由毗邻交错的汉式屋顶建筑和印度圆形穹庐组成，前有平台雕栏，宫内绘舞蹈乐队和放歌的伎乐天。中部的“千佛”，有的满布整壁，多达数百；有的在整壁千佛的下层画一或三幅“说法图”。千佛皆作结跏趺坐式，这与北朝佛教盛行坐禅观相思想一致。本生故事画表现释迦佛过去若干世舍身救世的“菩萨行”事迹。有单幅和横幅两种形式。单幅画如“萨埵太子舍身饲虎本生故事画”“尸毗王割肉贸鸽本生故事画”。这类画将不同时间、不同地点发生的事件，压缩于一幅图中。横幅画如“沙弥守戒自杀缘”“须摩提女缘”等，故事情节按发生顺序连续列绘，每个情节间以山峦、屋宇或榜题间隔，这是继承汉画像砖石铺陈故事的传统手法。“沙弥守戒自杀缘”中国王着天竺装，轻佻的优婆塞女着西域装，忠厚的长者和严守戒律的儿子（沙弥）着汉装，表现了外来佛教艺术在汉族伦理观念影响下，在服装穿着上的变化和寓意。横幅画中的“九色鹿本生故事画”，用新的方式处理故事情节的发展，画面将同时发生的两件事，分别从横幅的两端始绘，各自按事件情节的发展一一列绘向中部集中，最后冲突的双方，在横幅的中部汇合，一方张弓拔弩，箭在弦上，一方大义凛然，慷慨陈词，激化了的矛盾按故事的发展又顺理成章地得到解决，这是对传统横向列绘情节形式的进一步发展和创新。画中人物面相椭圆，形体修长，以刚劲的铁线描勾勒定形，使人物形象既刚且柔；画中的乘骑挽马，形体高大修长，“喙尖而腹细”，经过图案化的艺术加工，更显得健美、矫捷、雄俊，合“骨气形似”之道（见唐·张彦远《历代名画记》“论画六法”）；“须摩提女缘”中的龙、虎、象、牛、雁等飞空而至的神化了的动物，都表现了简略而不失其原形、图案化又不失其生动的新的创作笔法。下部绕窟一周的金刚力士浓眉怒目，是佛教驱鬼逐魔的护法，有的作羊头状，有的作猴状，或画作椎髻裸躯的婆罗门，或绘成牛头夜叉，体形皆肥硕壮实，强健有力。敦煌石窟的北魏艺术在石窟形制、人物造型、衣着披帛、画幅构图等诸多方面，都体现了外来佛教艺术在中华本土，为适应汉族民众的伦理观念、审美趣味、美学思想的需要所发生的变化。

北魏时期洞窟：《敦煌石窟内容总录》确定 439 年至 534 年间凿建十窟，编号是 251、254、257、259、260、263、265、273、441、487；《北朝洞窟分期》确定在北魏中期（465—500 年）左右凿建八窟，编号是 259、254、251、257、263、

260、487、265。

一、北魏代表洞窟

（一）第251窟（图1-2-2）

莫高窟第251窟建于北魏，五代、清重修，位于九层楼以北的石窟群中段。窟形为中心塔柱式，前部人字坡顶，后部平顶。中心塔柱东向面开一龛，南西北向三面上、下层各开一龛，东壁门上开一明窗，作窟内采光、通风及造窟时排渣用。南、北壁西侧彩绘立柱一根，上以彩绘木质斗拱支撑横梁，既是对木构的模仿，又起到了与后部千佛分隔的装饰作用。

主尊倚坐佛高1.97米，头顶肉髻高大。双手自然垂下抚膝，身披右袒式袈裟，袈裟轻薄，透出身体结构。中心柱上部残存数尊影塑菩萨，影塑是将泥、细沙、麦秸等原料，用泥制模具翻制成形后，表面进行敷彩的批量加工方式。

图1-2-2 北魏莫高窟第251窟 内景

窟四壁上沿绕窟一周绘西域式穹窿天宫，其下平台雕栏，参差之状如探出的小阳台。内有身姿妖娆的伎乐天人，在各自拱门前载歌载舞，造型活泼优美（图1-2-3）。中部满壁千佛，这与北朝佛教盛行禅观思想一致。窟下层四周为浓眉怒目、赤身裸躯的金刚力士、药叉，体型壮硕，多在山岳间，取“地神”之意。与石窟顶端伎乐天相呼应，除宗教意味外，也富于装饰性，这是早期洞窟较为常见的布局形式。

图1-2-3 北魏莫高窟第251窟南壁上部 天宫伎乐

南、北壁前部利用人字坡下的山形空间绘大型尊像图。北壁尊像图（图1-2-4）明显具有西方净土的画面意境，佛端坐于池中巨莲座之上，菩萨跣足侍立于莲台，当是西方净土七宝池之景。《阿弥陀经》云：“极乐国土有七宝池，八功德水充满其中。池底纯以金沙布地，四边阶道金银、琉璃、颇梨合成，上有楼阁，亦以金银、琉璃、颇梨、车渠、赤珠、

图 1-2-4　北魏莫高窟 251 窟北壁前部 尊像图

玛瑙而严饰之。”这里不画楼阁，只取了净土世界的核心内容——池中生莲，尊像在上来表现。南壁尊像图中，主尊左侧侍立金刚神，一位头戴鹖冠、着铠甲战裙、手执金刚杵的武士。金刚神亦称“密迹士”“金刚力士”，是佛教护法神像之一，往往手执金刚杵。出自《楞伽经》，卷四云：“金刚力士，常随侍卫。”这两幅尊像图中，绘出了佛三十二瑞相之一的“网缦相”，即佛指间似蹼的网缦连接。

第 251 窟飞天是飞天代表作之一，位于窟顶平棋图中和说法图上方。面相丰润，头戴波斯风新月冠，四肢修长，动态豪放，巾带飞扬，明显是受到汉晋绘画影响后形成的本土风格。

北朝时窟内布局规划、壁画构图常以界画定位，如北魏第 251 窟的说法图、天宫伎乐、金刚力士，均可见规定壁画位置的界画痕迹。界画是壁画技法之一，用规矩器械绘成台阁方圆曲直之形，称“界画”。元陶宗仪《辍耕录》称“界画台阁”为一科，汤垕《画鉴》云：“画有十三科，山水打头，界画打底。”在敦煌石窟艺术中，从窟内布局，到装饰图案中的规矩方圆，都有界画存在，是起源早、用途广的一科。界画的工具，画圆用绳规，画长线用类似木工的墨斗长绳弹成，短线用直尺。北朝时期界画主要用于壁画布局，起稿时规定位置，处理比较自由。北魏时的壁画已初步形成界画台阁的制度。唐时界画已成一科，以宫殿楼阁为环境的西方极乐世界，重楼叠阁、桷榱斗拱均合规矩，表现了敦煌界画的成就。

（二）第 254 窟

第 254 窟（图 1-2-5、图 1-2-6），北魏统一河西后所建中心塔柱窟，位于九层楼以北的石窟群中段，隋代重修。中心塔柱窟，也称“中心方柱窟”“中心柱窟”“塔庙窟”，由印度支提窟发展变化而成，新疆地区、中原北方地区、南方地区、西藏地区的许多石窟寺中均有此窟型。敦煌莫高窟现存有 28 个中心塔柱窟，其中北魏最多 11 个，西魏、北周、隋、唐、五代、元均有修造。可分为四个发展阶段：一、北魏至西魏为鼎盛期；二、北周至隋为衰落期；三、初盛唐为益衰期；四、晚唐为尾声期。中心塔柱窟起初与殿堂窟差距很大，早期塔庙窟主要是为“入塔观像”，与北朝流行禅观思想相适应，以后随着佛教的逐渐世俗化，宗教礼仪逐步简化，塔庙窟也逐渐殿堂窟化，中心塔柱之塔的含义随之减弱乃至消失。早期塔庙窟在纵向矩形石窟后部中心立方柱，接地通顶，下设基座，上承塔身，四面开龛，塔柱前有敞厅，四周甬道可供僧、信徒作巡转礼仪之用。前厅窟顶呈人字形披面，人字披亦称“人字坡”，始于北魏第254、251等窟。第254窟人字坡两端山墙上以斗拱作装饰，极富中国传统建筑形式气息，是早期典型窟式之一。

图 1-2-5 北魏莫高窟第254窟 内景

莫高窟北朝窟窟顶前部多作“人”字坡形，两坡上或塑或画梁、檩、椽、枋等屋架结构，施以彩绘。人字坡椽上仿中国古代宫殿建筑部件装饰金釭纹——竖长形，一端平齐束腰线，一端“山”字三角形，有时尖端垂铃。每椽画三段。陕西凤翔春秋秦宫遗址出土的建筑部件铜质金釭形状大致与之相同。第254人字坡椽上即饰有金釭纹。人字坡屋架均涂土红色地，以青、绿、白、黑诸色画云气纹、忍冬纹、菱格纹、金釭纹等。椽间白粉地上画莲荷、忍冬、化生、天人、祥禽瑞兽纹样。第254窟窟顶人字坡椽间绘32条“天人莲花图案”，天人双手合十擎莲花，莲花茎似藤蔓，以忍冬纹为叶，花如摩尼宝珠。

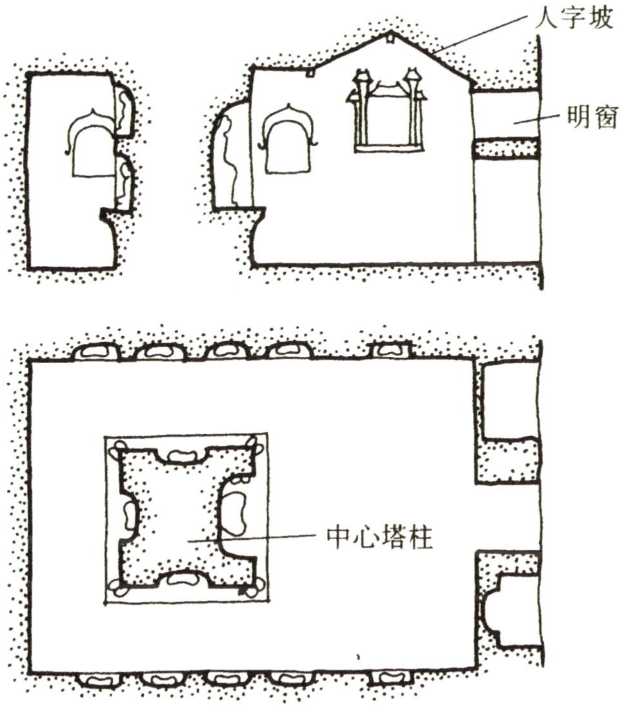

图 1-2-6 北魏莫高窟第254窟平剖面图（孙儒僩绘）

环绕中心塔柱四周窟顶，装饰二方连续斗四方井套叠平棋图案。此为仿中国古代宫殿内的平棋装饰——边饰构成方井，四角各斜置边饰，边饰相斗又成重井，如此多重套叠而成。井心绘一轮状大莲，四岔角分绘光焰纹、飞天或莲荷纹。边饰均为土红地，以青绿、白、黑绘云气纹、忍冬纹、禽兽纹、各种几何纹。

中心柱东向面开一大龛，内塑交脚弥勒，着右袒袈裟，紧窄裹体，有“曹衣出水”之韵。宋郭若虚《图画见闻志·论曹吴体法》云：“曹、吴二体，学者所宗，按唐张彦远《历代名画记》称，北齐曹仲达者，本曹国人，最推工画梵像，是为曹，谓唐吴道子曰吴。吴之笔，其势圆转，而衣服飘举；曹之笔，其体稠叠，而衣服紧窄，故后辈称之曰：吴带当风，曹衣出水。”“曹衣”式北凉业已风行，北魏继之。254窟的彩塑交脚弥勒“其体稠叠，而衣服紧窄”，正合“曹衣”。此式从西域传入敦煌早于曹仲达百余年，由此可以看出“曹衣出水”样式发展之脉络。

龛外浮塑龛楣，龙躯龛梁，两侧立龛柱，龙立柱顶，龛壁影塑供养菩萨，龛内上画飞天。宝座两侧绘婆薮仙与鹿头梵志，这是北魏至初、盛唐石窟均流行的题材。

婆薮仙是佛教指称外道之一，又名“婆叟仙”（图 1-2-7）。自北魏始，佛龛内尊像座南北两侧多画外道形象，裸体围裙、椎髻浓髯、手中执鸟的婆薮仙是主角之一。《大智度论》云其曾是国王，在杀牲祀天大辩论中支持杀牲派，使后世杀牲祀天、杀生吃肉有所依据，所谓“婆数仙人王法”，经云婆薮仙后来受到沉落大地之苦。由于其杀牲主张与佛教戒律相违，故北魏时多绘于佛龛南侧以训诫信徒。

鹿头梵志（图 1-2-8）熟谙医药、天文，能治众病。一次路经大畏冢间（乱葬坟）遇释迦，释迦次第拾冢间头骨，考问死者男女身患何疾及对治方法、未愈原因等，梵志一一作答。后释迦递给一比丘骷髅，梵志未辨男女，承认“九十六种道的学问我悉能知晓，唯独‘如来之法’不能分辨，愿世尊度我”。于是皈依佛教，释迦教其如何理解地、水、风、火四大元素与生命的关系，并终修成阿罗汉果。鹿头梵志代表了释迦在世时战胜的 96 种外道之一。本图鹿头梵志形象为一年老婆罗门，椎髻浓髯，身体大部袒裸，唯腰系短裙，身绕斑马纹巾带，似昂首问道，鹿头梵志多绘于龛内佛座北侧龛壁。

该窟东、南、西、北四壁顶端画天宫伎乐绕窟一围，其中值得提到的乐器有齐鼓——一种打击类膜鸣直胴型乐器。隋唐燕乐多部乐中列为编制，用于西凉乐、高丽乐诸乐部。《古今乐录》描述为“齐鼓

图 1-2-7　北魏莫高窟第 254 窟中心塔柱东向面龛内南侧 婆薮仙

图 1-2-8　北魏莫高窟第 254 窟中心塔柱东向面龛内北侧 鹿头梵志

如漆桶大，一头设齐于鼓面，如麝脐，故曰齐鼓”。敦煌壁画中此鼓形状若腰鼓型，一头略大，鼓面有一突出圆形物，即书中所谓之脐。这种鼓在云冈石雕乐伎图像中也有，据信有实物依据。还有海螺，也称贝、梵贝，吹奏类胴腔乐器。天然海螺磨穿为吹口，吹气后螺腔呜呜长鸣，音量较大。贝可作天宫伎乐之乐器，可作护法神所持之法器，亦可作供品，早期壁画中贝多作为乐器。

图 1-2-9　北魏莫高窟第 254 窟南壁上部阙形龛 交脚菩萨像

中心塔柱南、西、北三面均上、下开龛，南北向上层为阙形龛，内塑交脚弥勒像（图 1-2-9），下层圆拱券形龛，内塑禅定像。西面上层为双树龛，下层圆拱龛，塑像均为结跏禅定佛。交脚菩萨像是彩塑题材之一，敦煌北凉、北魏、西魏、北周各窟均有塑造，其题材内容一说为弥勒菩萨，一说为释迦牟尼佛的前身。菩萨造像基本特征为头戴宝冠，上身袒裸，颈饰项圈，胸挂璎珞，肩绕长巾，腰围长裙，跣足交脚，正身端坐，但手姿各异。第 275 窟作为主像置于西壁，余或在两侧壁的上层龛，或在中心塔柱南北侧上层龛，或在中心塔柱西面龛内。除第 275 窟主尊外，北凉、北魏窟塑在阙形龛内。西魏、北周窟塑在圆券形龛内。第 254 窟南壁上部阙形龛内交脚菩萨像是此类题材的代表作，该像系绿裙交脚端坐，宝冠巍峨，面广丰颐，长发垂肩，脑后披巾，上身袒裸，颈饰璎珞，胸前绘双蛇相衔，长巾绕臂，衣巾密褶装饰。整体造型雄健，比例匀称，开神悦体之姿离墙欲出，造像局部烟熏略损。禅定像是指彩塑中修禅入定的坐佛形象——着通肩或双领下垂袈裟，结跏趺坐，叠手施禅定印，颔首凝神。莫高窟现存北魏至隋 16 个洞窟约 55 身。第 259 窟置于南北壁下层列龛，其余各窟都置于中心塔柱南北向龛和西向的上下龛，但第 254、263 窟南北壁龛以及西壁龛内也置禅定佛。

四壁绘千佛，千佛是敦煌壁画的重要内容之一。千佛像指三世十方诸佛群像，大乘佛教有三世三千佛之说，故简称“千佛”。中国石窟造像中，“千佛”一词最早见于炳灵寺第 169 窟。此窟有西秦建弘元年（420 年）建窟纪年题记，东壁窟口上方画千佛，下方墨书发愿文云：比丘慧眇等“共造此千佛像”。莫高窟早期洞窟往往四壁千佛密布，其中第 254 窟每壁五排，共画千佛 1235 身，造型相同，仅敷色略异。佛端坐，双手交置于足上，面圆耳长，均有头光、身光。原来每佛身旁具墨书题名，是莫高窟壁画中现存最早的榜题，现大部漫漶，尚可辨认三百零四条，皆竖写，一般高 6—8 厘米，宽 1—1.5 厘米，仅写佛名如“月光佛”等，分别出自《过去庄严劫千佛名经》与《未来星宿劫千佛名经》。经云，过去庄严劫和现在贤劫内，继有一千人成佛，未来星宿劫内，也将有一千人成佛，即大乘佛教之三世三千佛。此窟千佛，将榜题与经文核对，发现以西壁中轴线为界，一侧绘过去千佛，另一侧绘未来千佛，连带中心塔柱所代表的现世佛，正符三世千佛经义，为敦煌石窟仅见。早期千佛组合，以红、绿、蓝、白、黄诸色交叉配置，由于年代久远，千佛多已变色，面部墨线已脱落，轮廓线粗重，形成白色鼻梁、眉棱、眼眶、下巴组成的小字脸。晚期洞窟千佛多为贤劫千佛。

佛传、本生、因缘故事画置千佛中央——南壁降魔变、萨埵饲虎变，北壁画难陀出家缘变、尸毗王割肉贸鸽变，西壁中画白衣佛一铺。

东汉昙果、康孟祥、竺大力译《修行本起经》，三国吴支谦译《佛说太子瑞应本起经》，西晋竺法护译《普曜经》，南朝宋求那跋陀罗译《过去现在因果经》，马鸣撰、南朝宋释宝云译《佛本行经》，马鸣撰、失译《佛所行赞》，南朝梁僧祐《释迦谱》，隋阇那崛多译《佛本行集经》等经典，讲述了释迦牟尼生平教化事迹，是为佛传。佛传故事画有表现佛一生完整事迹的，也有表现某一事迹——乘象入胎和夜半逾城、出游四门、降魔、鹿野苑说法、涅槃的等，北凉、北魏、北周、隋唐、五代、宋代洞窟中均有所描绘。图绘结构形式主要有五种：（1）主体单幅画，即一画一境；（2）多主体单幅画并成组画；（3）异时同构画，即一画多时多地多境；（4）连环画，时、地、事完整的故事画；（5）屏风画。

降魔变讲释迦将成佛道，天魔波旬率部至佛所扰乱，破坏释迦成道，释迦示“降魔相”败波旬和魔军，所据为《增一阿含经》卷三十九、《过

a. 全景

b. 局部

c. 局部

图 1-2-10 北魏莫高窟第 254 窟南壁前部中层降魔变

去现在因果经》卷三、《佛所行赞·破魔品》、《大唐西域记》卷八等经典。莫高窟北魏、北周、唐代，西千佛洞，榆林窟五代、西夏窟均有所表现。第254窟降魔变（图1-2-10）是代表作之一，位于南壁前部。中央释迦牟尼跏趺禅定，即成正道。四围魔王波旬率领魔女、魔军诱以女色，动以武力，企图扰乱佛法。左下角三魔女扭怩作态，右下角释迦瞬间使其变成丑陋老妪。画面上部魔军进攻，现出“猪鱼驴马头，驼牛兕虎形，狮子龙虎首”“或一身多头，或身放烟火”“或长牙利爪”“执戟持刀剑”“或呼叫吼唤，恶声震天地”等畏怖境。释迦施法使魔军“抱石不能举，举着不能下，飞矛戟利稍，凝虚而不下，雷震雨大雹，化成五色花，恶龙蛇噀毒，化成香气风”（《大正藏》卷四《佛所行赞·破魔品》）。释迦神色安然，左手轻举捻衣襟，右手施降魔印垂首按地，降服魔军。无奈，魔王与魔军只得下跪求饶，通过魔部之惊惶丑狞反衬出释迦之镇定安详。主体式“异时同构”的创作，把复杂情节组合在一起，繁而不乱，主题鲜明，这与印度阿旃陀石窟第1窟降魔变壁画有异曲同工之妙。画面线描秀劲圆润，晕染细腻柔和。魔女戴宝冠，披长巾，穿褙子、长裙，显然是受波斯影响的西域装。

本生故事画表现的是释迦牟尼佛在过去世中为因地菩萨时教化众生、普行六度的种种事迹。萨埵太子本生故事画内容据《贤愚经·摩诃萨埵以身施虎品》。故事讲：宝典国国王大车有三子，一日入山田猎，见一母虎饥饿所逼，欲食其子。太子摩诃萨埵欲舍身救虎，遂卧虎前，但饿虎无力啖食。萨埵旋即爬上山岗，利木刺身出血后堕崖，饿虎舔血后啖食之。二

a. 全景

b. 局部

c. 局部

图1-2-11　北魏莫高窟第254窟南壁 萨埵太子本生

兄不见萨埵，沿路寻找，终见萨埵尸，惊慌回宫禀告。国王夫妇赶至山林，抱尸痛哭。随后收拾遗骨，起塔供养。此画表现形式有三种：主体式单幅画、横卷式连环画、屏风画。北魏、隋唐、五代、宋代均有此题材，共16例。除第254窟外，均采用多情节连环画来叙事，重点表现萨埵太子饲虎场面，气氛悲壮。

第254窟萨埵太子本生故事画是代表作之一，位于主室南壁（图1-2-11）。画面由十个情节组成，次序如图（图1-2-12）：（1）入山见饿虎；（2）投身堕崖；（3）以身饲虎；（4）利木刺身；（5）再次投身跳崖；（6）再次饲虎；（7）虎啖萨埵；（8）找见残骸；（9）抱尸痛哭；（10）起塔供养。该图蒙太奇式的奇幻展示，把不同时空诸多情节交织一处，形成主题鲜明变化丰富的整体单幅画结构。右上画面以萨埵跳崖的一个场面表现其两次跳崖，又以萨埵横卧虎前和饿虎围食一个场面，表现其两次饲虎和饿虎啖食三个情节，既节省了有限的画面空间，又无碍观者看懂画面，更突出了萨埵舍身的坚定决心。人物描绘上，没有骸骨狼藉的场面，相反被饿虎啖食后的萨埵和亲属怀抱痛哭的萨埵尸，衣饰如故，面色如生，颂扬了萨埵灵魂的崇高和平静。

第254窟北壁东起第一铺绘难陀出家因缘故事画（图1-2-13），因缘故事画

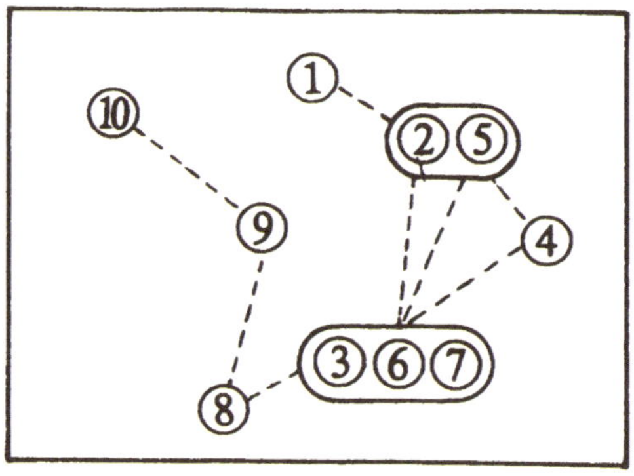

图1-2-12　北魏莫高窟第254窟南壁　萨埵太子本生故事画情节次序示意图

a. 全景

b. 局部

c. 难陀与妻孙陀利（史苇湘绘）

图1-2-13　北魏莫高窟第254窟北壁东起第一铺　难陀出家缘

描绘释迦成佛后说法教化的种种事迹。难陀是释迦之弟，释迦度其出家后，仍迷恋世俗生活，偷偷回家与妻相会。释迦为断其尘缘，让他看天堂之美，地狱之苦，使其专心绝世苦修。画面上，释迦两侧画镇禅力士和剃发戒师，两侧中层画修禅僧众和听法菩萨，上层画飞天，下层两侧各画一座屋舍，屋外有携手依肩、缠绵悱恻的男女各一组，表现难陀与妻难分难离之景。整幅壁画中，释迦神色威严，弟子貌容枯槁，唯独难陀夫妻缱绻情深，壁画虽仅用了两侧窄角描绘难陀夫妇，但仍使人感到难陀被迫出家的难言苦衷。

尸毗王本生故事画内容出自《六度集经·菩萨本生》《贤愚经·梵天请法六事品》。故事讲：尸毗王立誓普救众生，帝释天与毗首羯摩化作鹰、鸽，以试其志。鹰逐鸽，鸽逃至尸毗王处，鹰索鸽云，若不还鸽，亦将饿死。王为两全其生，决心割肉救鸽。鹰称肉与鸽必等重，王身肉割尽，犹不及鸽，遂举身入秤。王感动天地，大地震动，帝释天恢复原形，以神力使王身体恢复。其表现形式有两种：立体式单幅画和屏风画。主要刻画尸毗王镇静自如，旁一人从其腿割肉，周围尸毗王眷属围绕，前置一秤，一端立鸽，一端置肉，有些洞窟还绘尸毗王举身坐秤盘之景。北凉、北魏、隋代、五代石窟均有所表现。

第 254 窟主室北壁前部西侧尸毗王本生故事画（图 1–2–14）为代表作之一。图内以割肉为核心表现五个情节，次序如图（图 1–2–15）：（1）鹰飞逐鸽；（2）鸽入王掌求救；（3）侍者割肉；（4）身肉不足，举身入秤；（5）王身复原，天人赞叹。该图将不同时空的情节协调一处，内容丰富。居中端坐的尸毗王庄严沉静，同一形象既表现了救鸽，又表现了甘愿舍肉，再表现身体复原，使得主题鲜明，也集中体现出尸毗王的舍身精神。

本图掌衡者，头戴白色高毡帽，上着圆领条纹皂褶，下穿白袴，腰束络带，足

图 1–2–14　北魏莫高窟 254 窟主室北壁 尸毗王本生故事画

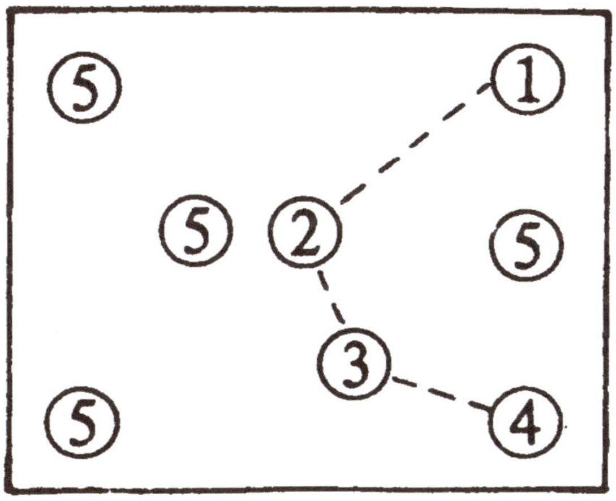

图 1–2–15　第 254 窟主室北壁 尸毗王本生故事画情节次序示意图

图 1–2–16　北魏莫高窟 254 北壁 尸毗王本生故事（掌衡者执不等臂杆秤称重）

登高鞠乌靴，这是典型西域胡服。春秋战国时代赵武灵王胡服骑射以袴褶为戎装，其制上衣曰褶，下裳曰袴，这里的人物造型及衣饰绘画明显受到西域画风之影响。掌衡者执秤，两边秤盘上分别为鸽子和尸毗王（图1-2-16）。杆秤单系提纽几乎在衡杆中央，秤盘悬挂在衡杆重臂上离臂端较远，离衡杆中央较近的位置，可见战国时不等臂秤之遗风。在河南焦作发现的北魏时期窖藏铜器中有杆秤，其造型与之相同。唐、五代壁画中也出现了大量天平形象，这反映了北朝以来天平、杆秤并用的生活现实。

图1-2-17　北魏莫高窟第254窟西壁　白衣佛

西壁中部绘白衣佛（图1-2-17），此佛身着白色双领通肩袈裟结跏趺坐，衣纹细密繁复，这种题材在敦煌壁画中较为少见。白色在中国古代传统文化中与丧葬有关，所以有学者认为白衣佛可能象征着佛陀的涅槃，与僧人坐禅修行可能也有一定关系。还有学者认为白衣佛是一种瑞像。

此窟建筑布局谨严，雕塑、壁画在北凉风格的基础上进一步发展，是敦煌莫高窟北朝石窟艺术的代表。塑像比例合度，神态庄重。四幅主题画的人物造型、色彩线描、构图设计、题材组织均显示出强烈的地域特色和吸收外来文化的融合创新精神，因而在中国美术史上有重要价值和意义，虽经多次烟熏火燎，历尽劫难，但魅力永存。

（三）第257窟

第257窟，建于北魏统一河西后，宋重修，位于九层楼以北的石窟群中段。采用印度支提窟与中国汉式建筑相结合的形制，前部人字披顶，后部平棋顶，有中心塔柱，因东壁塌毁，仅存人字披少部及塔柱。

塔柱四面开龛，东向主龛内塑倚坐弥勒像。像高肉髻，面部略损，双目已失。内着僧祇支，身披右袒袈裟，两腿自然垂下。其表情庄重，肩圆胸阔，四肢修长，具有伟丈夫之气概。此尊彩塑衣纹以泥条贴饰，使得袈裟紧裹佛体，特别是左臂垂下的波浪纹线袈裟，仿佛刚从水中出来一样，具有“曹衣出水”的明显特点。“曹衣出水”又被称为“曹家样”，曹家样是对北齐曹仲达艺术风格的俗称。宋郭若虚的《图画见闻志》中说：“曹、吴二体，学者所宗，按唐张彦远《历代名画记》称，北齐曹仲达者，本曹国人，最推工画梵像，是为曹，谓唐吴道子曰吴。吴之笔，其势圆转，而衣服飘举；曹之笔，其体稠叠，而衣服紧窄，故后辈称之曰：吴带当风，曹衣出水。”在敦煌壁画艺术中，北凉时期业已流行“出水”式的艺术风格，直至隋代都尚未消除“衣服紧窄”之势。此尊佛像早于曹仲达百余年，但由于曹仲达为此式之杰出代表，故画史称此为“曹衣出水”或“曹家样”。

弥勒像后绘重层光焰纹佛光图案，表现佛身常放光明，即佛“三十二相”中的“常光相”。敦煌石窟佛光图案包括“身光”和“头光”（项光），菩萨、弟子像只有“头光”，无“身光”。“头光”均为圆形，“身光”依佛像的坐、立、卧姿态，或长圆或正圆，均由多层边饰合成。北朝诸窟佛光图案由多种不同形象、色彩的光焰纹组合而成，有的在两层光焰纹边饰之间还增画一道“天人”或千佛小像，第257窟中心柱正面龛内弥勒像后佛光即是此类题材佳作。

东向主龛壁画菩萨二十身、飞天四身，佛光龛楣，青绿浓染，龛上浮塑供养菩萨。龛外两侧原塑天王像二身，现仅存北侧天王像。跣足而立，身形健硕，面相丰圆，睁目张嘴有笑意，神情和善，上身着甲，胸前左右绘石青色胸甲，覆护膊，裹护臂，腰系绿色膝裙，下露长裙，肩挂披巾绕臂而下，唯双臂已残，左臂尤甚。武士铠甲和菩萨装合于一体，古拙简朴，是莫高窟唯一的北朝彩塑天王像。

第257窟中心柱龛下绘白虎，白虎为神话四神之一，张口咋舌，昂首振翼，奔腾于空。《事物异名录·仙道部》云：“西方之神，系二十八宿中西方七宿——奎、娄、胃、昴、毕、觜、参，组成虎像，位于西方，色白，故称白虎。”白虎为西王母出行的前导神兽。

塔柱南北向面均上开阙形龛，塑思惟菩萨像。思惟菩萨即释迦牟尼成佛前，沉思悟道的形象。其造型特征为：头戴三珠冠，上身袒裸，肩披长巾，胸挂璎珞（项圈），腰围羊肠裙。跣足而坐，右腿屈置左膝，上身略倾，右肘置膝，右手指支颐，俯首沉思。第257窟中心柱南面上层龛思惟菩萨是此类题材代表作品。菩萨坐于饰有帷幕的阙形龛内，右腿屈放于左膝，上身略倾，俯首下视，左手握拳置于右踝，右肘着膝，以一指支颐，双唇紧闭，沉思冥想。

下部南侧开双树龛，北侧开圆券龛，均塑禅定佛像；西向面上下开圆券龛，内塑禅定佛，各龛外两侧均塑菩萨像。窟顶人字披椽间绘莲花供养菩萨，后平棋顶有飞天、忍冬图案及莲花童子“游泳图”。游泳古称游水、水嬉，四身裸童在碧水中围绕一朵大莲追逐嬉戏，周围水草点缀。画面中人物姿态舒展优美，表现了佛国世界莲花海中的快乐生活，此图曾被选为代表古代游泳的莫高窟奥运宣传画。

现存南、西、北三壁，上部画天宫伎乐通绕全窟，中部画千佛其下经变，底部绘金刚力士。在千佛、力士之间，绘横卷式经变故事画带通联三壁。所谓横卷式，即将多情节、多场面的故事并列画成横向长幅，类似传统卷轴画横向推展。横卷式构图若受壁面限制不能无限延伸时，则另起一段再绘一至两条横幅依次并列于下，于是故事内容成转折蜿蜒之状，因此又称这种并列横卷为“之”字形、“S”形构图，横卷式画面内部结构变化非常多。

南壁前部绘卢舍那佛像，后部分绘“沙弥守戒自杀缘”“弊狗因缘”。沙弥守戒自杀缘品故事画，现存北魏第257窟、西魏第285窟、五代第98窟三例。内容据《贤愚经·沙弥守戒自杀品》。大意讲：长者敬信三宝，送子从德高乞食比丘出家并度为沙门，比丘教沙弥守戒。一日比丘遣沙弥往优婆塞家乞食，恰优婆塞全家出门，留女守门。少女见沙弥生爱慕求婚配，沙弥不舍佛戒，刎颈而死。优婆塞归家知情，呈报国王，依法缴纳罚款。国王深受感动，为其火化并起塔供养。北魏第 257 窟南壁沙弥守戒自杀缘品是此类因缘故事画代表作之一。画面自东而西按故事情节发展之顺序描绘七个场面：（1）乞食比丘德高名重；（2）长者送子出家，剃发度为沙弥；（3）比丘教诲沙弥恪守戒律；（4）沙弥受比丘之遣，至优婆塞家乞食，正逢守家少女，少女心生爱慕强求婚配，沙弥不舍佛戒持刀刎颈，少女悲痛欲绝；（5）优婆塞回家，少女如实禀告；（6）优婆塞呈报国王缴纳罚款；（7）火化后起塔供养。这幅画叙事简练而清晰，内容完整，人物动作夸张，性格鲜明，具有装饰意趣。

弊狗因缘故事画，内容据《经律异相》卷四十七《弊狗因一比丘得生善心品》绘制。谓一弊狗常喜吃人，遇智慧比丘，萌生善心，死后转生，求作沙门，皈依佛法。画面由弊狗低头欲舔比丘及求作沙门两个内容组成，这种题材莫高窟仅此一例，部分画面遭烟熏。这幅画中比丘所躺的床，是敦煌壁画中较早出现的床图像，为四腿无枨床，就是说四条腿之间没有横木固定，图中床的高度已经与现代人所用卧具相当。

西壁绘“鹿王本生”，九色鹿本生故事画现仅存第 257 窟西壁一例（图 1-2-18）。内容据三国吴支谦译《佛说九色鹿经》，大意讲：九色鹿从恒河中救起溺水之人，溺水人为报恩，发誓不泄露其住处。当时国中王后梦一鹿，身毛九色。次日就向国王要求猎鹿剥皮以为衣饰。国王当即布告悬赏。溺水人见利忘义密告宫廷，并带王捕捉。此时九色鹿正高卧山中，毫无所知。鹿友乌鸦对空长鸣唤醒九色鹿。九色鹿向国王诉述溺水人忘恩负义之劣迹，国王深受感动，放鹿归山，并下令全国禁止捕猎九色鹿，此时溺水人周身生疮。第 257 窟西壁九色鹿故事画采用横卷式连环画的形式来表现，始于西壁南侧，波浪式行进至中部，越过中间情节至北侧边，再缓慢坡升至顶后，以九色鹿控诉溺水人作为内容和形式相统一的中心和高潮，至此故事戛然而止。全图描绘九个情节，如图所示（图 1-2-19）：

图 1-2-18 北魏莫高窟第 257 窟西壁 九色鹿本生故事画（局部）

图 1-2-19 北魏莫高窟第 257 窟西壁 九色鹿本生故事画情节次序示意

南起（1）溺水人呼救；（2）鹿经水边；（3）鹿救溺水人；（4）溺水人跪誓；（5）鹿王酣睡。画面北起：（6）说梦悬赏；（7）溺水人告密；（8）溺水人向导；（9）鹿王控诉。画面上的山水和宫阙，象征性地说明了人物活动环境，发展了汉画像砖的传统结构方式。

其中，溺水人向导带王猎鹿一节，国王和王后同乘的这辆马车为安车，双辕双轮，单马驾驭，车舆为全封闭式，圆弓形顶盖。马行进的姿态高傲典雅，表现出王家车乘的高贵之气，整辆车的造型也十分精巧别致，但也可能是进山狩猎之原因，车舆的装饰并不豪华。

须摩提女因缘绘于西壁中部北段和北壁中部西段，须摩提女因缘故事画，现仅存北魏第257窟一例。须摩提女因缘，据三国吴支谦译《须摩提女经》绘制。大意讲：须摩提女笃信佛教，夫家却为外道。公公满财长者要须摩提女请佛赴斋，以探佛之神威。佛遥知其意，吩咐众弟子赴宴。佛弟子乘坐各自幻化之物次第而来，释迦及诸侍者最后至。长者一众见种种神通，惊叹不已，信服皈依。画面采用横卷式来表现，依此绘：（1）须摩提女夫家宴请，来客议佛神威，须摩提女应公公之求，登楼焚香请佛；（2）乾荼背负大釜；（3）沙弥均头变五百花树；（4）周利般特乘五百青牛；（5）罗云乘五百孔雀；（6）迦匹那乘五百金翅鸟；（7）优毗迦叶乘五百龙；（8）须菩提乘五百琉璃山；（9）大迦旃延乘五百白鹄；（10）离越乘五百虎；（11）阿那律乘五百狮子；（12）大迦叶乘五百马；（13）大目犍连乘五百六牙白象，纷纷赶来；（14）释迦在众弟子的簇拥下从容而现。本图将六师梵志的鼓噪喧嚣，须摩提女的平和娴静，佛及弟子的威严庄重刻画得极其传神。画中动植物、山峦和器具之造型各附其灵动飞扬、凝练厚重的装饰意趣。

在起首“须摩提女夫家宴请”一节中，表现了一个“尊荣豪富”之家。画城墙一周，中有宅第，宅后起四层楼阁。嘉峪关及酒泉出土的魏晋墓壁画，绘有城堡，中有望楼，并榜书一“坞”字。可据此推测此图应是坞壁之属，并较上述之图描绘得更具体。图中宅第前有宅门，门后厅堂高敞，主人待宾，堂后望楼底层挂帷帐，中有妇女高卧，楼后有园。宅第高墙围护，其上女墙、雉堞，城墙平面上每隔若干距离设向外突出的一系列墩台，古称“马面”。宋人沈括《梦溪笔谈》卷十一认为“若马面长，则可反攻城下攻城者……须使敌人不能到城下”，强调了马面的防御作用。此图简要地反映了坞壁制度及宅第布局。

这些在赭红底壁上绘成的长卷式故事画，是汉晋传统画风在佛教壁画上的延续，为我们提供了北朝建筑、民俗服饰等事项丰富的形象资料。

第257窟北壁前部绘尊像图，局部敷彩不全或画皮脱落处都存在减笔起稿线。一般来说，敦煌壁画采用起稿、敷彩、描线定型的传统制作程序。稿线的熟练程度随时代而变化，有的粗简，有的精细，归纳起来有减笔与白描两种。减笔起稿线重在规定位置，如用弹线定位或者画圆圈表示人物头、手、腿的概略姿态。另一种是白描起稿线，唐代壁画使用较多。第257窟须摩提女缘品、鹿王本生等故事画中飞扬的巾带、奔驰的骏马及天界动物均采用雄劲的涂色技法，敷彩兼顾造型，大笔涂色，笔意粗犷，洒落大度。第257窟建筑、绘画等诸多事项都反映了北魏时期外来佛教艺术逐步汉化的过程。

（四）第 259 窟

第 259 窟开凿于北魏早期，宋重修，位于九层楼以北石窟群中段。前部人字坡，后部平棋窟顶。西壁面浮塑半塔，拟多宝塔从地涌出，上开一龛，内塑释迦、多宝并坐说法像（图 1-2-20）。释迦牟尼法华会上，多宝塔从地踊出，释迦佛开启塔门，多宝佛于塔内分半座请释迦佛入塔，并坐宣法。二佛游戏坐，左像高 1.4 米，右像高 1.43 米，身着袈裟，偏袒右肩，衣褶纹间涡纹装饰。火焰纹背光中以青金石粉染饰，鲜艳夺目。龛顶宝盖上，飞天八身相向而飞。龛外塑二菩萨侍立左右，南侧菩萨立像（图 1-2-21），高 1.29 米。面相长圆似鹅卵，双耳垂环，头戴宝冠，冠后垂巾。上身袒裸，仅披天衣，璎珞严身。下着绿色羊肠裙，厚如毛毡，阴线刻饰，坠垂于踝，跣足而立。重心倾于左腿，右腿拖后，似欲缓步前行。塔柱南北侧各塑一菩萨。

图 1-2-20　北魏莫高窟第 259 窟西壁龛 释迦、多宝并坐说法像

图 1-2-21　北魏莫高窟第 259 窟西壁龛外南侧 菩萨立像

南壁现存上层三个阙形龛，内塑弥勒菩萨像。下层一圆券龛，内塑趺坐佛。北壁双层开龛。上层阙形龛，人字披下居中为半跏思惟菩萨，东端一残龛，西二龛内皆塑交脚弥勒菩萨。下层圆券龛，西起第一龛，龛内结跏趺坐佛，像高 0.85 米，着右袒袈裟，双手已残。两侧胁侍菩萨均着通肩大衣，其一残，龛楣饰忍冬火焰纹，两头饰龙头，下方为西方式柱头。第二龛内塑一佛二菩萨，龛两侧塑束帛圆柱，以承托忍冬火焰纹龛楣，这是北魏时期的一种普遍形式。北壁下层西起第三龛的彩塑禅定佛（图 1-2-22），像高 0.92 米，笼发高髻，广额圆颐，大耳垂肩，含胸拔背，双腿盘起，结跏趺于长方形须弥座上，双手交叠于腹前重作禅定印。身披深红色通肩袈裟，膝前自然下垂如三莲瓣。阴刻衣纹，贴体下垂。北魏时期，北方僧人以禅法为主修，摒弃杂念，竟

日打坐。一般而言，其法枯燥难耐，但如法思修，自然禅悦贯体。此身坐佛正是入定时法喜充满之态——弯眉高挑，细眼微睁，鼻翼略隆，嘴角似翘，会心不语。数龛之间绘千佛和供养菩萨，壁下部绘药叉。

图 1-2-22 北魏莫高窟第 259 窟北壁下层 禅定佛

（五）第 263 窟

第 263 窟，代表窟之一。原窟建于北魏，后经北宋沙州末期至西夏初重修。窟型本为人字披顶，中心柱窟，西夏时缩小窟门，故东壁与人字披顶东披被土坯墙封闭，至 19 世纪末，西夏所砌土坯墙坍塌，露出被封闭的北魏壁画，渲染勾勒，笔触如新。二十世纪初叶被俄国人奥登堡窃去“千佛”“天宫伎乐”“降魔变”等北魏壁画若干幅，现藏于俄罗斯圣彼得堡艾尔米塔什博物馆。中心塔柱已改为盝顶帐形大龛，内置西夏塑佛、菩萨、弟子共七身。壁画装饰均系西夏初所作，中心柱其他三面各画飞天、垂幔、供养菩萨，下绘火焰珠供宝。南、西、北三壁表层亦为西夏画垂幔、千佛、供宝，石绿涂底，千佛变黑，呈现一派清冷色调。唯南北壁人字披下绘有飞天。1942 年剥离表层壁画数处：西壁上端中部剥出底层圆券龛，内北魏塑禅定佛一身，龛下剥出北魏壁画白衣佛说法图一铺。南壁东端人字披下剥出北魏塑“禅定佛”一龛，龛下剥出北魏画降魔变一铺。南壁东端尚存北魏画“天宫伎乐”“千佛”“供养人”十五身。下存五代画供养人二身。此壁后部又剥出北魏画“三立佛说法”一铺。北壁东端人字披下剥出北魏塑“禅定佛”一龛。龛下剥出北魏画鹿野苑说法图一铺，东端存北魏画“天宫伎乐”“千佛”及“供养比丘”四身，下绘五代男供养人二身。此壁后部又剥出北魏画“说法图”一铺。原东壁保存北魏画三身“天宫伎乐”、部分“千佛”、十身“供养比丘”，下绘五代男供养人九身。壁画层位说明，5 世纪中期建成此窟，五百年后曾有过一次局部整修，将北魏壁画塑像彻底覆盖，又隔九百多年，西夏砌墙倒塌，露出部分北魏艺术，到 20 世纪 40 年代，大部分北魏主题画始被剥出。此窟的重要之处在于令人能目睹一千四百年前北魏壁画、彩塑的原貌。那时鲜艳的肉色还未变灰，叠晕的层次还未变黑，晕染的亮色还未变成“小字脸”。此窟绘画技巧纯熟谨严，墨线勾勒、眉目点染、线描与色彩的结合等，都明显地受到龟兹画风的影响，但是人物的外部风貌与内心表现，又反映着本地深厚的汉晋文化传统。虽然金色的臂钏缨饰，垂青大绿的衣裙和朱红的底壁形成强烈对比色调，但是仍然产生一种淳厚、和谐的气氛。第 263 窟这批新剥出的北魏—西魏间的壁画，对了解该时期壁画、塑像色调的原貌及其变色的过程和原因都具有重要意义。

（六）第 273 窟

第 273 窟禅僧像，彩塑代表作之一。位于莫高窟南区中段第 272 窟窟外门北小龛内。北魏塑造。身着土红色袈裟，裹头缠身，结跏趺坐，手施禅定印，面貌清癯，双目微张，凝视空茫，刻画出禅僧形如枯木、心如死灰的神态，是莫高窟最早的禅僧像。保存基本完好。

秀骨清像，人物造型之一，是南北朝时期在中原地区广为流行的艺术风格。北魏后期随宗室东阳王元荣出任瓜州刺史时传入敦煌地区。造像特征是广额，削颌，眉楞、颧骨、下巴突出，作七分脸的人面尤显眉楞、颧骨、下巴三个部位突出。以西魏第 285 窟南北东三壁的画像最为典型，与该窟西壁的西域式样相映生辉。

（七）第 487 窟

第 487 窟，又名大暗洞，新发现洞窟之一。为人字披顶型窟，位于第 54 窟下。1964 年敦煌文物研究所进行窟前考古发掘时发现。因埋于现地面 4 米以下，比同时发现的第 489 窟大，故名。后室平面长 8 米，宽 6 米，紧靠西壁地面有方坛，南北两壁各凿四圆拱形小禅室。前室地面残留地栿凹槽和梁孔遗迹。据洞窟形制和残存壁画特点，其时代当不晚于北魏中期。发掘此窟时曾发现画工使用的绘画、生活器具和唐币“乾元重宝”，则此窟似一度曾为画工居住窟室。

二、北魏物质文化精粹举隅

（一）写本

《大慈如来告疏》，北魏楷书写本。黄麻纸本。高 21.7 厘米，宽 37.2 厘米。敦煌研究院 0007 号。存十七行，每行十七字左右，下部多残，卷末存兴安三年（454 年）题记。字体较方，左侧略低，形成倾斜之势。结构紧凑，间距疏朗，笔致朴拙，上承《衡方碑》之气度，下可与东晋《杨阳神道阙》（隆安三年，399 年）相媲美，具有丰茂浑重的风格。

《晋春（阳）秋残卷》，北魏楷书史籍写本。P.2586[1]。残存一百五十三行，每行十六至十八字不等。卷前一至六行及十一、十二行上半部分都有不同程度的残损，末行的“殊宠委以”四字残去左半部分。此卷书法是典型的北魏成熟的楷书形态，起笔顿挫，撇画翻挑，捺画发笔重按，转笔折笔、起笔收笔，都沉实着力，也还保留着一些隶书的笔意。笔画的形态有曲有直，刚柔相济，字态欹侧中见严整，呈现左敛右放的字势，字形虽然小，却有大字的遒迈，比北魏皇兴五年（471 年）《金光明经卷第二》（P.4506）所见的楷法要成熟许多，笔画的配搭伸缩相宜，朝揖得体，结构上臻于端严。其中许多字的写法，如“豫”“从”“虎”“移”“族”“丧”“戌”“老”等字，都是北魏后期流行的定

1 法国国立图书馆藏敦煌写本编号。入藏该馆的敦煌遗书，全用伯希和的名字 Pelliot 标号，简作 P.，中文作“伯”。

型的结构样式，在北魏刻石书迹如《元羽墓志》（501年）、《元思墓志》（507年）、《张猛龙碑》（522年）中能够找到同构的例证。这一写卷的书法风格端庄朴茂，沉厚遒润，与北魏正始四年（507年）书刻的《元绪墓志》极其相似，因为是墨迹，不见刻石书迹的方折险厉，充溢着圆融流畅的笔墨气息。此卷的书写者，绝非一般市井闾巷的书手，当是北魏后期某位书法高手。北魏时期的书迹，刻石繁多而墨迹少，此卷的存世，无疑是研究北魏楷书笔法的宝贵资料。

《成实论》卷第十四，北魏楷书佛经写本。S.1427。前部残，卷尾有敦煌人曹法寿写于永平四年（511年）的题记。并有典经师令狐崇哲的题名。本卷书法带有较浓厚的隶书风格，但在字体结构上已逐渐改隶书的横势为纵势，且有向左倾斜的趋势，这与当时碑刻书法的字体结构比较一致。全篇写卷用墨较浓，丰圆玉润，笔迹流丽、洒脱，气势一贯，既严谨工细，又不乏生动活泼的韵律，是写经中的上品。在敦煌人的写卷中，北魏晚期到西魏时代，书法风格都比较一致，与《成实论》写卷非常接近，反映了当时官府写经的一些特点，体现了敦煌书法艺术的时代性和地域性。

《大方等陀罗尼经卷第一》，北魏楷书佛经写本。S.1524[1]。前残。卷末有“正光二年（521年）十月”题记。行距疏朗，结体多变。起笔轻而偶有隶书回锋之势，收笔缓而波磔起伏。洒脱变化，意态万千，时露连笔，充分继承了隶书开朗活泼一路的优点。飘逸处颇有《石门铭》风度，妍美处可与《崔敬邕墓志》相媲美。

《大般涅槃经如来性品第四》，北魏楷书佛经写本。白麻纸本。高27.5厘米，宽322厘米。敦煌研究院0020号。此卷首尾均残。书法保持了较多的隶书气息，字体结构也如隶书扁平状，书写工整，有乌丝栏，由于书写的速度快，横画起笔显露尖锋，收笔停顿。撇画收笔往往上翘，显得意态开张、灵活潇洒。在北魏前期的写经中较有代表性。

（二）佛画

刺绣佛画，丝质绣画。1965年出土于莫高窟第125窟、126窟窟前的裂缝中。现藏敦煌研究院。北魏太和十一年（487年）制作，残高56厘米，残宽59厘米。从残余部分可看出此画正面自上而下由三部分组成：横幅花边；说法图；发愿文和供养人。横幅花边由联珠状龟背纹与圆环纹叠套组成主体纹样，空隙内填饰忍冬、花苞、花蒂纹，四周空处饰以忍冬纹和鱼纹。说法图残存部分居中者为佛，穿红色袈裟，趺足，结跏趺坐于覆莲莲座上；坐佛右侧为胁侍菩萨，跣足而立，身着衣纹密集的绿色长裙，披巾蜿蜒下垂，上半身仅存右手半握置于胸前，余均残。佛和菩萨间的空处饰蓝、绿、红色的忍冬纹和三瓣小花。坐佛左侧全部残毁，按布局，此处应有一身胁侍菩萨。发愿文和供养人中，发愿文居中，从右至左纵书十四行，每行十字，现存文字约有半数。文中残存“……十年四月八日直懃广阳王慧安造”的记载。发愿文右侧男供养人残存二身。第一身为身穿袈裟的供养比丘，不见题名榜书。第二身残存头部和足部，长脸、直眉、圆目，头戴黑

1 英国图书馆藏敦煌写本编号。斯坦因第二、三次中亚探险所获敦煌写本汉文、回鹘文、粟特文部分，入藏于英国博物馆（后归英国图书馆），编在Or.8210的总号下面（参见“Or.”）。每一分号，用斯坦因（Stein）名字的缩写“S.”标示，俗称“斯坦因编号”（Stein Number），中文简称“斯”，实为英国博物馆的编号。

色圆顶高帽，脑后垂带，足穿乌靴，榜书题名仅存最下一“王”字，当系“××王”。发愿文左侧，女供养人一列五身。第一身，头光，穿袒右红色袈裟，着乌靴，右手贴胸，左手持莲，榜书题名“师法智”；第二至五身姿态同前，服饰相同，俱戴紫褐色高冠，冠顶部向下微凹，脑后垂带，上身着对襟长衫，饰朱红桃形忍冬和卷草忍冬，长裙覆脚后曳，衣裙或绿或黄，榜书题名依次是“广阳王母”“妻普贤”“息女僧赐”“息女灯明”。此画由三层织物组成，正反两面为细而柔软的平纹丝织物，中层为较粗的麻织物。正面的佛画是在黄褐色的丝织物上以锁针绣法绣制，四周镶以丝织物边。横幅花边部分的纹样以彩线刺绣，其底即黄褐色丝织物，不施刺绣，其他两部分则满地刺绣。图像用多种彩色线，衬底用一色浅黄线。此画的颜色以红、黄、绿为主，紫、蓝为次。朱红主要用于表现服饰和人物的鼻、耳、手、脚等，绿、蓝色用于表现花纹，紫褐色用于表现冠带、靴等。画面配色和谐协调，色彩鲜明浓丽，绣工精致。从此画残存遗迹可以推知原状当为长方形，是表现佛教题材的绣品中较早的一件。它的发现，为了解由汉至唐刺绣工艺的发展变化填补了空白。据此画的发愿文纪年、施主结衔、画面内容和布局、人物服饰、花边纹样等，其施主应是北魏四代广阳王中信佛最笃的元嘉。这件绣品是广阳王一家施舍于佛寺的绣像。但史无广阳王及其家人到过敦煌的记载。手工如此精湛的绣品，似非敦煌当地绣制，可能由僧人从首府平城带来。

（三）乐舞

敦煌乐，古代乐名。根据《乐府诗集》卷七十八载，有标题为“敦煌乐”一部，其中选五言四句之歌词三首，有北魏温子升诗：“客从远方来，相随歌且笑，自有敦煌乐，不减安陵调。”意谓敦煌乐在当时并不逊于作者家乡安陵的音乐。由此可见古时“敦煌乐”这一地方音乐种类，已有自己独特的风格和内涵。《通志》卷四十一九亦载有“敦煌乐”和《敦煌子》各一曲名，并注曰：“凉州之地也。”据此，可推知古时凉州郡管辖的敦煌地区，曾出现本土歌舞，号称“敦煌乐”，其中也有“大曲”及“子曲”的音乐形式，证明古时敦煌音乐文化昌盛，形成风格独特并以敦煌命名之乐种（图 1-2-23）。

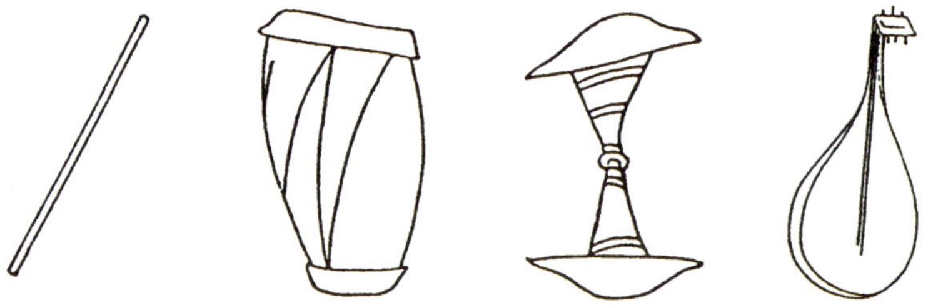

a. 北魏莫高窟第 431 窟 角　b. 北魏莫高窟第 431 窟 担鼓　c. 北魏莫高窟第 435 窟 腰鼓　d. 北魏莫高窟第 435 窟 琵琶

图 1-2-23　北魏乐器（杨森绘）

（四）历日

太平真君十一年（450 年）、十二年（451 年）历日，北魏王朝历书。是现知最早的纸质抄本历日。原件今存日本，能见到原件照片（缺尾部三行）和苏莹辉、刘操南各自公布的录文。据照片，正面抄写《国语》卷三《周语下》旧注，历日抄于背面，分两年书写，为同一人手抄。每年年首有帝王纪年；另有太岁、大（太）阴、大将军三个年神及其方位，为出土汉简历谱所未见。历日内容极简略，每月一行，未注“三伏”，但有“社”“腊”注历。其时，北魏行用三国曹魏尚书郎杨伟《景初历》。经推算，此两年历日之月序、月大小、朔日干支、闰月位置、中节日序干支等，与《景初历》无一不合。其“社”“腊”祭日也符合有关制度的规定。太平真君十二年历日在二月十六日（451 年 4 月 2 日）、八月十六日（9 月 27 日）曾做过两次月食预报，都相当准确。其中 4 月 2 日因月食发生在中午时间，中国境内无从看见，文献亦无著录；9 月 27 日月食发生在凌晨二时余，中国全境均可看见，文献也有著录，见于《宋书·律历下》：“［元嘉］二十八年八月十五日丁夜月蚀。”因月食记录以天亮为日分界线，历书以夜半为日分界线，故历书预报的月食时间同观测记录并无矛盾。此一历日对研究中国古代历法内容演变与对月食的认识以及月食预报，均有极重要价值。有关资料如表（望和月食时间均为北京时）（表 1–2–1）。

表 1–2–1　北魏太平真君十二年历日资料表（邓文宽绘）

帝王纪年	公元纪年	月食	望（时间）	初亏（时间）
北魏太平真君十二年二月十六日	451 年 4 月 2 日	月偏食	12 ：45′	11 ：24′
北魏太平真君十二年八月十六日	451 年 9 月 27 日	月食食	2 ：35′	1 ：10′
食甚	复圆	食分	文献记载	
12 ：53′	14 ：21′	0.653	无	
2 ：41′	4 ：13′	0.814	《宋书·律历下》：“[元嘉]二十八年八月十五日丁夜月蚀。”	

第三节　西魏石窟艺术（535—556 年）

532 年，高欢立北魏宗室元修为帝（即孝武帝），永熙三年（534 年），孝武帝元修脱离高欢，从洛阳逃至长安，高欢带兵从晋阳南下，元修被迫入关中投靠北魏将领、关陇军阀鲜卑化的匈奴人宇文泰，次年孝武帝被宇文泰毒杀。535 年正月，宇文泰拥立北魏孝文帝孙南阳王元宝炬为帝（即西魏文帝），改元大统，建都长安，史称西魏，宇文泰把持朝政。551 年三月，元宝炬死，长子元钦嗣位。554 年元钦被宇文泰所废，不久被毒死。后元宝炬四子元廓即位，被迫更名拓跋廓。西魏恭帝三年（556 年），宇文泰病死，557 年其侄宇文护迫西魏恭帝禅位于宇文泰之子宇文觉（即大周天王）。西魏政权建立后，宇文泰于大统元年（535 年），颁二十四条新制，后又增至三十六条，史称“中兴永式”。七年，宇文泰将苏绰总结的汉族封建统治经验颁行为“六条诏书”，以为政纲。十六年，建立由八柱国分掌禁旅的府兵制。继续推行均田制，但据敦煌文书《西魏大统十三年计帐》，授田不足却仍很普遍。由此，权臣宇文泰任用苏绰等人改革，和北攻南，管辖今湖北襄阳以北、河南洛阳以西，原北魏统治的西部地区，北方经济逐渐恢复，奠定北周统一北方和其后隋统一中国之基础。西魏总历两代三帝，享国 22 年（535—556 年）（表 1-3-1）。

表 1-3-1 西魏皇帝列表

文皇帝（元宝炬）	535 年即位，在位 17 年	文皇帝元宝炬，535 年被宇文泰拥立为帝，都长安，史称西魏
废帝（元钦）	551 年即位，在位 3 年	废帝元钦，文帝长子，在位 3 年，被杀
恭帝（元廓）	554 年即位，在位 3 年	恭帝拓拔廓，文帝第四子，在位 3 年被杀，西魏亡

元荣亦名元太荣，北魏孝昌元年（525 年）任瓜州刺史，永安二年（529 年）受封东阳王[1]。至西魏大统八年（542 年）之前，元荣主政敦煌。北魏末年，六镇兵起，竞起为乱，东西分立，对峙纷争。河西、敦煌地区同样是“王路否塞，魔事滋扰”，在这种情况下，元荣团结敦煌豪右，佛化境内，使界稍安。永安至永熙间（528—534 年）间，出资写经十余部数百卷，可窥其崇佛尚法之心。由于元荣本人信仰及其引带的影响，加之敦煌独特的地理位置和地质结构，开窟凿龛、图塑佛铺风行。

西魏敦煌石窟艺术，指北魏皇室东阳王元荣家族统治敦煌时期（535—556 年前后）的敦煌石窟艺术。西魏仍属鲜卑政权，元荣继任瓜州刺史后，掀起了敦煌艺术汉化的高潮。其时莫高窟凿建十一窟，窟形分为四类：（1）中心塔柱窟，有第 288、246、432 窟，前室平面横长方形，敞口，主室纵长方形，塔柱上小下大，塔身分层开龛，除第 246 窟外，上下两层龛多为尖楣圆券形龛。（2）禅窟，有第 285 窟，前室平面横长方形，敞口，主室平面方形，正壁开三大龛，两侧壁各开四个小禅室，覆斗顶。（3）殿堂窟，有第 249、247 窟，平面方形，正壁开一大龛，覆斗顶。（4）龛形窟，体积极小，内无龛像。此时洞窟的性质和作用，为禅修、观像和礼拜。

1 关于东阳王元荣任瓜州刺史的时间和卒年杂出多端，谭天《关于东阳王元荣任瓜州刺史的时间和卒年》汇集了以下几种说法：宿白先生《东阳王与建平公》一文：“据此可以推出元荣任瓜州刺史当在孝昌元年（525 年）九月十六日之前”，“又大体明确了元荣任瓜州刺史的最后时间，即在邓彦已任瓜州刺史的大统八年（542 年）十一月十五日以前”；《敦煌石窟艺术·莫高窟第 285 窟》认为：“西魏特从中原派来鲜卑宗室东阳王元荣于孝昌元年（525 年）出任瓜州刺史，一直延续到大统八年（542 年）元荣去世，长达八年之久”；《敦煌石窟全集·3·本生因缘故事画卷》认为：“北魏孝昌元年（525 年），宗室元荣任瓜州（敦煌）刺史，永安三年（530 年），元荣被封为东阳王”；《敦煌学大词典》和《中国石窟·敦煌莫高窟》均认为元荣任瓜州刺史是在孝昌元年；《本生因缘故事画卷》云永安三年封元荣为东阳王，《魏书·孝庄纪》云永安二年（529 年）。敦煌遗书中尹波写《观音经》（中村不折藏）题记云“危从主人东阳王殿下届临瓜土。”尾署孝昌三年（527 年），527 年元荣已称东阳王了；宿白先生云“元荣之卒盖在 6 世纪 40 年代之初或 30 年代之末”。《莫高窟第 285 窟》云元荣卒于 542 年，《本生因缘故事画卷》云元荣卒于 537 年，《敦煌学大词典》认为生年不详，卒年约在 541 年。《周书·申徽传》云元荣卒，子元康任瓜州刺史，后太守邓彦杀康，任瓜州刺史，均无具年。

彩塑主像有佛像和交脚菩萨坐像，佛像又分说法、禅定、苦修、成道四像。说法像多善跏坐，手施无畏与愿印。禅定和苦修像结跏坐，手施禅定印。这些像有机地组织在中心塔柱四面的上下层龛内，正面龛内一般为说法像。主像两侧皆有胁侍菩萨像，形成每铺一佛二菩萨的组合。第 432、288 窟中心塔柱四面龛的上部分别影塑供养菩萨和千佛。造型、服饰可分两种风格：（1）面相长圆，身形壮硕，身着西域式袈裟和披巾长裙，裸露较多，是北魏余绪。（2）面相方瘦，身躯扁平，着高领大袖襦服，胸前系小结，外罩对襟式袈裟，是受南方秀骨清像褒衣博带风尚的影响。

壁画题材内容分为五类：（1）尊像画有七佛说法图、无量寿佛说法图、千佛、天宫伎乐、诸天外道和金刚力士。（2）故事画有婆罗门闻偈舍身本生故事、五百盲贼得眼、沙弥守戒自杀、化跋提长者及姊、度恶牛等因缘故事。表现形式有纵向长卷连环画、横卷式连环画、单幅画等。（3）传统神话题材，有东王公、西王母、伏羲、女娲、风神、雨师、雷公、霹电、飞廉、羽人、开明、禺强等。（4）供养人画像，绘于主要壁画下方，男女分列成行，僧侣为首，世俗人物随后，有王公贵族像和侍从像，有少数民族人物形象。男像有汉装和胡装，前者笼冠、曲领，大袖长袍，蔽膝，笏头履；后者毡帽，裤褶，束带，登靴。女像头梳高髻，穿大袖襦和间色长裙。（5）装饰图案有华盖式藻井，井心垂大莲花，四边桁条上饰忍冬、云气、火焰纹，井外饰垂幔、彩铃，四角悬挂兽面、玉珮、流苏、羽葆。龛楣、边饰、椽间图案内的主要纹样有莲荷纹、忍冬纹、鸟兽纹、神怪飞天纹、云气纹、火焰纹、星象纹、棋格纹。

壁画人物造型绘制技法分为两种风格：（1）壁画涂土红底色，人物身材壮实，菩萨上身裸露，下身系裙，敷色浓丽，肌肤以凹凸画技法叠染，线条遒劲挺拔。（2）壁画以白粉为底色，人物身材修长，相貌清瘦，眉目疏朗，面带笑容，神情潇洒，风骨飘逸，穿汉式方领深衣大袍，腰束络带，笏头履，半裸者也以披巾严身。敷朱、紫、青、绿等色，色调清新明快，线条秀劲洒脱，运笔疾速，富于韵律感。人物面部以民族传统晕染法在面颊涂两团红色。前一种风格是北魏风格的继承，后一种风格是东阳王元荣从中原带来的新画风。

《内容总录》确定西魏时期（535—556 年）凿建的十一窟编号是：246、247、248、249、285、286、288、431、432、435、437。另外，《北朝洞窟分期》确定北魏孝昌元年至西魏大统十一年（525—545 年）前后凿建十窟。编号是：437、435、431、248、249、288、285、286、247、246。

西魏代表洞窟

（一）第 248 窟

第 248 窟开凿于北魏晚期，值东阳王元荣掌瓜州敦煌时期，是东、西魏分立前后的产物，五代重修。此窟前部人字披顶，后部平棋顶，平棋顶下设中心塔柱，塔柱四面各开一圆拱龛，分塑释迦苦修、禅定、成道、说法四铺造像，代表了释迦一生修行的四个重要经历。圆拱龛开口部作圆弧形，平面的两侧及后部亦弧转无角。中心柱每向一铺三身，佛居龛内，二胁侍菩萨侍立龛外两侧，此为莫高窟北魏中心塔柱窟彩塑的共同特点。

中心塔柱东向龛塑佛说法像，佛结跏莲座，右手施无畏印，左手已残，顶刻波纹肉髻，头微倾，广额癯颔，神情端庄。袈裟通肩，阴线衣纹随体起伏，薄纱透体。龛外两侧各塑菩萨一身（图 1-3-1），额角高广，长发垂肩，细目薄唇，下颌浅小，宝冠高耸，身绕络腋，下着长裙，眉目娟秀，肤白有“素面如玉”之感，其娇小稚气显现出恬静纯洁的风度。本铺造像塑、龛、壁合为一体，三尊紧贴壁面近乎圆雕，头部为模制加工后安装。佛光、衣带、披巾等以笔绘之。飞天、供养菩萨（图 1-3-2）等或绘于龛壁或影塑于龛外上方。按造像之身份，取不同的表现形式，既突出了主体，又表现了圣众，主题鲜明统一，莫高窟早期洞窟彩塑很多与此风格相似，此窟彩塑保存较好，是极少数未经后代改动的原作之一。

西向双树龛内塑苦修释迦（图 1-3-3），表现释迦为寻找人生真谛，于尼连禅河边丛林苦行修禅，日食一麻一米，经六年“身肉为消尽，唯其皮骨存”。本像结跏趺坐，双手禅定印。头微俯，双颧突出，两颊瘦削，眼睑垂沉，眼窝深陷，形容憔悴。袈裟贴体，瘦骨嶙峋，肋骨条条，造型逼真，是苦修像中的代表作品。

塔柱南北两面各塑禅定佛一身，各有菩萨塑像侍立两侧。南向龛龛外西侧所塑菩萨像，倚墙而立，一手置胸前，一手自然下垂，头部前倾，面相清瘦，眉目娟

图 1-3-1 北魏莫高窟第 248 窟中心柱东向龛外南侧 菩萨

图 1-3-2 北魏莫高窟第 248 窟中心柱东向龛上 影塑供养菩萨

图 1-3-3 北魏莫高窟第 248 窟中心柱西向龛 释迦苦修像

秀，神情恬淡，姿态端庄。胸前的络腋和披巾采用贴制技法表现，头部和头光（圆光）系模制。塔柱四壁贴有浮塑供养菩萨，现多脱落残毁，唯东向龛上完整地保存着浮塑飞天一身，飘带上扬，裙裾徐落，胡跪捧花于莲花上，表现了“从天而降”的瞬间动态。人字披东面画持花供养菩萨，西面画供养飞天，飘带飞扬，长裙裹脚，眉棱脸颊轮廓清瘦，这是前所未见的新风格。

图 1-3-4　北魏莫高窟第 248 窟飞天（史苇湘绘）

敦煌飞天（图 1-3-4），又名乾闼婆、紧那罗，飞行天人，天龙八部之一。乾闼婆（Gandhanra），意为天歌神。紧那罗（Kinnara），意为天乐神，现女身时“常与乾闼婆为妻室”，他们往往同时出现，弹琴歌舞以娱佛。飞天的艺术形象出现在印度、中亚和中国时，都是天男天女形象，是佛国世界里弹琴歌舞、喷香散花、带来欢乐幸福的使者。飞天之名最早为北魏杨衒之《洛阳伽蓝记》记载，称“飞天伎乐”，即印度乾闼婆与紧那罗的合称。飞天从印度传入中国，便与道家飞神羽人（即飞仙）相组合，赋予了中国特色。敦煌飞天始于十六国，终于元代，历时千余年，现存六千多身，大体可分三期：（1）北朝西域式飞天与中原式飞天并存与融合时期。西域式飞天即西域民族化的印度飞天造型，健壮朴拙；中原式飞天即传自南朝的秀骨清像型飞天形象，清瘦潇洒。两种飞天逐渐融合，形成了统一的民族风格。（2）隋唐中国式飞天的极盛时期，从外观造型到内心情思的表达，都完成了中国化、女性化、世俗化、歌舞化历程，表现了空灵、欢乐的精神境界和雍容华贵的民族风格。（3）瓜沙曹氏画院的沉滞时期，形式尚存，技艺欠精，艺术生命力不如唐代，形成画院统一的独特风格。

东、南、西、北四壁上端画“天宫伎乐”环绕全窟。“天宫”或为两披起脊的汉式屋宇建筑，或为圆券拱龛形建筑，龛（屋）内各有一天人，或舞蹈，或奏乐。天宫（龛）下（前）设凭栏，如今楼舍阳台栏墙。凭栏下有梁枋承托，栏墙正、侧、底三面均可见到，有凹凸透视感。栏墙绘条砖与方砖纹样，分别染以青、绿、黑、朱，自然构成一种别致的“凭栏建筑”图案。

筚篥，吹奏类哨管乐器。为竖管中插哨嘴乐器，古代文献中亦称觱篥、悲篥，或茄管。即今日北方流行之“管子”，南方流行之“喉管”。敦煌壁画所绘筚篥，较今日管子稍长，似为竹管，其长度有时和竖笛相似，哨嘴也较大，管体较竖笛粗壮，更似今日之“喉管”。壁画中的筚篥始见于北魏第 248 窟，以后各代都有出现，而且绘制得十分具体。在乐队中居前沿领奏地位。

腰鼓，打击类膜鸣蜂腰型乐器（图 1-3-5）。腰鼓的造型源于陶鼓，河西走廊多见出土。特征为细腰，鼓状如两个碗底部对接而成，两端张以皮革。有两种，一种为鼓皮两端，以绳收束，使皮膜绷紧；另一种是两端鼓皮直接钉黏在边框上。腰鼓的演奏方式是将鼓系于腰间，站立演奏。或者是平置于面前，踞地演奏。演奏方法为用手拍，或杖击发声。在敦煌壁画中，从北凉至元代，腰鼓从未间断，而且形类繁多，几乎每一只图形都有特色。一般是早期图形较简单，其后造型趋于精美，装饰亦愈益丰富。它在壁画中不仅出现于乐队，而且是舞伎表演的重要道具。在乐队中的腰鼓，起领奏作用，往往集中于前列，有时一个乐队，连用数只（如第 337 窟），前排全列腰鼓，可见其气势。

图 1-3-5 北魏莫高窟第 248 窟 腰鼓（杨森绘）

南北壁前段人字披下画大幅说法图，后段画“千佛”。其北壁说法图，佛端坐中央，两侧菩萨或身着袈裟或半裸束裙，侍立莲花上，姿态绰约。交头接耳窃窃私语者，举臂挥袖翩翩起舞者，仰首聆听虔诚献花者，挽臂游戏顾盼有情者不一而足。宝盖两侧的飞天，一身展臂翱翔而俯首顾盼，一身曲臂昂首而徐徐上飞。表现了佛国圣众闻佛说法，欢欣赞叹手舞足蹈的热烈情景。说法图主尊像上部正中位置绘有天宫，宫门微启。四壁下端相连画金刚力士。

此窟新旧风格并存，是北魏进入西魏的艺术转捩点，成为深入了解这一时期敦煌石窟艺术变化的重要一环。

（二）第 249 窟

第 249 窟建于西魏初，是西魏时期代表窟之一。单室，平面方形，正壁开一圆券形大龛，覆斗顶殿堂窟。十六国晚期的第 272 窟及西魏第 249 窟是莫高窟最早的覆斗顶窟，发展到隋唐时期成为主要的石窟形式。西龛彩塑现存一佛二菩萨，头均重修。主尊为善跏坐佛像，内着斜领僧祇支、交领大袖襦服，外罩对襟红色袈裟，胸前内衣结节，双手残。两菩萨侍立南北两侧壁，颈饰项圈，上身斜披络腋，下着长裙，一手拈花贴胸，一手下垂，足踏莲花。龛内外画婆薮仙、鹿头梵志、飞天、供养菩萨。四壁上段绕窟一周画天宫伎乐。

南北壁中央相对绘尊像图和供养人行列，周围画千佛。南壁中央尊像图一佛四菩萨，皆跣足踏莲花台，立于宝池，飞天四身折腰弧躯从天而降。主尊身光顶部置华盖，华盖两侧倒悬青龙，龙首口衔幡节，幡节蓝黑二色相间共五部。对应于此，北壁中央也有一铺图像与之相似，唯是华盖两侧饰以悬凤以相别，诸圣身姿手态亦略有微异[1]。

下段绘金刚力士，力士是佛教护法神像之一。主要绘于早期石窟四壁下端及中心塔柱四面下端。其形象身躯粗短、健壮，上身裸露，下着短裤，肉体染青、

1 图版参见中国敦煌壁画全集编辑委员会编：《中国美术分类全集·中国敦煌壁画全集 2·西魏》，天津人民美术出版社，2002 年，第 62 页（图版五四）、图版说明第 25 页。

绿、赤、黄各色不等。其姿态或吹箫弹琴，或拨弦击鼓，或奋臂作擎物状，神情狰狞恐怖。隋唐以后，壁画中的力士画像逐渐消失，而代之以彩塑，成为头顶束发、上身赤裸、双肩披巾、下着战裙的武士形象。

窟顶正中藻井绘垂莲、火焰、忍冬、莲花纹。天井东、西、南、北各披之间以绿色边饰的褐色装饰带隔开，在相当于天井与壁面分界线的下部分别以青、绿、白、褐色的山岳连成带状。由于东坡下部缺损一大块壁面，所以现在右端仅能看到一点山岳形。原来应该是山岳纹带沿天井下缘一周。在其山岳棱线上林立着与山同样高度的树木，树木间散布着猿、鹿，展现出一派地上风景。

西披中间为阿修罗王，赤身，四目四臂，头顶青天，足立大海，手擎日月，双龙卫护，身后为须弥山和“忉利天宫”，须弥山在佛教世界观中被视为世界的中心。须弥山两侧画雷公、霹电、风神、雨师、朱雀、羽人、乌获及迦楼罗、飞天等，颇有雷电交作、风雨并至之势。

在主尊上方的天井西坡，画面中央绘耸立于大海中的须弥山。此山分别以绿、青、白、褐色涂出重叠的小山形，整体轮廓为上部幅度最大，往下逐渐狭窄，中部最细，山根又稍宽。须弥山顶有城堡，正中有青色屋顶城门，门方首，上置大过梁，门两侧有城墙，沿墙及墙转角处共有四座墩台，突出墙体并高于城墙，是一种加强防御作用的“马面”，墩台及墙顶设雉堞及堞眼。在山腰最细处缠绕两条龙，龙身沿着须弥山体，头向上伸，尾部垂向须弥山麓辽阔的绿色大海中。龙体彩绘青、绿、黑、白相间的条纹，头部呈白色，轮廓线为褐色。

从须弥山左右开始沿着大海边，远远地连着低形山岳。这山岳与天井下部边缘的山岳连接，形成围绕大海的状态。在须弥山前直立着四目四臂的阿修罗，两足淹没于几乎是大海的中央，即阿修罗立于大海中心，其后似乎耸立着须弥山，显现出纵深感。阿修罗四臂中两臂高举于左右，托日月，另外两臂屈臂于胸前；一条飘带挂于四臂而下垂，上身裸，下身着上下有青色边饰的红色衣裙。

须弥山图位于西坡中央，在白色藻井下的须弥山两侧对称着如下图像。首先，上方左右有回旋的莲花，右侧莲花下方有风神，左侧莲花下方有雷神。风神与雷神都为兽头人身，两肩有绿色的翼，两脚向左右大度张开。雷神周围有个大鼓连在一起的轮形。风神的右下方有用口吹风的风伯。雷神左下方跟随着霹雳。另外，在须弥山半山腰右侧画一天人，向须弥山飞翔；左侧画佛教图像迦陵频伽，表现中国传统诸神与印度佛教诸神共处。这些诸神、天人图像置于天井上部，周围飘舞着蓝色与黑色的云，证明这部分表现的是天空。在天空下方，须弥山麓辽阔的大海左右两侧各有一座建筑物，其中各坐一人，裸上身，肩绕天衣。这两座建筑物都是木结构，下部有台基，上部是青色的歇山顶，大梁与垂脊都是白色的。大梁左右还有鹅尾。除屋顶外，都是线描。建筑物的进深表现出立体感。右侧建筑物的左侧房檐下站立一人，举右手，这里描绘的为仙人，有绿色翼和兔子般的长耳。同样的仙人，在须弥山左侧也有，这个仙人一边回头一边向右侧奔跑。在其下方大海边的山岳上有一只褐色鹿。在与其相对的须弥山麓右侧立一褐色猿，其下方有一只褐色鹿脖子伸向大海饮水。在右下角画一个兽头人身红翼鬼神，左下角画一只褐色猴，猴右侧是一只褐色鹿，猴右上方有一只黑色鸟。

东坡上部中央以摩尼宝珠为中心，左右对称地配置天人、鸟等图像，形成图案式的平面形象较强的画面。摩尼宝珠为纵长六角形，被火焰包围。这种六角形摩尼宝珠图像，在云冈石窟、敦煌北魏窟中也有很多。摩尼宝珠置于莲台上。莲台中伸出两枝花茎形成扇状，将摩尼宝珠光焰夹在其中。下部画二有翼鬼神，叉开两脚，双手高举，托着置摩尼宝珠的莲台。在摩尼宝珠左右，天人的天衣高高飘扬在头顶上部。左侧天人着绿色天衣，右侧天人着白色天衣。在天人下方撑托摩尼宝珠鬼神的两侧，画两只面面相对的鸟，右侧的尾羽似孔雀。画面下方置相对而立的玄武和九首开明。在玄武与开明之间，左侧画一裸上身倒立的人，右侧画两手两脚向左右叉开的乌获。在开明与玄武外侧，即画面左右两端，各画一乌获。东坡下部大面积缺损，不过，下部边沿右端尚残留山岳纹，由此可知原来东坡下部边沿也绘有山岳。现在中间还残存一点山岳、树林，其间尚有褐色的猿与绿色的马。

北披画面呈梯形，上部破损严重，但是可以看出与南坡形成对称的构图。画面中部绘四龙车朝西行进，东王公袖手而坐，御者造父立侧，人物头部及龙车上部脱落。车前有绿翼乌获击鼓开道，方士乘龙持节护卫，羽人、飞廉涌彩云而随行。车侧文鳐腾跃，车后仙鹤翱翔，十三头开明神兽随后。天花旋转，云彩飞扬，充满灵动意趣。东王公亦称东王父、东公、木公，即周穆王，据《竹书纪年》载："穆王十七年，西征昆仑丘，见西王母。"《神异经》谓："东荒山中有大石窟，东王公居焉，长一丈，头发皓白，人形鸟面而虎尾。"晋葛洪《枕中书》里，东王公则是"扶桑大帝，冠三危之冠，服九色云霞之服，居于云房之间，以紫云为盖，青云为城，仙童侍立，玉女散香，真僚仙宫，皆尊其命而朝奉翼卫。"王嘉《拾遗记》说："驭黄金碧玉之车，傍气乘风，起朝阳之岳，自明及晦，穷寓悬之表。"东王公"驱驾群龙，穷观天域"，正合第249窟画面的描写。另谓此图应为佛教的帝释天，石窟壁画只是借用道教东王公形象来表现。

南披画面亦呈梯形，上部中央画乘三凤引车的西王母。画面中部有凤辇（即云车），西王母头梳高髻，大袖长袍，乘坐三凤车，车上有华盖，车后旌旗飘动，向着画面的右侧即向西前进。车前有乌获、羽人，乘鸾仙姬，持节仙人，扬幡前导。车的右侧有文鳐、白虎护卫，最后还有神兽开明簇拥随行。出现在凤车下方的中国自古以来就有的四神之一的白虎，与凤车向同一方向奔驰。天井下部右侧画绿翼兽头人身乌获，左侧画兽身黑翼九首开明。右下角画上半身裸体的仙人，具有长耳特征，但又着天人般的天衣，是中国仙人与佛教天人的混合图像。据《山海经·西次三经》说："西王母其状如人，豹尾、虎齿而善啸，蓬发戴胜。"可知西王母是一个人兽结合的怪物，是统管刀兵瘟疫的凶杀之神。在《穆天子传》中，西王母已变为"雍容和平"的妇人。到汉武帝时代，西王母则是头饰大华髻，身穿汉式大袖袍，年龄在三十岁上下，"修短得中，天姿掩蔼，容颜绝世"的美人，也成了统管"三界十方"得道女仙的道教神灵。据《山海经·海内西经》载，西王母居住在昆仑山下，周穆王西巡，"北绝流沙，西登昆仑，见西王母，宴请西王母于瑶池。乐而忘归"。另一说认为第249窟此图为佛教神像中的帝释天妃，此乃借用西王母形象而已。在敦煌，像第249窟这样的乘龙车、凤车的一对人物，在以后的洞窟中也能见到。隋代第305窟与249窟相同，也画在覆斗式天井的南北坡，不过，305窟天井画面的神仙思想色彩淡薄。龙车和凤车最早出现即是在第249窟，二车均为无轮、无辕之轺车型，驾车者分别为四龙、三凤，腾云驾雾，追星赶月。此后北周、隋代洞窟出现的所有龙车、凤车形象，除三凤全部变为四凤外，其他均一脉相承[1]。

二圣在天空里巡游，云气激荡，旌旗飞扬。下界是峰峦横列、丛莽起伏的大地，狩猎场景十分壮观，鹿奔豕突，母猪、仔猪、野牛用抑扬的线条勾勒，栩栩如生。《穆天子传》有"天子射兽，得麋、豕、鹿四百有二一，得二虎、九狼……"的记载。其中窟顶北披射猎图尤为精彩：一虎越山跃谷，猛扑猎骑，猎人逼于山林峡谷，回旋无地，勒骑回身拉弓引箭，直指虎喉，生死相搏，悬于毫发；三鹿昂首奋蹄奔逃，猎人投枪高举，驱马穷追。猛虎凶残，弱鹿奔命，猎人精悍，尽显于简练潇洒的笔墨之中。

位于顶部四披下沿的山水狩猎画是早期山水画代表作之一。以近似三角形的小山丘平列，形状简单，富有装饰性，颜色以青、绿、赭等色相间排列，显出远近变化，山头上多有伞盖形树丛，在山林中还绘有山羊、野牛、鹿、野猪等动物以及打猎场面，使寂静的山林出现生气。山水树木不讲究比例，正如唐张彦远《历代名画记》所说："群峰之势若钿饰犀栉，或水不容泛，或人大于山。""列植之状，若伸臂布指。"其中部分动物、山石，北披壁画上奔驰的野牛、猪群、猎人挽弓欲射的猛虎等，都是未上彩的白画。

第 249 窟天井的图像，不是单一的中国图像与佛教图像的并存，而是将中国图像融入佛教世界的中国式的表现。不言而喻，将本来与佛教异质的中国图像容纳到佛教美术中，就是佛教因素与中国因素在思想上的混合。展现在第 249 窟天井的世界，是中国独自的佛教世界观的表现[2]。

第 249 窟顶部四披俨然成为众神的国度，首先有镇守四方之神。东披有龟蛇相交的玄武，南披为振翼奔腾的白虎，西披是展翅欲飞的朱雀，北披画昂首飞腾的苍龙。《淮南子·天文训》谈及五星时说：东方属木，其神为岁星，其兽为苍龙（同青龙）；南方属火，其神为荧惑，其兽为朱鸟（同朱雀）；西方属金，其神为太白，其兽为白虎；北方属水，其神为晨星，其兽为玄武。窟内四神形象和方位与《淮南子》所记不尽相同。四神后来成为道教守护神，是祥瑞的象征和保护死者升天的神灵。南北朝时期，又随着佛道思想的融合而进入敦煌石窟。

东披玄武。龟头似驴，脚高似犬，龟背方而赤，尾部稍残，长蛇穿腹缠绕，两体相交，两头相对，画于仙灵百戏群像中。许慎《说文解字》说："天地之性，广要（腰）无雄，龟鳖之属，以蛇为雄。"所以龟蛇必相交。《楚辞·远游》："召玄武而奔属。"洪兴祖补注云："位在北方故曰玄，身有鳞甲故云武……《文选》注云：龟与蛇交曰玄武。"P.2683《瑞应图卷》中亦画有玄武图，题记云："似龟而黑色常负蛇而行，北方神兽。"应与洞窟壁画中之玄武有关。

南披白虎。状为张口咋舌，昂首振翼，奔腾于空。《事物异名录·仙道部》云："西方之神，系二十八宿中西方七宿——奎、娄、胃、昴、毕、觜、参，组成虎像，位于西方，色白，故称白虎。"白虎乃西王母出行时的前导神兽。北魏第 257 窟中心柱龛下和北周第 428 窟顶部平棋亦有此形象。

西披朱雀。头似凤，有冠，项有环饰，张彩翼，曳长尾，展翅欲飞。王逸

1 参见马德：《敦煌壁画交通工具史料述论（上）》，载《敦煌研究》1995 年第 1 期。

2 参见［日］斋藤理惠子著，贺小萍译：《敦煌第 249 窟天井中国图像内涵的变化》，《敦煌研究》2001 年第二期（总第 68 期）。

《楚辞章句》："朱雀奉送，飞翩翩也"。《事物异名录·仙道部》说：二十八宿中之井、鬼、柳、星、张、翼、轸组成鸟形，住南方，色红，故名朱雀或朱鸟，道家以此为南方守护神。P.2683《瑞应图卷》中画有重精、发鸣等瑞鸟形象，其墨书题记有："状似凤凰，鸟嘴，大鹄羽翼，大足胫身，仁戴、智婴、义应、信负、礼至。"象征仁智信义等儒家道德思想，造型与第249窟朱雀相同。西魏第285窟顶部亦有此形象。

窟顶开明。人头、虎身、青绿色龙尾，两肩有焰翼。人头数量不一，有九头、十一头和十三头，昂首阔步，尾随于东王公、西王母云车之后。《山海经·海内西经》说："开明兽，身大类虎，而九首，皆人面，东向立昆仑上。"同书"西山经"神陆吾条说：昆仑山是帝之下都，归神陆吾管辖，神陆吾"状类虎而九尾，人面而虎爪"，管理帝之下都九部和帝之园囿，神陆吾即开明神兽。《山海经图赞》曰："开明神兽，禀兹舍精，虎身人面，表此桀形，瞪神昆仑，威慑百灵。"人面十一头虎身的怪物就是开明神兽。道教神话中是东王公、西王母的随从。西魏第285窟顶部亦有此形象。

窟顶雄虺九首。屈原《楚辞·天问》中有"雄虺九首"，即古代神话中的九头龙。一说开明神兽应为九首雄虺。有学者依据《法苑珠林》引《正法念经》，谓"毗摩质多有九头"，认为应是佛教中的"毗摩质多"，但"开明神兽说"多为人所接受。西魏第285窟顶部亦有此形象。

窟顶乌获。兽头、人身，有手脚，臂生羽毛，鼓腹着短裤，身壮而有力，谓秦始皇时大力士，力能扛鼎，故有"乌获扛鼎"之语，后刻于墓内为守护神。美国波士顿博物馆藏北魏墓志线刻画中有此形象，榜题为"乌获"，与此形象完全相同。另一说法认为是"人非人"，即人兽组合形力士。西魏第285窟顶部亦有此形象。

窟顶雷神。形象为虎头、人身、鸟爪、臂生绿毛，张臂运转十二连鼓，奔腾于空，象征雷鸣时隆隆之声。东汉王充《论衡·雷虚篇》说："图雷之状，累累如连鼓之形，又图一人，若力士之容，谓之雷公，使之左手引连鼓，右手推椎若击之状。"西魏第285窟与初唐第329窟等窟、龛顶亦有此形象。

窟顶霹电。兽头、人身、鸟爪，臂生羽毛，手执铁钻，猛力下砸，取击石发光、闪闪如电之意，与雷神为伍。美国波士顿博物馆藏北魏墓志线刻画中有此形象，榜题为"霹电"。西魏第285窟顶部亦有此形象。

窟顶飞廉。形状奇异，非驴非马，两肩有焰翼，奔腾如飞，为司风之神。《楚辞·离骚》王逸注："飞廉，风伯也。"西汉《淮南子·俶真训》高诱注："蜚（飞）廉，兽名，长毛有翼。"《汉书·武帝纪》元封二年："应劭曰：'飞廉，神禽能致风气者也'"，"晋灼曰：'身似鹿，头如爵，有角而蛇尾，文如豹文'"。西魏第285窟顶部亦有此形象。

窟顶羽人。头长而窄，两耳上竖过于头顶，裸上身，着短裤，臂生羽毛，奔腾于空。与汉代画像石中长生不死的仙人形象相似。东汉王充《论衡·无形篇》中说："图仙人之形，体生毛，臂变为翼，行于云则年增，千岁不死。"许多道家典籍中说：学仙之人，"身生绿毛""耳出于顶"。东晋王嘉《拾遗记》曰："或衣羽毛，耳出于顶。"《乐府·长歌行》中有"仙人骑白鹿，发短耳何长"之句。此窟羽人所披飞天大巾，似有与飞天相结合的迹象。

窟顶人面鸟。人头、鸟身、曳长尾，展翅欲飞。《山海经·中山经》说："自辉诸之山至于蔓渠之山，凡九山，一千六百七十里。其神皆人面而鸟身。"又，"自景山至琴鼓之山……其神状皆鸟身而人面"。图与此文相符。另一说以为应是文康伎。西魏第285窟顶部亦有此形象。

窟顶风伯，司风之神。西汉《淮南子·本经训》："（羿）缴大风于青邱之泽。"高诱注："大风，风伯也。"即飞廉。西魏第285窟顶部亦有此形象。

窟顶计蒙。龙头、人身、鸟爪，臂生羽毛，挥臂张口喷雾致雨。《山海经·中次八经》说："又东百三十里日光山，其上多碧，其下多木，神计蒙处之，其状人身而龙首，恒游于漳渊，出入必有飘风暴雨。"是司雨之神，亦名雨师。西魏第285窟顶部亦有此形象。

窟顶雨师。亦称"蓱翳""屏翳""玄冥"。《楚辞·天问》王逸注："蓱，蓱翳，雨师名也。"《山海经·海外东经》："雨师妾在其北。"郭璞注："雨师谓屏翳也。"《风俗通》云："玄冥，雨师也。"西魏第285窟顶部亦有此形象。

西魏时期是敦煌佛教美术正式汉化的发展时期。一般认为自西方传入中国的佛教美术在汉民族文化的影响下发生了变化，相反中国化了的佛教美术由中原又传至西方，其影响在西魏时的敦煌也很显著。因此，可以说第249窟天井图像可以帮助我们考察与佛教不同的中国式图像是如何容纳、融汇到佛教美术中的。

此窟彩塑和壁画的人物造型和表现技法为两种风格的混合：一种人物造型、服饰、晕染、线描、底色、色彩等特征，继承了北魏艺术遗风；另一种人物身材修长，面目清秀，褒衣博带式服饰，线描运笔疾速洒脱。壁画白粉为地，敷以青绿色彩，色调清新明朗，但肌肤晕染仍沿用北魏流行的凹凸画技法，用白粉点眼和鼻。此窟前壁全部坍塌，窟顶东披和北披局部残毁，其他基本完好。

（三）第285窟

285窟是莫高窟早期洞窟中唯一有纪年题记的洞窟。主室北壁见存四方纪年题记，两个是大统四年（538年），两个是大统五年（539年），第285窟应建于此间。史苇湘认为285窟应是东阳王元荣建窟[1]。前室平面横长方形，窟顶一面斜披，敞口；甬道平顶；主室平面方形，中央设有低矮的方台，窟顶覆斗形，正壁凿圆券形龛，一大二小，桃尖形龛楣，内饰忍冬、伎乐等纹样。南壁和北壁对称地开凿小禅室各四个。彩塑主尊善跏坐佛像和两胁侍菩萨像均身躯扁平，着褒衣博带袈裟，头残。两禅僧身着黑、白、棕、绿、红等五色方块镶成之袈裟，通覆双肩，此谓五衲衣。结跏坐，低头沉思，作禅修状。南侧禅僧头残。禅僧即坐禅修行之僧。禅，是禅那的略称，中国古代译为"思惟修"，意思是将散乱的心念集中，进行冥想。坐禅求冥想是早期佛教僧侣修行的实践方式。莫高窟的禅僧像都是佛弟子的修禅之像。均置于仅能容身的小龛内，表示在山林岩窟禅修。袈裟缠身裹头，结跏趺坐，两手相叠作禅定印，表现禅修时冥思入定的心境。

覆斗形窟顶藻井图案为斗四方井套叠结构，是一种仿中国古代宫殿内部屋顶，用方木叠架而成的藻井装饰，具有鲜明的建筑性。在边饰联成的方井内四角，再斜置一条边饰，四条相斗，又成一重方井，如此反覆相套，形成多重方井套叠结

1 参见史苇湘著：《敦煌历史与莫高窟艺术研究》，甘肃教育出版社，2002年。

构是为斗四方井套叠。第285窟藻井图案由井心、井外边饰、垂幔流苏组成。方井二重斗四套叠，井心绘重层卷瓣莲花，四角绘摩尼珠光焰纹和莲荷纹。井内边饰土红地忍冬纹，井外边饰白地小云气纹。垂幔为两层三角纹，四角饰以饕餮、璜、珠、葆羽、璎珞、绶带等纹样组成的流苏，既保持木构斗四结构藻井形式，又呈现出具有帷幔、流苏等织物的“华盖”特征。东汉王延寿《鲁灵光殿赋》“圜渊方井，反植荷蕖”，即指此类藻井。斗四方井套叠结构，主要绘于北朝至隋初诸窟。

四披壁画象征天地宇宙。上部画中国传统神话诸神与佛教护法神合壁的神仙云气，以示“天”。四披内容各有重点，依次为西披二飞天高捧莲花供养侍佛，两侧有手足敲踏连鼓的雷公；东披中部为莲花摩尼珠，下有二力士奉侍。图中还有飞廉、开明、乌获、飞仙、天鹅等，北侧为伏羲，南侧是女娲。伏羲右手持矩，左手持墨斗；女娲双手持规，头束鬟髻，身着汉装，长带飞扬。伏羲、女娲下身皆为龙尾利爪。王延寿《鲁灵光殿赋》中说：“伏羲鳞身，女娲蛇躯。”《列子·黄帝篇》：“庖犧氏，女娲氏……蛇身人面。”伏羲、女娲胸前均有圆轮，伏羲胸前圆轮中画三脚乌，女娲画蟾蜍，象征日、月，这是佛道思想互相结合在壁画上的表现。南披莲花摩尼宝珠和二飞天扶持；北披为莲花和二飞天。围绕四披的中心内容绘雨师、礔电、乌获、飞廉、三皇、羽人、朱雀、飞天等。诸神或腾跃翱翔，或昂首奔驰，“天空”天花飞旋，流云飘动，满壁风动。四披下部绕窟一周画山峦林木，飞禽走兽，山林间有草庐禅僧，以示“地”。山林里刺杀野猪、追捕野羊、野牛奔驰、饿虎嚎叫等动乱喧嚣的环境，禅僧们竟裹衣端坐，闭目沉思，视而不见，听而不闻，他们的修炼已到“形如槁木，心如死灰”的寂静境界。“天”动与“地”静形成鲜明对比。此窟窟型、彩塑、壁画都与禅修有关，似意在表明禅修应包含戒、定、慧。

主室四壁壁画分段布局。西壁画诸天外道形象，主要有日天、月天、诸星辰、供养菩萨、摩醯首罗天、毗瑟纽天、鸠摩罗天、毗那夜迦天、四天王天、婆薮仙、神将。

西壁上端左右角分别绘有神仙车，画师根据佛教密宗经典所载“日天”“月天”形象绘制了“日轮车”和“月轮车”，这是莫高窟最早出现的神仙车形象。日轮车画于日轮之中，是一辆仅有舆轮而无辕的轺车，日天坐于车内，驾车之四马相背而驰。整个日轮和日轮车被托在一力士手中，这位力士和另一位力士驭手又站立于三只凤凰驾驭的一辆无辕、平板的神仙车上。画于月轮中的月天乘坐的月轮车形象构图基本上与日轮车相同，只是四马改为四鹤。而手托月轮与作为驭手的二力士站立于由三只狮子（麒麟）驾驭的一辆无辕、平板的神仙车上。凤车和狮车为原佛经所不载，魏晋南北朝时期这种车的形象在中原和敦煌流行，与当时道教的盛行有关，是当时的画家们根据社会的实际需要而加以增改的。西壁北龛顶部，帷幔之下，在诸外道形象中间部位，画有一褒衣阔袖、头戴三珠冠、双手合十的帝王，为敦煌石窟较早出现的帝释天形象。

在285窟西壁龛间壁面绘有最早出现在印度教诸神系谱中的佛教护法诸天形象。其中，西壁正龛北侧所绘为摩醯首罗天。摩醯首罗天，又译摩醯湿伐罗。原为印度婆罗门教三大主神之一的湿婆神，被认为是宇宙的创造者，专司暴雨雷电，其形象后被佛教吸收，成为佛教重要的护法神，被列为天部，名“大自天”。关于其形象，《大智度论》卷二曰："摩醯首罗天，秦言大自在。八臂三眼，骑白牛。"西壁所绘的摩醯首罗天形象是敦煌北朝壁画中唯一一幅相关作品，绘于本窟西壁中央大龛与北侧小龛壁面。摩醯首罗天头戴宝冠，三头中的正面相为天王形，面相端正威严，右侧一面为菩萨形，上唇八字须，左侧一面为夜叉形，面相凶恶愤怒。三首共有一头光。六臂中，上二臂右手托日，左手托月，中间二臂右手似握铃，左手似握短矢，前二臂置胸前，右手持物模糊不识，左手似握弓。下身着兽皮裙，盘腿坐于一青牛背上。

摩醯首罗天形象不仅是印度教的天神和佛教的护法神，同时还是祆教天神之一。明确记载摩醯首罗天为祆教天神的最早的汉文史料见于唐杜佑《通典》。在其"职官二十二"中提到"萨宝符（府）祆正"，并接着对"祆"作了注释："祆，呼朝反。祆者，西域国天神。佛经所谓摩醯首罗也。武德四年置祆祠及官，常有群胡奉事，取火咒。"[1]虽然这个记载是唐代的文献，但它所反映的摩醯首罗天亦是祆教天神的历史事实，早在唐以前就存在了。本窟中摩醯首罗天形象是糅合了印度、中亚、印度教、祆教、佛教中有关摩醯首罗天形象与功能的诸元素而形成的一个独特的艺术形象，它进一步强化了我们有关印度、波斯、粟特艺术因素对第285窟壁画艺术影响的认识。

西壁正龛北诸天第二层，摩醯首罗天下方还分绘鸠摩罗天和毗那夜迦像。鸠摩罗天又名鸠摩罗伽，佛教护法诸天之一。此像裸上身，下着裙，乘孔雀，四臂，胸前一手捧一白鸟（鸡），另三手，一持戟，一举莲花，一握葡萄。"鸠摩罗"是"童子"之义，故头留三片童子发，其发型与传为东晋画家顾恺之《女史箴图》上的儿童发式相似。

西壁正龛与左右侧龛所夹壁面底层绘四天王像，四天王身着联锁圆形金甲。金甲为古代武将战服，以铜铁所造之盔甲，涂金以饰，历代沿用。壁画、塑像中之金甲，来自现实生活。S.1898隋大业五年（609年）六月十五日，发给队长汪异、队副贾□名下"金甲廿五具并光明"，说明戍守敦煌的军士多着金甲。西魏285窟西壁天王像的手镯、项饰、战甲、战袍等处均贴金为饰。贴金为壁画敷彩技法之一，以金箔为材料，桃胶为黏合剂，贴金时先将稀释的桃胶水涂于贴金处，然后贴上金箔压平即成。

南壁顶部，帷幔之下绘一列十二身伎乐飞天。中原"秀骨清像"造型，面朝正壁主尊方向飞翔，奏乐或散花供养，姿态优美，富有韵律，空中飘浮的天花和流云，增加了动势。窟中的飞天有三类，上述为传自南朝的中原式秀骨清像一派飞天，面相清瘦，额广颐窄，眉目疏朗，嘴角上翘，面带微笑，头饰双髻。或褒衣博带，大冠高履；或半裸披巾，在天花流云中歌舞飞翔，潇洒风流，别具风格。另一类为敦煌模式的西域飞天。还有一类是道家的飞仙，长耳羽臂，半裸披巾，持节飞行，这是从羽人转变为飞天的过渡形象。童子飞天（即化生童子飞天）是较为特殊的飞天——自净土世界莲花中化生而出，作童男装，裸体披巾，于天花流云中歌舞散花。《佛说阿弥陀经讲经文》说："化生童子见（现）飞仙，落花空中左右旋，微妙歌音云外听，尽言极乐胜诸天。"

南壁十二身伎乐飞天之下画五百强盗成佛故事画，别称得眼林故事画。内容

1 ［唐］杜佑《通典》卷40"大唐官品"，中华书局，1988年。

依据昙无谶译《大般涅槃经·梵行品》《大方便佛报恩经·慈品》。故事为：五百群贼抢劫作乱，国王派军征剿，群贼战败被俘，受剜眼酷刑，放逐山林呼救，佛以神通力吹雪山香药使群贼双眼复明，并为群贼现身说法，使五百盲贼皈依佛法，参禅入定，最后成佛。此画取横卷式连环画的表现形式，画面由东而西按情节发展的先后顺序，表现八个场景：（1）派军进剿；（2）战败被俘；（3）国王审讯；（4）剥衣挖眼；（5）放逐山林；（6）药眼复明；（7）出家为僧；（8）入山修行。画师将故事组织在统一完整的空间环境之中。构图开始就是高潮，描绘激烈的战斗，接着调子逐渐降低，最后归于平静。建筑物和山石树木既是画面不同情节的分隔，又是联系全图的纽带。北周第296窟亦有此题材，以山峦树木作背景，突出作战以及受刑的残酷场面，是二窟的共同特点。

其中审判强盗之国王，头戴高冠，有展筩，有山形装饰，卷拱向后倾斜，着深衣袍，白纱中单，曲领，腰带（有的束蔽膝），手持麈尾，与东晋顾恺之《女史箴图》中之汉元帝所着冠服相同，均为通天冠。《后汉书·舆服志下》记载："通天冠，高九寸，正竖，顶少邪却，乃直下为铁卷梁，前有山，展筩为述，乘舆所常服。"壁画与文献大体相符。这类通天冠，在北朝晚期，东阳王元荣出任瓜州刺史之后的故事画中，隋唐时期的供养人画像中都可见到，但形制粗略，细节不清。北周第290窟佛传图中的净饭王，亦戴此冠。

官兵、骑士乘铠马、戴兜鍪，身穿绯褶白裤，腿裹行縢，脚穿乌靴，胸背着裲裆甲，腰束带，使甲成两截，上下被护，甲上画绿色鳞片，以示金甲，应归"铁裲裆"之属。裲裆乃武士戎装之一。裆者，一以挡胸，一以挡背。三国魏曹植《上先帝赐铠表》中已有"两当铠一领""马铠一领"语，六朝乐府中有"绣裲裆""铁裲裆"的记载，《企喻歌辞》云"前行看后行，齐着铁裲裆"，可见裲裆是一种使用比较简便而普遍的防御装束。官军的乘骑为当时流行的具装铠。具装铠是战马身首之防护装备，即马甲、马铠，分铁质和皮质两种，西汉始出现，至东汉末年完备。三国魏曹操《军策令》谓："（袁）本初马铠三百具，吾不能有十具。"至十六国时期，具装铠在军队中普遍流行，常数以百千计，甚至过万。《石勒载记》谓俘获末柸时，夺铠马五千匹，败姬澹获铠马万匹；《姚兴载记》谓其败乞伏乾归，"收铠马六万匹"等。铠由面帘、鸡项、当胸、身甲、搭后、寄生六部分组成。这种具装甲马与骑者的装备配套，色彩质地相同。挖眼刑吏，碧褶，白裤，行縢，麻鞋，红巾包头。红巾抹额或红巾帕首，由来已久，秦始皇时已是军容之服。唐韩愈《送幽州李端公序》："司徒公红抹首、裤靴、握刀"；又《送郑尚书序》："府帅必戎服，左握刀，右属弓矢，帕首裤靴迎郊"。

国王审判强盗时所在王宫，形象地反映了当时宫殿建筑的一些基本特征。殿基高耸，正面有台阶，阶沿及台基一周设栏杆。殿身三间四柱，中心间特宽，两次间及山墙中部横穿壁带，表示有墙。柱上端有连续的人字形斗栱，上有出檐深远的歇山屋顶，檐端平直，翼角亦不起翘。其左侧宫门二层，下层三间四柱，柱上有人字形斗拱，其上有腰檐，上层宽两间，庑殿顶。两侧有曲折的宫墙与宫门相连。殿顶及宫墙顶部转角处均饰以鸟尾状鸱尾，鸱尾指中国传统建筑屋顶正脊两端似鸟尾或鱼鳍状的大型瓦件，在屋顶几条脊相交的节点上作重要的饰物，能够丰富屋顶的立面造型。

南壁中段东端画化跋提长者、度恶牛因缘故事。化跋提长者及姊因缘故事画内容据《经律异相》卷第十三《阿那律等共化跋提长者及姊》绘制。故事讲：跋提长者及姊不信三宝，跋提先被度化，皈依佛法。但跋提之姊仍不信佛。佛命宾头卢度化此女。时值此女作饼，宾头卢持钵求食不与。经宾头卢作身中出烟、举身燃火、倒悬虚空、搬石飞空等种种神通变化后，跋提之姊只得持饼施佛与僧，最后皈依佛法。画面采用单幅画的表现形式，描绘宾头卢倒悬空中，跋提长者之姊施饼与皈依三个情节。

化跋提长者及姊因缘下绘度恶牛缘故事画。内容据《撰集百缘经》卷六《佛度水牛生天缘》绘制。故事为：恶牛抵突伤人，佛显神威将其调伏，命终生忉利天，得须陀洹果，经佛指点，放牛人效法恶牛，出家修行，精勤修习，得阿罗汉果。此画为主体式单幅画，表现恶牛调伏后俯首静卧皎依佛法和放牛人出家后身着袈裟精勤修习两个情节。

南壁西端画婆罗门闻偈舍身本生故事，形式为纵向长卷式。内容据《大般涅槃经·圣行品》。故事为：婆罗门信奉佛教，住雪山修行，不闻大乘佛经。帝释天变作罗刹鬼，说半偈"诸行无常，是生灭法"，以试婆罗门之佛性。婆罗门听后心生欢喜，愿闻其全。罗刹须饮热血、吃暖肉，才为之说偈。婆罗门愿以身施舍，闻后半偈。罗刹为说后半偈"生灭灭已，寂灭为乐"，婆罗门闻偈深悟佛法，即攀登高树，投身下地，供罗刹啖食。当投身半空时，罗刹复现帝释天原形，举手于空中接取，安置平地。图中以婆罗门闻罗刹说褐，高树投身等情节为中心，还描绘出婆罗门结草为庐苦修的场面。

南壁四禅室所夹中间三壁面画沙弥守戒自杀因缘故事，其表现形式为三条并列的纵式连环画，情节以上下波浪式由东向西推进。内容据《贤愚经·沙弥守戒自杀品》。故事为：长者敬信三宝，送子跟从德行高尚的乞食比丘出家，度为沙门。比丘教诲沙弥恪守清规戒律。一天比丘遣沙弥往优婆塞家乞食，适逢优婆塞全家出门会客，留其女在家守门。少女见少年沙弥，心生爱慕，强求婚配。沙弥心志坚定，不舍佛法，不舍佛戒，宁舍生命，刎颈而死。优婆塞回家，少女如实察告。优婆塞呈报国王，依法缴纳罚款。国王深受感动，亲自供养沙弥，为其火化起塔。画中长者与国王均着交领大袖袍，白纱中单，曲领，腰束络带，头顶缁撮，外罩圆形白纱笼冠，国王手挥麈尾，身后侍者张盖。笼冠又名武弁大冠、惠文冠、繁冠，是帝王、贵族及武官首服。

北壁上段并列七铺尊像图，每铺下有发愿文和男女供养人像，中段禅室间壁画千佛、菩萨。根据东起第一铺造像下男女供养人中间墨书发愿文题记[1]，可知此铺主尊为无量寿佛，供养人为滑黑奴家族，造讫年代为西魏时期。造像发愿文亦名造像记、造像铭，中晚唐以后多名功德记，表述施主造像誓愿文体。莫高窟早期发愿文短小简练，一般只有百余字，心意虔诚，功德记是研究敦煌历史、考释

1 题记内容为："夫从缘至果非积集无以成功是以佛弟
子滑黑奴上为有识之类敬造无量寿佛
一区并二菩萨因斯微福愿佛法兴隆魔事
微灭后愿含灵抱识离舍三途八难现在老苦
往生妙乐齐登正觉
大代大魏大统五年五月廿一日造讫"
参见敦煌研究院编《敦煌莫高窟供养人题记》，文物出版社，1986年，第117页。

壁画内容的第一手珍贵史料。

西魏 285 窟供养人绘于尊像下方或中心柱龛下，每身像前均有题写供养人姓名的长条榜，但大都漫漶以至消失。285 窟是早期供养人画像、题记保存相对完好的一窟，现存供养人画像 124 身，题记 50 余条，有阴安归、滑黑奴、史崇姬、在和、难当等姓氏。正中榜题发愿文，供养人像男左女右，分列两厢，以比丘和比丘尼引首。通过比较当时供养人像服饰，可以看出北朝时期胡汉民族服饰相互之间的影响和借鉴。

男供养人服饰按其特点分为两类。第一类服饰主要特征：头戴巾子或小帽，有的脑后垂小辫。身穿袴褶，上着圆领窄袖袍，下穿小口裤。第二类服饰主要特征：头戴笼冠，身穿对襟宽袖长袍。第一类袴褶服，有供养人头戴卷檐白毡帽，上着圆领小袖紫褶，腰束蹀躞带，下穿白布小口袴，足蹬乌靴，这是北方袴褶。宋沈括《梦溪笔谈》卷一说："中国衣冠，自北齐以来乃全用胡服，窄袖绯绿，短衣，长靿靴，有蹀躞带，皆胡服也。窄袖利于驰射，短衣长靿，皆便于涉草……带衣所垂蹀躞，盖欲佩带弓箭、帉帨、算囊、刀砺之类。"这与早期壁画袴褶完全相符，从脑后垂小辫的形象来看，《史记》记载其为鲜卑族的特有发式。对于头戴汉式巾子，身穿袴褶的形象，属于胡汉结合的样式。第二类服饰笼冠加长袍，为秦汉遗制，汉式服饰。

女供养人服饰变化不大，也可分为两类。第一类特征为：发式有双环髻、飞天髻、惊鹄髻、圆髻等。身穿对襟短襦，领口较低，袖口宽大，有接袖，下着间色裙，外加围腰，腰系申带。第二类特征为：头饰双鬟髻，身着对襟大袖襦，着间色裙，长裙曳地，腰束蔽膝，两侧有旒，随风飘扬。与第一类最明显的区别是其间色裙上更着"华袿飞扬"的袿衣，这也表明了其特殊的贵族身份。实际上袿衣也是从古代深衣而来。深衣制是连衣裳而不分的单衣形制，汉代即为礼服。具体来说，贵妇公主谒庙助祭，深衣制前加袿衣，缘饰燕尾，演变成了袿衣。因此，285 窟西魏时期女供养人着袿衣，同样继承了秦汉古制。

孝文帝改制后，即从北魏末期到西魏、北周这段时期，敦煌石窟供养人服饰面貌与中原地区相比，比较多样化——既有鲜卑服，又有汉式服装，还出现了很多胡汉结合的样式。以 285 窟供养人服饰为代表，呈现出典型的"秀骨清像"风格。南北朝时期，"秀骨清像"在中原地区广为流行，北魏后期随宗室东阳王元荣出任瓜州刺史时传入敦煌地区。造像特征是广额、削颌、眉楞、颧骨、下巴突出，作七分脸的人面尤显眉楞、颧骨、下巴三突出。其褒衣博带式的服饰可能受到洛阳地区的影响[1]。

东壁门上画三佛，门两侧上段无量寿佛说法图各一铺，每铺下方有发愿文和男女供养人画像。其中东壁北段，佛于中间结跏趺坐，有题榜曰"无量寿佛"。佛的华盖左右立四弟子，自左至右题曰"舍利弗之像""阿难之像供养佛时""摩诃迦叶之像""目连之像"。佛之左右共四菩萨，亦有题榜，自左至右云"观世音菩萨""无尽意菩萨""文殊师利菩萨""大势志（至）菩萨"。以上题榜，来自《佛说无量寿经》《佛说阿弥陀经》和《佛说观无量寿经》，但三经均无"无尽意菩萨"，当采自他经。此画之人物与北壁菩萨"秀骨清像"之风格一致，体态修

1 参见范婷婷：《敦煌莫高窟西魏第 285 窟供养人像服饰研究》，东华大学硕士学位论文，2007 年。

长，脸型瘦削，眉目疏朗。两身菩萨宽袍大袖，褒衣博带，脚着云头履。北魏孝文帝改革之后，服饰汉化，佛教艺术中尊像之服饰也随之而汉化，烙上了时代印记。东、南、北三壁下段均画金刚力士。

第285窟是东阳王元荣建造的“一大窟”，形制特殊。方形覆斗顶，中心佛坛，南北禅窟，三结合。壁画内容丰富多样，西壁佛教与印度教诸神在一起，东、南、北三壁为佛教题材，窟顶为道家天宫诸神与佛禅相结合的场面。总体而言，有三个新特点：（1）内容上中西方同类神像同在一窟，聚于一室；（2）风格上来自印度、中亚的敦煌式西域风格与传自南朝的汉式风格并存；（3）绘画表现上，印度凹凸明暗法与中国的色晕高低法，各展风采。这样在第285窟就形成了东西方文化艺术的交汇点，同时也反映了佛教艺术不断中国化的历程和新的高潮。此窟甬道和前室壁画系五代重绘。

（四）第288窟

第288窟为西魏代表洞窟之一，建于西魏初，前后室。前室平面横长方形，一面斜披顶，敞口，正壁绘天王像。主室平面纵长方形，后部中央立方形中心塔柱，柱身正面开一龛，其余三面上下层均开圆券形龛，内塑像。

中心塔柱东向龛塑善跏坐佛，其余三面为禅定、苦修、交脚坐佛，每铺像均由一佛二菩萨组成，柱身四面上部影塑、壁绘千佛。东向龛善跏坐佛内着僧祇支，外覆双领通肩袈裟。菩萨褒衣博带，足登方头履，造型单薄修长。中心柱壁画菩萨上体半裸、下系长裙，身材修长。此画混合运用了西域浓色叠染的凹凸法和中原叠晕染色法，既表现了人物袒胸露臂的妩媚，又表现了人物潇洒飘逸的神韵。

窟顶前部人字披顶，两披浮塑椽子，椽间白粉底长方形望板上绘“天人灵鸟莲花图案”，由飞天、莲花、忍冬、宝珠、禽鸟等组成，亦花，亦草，亦叶，花草难分，飞天禽鸟穿行其中，生机盎然，格调雅致，令人赏心悦目。后部为平棋图案，北魏、西魏、北周石窟中心柱周围的平顶大都作较大块的方形棋格图案。本窟平棋图案斗四方井叠套布局，中心绘莲花，其方井桁条上的边饰有忍冬、几何等纹样。

四壁壁画分段布局，上段绘天宫伎乐一周。在敦煌壁画中，天宫伎乐所奏之乐器——钹，最早即见于此窟。钹属于打击类金属体鸣乐器，与铙同类，比铙大，铜制，中间隆起呈半球状，有孔穿绳，手持对击发音。钹的中间隆起部分较铙大，因此发音低沉。钹来自印度佛教，是常用之法器，后引入世俗乐队。东晋时已有钹的记载，《法显传》有“敲铜钹”之语。还可见饰于天宫乐伎颈上的串铃，串铃也属于打击类金属体鸣乐器，来自印度民间乐器，原名金基尼，为一种金属空心小球，边有缺口，内藏小珠，将单个小铃串成环链，即为串铃，摇晃则发音。原为印度妇女之传统饰物，舞蹈时系于手足，顿足、拍掌发出节奏性音响，此物为佛教所借用。

中段南北侧壁前部人字披下相对绘尊像图各一铺，佛像庄严，其白毫、白鼻梁、白眼睑、白耳轮，是西域叠染手法的特点，构图稳定，色调沉静柔和，保存较完整。西壁中部绘白衣佛，其余壁面在土红底色上遍画千佛，底部绘三角垂帐纹。

东壁下段绘供养人像行列，比丘持花供养，在前引导，紧随其后的男供养人，头顶缁撮，外罩笼冠，着对襟宽袖绛色大袍，皂缘领袖，白纱中单，曲领蔽膝，笏头履，衣裾曳地，后有童仆提拽，这种服装可能是汉晋时代流行一时的“狐尾单衣”。童仆皆着裤褶，上身穿圆领窄袖袍，下着裤，是典型的鲜卑服装样式。跟随拽衣童仆后者，一张伞盖，一执障扇。

249、288、285 窟均属孝文帝改制后东阳王元荣统治敦煌时的北魏、西魏窟，288 窟供养人的服饰与 285 窟更加接近。女供养人多着对襟宽袖襦裙，袖口出现接袖，腰前束蔽膝，髆间绕帔。288 窟还出现了胡汉结合的样式。男子着大口袴加缚的样式，在魏晋以后逐渐出现。裤口变大为汉化后的形制，加缚应是考虑到行动的方便。女供养人上身穿窄袖襦，为胡服样式，而下着汉式间色长裙。

此窟彩塑大部已残损，主室壁画色彩保存完好。

（五）第 435 窟

第 435 窟，代表窟之一，中心塔柱窟。由于早年东壁塌毁，晚清王圆箓又妄凿穿道，东壁与窟门大部被毁，南北两壁人字披下“说法图”亦遭破坏。但存留下来的绘塑，大都颜色鲜亮、形象完整。中心柱东向为一大龛，龛内塑倚坐弥勒说法像，龛外南北各塑金刚力士一身，化生龛楣上方有浮塑禅定佛、二胁侍菩萨、二飞天、三供养菩萨，其余均残毁。龛沿上原绘北魏供养人，下绘五代重修供养人。中心柱南北面向均作双层龛，上为阙形龛，内塑交脚弥勒。下层为圆拱券龛，各塑禅定佛，两侧均塑胁侍菩萨，共计八身。西向面，上层龛内塑禅定佛，下层圆拱龛内原塑苦修像，上下两龛侧均塑有胁侍菩萨，共四身。中心柱四面上端原有影塑供养菩萨，存留者极少。下层均画金刚力士。此窟四壁上有“天宫伎乐”环通全窟。南北壁人字披下各画“说法图”一铺，均残毁不全。南北壁后段与西壁均画“千佛”，西壁正中画“白衣说法佛”一铺。四壁下端画成列的金刚力士，扭臂跳跃于山岳间。由于绘塑色彩饱满鲜亮，青、绿、赭、白清晰触目，在魏窟中别具一格。人字披西披飞天长裙裹脚与飞扬上举的飘带构成了极富韵律的降落动态。塑像造型接近第 248 窟。

第四节　北周石窟艺术（557—581 年）

北周由西魏权臣宇文泰奠定国基，其子宇文觉正式建立。历五帝，共 24 年（557—581 年）。西魏恭帝三年（556 年），实际掌握西魏政权的宇文泰死后，长子宇文觉继任大冢宰，自称周公。次年初，他废西魏恭帝自立（孝闵帝），国号周，都长安（今陕西省西安市），史称北周。

北周取代西魏后，仍在敦煌设瓜州。因北周的主要注意力在统一中原，未暇西顾，敦煌未能改变防守局面。北朝时期，敦煌的佛教继续发展。孝文帝时任敦煌镇都大将的穆亮和后来任瓜州刺史的元荣、于义等几位来自中原的敦煌地方长官，都尊奉佛教。元荣、于义不但大兴佛事，还亲自出资在莫高窟开窟造像。致使“合州黎庶，造作相仍”，莫高窟的开窟造像活动，渐趋兴盛。这里逐渐发展成为佛教徒传授教义、举行佛事活动的重要场所。北周仍为汉化鲜卑政权，在元荣、建平公于义时期开凿的洞窟中，融入了他们从中原带来的文化艺术。莫高窟现存十六个北周窟，洞窟形制仍为殿堂窟和中心柱窟，第296、290、428等窟是其代表。

北周敦煌石窟艺术，指北周时期（557—581年）的敦煌石窟艺术。莫高窟现存十六窟。北周时，敦煌大姓令狐氏、京兆望族韦瑱、贵戚陇西李贤、建平公于义，先后执政敦煌，政治清明，社会安定，“丝绸之路”畅通无阻，甚至“波斯使主”张道义曾主持瓜州（敦煌）行政。在这样的背景下，莫高窟北周艺术的特点为：个别洞窟规模空前，如第428窟平面面积竟达178.38平方米；内容进一步丰富，彩塑尊相中出现了佛弟子像，出现一佛二弟子二菩萨的新组合；壁画中故事画大发展，佛传故事三条重叠呈斜“Z”形，连续80多个画面。因缘故事有微妙比丘尼缘、善事太子入海品、五百强盗成佛缘、梵志夫妇摘花坠命缘等。本生故事有须阇提割肉奉亲、萨埵舍身饲虎、睒子深山孝亲、须达拏布施济众、独角仙人本生以及三阶教的福田经变等。其中的微妙比丘尼因缘、须阇提本生、独角仙人本生、梵志夫妇摘花坠命缘等皆为新出现之珍品。其故事情节细腻真实，人物形象生动活泼，是早期故事画最丰富的时期；供养人画像绕窟一周排列，数量大大增加。

从表现形式看，构图有所发展，出现了凹字形、波浪形、之字形、S形叙事结构；晕染多样化，现存壁画人物中白鼻、白眼、白连眉、白下颌，虽是变色、剥落的结果，却证明它乃是来自西域之新方法；身着世俗装的男女进入“佛国”，成为飞天或故事画中的人物；作为衬景的山水树石，已开始摆脱“人大于山、水不容泛”的格局，渐趋写实。总之，内容更为丰富，造型结构更为严谨，线描豪放，色调清新，生活气息浓厚。此时的敦煌石窟艺术已突破西域佛教艺术的规范，开始形成具有敦煌特色的中国式佛教艺术体系。

敦煌研究院编（即史苇湘编）《敦煌莫高窟内容总录》[1]与樊锦诗、马世长、关友惠合撰《敦煌莫高窟北朝洞窟分期》[2]有所不同，均记述如下：

《内容总录》确定557年至580年间凿建十六窟。编号是250、290、291、294、296、297、298、299、301、428、430、438、439、440、442、461。

《北朝洞窟分期》确定在西魏大统十一年（545年）至隋开皇四年（585年）之间凿建十五窟。编号是432、461、438、439、440、441、428、430、290、442、294、296、297、299、301。

北周代表洞窟

（一）第290窟（图1-4-1）

第290窟，北周代表窟之一，中心塔柱窟，窟内绘塑基本为北周原作。塔柱四面开单层龛，其上部为多身影塑（已毁，只留痕迹）。东（图1-4-2）、南、北

1 敦煌研究院史苇湘编：《敦煌莫高窟内容总录》，文物出版社，1982年。以下简称《内容总录》。

2 樊锦诗、马世长、关友惠合撰：《敦煌莫高窟北朝洞窟分期》，《中国石窟·敦煌莫高窟》中文版第一卷，中国文物出版社、日本平凡社，1982年；《敦煌研究文集》，甘肃人民出版社，1982年。以下简称《北朝洞窟分期》。

三龛均塑一佛二菩萨，佛作倚坐式。佛像皆肉髻扁平，肩宽，腿短，膝盖粗壮，为北周典型形象。南向龛龛外两侧的菩萨像是彩塑代表作之一。菩萨头戴花蔓宝冠，冠帻披肩，身饰长带，肩披质地厚重的大巾，一手上举贴胸，面色洁白，双眼眯缝，小鼻耸起，嘴角上翘含笑，犹如一个纯洁无瑕、天真无邪的少女，青色头光和红色披巾更烘托出颜面的柔嫩可爱。西向圆券形龛内，彩塑交脚弥勒菩萨像，左右二胁侍。弥勒菩萨头戴宝冠，上身袒裸，颈饰项圈，胸挂璎珞，肩披长巾，腰围长裙，跣足而交脚端坐。

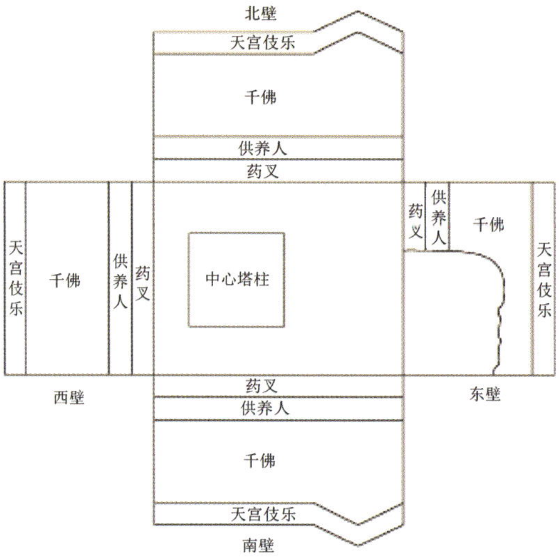

图 1-4-1　北周莫高窟第 290 窟 四壁内容布局示意图

该窟中心柱西面供养人行列之中心位置上绘有胡人驯马图。画师以他对生活的细心体察和纯熟的技巧，简练、准确、生动地表现了马夫驯马的情形：高鼻深目的胡人，头戴白毡帽，身穿小袖褶，脚登长靿靴，一手拉缰绳，一手举鞭，两眼圆睁，正在驯马，马则抬起一只前腿，后腿弯曲，屁股后坐，低头，作准备挨打但又不服状，惟妙惟肖。马在图上的位置比主人还高，这是绝无仅有的孤例。北周武帝曾给瓜州刺史李贤赐过“金装鞍勒”的“中厩马”，结合此窟供养人画像来考察，此马似与上述情况有关。

图 1-4-2　北周莫高窟第 290 窟 中心塔柱东向龛

窟顶后部为平棋，前部为人字披，两披画佛传故事画。第 290 窟佛传故事画（图 1-4-3）为莫高窟佛传故事画之代表作，据《修行本起经》而作，讲释迦牟尼之生平事迹。全经共五品，入壁四品，画面描绘了入梦受胎、摩耶说梦、出游观花、树下诞生、步步生莲、九龙灌顶、母子还宫、国王出迎、宝物悉现、经商得利、取名悉达、王礼太子、礼拜神庙、还宫占相、天降三十二祥瑞、青莲生狮、阿夷观相、阿夷礼太子、修四时殿、命太子学书、太子赴学、太子回宫、思念出家、两国议亲、献计试艺、裘夷观艺、太子赴戏场、象塞城门、掷象相扑、比试射艺、得胜回宫、掷璎娶妃、复议聘嫁、聘娶二妃、裘夷回禀、使太子出游、出游四门、树下观耕、王礼太子、裘夷说梦、天神劝请、决心出家、逾城出家、车匿还宫、举国悲恸、追寻太子、五人礼释迦、五人皈依、释迦成道、初转法轮等 80 多个情节。壁画为汉晋绘画传统形式的横幅长卷式连环画，共六层 87 个画面，按“之”字形走向衔接上下各层画面，总长 27.5 米，总面

a. 全景

b. 局部

图 1-4-3　北周莫高窟第 290 窟人字披顶 佛传故事画

积近七平方米。此画故事完整，内容丰富，情节曲折，为此前的佛传艺术品中所少见。

其中：摩耶说梦，内容据《修行本起经》《普曜经》《过去现在因果经》《佛本行集经》等。故事为：摩耶夫人被梦惊醒后，即告诉净饭王梦中所见，有白象从空中飞来，弹琴鼓乐，散花烧香，投入夫人身中，忽又不见。画面为大殿内净饭王与夫人对坐而谈，旁有侍从，此处构图为单幅单情节。此处佛传图中的净饭王，头戴高冠，有展筩，山形装饰，卷拱向后倾斜，着深衣袍，白纱中单，曲领，束蔽膝，手持麈尾。

相师占梦，内容据《修行本起经》《佛说太子瑞应本起经》《佛本行集经》等。故事为：摩耶夫人梦见白象入胎，被惊醒，即告诉净饭王所梦之事，王内心恐惧，遂召相师占其所梦，相师说是圣神降胎，大吉大善。画面为净饭王和夫人坐于大殿内，左右有大臣侍从，殿前立婆罗门相师，此处构图为单幅单情节。

树下诞生，内容据《修行本起经》《太子瑞应本起经》《普曜经》《异出菩萨本起经》《过去现在因果经》《佛所行赞》《佛本行集经》《释迦谱》等。早期佛经内容简单，只讲摩耶夫人出游时于树下右胁生出太子；晚期佛经内容复杂，讲善觉长者欲迎摩耶夫人回家分娩，摩耶夫人回提婆陀诃城父母家时，途中经蓝毗尼园，至波罗叉树下，树枝自然低垂，摩耶夫人举右手执树枝，即生太子。基本画面为摩耶夫人立于树下，右手扶树枝，太子从右胁而出。早期故事用两个画面（出游和诞生）来表现，夫人周围有几个侍女，一侍女跪于地接太子；晚期画面场面宏大，人物众多，用五个画面（善觉长者欲迎摩耶回家、摩耶回提婆陀诃城、长者迎摩耶、摩耶在蓝毗尼园右手攀树、摩耶生太子）来表现这一故事。

步步生莲，内容据《修行本起经》《太子瑞应本起经》《普曜经》《异出菩萨本起经》《过去现在因果经》《佛所行赞》《佛本行集经》《释迦谱》等。故事为：太子从摩耶夫人右胁生出后，自立于地，不用扶持，即自行七步，足下步步生莲花，又右手指天，左手指地，言“天上天下，唯我独尊”。画面为穿犊鼻裈的太子立于中央，脚下和身后俱有莲花，太子右手上指，左手下指，周围有菩萨装的天人数人围绕，此处构图为单幅单情节画面。

九龙灌顶，内容据《修行本起经》《太子瑞应本起经》《普曜经》《异出菩萨本起经》《过去现在因果经》《佛所行赞》《佛本行集经》等。故事为：太子出生后，九龙从上而下喷水，洗浴太子，使太子身心清净。画面为穿犊鼻裈的太子立于中央，左右及头上围绕九条龙，自上而下喷水，此处为单幅画面。

太子回宫，内容据《修行本起经》和《佛本行集经》。故事为：摩耶夫人和太子在卫士和诸侍从导引下回城。第290窟画面一为怀抱太子的摩耶夫人乘坐四龙车向前驶去，上有华盖遮蔽，前有驭者驾驭龙车，车右有狻猊奔腾，车左车右二伎乐飞天合十礼拜，弹奏箜篌；画面二为国王骑马与诸大臣出城门迎接摩耶夫人与太子回宫。

阿私陀仙占相，内容据《修行本起经》或《太子瑞应本起经》《普曜经》《异出菩萨本起经》《过去现在因果经》《佛所行赞》《佛本行经》《释迦谱》等。故事为：阿私陀仙为太子观相，见太子有三十二奇相、八十种好，身如金刚，殊妙难量，以后必当成佛，普度众生。阿私陀观相后喜极生悲，王以为不祥，阿私陀言"今生大圣人，除世难灾患"。第290窟画面为胡床上坐一王者，上举两手，与坐莲花座抱视太子的阿私陀仙对话，王者后有两臣属侍立，此处为单幅画面。

天降三十二祥瑞，内容据《修行本起经》《太子瑞应本起经》《普曜经》《过去现在因果经》等，《佛所行赞》《佛本行集经》和《释迦谱》中内容则简略不全。故事主要讲太子诞生后天降种种祥瑞之事。第290窟内容十分完整，画30余种瑞应，有大地震动丘墟皆平、巷道白净、陆地生莲、臭处变香、枯树生叶、园生奇果、七宝藏自现、呈射异光、衣裤满架、川流澄清、风停云散、普降香雨、马生白驹、黄羊生羔、明月神珠、夜如白昼、众星不行、沸星下观、宝盖覆宫、神授宝车、佳肴自生、瓮盛甘露、天神送宝、白狮入城、婇女自现、龙女绕宫、玉女执拂、玉女执香汁金瓶、天乐齐奏、刑狱废弛、毒虫隐伏、渔猎生慈、孕者生男、树神出现等。

其"神授宝车"中车之形象为一般轺车型，单马驾驭，双轮双辕，高栏车舆，中竖伞幢，特殊之处是车舆后部两边悬挂牙旗两面。这是敦煌壁画中唯一一辆没有道教色彩的"神仙车"。敦煌壁画中的"神仙车"形象，与其他同时代的"神仙车"形象一样，是人们在现实车辆基础上的一种想象，除了这部"神授宝车"以外，其他都是现实中不可能有的[1]。

易三时殿，内容据《修行本起经》《太子瑞应本起经》《普曜经》《异出菩萨本起经》《过去现在因果经》《佛所行赞》《佛本行经》《释迦谱》等。故事为：国王为太子造三时殿，第一殿为暖殿，隆冬时居住；第二殿为凉殿，夏暑时居住；第三殿春秋时居住。又于殿前种甘果树，殿后造七宝池，并选婇女供养娱乐太子。画面绘出三大殿，太子坐中殿内，两侧殿内或殿前诸婇女吹奏笙笛管乐和舞蹈供太子娱乐。

八岁就学，内容据《修行本起经》《太子瑞应本起经》《普曜经》《过去现在因果经》《释迦谱》等。故事为：太子年满八岁，不喜娱乐，王即与诸臣商议令其就学，于是太子与侍从共诣师门，请师教书。第290窟画面一为王宫内王与臣属

1 参见马德：《敦煌壁画交通工具史料述论（上）》，《敦煌研究》1995年第1期。

商议太子就学之事，二为太子与侍从骑马拜访老师，老师在门前恭迎太子。

掷象入坑，内容据《修行本起经》或《太子瑞应本起经》《普曜经》《过去现在因果经》《释迦谱》《佛本行集经》等。故事为：众释子角技议婚时，提婆达多先入城门，见大象塞门，即杀白象；难陀后至，将大象牵至道左；最后太子至，心怀慈悲，举象至城外，象即苏醒。《佛本行集经》则为太子举象掷于城外，越七重墙，度七重堑，象坠地即成大坑。第290窟画面为太子一手举起大象，构图简单明了。

相扑角力，内容据《修行本起经》《太子瑞应本起经》《普曜经》《过去现在因果经》《佛本行集经》《释迦谱》等。故事为：诸释子角技议婚时，以相扑角力，太子战胜提婆达多、难陀等释子，而且使其身体不损不伤。相扑是角抵的别称，两人徒手较量以把对方摔倒或推出界外为胜的竞技活动。第290窟为单幅画（图1-4-4），表现梳双童髻、穿犊鼻裈的太子将另一赤裸者扑翻在地，旁立一侍者，画面简洁。

箭穿七鼓，内容据《修行本起经》《太子瑞应本起经》《普曜经》《过去现在因果经》《佛本行集经》《释迦谱》等。故事为：诸释子为争婚比赛射箭，安七个铁鼓，提婆达多和难陀等均未射穿七鼓，太子用先祖的大弓一箭即射穿七只鼓。第290窟单幅画面（图1-4-5），左为靶场上立七架，上悬七面圆鼓，旁有一骑马者；右为太子等三人面向悬鼓弯弓射箭，旁有四名侍者。

掷璎定亲，内容据《修行本起经》或《太子瑞应本起经》《普曜经》《异出菩萨本起经》《过去现在因果经》《佛所行赞》《佛本行集经》《释迦谱》等。故事为：太子在诸项技艺的比赛中均胜过诸释子，最后优陀告诉太子，"应表现一种特殊的技艺"，于是太子脱下身上的珠璎，掷向在城上观看比赛的众女子，珠璎正好落在裘夷身上，善觉乃将女送至宫中，太子与裘夷结为夫妻。画面为一院落前立一王者，举双手与一跪者对话，上有伞盖障蔽，后有臣属数人侍立；左侧一院落的楼阁式建筑内各有二名穿裙襦的女子，院墙外太子向院内作投掷状，后有三侍者相随。

图1-4-4 北周莫高窟第290窟人字披顶西披 相扑角力

娶亲场面中的"娶亲车"为双辕双轮，高栏车舆，伞盖结构，单马驾驭之轺车。此车车舆分上下两层，上层乘坐二女，下层装载货物，此车舆形制之特殊整个敦煌壁画中仅此一例。除此之外，第290窟东壁门北底部所绘三辆并排的马车，均为双辕双轮、单马驾驭的大篷顶盖安车，是供养人即敦煌当地贵族的代步工具，但因壁画残损严

图1-4-5 北周莫高窟290窟人字披顶西披 箭穿七鼓

重，画面上只能隐约见其轮廓。莫高窟290窟供养人乘用的安车，最能反映当时敦煌地方马车情况。

出游四门，内容据《修行本起经》《太子瑞应本起经》《普曜经》《异出菩萨本起经》《过去现在因果经》《佛本行集经》《佛所行赞》《释迦谱》等。故事为：太子婚后不好娱乐，仍思出家，国王十分忧虑，与诸臣商议令太子出游，以化散其出家之意，于是太子在诸侍从的陪伴下出宫游观。但出东门时见老人，出南门时见病人，出西门时见死人，出北门时见僧人，于是太子更欲舍俗出家。第290窟构图较为复杂，人物增多，以连环画形式表现。

此处出游四门故事画中，出现了敦煌壁画中第一辆牛车形象——放置灵柩的丧车。车舆又高又大，顶盖为人字披型，四周挂满幡条和垂幔。牛车在我国起源很早，但最初只作为货物运送工具而很少载人，大概是因为它的速度慢且比较平稳，南北朝以后豪门贵族作为娱游工具而乘用，而作为丧车也是因为它比较平稳。

出殡图，輴车车前一人，头顶双手高托一方盘，盘内盛一对似鸡的供物，鸡头朝灵车，为亡者在前导引，称引路鸡。取其和阴阳、厌厉之意："腊除夕，以雄鸡着门上，以和阴阳""正朝县官杀羊悬其头于门，又磔鸡以副之，俗说以厌厉"(《太平御览》卷九百十八)。

树下观耕，内容据《修行本起经》《太子瑞应本起经》《普曜经》《异出菩萨本起经》《过去现在因果经》《佛所行赞》《佛本行经》等。故事为：太子出外野游观看种植，看到耕者犁地翻出小虫，鸟食小虫，蛤蟆食蝉，蛇食蛤蟆，孔雀食蛇，鹰食孔雀，雕鹫食鹰等。太子看到万物众生自相吞食，起慈悲心，在阎浮树下结跏趺坐，谛心思惟，得第一禅。画面为一农民正在驱牛耕地，土中出蛤蟆及虫类，鸟食虫类等。太子坐于树下，作思惟状。第290窟太子观耕和树下思惟集中在一幅画面中。

夜半逾城出家，内容据《修行本起经》《太子瑞应本起经》《普曜经》《异出菩萨本起经》《过去现在因果经》《佛所行赞》《佛本行经》《释迦谱》等。故事的基本情节是讲太子在出外游观后更欲出家。半夜国中人均昏睡不醒，在诸天的帮助下城门无声而开，太子乘犍陟马逾城而出，开始了漫长的苦行生活。这一故事是莫高窟佛传故事画中最流行的题材。此题材在第431窟最早出现，画面构图简单，仅绘出太子骑白马而行一个情节。至第290窟，情节及画面有了进一步的丰富，增加了裘夷说梦、天神劝请、太子决心出家等情节，画面分别为太子与裘夷对坐，一天人从空中飞来，太子与侍者说话，太子以手抚马背等，各画面都配以建筑物，逾城出家绘四天神托举白马四足拔地而起，太子坐马上。

车匿还宫，内容据《修行本起经》《太子瑞应本起经》《普曜经》《异出菩萨本起经》《过去现在因果经》《佛所行赞》《佛本行经》《释迦谱》等。故事为：马夫车匿送太子至修行处后，太子即命车匿带宝冠、衣物、璎珞并牵马回国，车匿悲泣离开太子回到国中，国王及太子妃知太子已出家修行，痛哭不已，国人亦十分悲恸。第290窟画面一为着菩萨装的太子坐于树下，与车匿及白马辞别，二为车匿还宫，国王与车匿对话，裘夷痛哭。

犍陟辞别，内容据《修行本起经》《太子瑞应本起经》《普曜经》《异出菩萨本起经》《过去现在因果经》《佛所行赞》《佛本行经》《释迦谱》等。故事为：

生，收到普遍的社会效果。“七法”指办七种与社会公益有关的事：“一者兴立佛图僧房堂阁；二者果园浴池，树木清凉；三者常施医药疗救众病；四者作坚牢船济渡人民；五者安设桥梁过渡羸弱；六者近道作井渴乏得饮；七者作造圊厕施便利处。”但本窟未画“船渡”与“造厕”两个情节。

此处直接描绘了实际生活中的诸种形象，因此具有很高的形象史料价值。福田经变在莫高窟的出现与消失，正是与北魏、西魏、北周、北齐时代僧尼猥滥，佛教与皇室、官府、豪门渔侵百姓有关。民间流行“末法住世”之说，认为佛法将灭，僧人中乃有改革的呼声，要求僧人托钵乞食，“普法普施”，建立“无尽藏”，做有益于社会的事情。“广施七法”即其中之一，当时信行倡导的三阶教为其代表。开皇二十年此教派被禁绝。

兴立浮图为福田经变“广施七法”情节之一，即“兴立浮图僧房堂阁”，画中有“修塔”“画庙”两个情节。上层为“修塔”场景，表现六个赤裸上身、穿犊鼻裈的泥瓦工正在修造砖塔。一人和泥，两人送料，两人砌砖，一人正挥扬矩尺指挥。下层正对“画庙”场景，面阔三间的歇山顶小佛堂即将竣工，下面是砖砌台基，正中阶陛直达大门。房屋正侧两面各有一名身着袴褶的画工，二人均一手持碗一手挥笔在壁上作画。屋顶上有一名泥工，正在接房下另一泥工用长竿递给的泥料，对即将落成的佛堂作最后的修整，两名泥工均仅穿犊鼻裈。

植园施凉，福田经变“广施七法”情节之一，即“果园浴池，树木清凉”。窟顶北披东段上层，绘一座围墙环绕的果园，树木葱茏，行人在其中乘凉小憩。

疗救众病，福田经变“广施七法”情节之一，即“常施医药疗救众病”。窟顶北披东段下层画一病人，由二人扶坐，正接受另一人喂药，旁有一人正用药臼捣制药物。

商队过桥，福田经变“广施七法”情节之一，即“安设桥梁过渡羸弱”（图1-4-10）。窟顶北披东段下层，画两个身穿袴褶、头着缣巾的北周商人，联骑押着满载商品的驮队正在过桥。对面一个高鼻深目的西域商人牵着两只载重的骆驼，两支商队在桥头相遇。此处出现敦煌壁画中最早的桥，为道路之间小溪流上的单跨梁式桥，两侧有简单的栏杆。此福田经变中北周商人的覆首缣巾亦称幅巾，是一种包头织巾。《后汉书·鲍永传》李贤注：“幅巾，谓不著冠，但幅巾束首也。”《宋书·礼志五》引《傅玄子》：“汉末王公名士，多委王服，以幅巾为雅。是以

图1-4-10 北周莫高窟第296窟窟顶北披东段 福田经变之“安设桥梁过渡羸弱”（局部）

袁绍、崔钧之徒，虽为将帅，皆著缣巾。”以全幅裁成覆首，故名。至北周建德年中裁出四角，成为幞头，则巾饰渐绝。

近道作井，福田经变“广施七法”情节之一，即“近道作井渴乏得饮”（图1-4-11）。窟顶北披东段上层，画有方形水井，一人持竿汲水，井旁有饮马灌驼的细节，表达了路旁作井使渴乏的旅行者与牲畜得到饮水的好处，此处骆驼身后套一双轮双辕车。敦煌地处大漠戈壁，骆驼在敦煌不仅负载驮运，而且也能驾车拉运，古今如此。这两种运载形式在敦煌壁画中都出现过，而以前者数量较多，且自北朝至宋各个时期都有一些。骆驼车则只出现两次，分别是在公元6世纪后期的北周第296、隋初第302两窟福田经变画中。从画面上看，两辆骆驼车都是载人的，整个车的结构也比较简单，双轮双辕，车舆为圆弓形，四周围帘，仅容一人坐卧。这两幅骆驼车出现的历史背景是在北周时期，其时佛教泛滥给社会带来严重弊端，受到周武帝毁灭性的打击。信徒为此采取了一些有利于社会福利的措施以求生存和发展，于是出现了三阶教及其《佛说诸德福田经》。继而传到敦煌，莫高窟壁画上也随之出现了反映各类社会生产、生活场面的福田经变，而这两幅骆驼车都是出现在福田经变中，是更能确切证明当时敦煌地区社会生产、生活情况的珍贵历史资料[1]。

道旁精舍为福田经变“广施七法”情节之一，即“道旁立小精舍”。窟顶北披东端下层画一环有围墙的楼阁房屋，内有一人弹琵琶娱乐宾客。这种“道旁小精舍”是表现《福田经》之所说，谓有一个叫听聪的人，述说他前世是波罗奈国一长者子，曾在道旁建立精舍，接待僧人食宿，由此而得“生天为天帝释，下世为转轮圣王各三十六次的好报”。这种“小精舍”也叫“福德舍”，实为旅舍，专为接待长途旅客。画中音乐演奏，表现的是人们在长途跋涉中能得到安适愉快的住处。

图1-4-11　北周莫高窟296窟窟顶北披东段　福田经变之“近道作井渴乏得饮”（右上部分）

歇山顶（图1-4-12）为壁画中常见的传统建筑屋顶形式之一，又称九脊顶，由一条正脊、四条垂脊、四条戗脊、四个倾斜的屋面及两侧三角形的山花组成。壁画中多表示为配殿、城楼等次重要建筑的屋顶，其形式与现存唐宋古建筑的此式屋顶形式相符。本处兴立浮图中的歇山顶建筑形式较特殊，屋顶的上两披和下部的四披之间分作两段，使屋面呈台阶状，此窟中此式屋顶共20个，似非偶然。此式屋顶系由上段悬山屋顶与下

图1-4-12　北周莫高窟296窟　分段歇山屋顶（孙如僩绘）

1 参见马德：《敦煌壁画交通工具史料述论（上）》，《敦煌研究》1995年第1期。

段庑殿顶组合而成。在汉明器及阙的屋顶中偶有所见，日本奈良法隆寺所存飞鸟时代（七世纪）的"玉虫厨子"屋顶亦为分段歇山顶，中国实物中仅山西霍县东福昌寺大殿有此式屋顶。

主室南、北两壁分三层，上层为千佛，中层为故事画，下层为药叉。东壁中层为供养人，余同。

北壁中层绘须阇提太子本生故事画，内容据《贤愚经·须阇提品》。故事为：特叉尸利国王名曰提婆，有十太子，各领诸小国。最小太子善住所领国土，人民最为丰乐。大臣罗睺逆杀提婆自立，并遣兵众，往诣诸国，杀诸太子。夜叉从地而出，向国王善住报信，善住闻讯，准备七日食粮，携妻和太子逾城逃走，欲至他国借兵平乱。时有二道，一道七日，一道十四日，慌乱中误入十四日道。中途粮尽，饥饿难忍，善住欲拔刀杀妻以保存自身和太子。太子须阇提求父王："唯愿大王宁杀我身，勿害我母。"于是每日割肉奉亲，维持生命。须阇提身肉将尽，唯存骨骼，将余肉分为三份，二份奉亲，一份留作施舍。帝释天化作乞儿、狮子虎狼，向其乞肉啾食，以试其志，太子仍慷慨施之。须阇提生命垂危之际，立誓愿言：以是功德，用求佛道，普济众生。帝释天感其心诚，以神通力使须阇提身体平复如故。邻国闻太子孝慈忠义十分感动，将其父母及须阇提迎入宫中供养，并发兵马协助善住国王父子平叛复国。

第296窟须阇提太子本生故事画（图1-4-13）为横卷式，是此本生故事画代表作之一。画面按时间顺序发展，自西至东自然连贯地表现了十个情节：（1）药叉报信；（2）国王携妻和子逾城逃走；（3）误入歧路，中途粮尽；（4）欲拔刀杀妻；（5）太子须阇提求父王，宁杀其身，勿害其母；（6）途中割须阇提身肉，维持生命；（7）父母与须阇提告别；（8）须阇提立誓，帝释天化为狮虎，以试其志，又以神通力使其身体平复；（9）邻国迎国王夫妻和须阇提入宫；（10）发兵马协助须阇提父子回国平叛。画中国王于城上搭梯而出、须阇提割肉后又逢帝释天化狮子以试其心等场面颇为生动。此故事画着意突出割肉奉亲、以孝救国的主题。东端壁面因受破坏而残损。

图1-4-13 北周莫高窟296窟北壁中层 须阇提太子本生（局部）

此处善住王宫城图是壁画建筑代表作之一。城的平面作矩形，前后城墙中部均画城门，上置城楼，面阔进深各三间，单层庑殿顶，后部城墙二转角处有角台，不起角楼，城墙一周上部均施雉堞。城墙内建二层楼阁，上下层均为三间，上作歇山顶楼阁，与二城门大致在一轴线上。

南壁中层五百强盗成佛故事画，别称得眼林故事画，内容见昙无谶译《大般涅槃经·梵行品》《大方便佛报恩经·慈品》。第296窟五百强盗成佛故事画为横卷式，是此因缘故事画代表作之一，据《大方便佛报恩经·慈品》绘制。此画由西而东按时间顺序描绘五百强盗与官军作战、被俘、受刑、佛为说法、皈依等场面，以山峦树木作背景，突出五百强盗与官军作战以及被俘受刑的残酷场面。画面依次为：（1）国王下令征剿群贼；（2）进剿的军队出征；（3）群贼与官军激战；（4）群贼战败被俘，军队将其押解回营；（5）群贼受审，并被挑其双目，割耳劓鼻；（6）群贼被放逐山林悲恸呼叫；（7）佛以神通使群贼眼睛复明，群贼悔过，皈依佛教，佛为群贼说法；（8）群贼入山参禅。此画用六分之五的篇幅描绘国王和军队对群贼的进剿、镇压、俘获、押解、施刑。相反，群贼获救、皈依、参禅的篇幅略显简率。画面两端安排楼阁建筑，中部为山林旷野，人物活动在行进途中逐步展示，将故事情节巧妙地统一在一定的景物环境中。

本故事画中的官军乘骑装备了当时流行的具装铠——一种战马身首之防护装备，即马甲、马铠，分铁质和皮质两种。西汉始出现，至东汉末年完备，至十六国时期，具装铠在军队中普遍流行，常数以百千计，甚至过万。铠由面帘、鸡项、当胸、身甲、搭后、寄生六部分组成。这种具装甲马与骑者的装备配套，色彩质地相同，敦煌壁画中所见的图像和文献中的记载吻合。

（四）第 297 窟（图 1-4-14）

第 297 窟北周彩塑羽人像，位于正龛龛楣北侧。羽人是中国神话中长羽翼的神仙，身短体壮，人身鸟爪，头生犄角和兽耳，臂长羽翼。颈挂项圈，四肢带环，上身赤裸，下穿犊鼻小裤，竖耳瞪眼，四肢肌肉隆起，张牙舞爪，振翼扑飞，一腿似欲跨越龙脊，凌空而下。周身遍敷浅赭色，突起部位晕染赭红，增强形象的立体感。此像塑造集人、兽、鸟的外部特征，又兼有人的灵动、野兽的凶猛、鸟鹰的矫健的动势。以丰富的想象力，生动地表现了非同常人的神仙形象。莫高窟羽人画像见于西魏、北周乃至隋代洞窟，而彩塑仅此一例，且保存完好。

第 297 窟西龛底层，有一组供养伎乐在树下乐舞。三男子组成小乐队，一人弹箜篌，一人弹琵琶，一人吹奏，为二舞伎伴奏。舞伎女性，短发，着突厥装，圆领窄袖筒裙，下着细腿裤，左舞伎双手在头上五指交叉，面左起舞，右舞伎吸右腿，双手在头上五指交叉，面右作移颈动作。这些动作表现了河西走廊突厥民间舞的风貌。

图 1-4-14　北周莫高窟 297 窟 西龛

（五）第 299 窟

图 1-4-15　北周莫高窟第 299 窟窟顶北披　睒子本生故事画（局部）

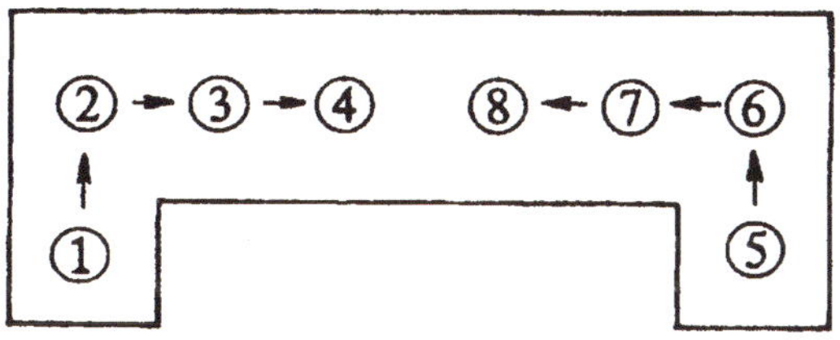

图 1-4-16　北周莫高窟第 299 窟主室窟顶西披北段、北披、东披北段睒子本生故事画图序示意

睒子本生故事画内容据西秦圣坚译《佛说睒子经》。故事为：迦夷国中有盲父母，子名睒子，“至孝仁慈，奉行十善”，随父母在山中修行，结庐居住，采野果汲流泉供养父母饮食。一日，迦夷国国王进山射猎，正在溪边汲水的睒子披鹿皮衣，被王箭误伤。睒子大呼：“箭杀三道人！”国王闻讯赶到溪边，睒子向国王倾诉一家在山中修行的经过。国王悔恨自责，至盲父母处，告知误射睒子事。盲父母随国王来到溪边，见睒子已死，抚尸恸哭。天神被睒子孝心感动，从天上撒药入睒子口中，使睒子复活，盲父母也眼睛复明。故事画多以睒子在河边取水、国王射箭误中睒子这一情节为中心，周围渲染山水林木的幽邃、宁静，衬托出睒子的不幸遭遇，而同时绘出天人自天而降救活睒子这一戏剧性变化，使故事画显得丰富而曲折。北周第 461、438、299、301 窟现存有此本生故事画，第 299、301 窟壁画表现形式为横卷式连环画，故事从两头开始，中间结束安排画面。

第 299 窟的睒子本生故事画（图 1-4-15）是其代表作，位于主室窟顶西披北段、北披、东披北段，画面表现故事的八个情节，构图是两头开始，中间结束。如图示（图 1-4-16）：（1）迦夷国王居宫；（2）国王乘马出猎；（3）国王溪边追逐群鹿，时逢睒子溪边汲水，群鹿从睒子身边驰过；（4）国王发箭射鹿，误中睒子；（5）睒子在山中采果侍奉盲父母；（6）国王入山寻找盲父母，告知睒子被射身亡；（7）国王引盲父母来见睒子；（8）盲父母见睒子，伏尸痛哭，同时天人于空中赐药，睒子复活。最后一个画面在生离死别、悲痛欲绝的高潮中，以幻想的“神通力”使睒子复活，解决了一场矛盾冲突，全画在皆大欢喜中结束，表现了“忠孝”的主题思想。此画构图严谨，图中宁静幽深的环境描绘真切，同故事情节结合紧密，是北周壁画佳作，画面东披部分稍残。

（六）第 301 窟

第 301 窟，北周代表窟之一，方型覆斗顶窟。西壁一龛，龛内外塑一佛二弟子二菩萨。佛像肉髻扁平，肩宽，腰长腿短。东、南、北三壁布局，上段为千佛；中段正中绘尊像图（东壁窟门位置除外），余为千佛；下段画供养人或药叉，其中女供养人多着圆领窄袖衫，重裙、披巾。窟顶绘“萨埵饲虎本生”“睒子本生”。故事画中之人物，着汉服，画风承袭中原。说法图中之菩萨，“小字脸”，按人体结构进行晕染，吸取了一些龟兹画风。佛着田相袈裟。山水树石既有“人大于山，水不容泛”之遗风，又有群山巍峨叠嶂、树木多姿的尝试。综观全窟，呈现出上承北朝，下启隋代的过渡性特点。

敦煌壁画中的五弦，也始见于北周第301、299窟，五弦亦称五弦琵琶，弹拉类颈箱型乐器，是一种比四弦琵琶多一根弦的乐器。《旧唐书·音乐志》云：“五弦琵琶稍小，盖北国所出。”它的形制特点是五弦，直项，稍小。文献记载五弦出现于南北朝之后，隋唐时盛行，唐代诗文记事中屡见描述，隋唐燕乐的多部乐中，五弦列为正式编制。从壁画上看五弦有如下表现：（1）有的体形比琵琶稍瘦小，有的则完全与琵琶相同，五弦与琵琶在壁画中往往同时出现，为姊妹乐器。（2）小乐队及零散伎乐不绘五弦，有时绘在“不鼓自鸣”图中。大型乐队往往五弦与琵琶并列，如绘两只，各占其一。（3）五弦的图形数量并不多，莫高窟从北周至宋只见40余个，看来这种乐器不如琵琶普及。（4）五弦的形态在壁画中曲项、直项均有，并非全是直项。新疆石窟，甚至印度石窟中，也是五弦、琵琶相兼并存，直项、曲项兼而有之。（5）壁画中演奏方式及手法亦同琵琶，手弹、拨弹兼而有之。五弦实际上是在琵琶基础上派生出来的一种乐器。

（七）第428窟（图1-4-17）

第428窟系莫高窟北朝最大的中心塔柱窟。武周圣历元年（698年），《李君（克让）莫高窟佛龛碑》在追述莫高窟历史时有云：“复有刺史建平公、东阳王等各修一大窟”，“乐僔、法良发其宗，建平、东阳弘其迹”。建平公于义（534—583年），北朝洛阳（今属河南）人，字恭慈。西魏大统（535—551年）末，因父于谨的殊勋，赐爵平昌县伯。北周闵帝受禅后，进封建平郡公，明帝、武帝时，曾任瓜州刺史。及杨坚作相，义兄弟皆高位，大将军以上十余人，称为贵戚。此窟之修建，从财力、物力、人力上看，北周时代之敦煌，非建平公莫属，因而学术界推断第428窟即为“建平公窟”。

第428窟分前后室。前室顶部中间为五代绘药师经变一铺，南北两侧各画说法图一铺。西壁门南绘东方天王，门北是西方天王。南壁画南方天王。北壁绘北方天王。甬道为五代曹氏重绘，顶存曼荼罗一角，南壁画曹议金父子供养像及侍从，北壁是回鹘公主等女供养人三身。

主室为前部人字披、后部中心柱窟。中心柱四面开圆券龛（图1-4-18），内均塑一佛二弟子二菩萨，龛外两侧画供养菩萨。窟顶前部人字披椽间绘“灵鸟莲花图案”34条，纹样

图1-4-17 北周莫高窟第428窟 主室内景

有忍冬纹、莲荷纹、禽鸟、猴子等，花草郁郁葱葱，颇有生意。莫高窟北朝石窟窟顶前部多作“人”字形状，“人”字形窟顶前后披上或塑制或画出梁、檩、椽、枋屋架，施以彩绘装饰，称为“人字披图案”。

后部平棋画斗四莲花图案、飞天、供养天等三十方，其中有裸体飞天八身，是裸体飞天最多的一窟。裸体飞天是飞天之一类，天男、天女性别鲜明，全身裸露，挥巾起舞，对人体美作了充分赞扬。裸体飞天源于印度，阿旃陀壁画中有类似的形象。龟兹壁画中有裸体舞女，敦煌裸体飞天受其影响，出现较晚，共有裸体飞天十五身，仅见于北周第428、290等窟的平棋图案中，形象多为天男像和力士像，舞姿豪放有力。顶部平棋边饰上还绘有白虎，张口咋舌，昂首振翼，奔腾于空，白虎是西王母出行时的前导神兽。《事物异名录·仙道部》云：“西方之神，系二十八宿中西方七宿——奎、娄、胃、昴、毕、觜、参，组成虎像，位于西方，色白，故称白虎。”虎纹是中国古代宫殿建筑装饰纹样之一，东汉王延寿《鲁灵光殿赋》有云：“奔虎攫挐以梁倚。”

四壁壁画从上到下绕窟一周，可分四段，第一段贴影塑千佛五排，第二段故事画等，第三段为供养人三排，第四段为垂帐纹。

其中东壁门北绘须达拏太子本生故事画（图1-4-19），内容据西秦圣坚译《太子须达拏经》绘制。故事讲：叶波国太子须达拏乐善好施，有求必应，曾发誓“凡有求索，不逆人意”。敌国收买婆罗门，向他乞讨百战百胜的白象，太子慷慨相施。国王闻讯震怒，将须达拏驱逐出国。太子毫无怨言，临行前又将所有财物布施给民众，民众垂泪道别。太子携妻、子驱马车而去，一路上遇婆罗门乞讨，遂将马、车、衣物施舍殆尽，千辛万苦来到遥远的深山中隐居，结庐修行，渴饮山泉，饥食野果。二子穿草衣兽皮，常与山中猕猴、狮子玩耍。后又来一婆罗门要他的两个儿子，须达拏乘妻子不在，以绳索缚二子交与婆罗门，等到妻子采果回来，不见两子，悲痛万分。最后婆罗门将孩子带到叶波国出卖，国王知悉又惊又喜，急将孙儿赎回，并迎回太子立为王。太子的善行感动了敌国，从此

图1-4-18　北周莫高窟第428窟主室 中心塔柱西向龛

a. 全景

b. 局部

图1-4-19　北周莫高窟第428窟东壁门北 须达拏太子本生故事画

两国和睦相处，友好往来。画面采用“S”形连环式构图，而又有意突出其中某一情节，以连续画面按顺序描绘须达拏太子施象、国王赶太子出城、沿途施舍、山中修行、婆罗门乞讨二子、太子终于回国等情节，其中太子施象及沿途施舍车马、入山修行等场面描绘生动。壁画中人物形象丰腴，线描挺劲有力，色彩富丽。

壁画中共绘了三辆车表现上述情节：太子驱赶妃及二子乘坐之单马驾车；太子自驾，二子乘坐，妃后帮推的双辕拉车；敌邦受施者自驾双辕拉车。因为三幅画表现的是同一辆车，故其车的造型是一致的：双辕、双轮，高栏车舆，上置伞幢，属轺车型[1]。

东壁门南分绘萨埵太子本生、梵志摘花坠命缘、独角仙人本生各一铺。萨埵太子本生故事画，内容据《贤愚经·摩诃萨埵以身施虎品》。故事为：宝典国国王大车的三个太子，一日入山狩猎，见一母虎带领数幼虎，饥饿逼迫，欲食其子。太子摩诃萨埵欲以身命救此饿虎，行至山间，卧于虎前，饿虎无力啖食。萨埵又爬上山岗，以利木刺身出血，跳下山崖，饿虎舐血后啖食其肉。二兄久不见萨埵，沿路寻找，终于找见萨埵尸体，惊慌回宫禀告。国王和夫人赶至山林，抱尸痛哭，随后收拾遗骸起塔供养。

第428窟主室东壁门南萨埵太子本生故事画（图1-4-20）是代表作之一。此画表现了11个场面。上段南起为：（1）辞别国王；（2）骑马出游；（3）林中射靶；（4）歇马谈心。中段北起为：（5）进入深山；（6）观议饿虎；（7）以身饲虎；（8）刺项出血，投崖饲虎。下段南起为：（9）二兄见遗骸悲恸，起塔埋葬；（10）驰马报信；（11）报告国王。此画采用三条横卷相接，连环画式构图方法、情节发展呈“S”形走向。画中以山峦、树木、屋宇表现人物活动的环境，又巧妙地以此作为故事情节的间隔，使画面既段落分明又衔接自然，不仅画面富有变化，也增强了壁画的生活真实感。画面中二兄发现萨

a. 全景

b. 局部

图1-4-20　北周莫高窟第428窟东壁门南　萨埵太子本生故事画

1 参见马德：《敦煌壁画交通工具史料述论（上）》，《敦煌研究》1995年第1期。

埵残骸时，头发飞起，呼天嚎地，向遗骸猛扑过去，以戏剧性的夸张手法，表现了惊惶悲痛的神情。萨埵被虎吃掉后，二兄发现，心急如焚，策马加鞭回宫报信，快马四蹄腾空，箭也似的飞奔，扬起一阵大风，所经之地，树尽随风倾倒，借景衬情，将二兄此时此刻的紧迫感表现得十分生动。所绘用笔简练，图案化的群峰和树木具有浓厚的装饰效果。

梵志夫妇摘花坠命因缘故事画，内容据西晋法世和法立等译《法句譬喻经》卷第四《生死品》第三十七条“梵志夫妇摘花坠死缘”绘制。故事为：梵志长者之子新婚，夫妇共至后园，长者子为新妇上树摘花，正取一花欲再得一花，枝折坠地身亡。佛告长者，这是因为长者父子前世恶业因缘所致。此画为单幅画，绘于萨唾太子本生之后，表现长者子为其妇上树摘花和递花的情节，构图简单。此题材现存有北周428窟一例。

独角仙人本生故事画，内容出自后秦鸠摩罗什译《大智度论》卷十七，梁僧旻、宝唱等集《经律异相》卷三十九。故事为：波罗奈国山中有仙人，头长一角，双足似鹿，神通广大。因雨路滑，跌倒在地，发咒语令天不雨。于是国中大旱，不生庄稼。国王悬赏募聘能人，破独角仙人之神通。淫女扇陀应募说，我能坏之，我当骑此仙人来。即时率五百美女乘五百辆车，并带淫药美食入山。独角仙人被女色引诱，失去神通。天当即大雨七天七夜。最后淫女施计，骑独角仙人下山回城。画面采用单幅画的表现形式，独角仙人拄杖而行，淫女骑坐其肩上。此题材现存有北周428窟一例。

南壁绘说法图、卢舍那佛像（图1-4-21）等。卢舍那佛像又称卢舍那法界人中像，“卢舍那法界人中像”一词见于北齐天保十年（559年）比丘道朏造像记：“敬造卢舍那法界人中像一躯。”卢舍那是释迦牟尼佛永恒不灭的法身。东晋佛驮跋陀罗译《大方广佛华严经》卷一云：“无尽平等妙法界，悉皆充满如来身。”卷三又云：“佛身充满诸法界，普现一切众生前。”据此经文创作出的卢舍那法界人中像，即在佛体上图示法界诸形象的卢舍那像。中国内地石窟造像中先见于云冈石窟第18窟主尊。莫高窟卢舍那像始见于北周第428窟南壁，卢舍那身着通肩袈裟，右手施无畏印，左手握袈裟边，端庄伫立。袈裟胸部以上画阿修罗、须弥山、忉利天宫、飞天、佛，以示天上；腰至膝部画山岳、房舍、人物、禽兽等，以示人间；膝部以下画诸鬼卒，奔走于刀山剑林之间，以示地狱。

图1-4-21　北周莫高窟第428窟南壁中层 卢舍那佛像

南壁说法图上方绘制伎乐飞天，是飞天代表作之一。飞天面圆体肥，四肢短壮，变色后的形象，显得粗犷狂怪。面部墨线脱落，突出了鼻梁、白眉棱、白眼眶、白齿、白下巴。四飞天同一方向，演奏琵琶、箜篌、横笛、腰鼓，娱乐于佛，通体色彩简单朴质，线描流畅，用笔豪放，表情自然，明显地保留着西域早期飞天的特色。

本窟人物造型多运用凹凸法塑造，凹凸法又称天竺遗法，乃壁画敷彩技法之一。《建康实录》记载张僧繇在一乘寺"寺门遍画凹凸花……其花乃天竺遗法，朱及青绿所成，远望眼晕如凹凸，就视即平"。此法在敦煌壁画中广泛用以表现"势若脱壁"的人物立体效果。具体做法有二：（1）叠染，此技法从西域传入，龟兹艺术中的凹凸法是敦煌叠染技法发展的基础。其法是先于人体遍涂肉红色，次用深肉色沿肌肤边缘、眼球、鼻翼的凹陷处叠绘二三次，每叠色一次都加深色度错位重叠，形成深浅有别的色阶，然后再于眼球、鼻梁等高隆部位，加绘白色表现高光，经描线定型后一个个肤色红润的形象即脱壁而出。叠染法流行于北朝，终于隋代。敦煌壁画用矿物色为颜料直接绘制，基本不用混合色。叠染凹凸色有浓淡需加白粉调制，年久日深，肉色中混合的铅白、铅丹，随混合的多少不同，有的由红变灰，有的变黑，壁画现状大部分是灰色肌肤，粗黑轮廓。在白色眼球上描绘的双目，经岁月磨损，线迹消失，双目及鼻梁在颜面上显得突出，形似白色书写的"小"字，遂有称为"小字脸"的。（2）晕染，是在叠染基础上发展起来的表现技法。北朝后期只在双颊点染红色的中原风格传入后，才在第285窟局部运用，并于该窟同时表现了西域、中原两种风格，此后逐渐产生融贯中西、力求变新的实践，遂有北周、隋代壁画中缺少章法的各式晕染，有的变色后形成白鼻、白眼、白连眉、白齿、白下巴的特殊颜面，这种五白现象在北周第428窟有比较集中的表现，即"五白脸"。

西壁绘金刚宝座塔、涅槃变和二佛并坐等。塔是供奉佛、菩萨或埋藏佛或高僧舍利的建筑。佛教传入中国后，与中国固有的建筑传统和文化审美观念相结合，使塔逐渐有了多种类型的造型，金刚宝座塔是其中之一。本塔下有两层方形台基，台上分立五塔。主体中塔高大，塔身由下而上绘支塔药叉、释迦树下诞生、释迦成道之画面。覆钵顶正中立护法圆睛尖喙鸟，乃金翅鸟王。金翅鸟王又名迦楼罗，是佛教护法神像之一，传说它展开两翅相去336万里。在敦煌壁画中，金翅鸟王是护法的八神将之一，其形象多为武士头上饰以鸟冠，或作鸟喙羽冠。佛经上说金翅鸟以龙为食，每日要吃一大龙，五百小龙。四隅分立四小塔，各塔有相轮七重，刹顶有仰月、宝珠。大塔刹顶悬挂大幡四幅。这种由五塔组成的塔形，后来通作此称呼。据传古印度摩揭陀国佛陀伽耶菩提树下是释迦牟尼成道时的坐处，称金刚座，喻其坚不可摧、岿然不动之意。后人在其附近佛陀伽耶建大塔，由五塔组成，名为"金刚宝座塔"。中国现存此种形式的塔共十余座，多为明清时所建，如北京西郊明代所建真觉寺金刚宝座塔、呼和浩特五塔召金刚宝座塔等。莫高窟所画此塔，提供了早期之形象资料。

涅槃经变简称涅槃变，表现释迦牟尼佛病重，在拘尸那城外跋提河边娑罗树林间为众弟子作最后的说法，然后于七宝床上右胁侧卧，入于涅槃，菩萨、弟子、天龙八部、世俗人众皆来供养举哀。中国现存最早涅槃经变见于连云港孔望山摩崖造像，时代约在东汉晚期，新疆克孜尔早期洞窟中也有涅槃经变。莫高窟现存十五铺涅槃经变，北周第 428 窟西壁涅槃变尚属佛传画组成部分之一，主要情节有入般涅槃，大众举哀，迦叶抚足。

北壁绘说法图、降魔变等，其降魔变为同类题材之代表作。降魔变内容据《增一阿含经》卷三十九、《过去现在因果经》卷三、《佛所行赞·破魔品》、《大唐西域记》卷八等。讲释迦即将成佛道，天魔波旬率领魔女和魔军至佛所扰乱。释迦以智慧力，示“降魔相”，击败波旬和魔军。画面中央释迦牟尼结跏趺坐，泰然自若。下部，一侧为魔王及妖艳弄姿的魔女，另一侧佛以神通力使她们变成丑女。上部，佛两侧是狰狞怪异的魔军，气势汹汹地以各种武器投向释迦牟尼。佛前为魔王波旬与魔军跪降。

此窟是敦煌石窟中供养人数量最多的洞窟，达 1186 身。供养人画像指出资造窟功德主为求福祈愿在所建窟内彩绘的功德主和其家族的画像。供养人画像有：（1）集资造窟的供养人画像，出资者每人一像，像侧有题名，有的窟多达数十人，甚至上千人，第 428 窟供养人画像即属此类情况。这类集资者，多为下层官吏、僧尼佛徒、乡里百姓、画工塑匠及奴婢。（2）结社合资造窟的供养人画像，出资者为“邑社”社人。这类社人多为下层僧俗官员、城乡士绅、普通百姓、下层劳动者，所造洞窟称“社窟”，出资者每人一像，像侧有题名。以“社”集资造窟在中晚唐、五代、宋较为盛行，窟内所绘供养人画像亦多。（3）一人或一家出资独建洞窟，这类洞窟的供养人，将全家和与家族相关的人等，上自祖父母，下至姊妹、兄弟、妯娌、连襟、女婿、儿孙以及仆人、奴婢尽皆列绘入画，其主要供养人像多与真人等身或高于真人，并在像侧书写题名，至于奴婢仆从，则皆小于主人，捧供品、奁妆、衣物等侍列于后，无题名。

其中男供养人中有着胡服者，为圆领窄袖大褶，白布小口袴，乌靴，头裹黑巾，带束于头，余巾垂脑后。《事物纪原·冠冕首饰》里说：“二仪实录曰：古以

图 1-4-22　北周莫高窟 428 窟中心柱北向龛龛沿 女性供养人像

皂罗三尺裹头，号头巾，三代皆冠列品，黔首以皂绢裹发，亦为军戎之服，后周武帝依周三尺裁为幞头，此得名之始也。”敦煌北周的幞头，与记载基本相符。幞头又称巾子、头巾或折上巾，敦煌壁画中的幞头形象始自北周，终于元代，历代相承，形制不一。

莫高窟第428窟是北周石窟中最为突出者，壁画内容有不少在莫高窟是首次出现。莫高窟第428窟内绘制了供养人（图1-4-22）近1200名，这显示了包括窟主瓜州刺史于义与其兄凉州刺史于寔在内的整个于氏家族在河西地区的势力。于义任瓜州刺使约在565—567年，正值武帝灭佛[1]。于义兴佛与武帝灭佛形成强烈反差，这位佞佛的地方实权人物对武帝灭佛的干预和抵制可想而知。于义从其父始就为朝廷重臣，其家族中大将军以上者十余人。据《周书·于寔传》载，于义之兄于寔，天和六年（571年）后任凉州总管，于家当时不仅是瓜州的大族，而且是整个河西地区的权贵。由于于家在中央政府中的重要地位和在地方上的影响，使得于义佞佛有着强大的政治背景与后盾[2]。

（八）第432窟

第432窟中心塔柱东向龛彩塑，西魏、北周间塑造，由一佛二胁侍菩萨组成，为彩塑代表作之一。龛内善跏坐佛像坐于方座上，作说法相，内着斜领僧祇支和襦服，外罩宽松的双领下垂式袈裟，胸前内衣结节。佛像身后饰不同纹样的火焰纹头光和身光，两侧绘供养菩萨和飞天。龛外南北的两身胁侍菩萨立像，体态微倾斜，面相略丰满，一手贴胸，一手下垂，头戴高冠，耳饰垂肩，上身半裸，腰围长裙，一条披巾于腹前交叉打结，又上搭素臂而垂下，一条披巾搭肩绕肘下垂。头后绘深色火焰纹头光。其中南侧菩萨像彩塑，面相略方而丰满，五官集中，目秀口小，微露笑容，表现纯洁稚气的少女欢悦的神情。青绿叠染的披巾系结交于腹前，红色长裙，裙腰微翻，裙摆重叠。略倾的头部和身体，微翻的裙腰，形成一种动感。洁白的肌肤，青绿色的长巾，深色火焰纹头光和淳厚的土红色背景的衬映，更使其容貌端丽明快。佛和菩萨的衣裙均装饰层层错落的阶梯式衣纹，衣摆重叠。

龛楣饰忍冬、莲花、化生、禽鸟图案。龛梁饰昂首待飞的翼龙，缠莲龛柱的莲花柱头托着龙爪。龛楣以上壁面装饰胡跪影塑供养菩萨，合掌礼拜或持莲供养，敷色绚烂明丽。在富于变化的色彩的衬托下，突出了龛内端庄肃穆的坐佛和素面淡妆、眉清目秀、神情恬静的菩萨，格调统一和谐。这铺彩塑整体保存完好。

（九）第438窟

梵像，指高鼻深目的异邦人物或外来画家的艺术风格。宋郭若虚《图画见闻志》说：“北齐曹仲达者，本曹国人，最推工画梵像。”又说：“禅月大师贯休……道行文章外，尤工小笔，尝睹所画水墨罗汉，云是休公入定观罗汉真容后写定，故悉是梵相。”佛教和佛教艺术虽从印度等地传入，但是进入中国后，除必不可少的佛教威仪之外，画家总是按自己熟悉的本国形象表现佛菩萨，凡画成“丰颐蹙

1 施萍亭：《建平公与莫高窟》，《敦煌研究文集》，甘肃人民出版社，1982年，第147页。
2 潘春辉：《北周武帝灭佛莫高窟幸免原因蠡测》，《敦煌学》第二十四辑，2003年6月，第153—159页。

额，深目大鼻，或巨颡槁项，黝然若夷獠异类”者，通称梵像。敦煌艺术中画有高鼻深目的西域人物，如北朝故事画中的婆罗门，佛像画中的婆薮仙、鹿头梵志，应是早期壁画中的梵像。北周时期佛的身后常簇拥十大弟子，其中最亲近的二大弟子迦叶、阿难，寸步不离佛之左右，立佛左侧的是出身于婆罗门的迦叶，作高鼻深目的梵僧模样，立佛右侧的是年青英俊的阿难，像作汉僧模样，以示区别。

敦煌艺术中现存的迦叶塑像始于北周，终于北宋。迦叶全称“摩诃迦叶”，意即“大迦叶”，居释迦牟尼佛十大弟子之首位，少欲知足，苦修“头陀行”而成正果，故称“头陀第一”。相传释迦涅槃后，为第一位被付法藏的僧人，也是佛弟子第一次集结、辑录口传佛经为文字经藏的召集人。北周迦叶像具有西域梵僧特点，代表作如第 439 窟造像，位于主室西壁龛内北侧，是敦煌石窟中现存最早的迦叶塑像。其像体态修长，肋骨嶙峋，额高颌突，眉连眼圆，瘪嘴无牙，张口带笑，满脸皱纹纵横，为一守戒苦行而又达观可亲的胡僧形象。这种造型是北周时期由西域传入的新风，在北周及隋初颇为流行。

敦煌艺术中现存的阿难像始塑于北周，止于北宋。阿难全称“阿难陀”，意译为欢喜、喜庆，是释迦牟尼的堂弟，佛的十大弟子之一。侍佛二十五年，多闻佛法，长于记忆，故称“多闻第一”。相传释迦牟尼佛在世说法，概无文字记录，今传佛教经典皆据阿难记忆口诵记录而成。北周时期的阿难形象为一青年沙弥。

第 438 窟北周彩塑菩萨像，位于西龛龛外南侧。贴壁直立，左手抚胸，头朝主尊处微侧，白面朱唇，低首含嫣，面貌清丽，红裙绿巾，披戴合体，披巾仅塑臂部之一段，其余部分绘于壁面，塑绘结合巧妙自然。此像仪态淳厚雅致，神情娴静和悦，敷色质朴明朗，保存基本完好。

（十）第 461 窟

第 461 窟，北周代表窟之一，位于莫高窟北区。壁画除东壁已残之外，余皆色彩如新。主室南北两壁为千佛，西壁绘释迦多宝并坐龛。龛体虽系彩绘而成，但由于透视处理恰到好处，立体感很强。二佛色彩如新，线描清晰。

释迦多宝并坐龛两侧绘十大弟子和四大菩萨，龛楣为睒子本生。第 461 窟十大弟子画像是弟子画像代表作之一，每侧各画五弟子，合为“十大弟子”。有的捧钵，有的持花，有的合十，神情互相呼应，有一位左手伸二指正与人交谈。人物造型已向个性化发展，服色不一，线描清新。脸部晕染出现了在颧骨处染团形红色之新法，脸形圆中寓方，开北周造像“面短而艳”之一代新风。

从师受教者，皆可谓“弟子”。佛教则只指“声闻”为弟子，与菩萨、阿罗汉有别，形象如比丘。佛之弟子无数，释迦牟尼有“十大弟子”常侍左右。十六国时期开凿之第 272 窟，龛内画十大弟子，但无特征。北魏诸窟无弟子形象。西魏有单身而无十位之群像。北周（第 461 窟）时十大弟子始全，且衣不同色，形不同态。隋唐以后，出现以老年迦叶、少年阿难为代表之十大弟子。五代以降，十大弟子配以有名有姓之题榜，且各执一能，如：舍利弗智慧第一，目犍连神通第一，摩诃迦叶头陀第一，阿难律天眼第一，须菩提解空第一，富楼那说法第一，迦旃延论议第一，优婆离持律第一，罗睺罗密行第一，阿难陀多闻第一。

十六国以降，凡龛皆雕凿而成，画龛尚属少见，龛楣画本生故事，更是绝无仅有。由于透视准确，故龛体、龛柱、龛楣立体感强。龛楣空间有限，因而睒子本生只画睒子和盲父母深山修行、国王出猎、睒子中箭、盲父母抚尸痛哭等情节，但首尾完整，装饰性很强。

绕窟一周的飞天，代替了北魏、西魏时的天宫伎乐，满壁风动，气氛一新，开隋代之先河。斗四方井套叠窟顶绘变形云龙纹藻井，水池莲花为井心，简洁明快。藻井边饰中之“龙”，由忍冬纹变形组成，说明画工们对忍冬纹的运用已达到得心应手而出神入化的境界。壁画白地土红线描，色调清雅。

（十一）西千佛洞第 10 窟

北周西千佛洞第 10 窟劳度叉斗圣变，依据《贤愚经·须达起精舍品》绘制，共 11 个画面，分上下两排横列，与早期壁画中的本生画、佛传画形式相同。叙述古印度舍卫国大臣须达以黄金铺地的重价，购得祇陀太子的园地建立精舍，请佛说法。但六师外道依恃国王权势，从中作梗，约佛斗法，以胜负决定是否建立精舍。外道推劳度叉出面，佛遣弟子舍利弗应约。斗法中，劳度叉先后变宝山、白牛、宝池、毒龙、黄头鬼、大树等显示法力，又指使魔女以美色诱惑舍利弗。舍利弗则相应地以金刚击宝山、狮王咬白牛、白象踏宝池、金翅鸟啄毒龙、天王烧黄头鬼等破劳度叉之变现。又使天火焚烧外道经坛，强令外道壮士揳巾，戏要外道。最后，令风神施威，制服魔女，拔起大树，摧倒劳度叉坐帐，迫使外道皈降。

西千佛洞第 10 窟南壁窟门两侧的劳度叉斗圣变和睒子本生故事画，风格与莫高窟同期壁画基本上一致，均以白粉作底，墨线勾画，赭石和青绿淡染，无论构图设色或人物形象，均具有浓郁的中原气息，应为西千佛洞北周时期的主要代表作。而窟门东侧的劳度叉斗圣变，则是中国现存最早的劳度叉斗圣变，对研究这一经变的产生和发展，具有重要价值。敦煌现存劳度叉斗圣变 19 铺，莫高窟 14 铺、榆林窟 3 铺、西千佛洞 1 铺、五个庙石窟 1 铺。

北周同时接受了中原和西域的艺术影响，人物造型多样，中西合璧“面短而艳”的脸型具有典型性。立体感表现，以印度凹凸法与中国色晕法相结合。衣冠服饰则胡汉杂呈。中原风格与西域传统由并存而逐步融合。故事画的内容有第 296 窟的善事太子本生、须阇提本生，第 299 窟的睒子本生，第 428 窟的须达拏本生，除了宣扬行善之外，还有很重要的就是宣扬孝道仁爱，这些题材出现在壁画上，当是受中原文化影响的结果。第 290 窟射箭、相扑等古代竞技的场面，第 296 窟的商旅图，都反映了当时的社会生活。第 428 窟是敦煌早期最大的中心塔柱窟，本窟供养人像有近 1200 身，说明此窟可能是由当地僧俗集资所建。

第二章

江山一统与疏密二分——隋代石窟艺术

隋朝（581—618年）在中国历史之中，上承南北朝，下启唐朝，史学家常把它和唐朝合称为隋唐。581年，北周静帝禅位于杨坚，北周亡，杨坚定国号为“隋”。在政治制度方面，隋朝确立了三省六部制，制定出完整的科举制度，弱化世族垄断仕官的能力；在军事上，继续推行和改革府兵制度；经济上，实行均田制和租庸调制减轻农民生产压力，另一方面采取清查户口措施，以增加财政收入。这些政策成就了隋初的开皇之治；外交方面，隋朝的盛世也使得高昌、倭国、高句丽、新罗、百济与内属的东突厥等受其文化与典章制度的影响，外交交流以日本的遣隋使最为著名。隋朝兴建举世闻名的大运河以及驰道，建立京师大兴城和东都洛阳。隋朝对唐宋及以后的中国朝代产生了深刻的影响。

隋初，北方的游牧民族突厥控制着西域的中部和北部，另一支游牧民族吐谷浑则占据着青海和西域南部。敦煌兵民和隋廷派来的军队一起，不断地抗击上述少数民族政权的骚扰，保卫着河西和陇右的安全。隋炀帝即位以后，国势日益强盛，于是出兵击破吐谷浑，西突厥也被迫投降，使敦煌得到了安宁，丝绸之路再度被打通。据裴矩《西域图记·序》记载，当时中原通西域的道路共有三条，伊吾、高昌、鄯善分别是这三条道路西行的起点，而这三条道路在进入河西时就“总凑敦煌，是其咽喉之地”。随着使团和商队的出入，西域的佛典和音乐等经由敦煌传入内地，内地的丝绸、瓷器和文化典籍也经由敦煌传入西域乃至更远的地方。隋最高统治者文帝和炀帝均笃信佛教，使用行政手段大兴佛事，促使敦煌佛教迅速发展。仁寿元年（601年），文帝命各州建舍利塔，曾派京城高僧“置塔持召送于瓜州崇教寺（莫高窟）”（《续高僧传·智嶷传》）。敦煌遗书中保存了一些由都城和其他地区送至敦煌“流通供养”的隋宗室成员写经，反映出这一地区的佛教在全国已占有重要地位。受内地的影响，大乘佛教思想也开始在敦煌流行。从隋代写经题记来看，此时出资写经者多为戍卒、商人和普通百姓，表明敦煌对佛教的信仰已深入到一般民众之中。

与佛教的迅速发展相适应，莫高窟的修窟造像活动也十分兴盛。隋代敦煌石窟艺术进一步接受中原佛教艺术的影响，为以后新的艺术繁荣时期的到来奠定了基础。隋代敦煌石窟艺术，指隋文帝灭北周至炀帝大业十四年唐高祖灭隋（581—618年）期间的敦煌石窟艺术，在莫高窟新建94窟。隋文帝崇佛，在统一南北后，推行“破斥南北，禅义均弘”的方针，佛教得到空前发展。在南北佛教合一的情况下，莫高窟隋代艺术开始在形式、技法和风格上，以汉晋文化为基础，吸取外来文化精粹，从多方面不断融合、取舍，探索创造新的艺术风格。隋窟形制上主要继承了早期人字披中心柱型及覆斗顶窟型，个别窟将中心柱改为须弥山式。窟内开始出现南、北、西三壁开龛，双重内外龛等形式。龛内增设佛床，北周始见的一佛、二弟子、二菩萨的塑像格局已普遍流行。由于大乘天台宗的风行，也出现了“三身佛”“三世佛”等新题材，每像高达三四米。塑像仪容额宽颐广，头大，身短。神情意态胜于前代，创造了不少亲切端严的佛、菩萨和虔敬稚气的阿难、老成豁达的迦叶形象。其中以第427、420窟造像较典型。壁画内容除沿袭早期佛传、本生故事、因缘故事外，开始出现构图简单的西方净土变、维摩诘经变、法华经变、弥勒上生经变、药师经变等。佛画的绘制，也由叙事性形式开始转变为以绘境（净土环境）、绘人（维摩形象）为主的、内涵更为丰富的创作。由于在用色上吸取了中原敷金彩、重青绿、间朱赭的特点，因而形成华丽细腻的画风，与早期笔力洒脱、朴实疏朗的画风并存。人物晕染，既保持了北朝遗意，又表现了南朝新风。在衣饰披帛的花纹图案上，传统的忍冬、花鸟纹与新传入的波斯狮凤纹、联珠狩猎纹、兽禽纹等相互辉映。这些，无不反映了对中外、南北、佛教或非佛教种种艺术进行的大胆吸收、融合和革新，使敦煌艺术逐步走向成熟并开创一代新风，迎接着一个新的文化艺术繁荣期的到来。隋朝具有艺术代表性的洞窟为第305、427、419、420等窟。

敦煌研究院（史苇湘）编《敦煌莫高窟内容总录》[1]与樊锦诗、关友惠、刘玉权合撰《莫高窟隋代石窟分期》[2]有所不同，均记述如下：

《内容总录》确定581—618年间凿建94窟。编号是：56、59、62、63、64、206、243、244、253、255、262、266、274、276、277、278、279、280、281、282、284、289、292、293、295、302、303、304、305、306、307、308、309、310、311、312、313、314、315、316、317、318、376、378、379、380、383、388、389、390、391、392、393、394、395、396、397、398、399、400、401、402、403、404、405、406、407、408、410、411、412、413、414、416、417、418、419、420、421、422、423、424、425、426、427、429、433、434、436、451、453、455、456、457。重修六窟，编号是：254、267、268、269、270、271。

《隋代石窟分期》确定隋开皇元年至唐武德九年（581—626年）之间凿建81窟。编号是：250、266、304、309、305、302、303、436、433、425、423、422、419、418、417、416、404、402、253、282、262、434、421、414、413、412、411、410、407、406、405、403、315、293、295、312、274、429、420、427、292、391、255、278、314、58、59、63、64、276、277、283、284、400、399、398、397、396、394、392、390、389、388、379、317、318、395、362、56、401、383、279、244、280、281、313、393、298、426、380、62。重修六窟，编号是：254、267、268、269、270、271。

1 敦煌研究院史苇湘编：《敦煌莫高窟内容总录》，文物出版社，1982年。以下简称《内容总录》。
2 樊锦诗、关友惠、刘玉权：《莫高窟隋代石窟分期》，载于《中国石窟·敦煌莫高窟》中文版第二卷，中国文物出版社、日本平凡社，1984年。以下简称《隋代石窟分期》。

一、隋代表洞窟

（一）第 276 窟

第 276 窟维摩诘经变“方便品”，位于西壁龛外北侧。经文的本意是维摩诘以其“方便”“现身有疾”，借以宣传人生就是痛苦，并劝诱人们皈依佛门。然而画面却省去房舍病榻，以山石花树为衬景，着力于人物内心世界的刻画：维摩诘头戴白纶巾，身穿白练裙襦，白纱中单，曲领，肩披鹤氅裘，右手持麈尾，左手捧之，候立菩提树下，双目凝视远方，似乎在热切等待分别多年的挚友光临。此处维摩诘、文殊像（图 2-1）都是白画颜面。

图 2-1　隋莫高窟第 276 窟西壁南侧 维摩诘经变问疾品文殊

观音菩萨之“身相”，尤其是宝冠上应有“化佛”之说，虽南朝宋畺良耶舍译《佛说观无量寿佛经》中已有规定，但隋以前壁画中尚未出现。隋第 276 窟南壁尊像图中，迦叶身旁一菩萨头有三色圆光，戴化佛宝冠。脸形丰圆，弯眉细眼，棱鼻厚唇，唇边有蝌蚪式小黑胡。露前胸，披天衣，系长裙，配饰有项圈、手镯、臂钏、璎珞、流苏。右手拈柳枝外扬，左手提净瓶垂于胸前，赤足踩大莲花，这是莫高窟最早可以指名之观世音菩萨。

第 276 窟山水画，位于南壁西侧与西壁南侧交接处和北壁西侧。山石用赭色线条勾勒，显出突兀、险峻的山势。岩崖间有大树，与山石不成比例。设色清淡，只用浅赭和石青微染，但已初具“石分三面”效果，行笔刚健，风格疏朗，具有“迹简意淡而雅正”之特色，为敦煌壁画中山水画代表作之一。

第 276 窟反弹箜篌，位于窟顶藻井四周。此窟有飞天多身，反弹箜篌飞天是其中之一身。头饰双童髻，披巾长裙，依托流云，置箜篌于背后，双手反弹，怡然自得。壁画中之反弹箜篌的动作，有悖于人体生理规律，当属想象中之艺术形象，此为伎乐天飞天代表作之一。

（二）第 295 窟

第 295 窟涅槃经变，位于主室窟顶人字披西披，隋后期绘制。主要情节有释迦牟尼佛于娑罗双树下涅槃，十方佛、菩萨、弟子等举哀，佛母奔丧，外道答迦叶问，佛为迦叶现双足，密迹金刚辟地，须跋陀罗身先入灭等。这是隋代画工在北朝涅槃图像的基础上，吸收巴米羊、克孜尔等西域涅槃图像的某些因素而新创的一种单幅构图的涅槃经变。布局合理，主题十分突出。作为经变主要人物的释迦牟尼佛，不但居于画面的中心位置，而且几乎占了画面的一半。在释迦涅槃像的四周，画师把不同时间、不同地点发生的不同事件，巧妙地组合在一起，协调紧凑，显示了作画者的丰富想象力与创作才能。画面以娑罗树为背景，树上片片白叶，更增强了涅槃环境的悲哀气氛。此为涅槃经变的代表作之一。

密迹金刚礔地又称密迹金刚哀恋如来。密迹金刚力士是佛教护法神之一，经云：密迹金刚力士见佛涅槃，痛感今后无归无依，悲伤懊恼，礔踊闷绝，"譬如岩崩，颠堕于地"。隋第295、280窟画此情节：密迹金刚力士头戴宝冠，饰项圈，裸上身，着短裙，仰倒于地，作痛不欲生之状；佛母奔丧，经云：佛母摩耶夫人闻子去世，悲伤啼泣，不能自胜，领诸天女，自忉力天宫下娑罗双树间，坐佛棺前，"头顶作礼"。第295窟只画佛母坐莲座上，身体前倾，右手抚膝，向佛致哀。

（三）第302窟

第302窟，隋初代表窟之一。此窟中心柱底座北向面下层壁画暴露出供养人及发愿文，隐约可见"开皇四年六月十一日"等字样，得知此窟开凿于开皇四年（584年）左右，因此又称"开皇四年窟"。前室、甬道、窟顶后部为后代重绘。主室平面略呈长方形，窟顶前部为人字披，后部中心柱上方平顶绘一佛八菩萨，但不知据何经典。

窟内后部中央凿一通连窟顶的须弥山中心柱，为中心塔柱窟之异形形式。中心柱下部为方坛，中心柱上部呈圆形七级倒塔，直通窟顶，塔刹塑出仰莲，并有四龙环绕，以象征为须弥山，故称须弥山形中心柱窟。每级塔身原贴有影塑千佛，现已剥落殆尽。塔座方形，分上下两层，上层四面开龛，内塑一佛二菩萨或一佛二弟子，下层壁画重层。莫高窟隋代第303窟亦属此型。

四壁壁画以土红为地色，气氛热烈，内容分上中下三段：上段绕窟一周画天宫伎乐及帷幔；下段表层为宋画比丘尼与女供养人；中段以千佛为主体，千佛中安插一铺或两铺尊像图。同为尊像图，比北朝有所发展，华盖多样，日趋华丽。"双树"不再以菩提树为限，也有垂柳、青杨，使"场景"更为优雅。

同北周一样，故事画的位置移到窟顶前部人字披上：东披分上下两条横卷式展现，上条画快目王施眼、月光王施头等八种本生故事（还有两幅画内容不清），下条画"睒子本生"。西披也分上下两条横卷式展现，上条画"萨埵舍身饲虎本生"，下条绘福田经变，福田经变是敦煌壁画此类题材的代表作。为清晰地表现故事内容，人字披之地色为白色，与四壁之土红形成鲜明的对比。

毗楞竭梨王本生故事画，内容据《贤愚经·梵天请法六事品》，描绘劳度叉执钉挥锤向安坐的国王胸部钉钉的场景。虔阇尼婆梨王本生故事画，内容据《贤愚经·梵天请法六事品》，取剜肉点灯的典型情节，以上二者均采用主体式单幅画构图，宣扬为法舍身的思想。婆罗门闻偈舍身本生故事画，内容据《大般涅槃经·圣行品》，此处为横卷式连环画，以婆罗门闻罗刹说偈，高树投身等情节为中心，同样宣扬为法舍身的思想。

快目王本生故事画，内容据《贤愚经·快目王施眼缘品》，此处采用主体式单幅画构图，选取典型情节，描绘快目王安坐，侍者持针挑快目王之眼。尸毗王本生故事画，内容出自《六度集经·菩萨本生》《贤愚经·梵天请法六事品》，此画表现形式为主体式单幅画。月光王本生故事画，内容据《贤愚经·月光王施头缘品》。以上故事均宣扬乐善好施，慈心不杀，恩慈广被，济度无涯的宗教仁爱思想。睒子本生故事画，内容据西秦圣坚译《佛说睒子经》，隋代第 302、417 窟均有此画。第 302 窟为横卷式连环画，按故事发生、发展、高潮、结束展开画面。第 417 窟画面则是从两头开始，中间结束。故事宣扬孝道思想。

萨埵太子本生故事画，内容据《贤愚经·摩诃萨埵以身施虎品》，隋代第 302、417、419 窟均有此画，采用多情节连环画来叙述完整的故事，重点表现萨埵太子以身饲虎的场面。

第 302 窟人字披西披横卷式福田经变，据西晋法立、法炬共译的《佛说诸德福田经》绘制。画有“立佛图、画堂阁”“植果园、施清凉”“施医药”“造船渡民”“架设桥梁”“旷路作井”“道旁立小精舍”等七个情节，描绘了“广施七法”中诸事，像实际生活一样，具有很高的史料价值。“广施七法”为福田经变情节之一，指办七种与社会公益有关的事：“一者兴立佛图僧房堂阁；二者果园浴池，树木清凉；三者常施医药疗救众病；四者作坚牢船济渡人民；五者安设桥梁过渡羸弱；六者近道作井渴乏得饮；七者作造圊厕施便利处。” 福田经变在莫高窟的出现与当时三阶教的倡导有关，开皇二十年此教派被禁绝。

兴立浮图，福田经变“广施七法”情节之一，即“兴立佛图僧房堂阁”。第 302 窟人字披西披下的“兴立浮图”是从北端“伐木”开始，绘三个裸上躯着犊鼻裤的伐木者，正在林间为营建寺塔备料，一人运斤斫树，二人肩扛干木，形象十分生动。接着画面上有一座两层四门的密檐式塔，塔刹置相轮，三名工人正在施工，另一名执矩尺在树下指挥。再接画面是一座悬山起脊的堂阁，画有一名工人正在挥镘砑墙。

疗救众病，福田经变“广施七法”情节之一，即“常施医药疗救众病”。此处画了两组治疗疾病图。上图画一病人裸卧席上，二人执左右手，医师正对患者进行治疗。下图画一羸瘦患者，由亲属扶坐，一医师正为他调制药物，病人身后画有一执药少女。

造船渡民，福田经变“广施七法”情节之一，即“作坚牢船济渡人民”。此处描绘在一条架有桥梁的河中，有一小船，状似锅，内有两人划桨摆渡。隋朝初年（584、585 年前后）建成的莫高窟 302、303 窟中，先后出现了四幅“船”的形象：船型为圆形或椭圆形，乘坐 2—5 人不等，行驶在小河中，其形式类似于在西北地区有悠久历史的用于内河摆渡的“皮筏子”。稍晚一点的 420 窟（600 年前后建成）绘制的三只小船也属于同一类型，只是略有改进，又有点像小木板船，行驶于河中，其规模也不大，乘坐人数也很少。当然，以上这些船只也都是以海船名义出现在壁画中的[1]。

近道作井，福田经变“广施七法”情节之一，即“近道作井渴乏得饮”。此处画的是一架桔槔井，旁有水槽，两匹马正低头痛饮，它表现了 6 世纪时丝绸之路上各地水井旁忙碌、欢愉的气氛。

道旁精舍，福田经变“广施七法”情节之一，即“作造圊厕施便利处”。第

1 参见马德：《敦煌壁画交通工具史料述论（下）》，《敦煌研究》1995 年第 3 期。

302 窟人字披西披南端，画一平顶房屋，内垂障幔，室内有一世俗男子正在饮酒，身边有一群擘箜篌、奏笛、弹琵琶的女乐，屋外树下有侍者在向室内客人持奉酒浆。

植园施凉，福田经变“广施七法”情节之一，即“果园浴池，树木清凉”。此处画的是一座围墙环绕的浴池，内有两人在其中洗沐，以表示“施凉”。

驼车过桥，福田经变“广施七法”情节之一，即“安设桥梁过渡羸弱”。此处画有一辆骆驼车，圆拱顶车舆内坐一妇女，骆驼昂首迈步从容过桥。骆驼是具有大漠戈壁特色的交通运载工具，不仅负载驮运，而且也能驾车拉人。其桥为道路之间小溪流上的单跨梁式桥，两侧有简单的栏杆。

（四）第 303 窟

第 303 窟，隋代表窟之一。此窟主室平面长方形，前部人字披顶，后部平綦顶，后部中央有中心塔柱（图 2-2），洞窟形制与第 302 窟相仿。塔柱作须弥山形，上部作圆形七级倒塔，下部作方形两层台座，台座上层四面开龛。下层座身上段画僧俗供养人，下段画双狮。中心塔柱台座下层的这组供养人中，比丘身后首位形体高大，戴帕首，披翻领大衣，穿着华贵，后随多名僮仆，且绘于中心柱正面的显著位置，故推测是该窟供养人中身份地位最高者，可能即是建窟主人。

图 2-2　隋莫高窟第 303 窟 须弥山式中心塔柱

前部窟顶人字披画法华经变，后部窟顶中央与中心柱圆形倒塔连接处，绘圆形垂幔。垂幔外四角各饰一坐佛二供养飞天，外周南、西、北边套以方形平綦，平綦画千佛。

四壁顶端绘天宫伎乐，下挂垂幔，垂幔下画千佛。其中南壁前部有立佛一铺。北壁前部有见宝塔品一铺，见宝塔品为法华经变中之一品。经云：有佛名“多宝”，曾发大愿：“若我成佛灭度之后，于十方国土有说法华经处，我之塔庙为听是经故，涌现其前作为证明。”当释迦讲法华经时，“多宝塔”果然涌现，众弟子惊叹不已，求见多宝佛。但彼佛另有一大誓愿：“其有欲以我身示四众者，彼佛分身诸佛在于十方世界说法尽还一处，然后我身乃出现。”此时，“十方诸佛”皆来云集，释迦以右指开七宝塔，多宝请释迦入座，与会者亦因释迦的“神力”升到虚空。已知此品有32幅（隋一、初唐七、盛唐二、中唐五、晚唐九、五代四、宋四，单幅的释迦、多宝并坐像不计在内），从隋至宋，均以宝塔内释迦、多宝二佛并坐为主要形式。初唐以后增加“十方诸佛”各携一大菩萨从远处飞来，盛唐以后又增加法华会之与会者升入虚空。中唐以后并与“提婆达多品”“从地涌出品”结合，构图华丽，意境缥缈。

此图释迦牟尼佛和多宝佛均一腿平放，一腿曲抬，手作说法印，坐于束腰叠涩须弥座上。座前双狮护卫，座下画力士承托并供献。二佛身后各有一身捧钵供养菩萨，两侧各有一身持莲胁侍菩萨。此处多宝塔画成佛龛形，二佛并坐龛内，火焰纹龛楣两角各有急速飞降的飞天一身，手捧花篮散花供养。此处见宝塔品，与窟顶普门品遥相呼应。

窟顶前部人字披满绘法华经变之观世音菩萨普门品（图2-3），观音普门品者，即观世音菩萨普观“圆通之门”令善男信女悟入佛道之谓。隋代开始有此品，而且画面比较忠实于佛经，画三部分：（1）观音菩萨立像；（2）观音三十三身，即观音菩萨变成33种不同人物为不同的信士演说佛经；（3）有求必应、救苦救难。已知此品有16幅，其中的“火坑变成池”“枷锁自落”“商人遇盗”“临刑得救”“航海遇难”“求男得男、求女得女”等，都很生动。此处仍作每披上下两段横幅长卷的形式，画面基本上按经文顺序，将该品内容表现得详尽而完整。

自东披上段南端开始，首先画无尽意菩萨偏袒右肩，合掌向佛，听佛宣讲“观世音菩萨以何因缘名观世音”。接着以上段的绝大部分幅面表现观世音菩萨以神力解脱众生诸般苦难，众生受诸苦难但能一心称名观世音菩萨即得解脱：设入大火火不能烧；若为大水所漂即得浅处；入海求宝遇风浪、罗刹鬼不受伤害；临当被害凶器刀杖立即断坏；遇诸恶鬼恼人则可解除；商队过险路能得无畏；若多淫欲、多瞋、多愚痴皆得解脱；欲求生男、生女便可如愿。祈子处绘制一群善男信女跪拜观音之前，或双手合十作祈求状，反映了敦煌当地的生育民俗。

东披下段至西披，表现观世音菩萨游诸国土，以三十三现身度化众生。普门品记观音化现之身三十有三，其中“说法”二字十有九次，因而有“三十三身十九说法”之谓。如“应以毗沙门身得度者，即现毗沙门身而为说法”，“应以童男童女身得度者，即现童男童女身而为说法”等。各期壁画均严格按经文绘制，不同的是，隋代把“现身说法”画成一座座经堂，各变现之身于其中为信众说法，唐以后只画变现之身正给眼前跪拜者说法之场景。

至西披下段止，计有观世音菩萨现佛身、辟支佛身、声闻身、梵王身、帝释

图2-3　隋莫高窟第303窟人字披西披　法华经变观音普门品之现身度化众生

身、自在天身、大自在天身、天大将军身、毗沙门身、小王身、长者身、居士身、宰官身、婆罗门身、比丘身、比丘尼身、优婆塞身、优婆夷身、长者妇女身、居士妇女身、宰官妇女身、婆罗门妇女身、童男身、童女身、天身、龙身、夜叉身、乾闼婆身、阿修罗身、摩睺罗伽身、执金刚神身。西披下段南端紧接三十三现身之后，画佛说观世音因缘毕，无尽意菩萨等施珍宝、璎珞供养观世音，观世音受取璎珞分作二份，分奉释迦、多宝二佛，二佛并坐于多宝塔内。

本窟人物造型和绘画技法基本上仍沿用北周风格，四周千佛仍是小字脸，千佛以下画供养人、车马及山石林泉等。隋代第303、305诸窟壁画的描绘，是在白地上用赭红线描出完整的人物形象，后在线描上涂色敷彩。涂色时起稿线被掩没，有的被局部保留下来当作画面的一部分。

（五）第305窟

第305窟，隋初代表窟之一，北壁龛下有“开皇五年（585年）正月”的发愿文残迹，因又称此窟为“开皇五年窟”。前室大半已坍毁，后室（主室）平面正方形，正中有一较高之方坛，坛上塑像。覆斗形窟顶，华盖式斗四方井套叠藻井图案，莲花井心，抹角皆画飞天，四角垂流苏。东、西两披绘摩尼宝珠及飞天。南、北两披分别画帝释天（乘龙车）、帝释天妃（乘凤车）。整个窟顶天花如雨，流云飞动，飞天乃至比丘翱翔其间，龙凤驾车如风驰电掣，显示出激荡的画意，艺术感染力极强。虽说尚有第249窟画面的遗意，但色调的浓厚，人物胸、臂、面部造型的丰圆，都具有了隋代艺术的特征。稍晚于此窟的同一题材还有第401、423窟，都画于龛顶、窟顶，这种乘龙车凤辇的帝释天与帝释天妃在莫高窟已成余绪。

四壁画千佛，西、南、北壁中部各开一圆券形龛，各有隋塑一佛及清代塑二弟子二菩萨。窟内开三龛，乃隋代新形制。四壁下部绘隋代供养人及三角垂帐纹。

位于西壁北侧的尊像图，在宝盖、长幡及树叶扶疏的菩提树下面，佛身靠方形靠背，正襟危坐于莲花座上，其左右的四身菩萨头部微倾，上身微欹，腰肢轻摆，全身呈“S”形扭曲，动作柔丽，姿态妩媚。画面人物肌肤虽已变色，但仍可看出是不同于北朝的新的晕染手法，面部的叠染不在轮廓周沿，而是在眉棱、鼻梁、上眼睑、下巴，两颊染二三层，把原有西域晕染技法中涂白色的高光部位，渲染得更加红润，表现了中原晕染法与西域晕染法的融合。画面造型简练，笔力畅达，线条流利，敷彩单纯，色调淳厚、朴质、高雅。此图所示的风格，是隋代创造的“迹简意澹而雅正”的疏体风格，为此类题材代表作之一。

（六）第412窟

第412窟塑一佛十大弟子、二大菩萨。塑像因被后代修改而非隋代原貌，无特色可言，然题材却属独一无二。相传释迦牟尼有十位弟子，各有所长，各执一法，而达到“第一”，因称之为“十大弟子”。即：舍利弗、目犍连、迦叶、阿难律、须菩提、富楼那、迦旃延、优婆离、罗睺罗、阿难。莫高窟多数洞窟只在佛之左右塑二弟子，一老一少，老者为迦叶，少者为阿难。

第412窟北壁前东侧彩塑菩萨像为隋塑代表作之一。形体高大，额方颐圆，两肩丰满，体魄健硕，肌肤丰润，造型结实有力，立姿舒展，右臂自然下垂，左臂半举，扬掌托莲。头部略侧，俯首下视，唇润颐丰，口目和悦，神情含蓄，仪容端庄，风格凝重敦厚。动态和神情间似少女般纯洁无瑕，体现菩萨的“慈祥悲悯”。衣薄贴体，色彩多已斑驳，但尚可见原来绚丽的纹饰。

（七）第 417 窟

第 417 窟窟顶前部西披首绘金光明经变之流水长者救鱼故事。《金光明经》前后六出，现刊本为三种，即《金光明经》《合部金光明经》《金光明最胜王经》。三经内容多寡不一，文字亦有差异，容易分辨，但把“经”变成“画”，只有依据壁画制成时代和榜书才能区别何者为金光明经变，何者为金光明最胜王经变。调查结果表明，十幅之中只有一幅为金光明经变，其余均系金光明最胜王经变。其形式有横卷式、中间西方净土两边条幅式、上部西方净土下部屏风式、西方净土式。《金光明经》19 品，《金光明最胜王经》31 品，现在能确认者计有：序品、梦见忏悔品、灭业障品、依空满愿品、四天王护国品、如意宝珠品、大辩才天女品、大吉祥天女品、王法正论品、长者子流水品、舍身品、十方菩萨赞叹品、妙幢菩萨赞叹品、菩提树神赞叹品、付嘱品，共 15 品。其中最有特色、各时代普遍采用者为梦见忏悔品、长者子流水品、舍身品。梦见忏悔品画一婆罗门击鼓且配以很长的榜书，成为辨认金光明经变之标志。

流水长者子品为金光明经变中之一品，莫高窟金光明经变普遍采用此品。《金光明最胜王经》该品名为“长者子流水品”。隋代第 417 窟之“流水长者子品”为此题材之代表作。它构图主次分明，故事首尾完整，如图（图 2-4）：

（1）一座房子，前跪一人，表示长者子流水携其二子“次第游行城邑聚落”。（2）主从有别者五人，皆注视着奔跑的狼、狐，表示其“见诸虎狼狐犬鸟兽多食血肉，悉皆一向驰奔而去”。（3）三个水池，各有若干条鱼游于其中，一人正往池中灌水，表示“流水长者子”，他们见鱼池干涸而注水救鱼复活。（4）一座房子，厅堂内坐二人，边厢站一人；另一侧，一只大象伸出长鼻；堂前站一人，跪二人。画面表示流水派其儿子回家索食救鱼。（5）一头大象，前有人牵，后有人赶，象背上驮着食物和二人，表示二位公子“收取家中可食之物，载象背上，疾还父所，至空泽池”。（6）高楼上睡卧一人，两身飞天朝着高楼飞去，所过之处，花雨缤纷。画面表示鱼得救以后，命终升天，然后来向醉卧高楼上之长者子奉献真珠，其国境内“处处皆雨天妙莲花”。（7）二位公子拱手俯身向流水长者子禀报。此乃国王问及“雨天妙莲花”这一祥瑞之因，长者子答以上述故事，并派其二子前往救鱼之处验证。画面表示二子验证之后向流水禀报结果。此画之表现手法亦较特别。北朝故事画之情节多以山水树木分隔，入隋以后，多所继承，唯独此画无山峦树木，仅用人物、动作及简单的环境来表现故事内容，画面洗练淡雅。

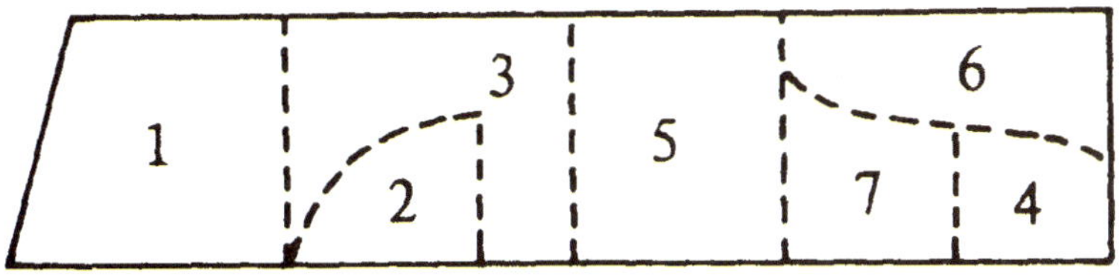

图 2-4　隋莫高窟第 417 窟窟顶前部西披　金光明经变之“流水长者子品”图序

舍身品亦为金光明经变中之一品。始见于隋，盛于晚唐，终于宋。莫高窟十铺金光明经变中，全绘此品。内容与北朝时期的“萨埵以身施虎本生”一致，即摩诃萨埵与二兄出游，见一母虎及其七子因饥馁而奄奄一息，萨埵以身救虎，父母为之起塔供养。但是，时代不同，施主不同，画工不同，其所表现的内容多寡、重点各不相同，作为大型经变中之一品，它最具有特点，多姿多态。

后部平顶画药师经变和弥勒上生经变各一铺。药师经变亦称药师净土变，为佛说拔除过罪生死得度经变、药师如来本愿经变、药师琉璃光如来本愿功德经变之总称。佛家宣传药师经乃“致福消灾之要法”“病士求救，应死更生”“王者攘灾，转祸为福”之“妙术”。凡“无救、无归、无医、无药、无亲、无家”，只要供养药师如来就可一切如愿。王者如遇“人民疾疫难，他方侵逼难，自界返逆难，星宿变怪难，日月薄蚀难，非时风雨难，过时不雨难”，只要供养如法，则“七难消除”。隋代为横卷式，大部绘于人字披顶，内容简单，绘一佛、二弟子、二菩萨、十二药叉、灯轮、长幡，个别洞窟有八菩萨居显要地位，如第417窟。八菩萨只有东晋译本具名，从而得知隋代药师变依据东晋译本。但八大菩萨之名号，各经不一。在敦煌艺术中，八大菩萨出现于隋，有三种情况：一是药师经变中画八大菩萨，形象如一，可据经文而知其名号，如隋代第417窟顶部之所绘；一是不知据何经，单绘一佛八菩萨，如开皇四年（584年）第302窟；一是塑二菩萨绘六菩萨于龛内外，亦不知据何经。

晋·帛尸梨蜜多罗译佛说灌顶拔除过罪生死得度经	隋·达摩笈多译佛说药师如来本愿经	唐·玄奘译药师琉璃光如来本愿功德经	唐·义净译药师琉璃光七佛本愿功德经
金毗罗	宫毗罗	宫毗罗	宫毗罗
和耆罗	跋折罗	伐折罗	跋折罗
儞佉罗	迷佉罗	迷企罗	迷企罗
安陀罗	安捺罗	安底罗	颎儞罗
摩尼罗	安怛罗	颎儞罗	末儞罗
安林罗	摩涅罗	珊底罗	娑儞罗
因持罗	因陀罗	因达罗	因陀罗
波耶罗	波异罗	波夷罗	波夷罗
摩休罗	摩呼罗	摩虎罗	薄呼罗
真陀罗	真达罗	真达罗	真达罗
照头罗	招度罗	招杜罗	朱杜罗
毗伽罗	鼻揭罗	毗羯罗	毗羯罗

图2-5 各经所译十二药叉之名称

图2-6 隋莫高窟第419窟 西壁及西面窟顶

药师经中十二药叉（图2-5），亦名十二神王、十二夜叉大将、十二药叉大将。十二药叉发愿护法，为药师经主要内容之一，因此凡画药师经变，均有十二药叉，成为辨别该经变之主要标志。药叉之形象，隋代均作金刚力士，裸上身，着战裙；唐以后皆头戴兜鍪，身穿铠甲如天王状。除个别洞窟外，多数绘于佛面前或左右之显著位置上。

（八）第 419 窟

第 419 窟，前部人字披顶，后部平顶。西壁开龛，方形圆角，龛内塑一佛二弟子二菩萨，画忍冬火焰背光，龛左右壁各画三弟子，龛顶呈一面披形，佛光两侧各画散花飞天三身。龛上塑出龛楣，画莲花化生和摩尼宝珠（图 2-6）。采帛龙首龛梁（图 2-7），缠枝莲花龛柱。自北朝以来，龛梁尾部多塑龙首为饰，躯体盘曲，张牙舞爪，形状凶猛，以示护法。龛外两侧面上部飞天及天宫栏墙以下，画维摩诘经变问疾品，南侧为文殊师利菩萨（图 2-8），北侧为维摩诘（图 2-9）。以下两侧各画三弟子、三菩萨（图 2-10）。龛下残存药叉。东、南、北三壁上沿画飞天和天宫栏墙，栏墙下有三角垂帐纹，以下画千佛，千佛以下画供养人、药叉。南、北壁千佛中央各画尊像图一铺。

主室西龛龛内彩塑由一佛二弟子二菩萨组成。佛结跏趺坐于叠涩须弥座上，身着田相袈裟，质地厚重，仍作阶梯式衣纹，但趋于简化，面相和身躯丰满圆实，神情庄严慈祥。二弟子托钵虔恭地伫立于佛两侧。北侧迦叶像（图 2-11），脸盘方正，嘴唇干瘪，张口露齿，满面皱纹，鼻翼两侧肌肉松弛，两眼深陷。一手托钵，一手握拳置于瘦骨嶙峋的胸前，具有饱经世故、寡欲苦修、沉毅达观的内在气质。西壁龛内南侧阿难像（图 2-12），身披绿色袈裟，脚踏麻鞋，头大身小，圆脸方额细鼻，神情沉静温顺，流露出内在的淳朴和稚气。双手轻捧莲钵，虔诚恭敬地侍立佛旁，与迦叶之形象形成鲜明对比。二胁侍菩萨跻身加深的圆券龛内，一变北朝置于龛外两侧的格局，是隋代菩萨的代表作，菩萨面相圆中显方，两眉相连，眼细鼻直，轮廓清晰，头大、肩宽、腿短，具有隋代造型特点。

窟顶后部平顶，中央画弥勒上生经变，表现弥勒在兜率天宫说法场景。弥勒经变简称弥勒变，即弥勒净土变、弥勒变相、弥勒上生下生经变之统称。据《佛说观弥勒菩萨上生兜率天经》《弥勒下生经》绘制。莫高、榆林二窟壁画中始见于隋，终于宋，现存 95 铺。隋仅绘弥勒上生变，据《佛说观弥勒菩萨上生兜率天经》绘制。如第 417、419、423、433、436 窟等。经变绘于窟顶人字披，构图简明，图中弥勒菩萨端坐宫殿中说法，有胁侍供养菩萨及天王守护。主殿两翼附设重层楼阁，每层有诸天奏乐舞蹈。殿堂左右上方绘诸天赴会。两下方是弥勒授记、说法及听法徒众画面。初唐迄宋，与弥勒下生经变合入一壁，位于画面上部。

此处所绘：在五间歇山顶殿堂内，弥勒菩萨交脚坐须弥座上，两侧侍立二菩萨、四天王。殿堂外侧起重楼，高四层，内有诸天眷属奏乐、供养。再外侧画乘龙车的帝释天（北侧）和乘凤车的帝释天妃（南侧），周围有飞天，人非人簇拥随行，表现诸天神前往兜率天宫赴会，画面充满欢乐的气氛。

帝释天（图 2-13）以下画菩萨坐束腰莲座上，为跪在膝前的信士摩顶授记，两旁侍立供养菩萨三身。与之对称，左侧帝释天妃（图 2-14）以下，亦画菩萨坐束腰莲座上，为思惟像，二供养菩萨侍立身旁。弥勒授记图据《观弥勒菩萨上生兜率天经》绘制，经云：佛告优波离，弥勒菩萨于未来世当为众生作大皈依处，若有皈依弥勒菩萨者，当知是人于无上道得不退转。弥勒菩萨成佛时，如此行人，即得授记。图中描绘弥勒菩萨坐莲座之上，伸手为一信士摩顶授记。信士长跪其前，合十俯首，虔诚受记。此画面仅见于隋代第 417、419、423 窟。

主室前部人字披顶东披画须达拏太子及萨埵太子本生故事（图 2-15）。须达

图 2-7　隋莫高窟第 419 窟西壁龛北侧 龙首龛梁

图 2-8　隋莫高窟第 419 窟西壁龛外南侧 文殊师利菩萨

图 2-9 隋莫高窟第 419 窟西壁龛外北侧 维摩诘

图 2-10 隋莫高窟第 419 窟西壁龛外南侧 弟子与菩萨像

a. 全景

b. 迦叶局部

图 2-11　隋莫高窟第 419 窟西壁龛内北侧 迦叶、菩萨像

a. 全景　b. 阿难局部
图 2-12　隋莫高窟第 419 窟西壁龛内南侧 阿难、菩萨像

图 2-13　隋莫高窟第 419 窟窟顶后部平顶北侧 帝释天

图 2-14　隋莫高窟第 419 窟窟顶后部平顶南侧 帝释天妃

拏太子本生故事画采用横卷式连环画形式，描绘从施象到赎回孙儿，迎接须达拏回国等 53 个场面。此画故事完整连贯，情节曲折复杂。通过施象、被逐、临行前的布施，及放逐途中施马、施车、施衣、入山修行等一系列画面，将须达拏的布施活动逐步展开，引向深入。鸠留国的婆罗门妻被恶少调笑，而向婆罗门索要奴婢，因此引出婆罗门入山向须达拏乞要孩子，二子被施，遭笞，又辗转被变卖等富于戏剧性的画面，将发展中的故事推向高潮，最后在全家重归团圆的欢乐气氛中结束。着意刻画布施无极的精神。这幅横卷式连环画由并列的三段衔接而成，画面自上段南端开始，至北端转入中段，又至南端转入下段，走向呈“S”形。画面构图灵活娴熟，主要情节画面大，且占主要位置，如须达拏的种种布施；次要情节画面小，安排在主要画面的上下周围，如婆罗门骑象、骑马、拉车等，加强了故事主题的表现力。画面景色按故事情节和人物活动作各种变化，使人物活动处于一定的环境之中，具有浓郁的生活气息。画面采用工整细致的描绘手法，青绿为主的色调，无论屋宇庭园、花石树木、飞禽走兽以至人物活动都刻画得生动细致，显示出受到中原绘画艺术影响的风格。画面保存完好，现在看到的赭色是

图 2-15　隋莫高窟第 419 窟人字披东披 须达拏太子本生与萨埵太子本生之一

图 2-16　隋莫高窟 419 窟人字披顶西披 法华经变譬喻品与萨埵太子本生之二

色变所致。这种色变，竟增添了画面的色彩情趣。

窟顶西披壁画，始于佛说法，接着是长者的大院被大火所烧，猛兽乱窜，诸子尚在火宅中无知觉地玩乐，长者诱以三车，最后孩子们乘“大牛之车”平安地出了火宅，此处牛车，其形制、构造同先代比较并没有明显的发展变化。此为佛以三车唤场景，法华经变“譬喻品”的别称（图 2-16）。《法华经》之最早汉译本为三国吴支谦译《佛以三车唤经》。《开元释教录》说此乃《法华经》卷二之“譬喻品”。《佛以三车唤经》已佚，而《法华经·譬喻品》实则以三车——牛车、鹿车、羊车比喻三乘，而以“大牛之车”来唤醒人们：佛教本无三乘，只有一乘——大乘，即大牛之车。

（九）第 420 窟

第 420 窟，隋代重要代表洞窟。前室、甬道西夏时已被重绘。主室平面方形，覆斗顶，南、西、北壁各开一龛（图 2-17），因之亦称“三龛窟”。窟顶中心为斗四藻井结构，莲花中心饰三兔纹样，椼条边饰忍冬纹，内外岔角分别画童子飞天。方井边饰为联环忍冬纹，四边垂幔铺于四披，垂幔画成鳞片形和垂角形多层重叠的形式。色彩以黑、褐、赭为主，显得沉着，厚重，古朴。

覆斗形窟顶四坡绘巨幅妙法莲华经变（简称“法华经变”），为此题材之代表作，亦系隋代壁画代表作，据《法华经》绘制。法华经有三译：西晋竺法护初译，名《正法华经》；后秦鸠摩罗什再译，名《妙法莲华经》；隋阇那笈多三译，名《添品妙法莲华经》。从现存壁画榜书来看，皆据罗什译本。此经变始于隋，以后历代不衰。法华经有 28 品，入画者有 24 品。隋代有序品、方便品、譬喻品、见宝塔品、观音普门品。莫高窟共有法华经变 34 铺，不包括单独出现的“见宝塔品”和“观世音菩萨普门品”（即观音经变）。计：隋二、初唐二、盛唐三、中唐五、晚唐九、五代八、宋五。

图 2-17　隋莫高窟第 420 窟　西壁及北壁

东披绘观世音菩萨普门品，航海遇难图为观音普门品情节之一。隋代洞窟据文“或漂流巨海，龙鱼诸鬼难，念彼观音力，波浪不能没”入画，此处画两只船航行于海上，水中有龙有鬼，“摩竭大鱼”张开比船还大的嘴，正要吞噬船只，船上的人不惊不慌，若无其事。各时代之“航海遇难图”留下了各种船型的形象资料。又如“若为大水所漂，称其（观世音）名号即得浅处”，画二人漂浮水上，作挣扎呼救状，观世音菩萨安详地立于岸边，正伸左手，以杨柳枝递给落水者。菩萨姿态优美，从容不迫，给人以化险为夷易如反掌之感。

观音普门品情节之一的商人遇盗图始见于本窟。东顶以三分之一的壁面绘制：一商队整装待发；商主在祈祷；一人正为病驼灌药；在爬山过程中，一骆驼坠崖而死；路遇强盗，货物被抢；官兵保护商人，与强盗展开激烈战斗；一旁，毛驴在打滚，马在河边饮水而鞍却未卸；强盗被押到官将前，一个个交还所抢之物。画面与经文有一定距离，因而神秘色彩少而生活气息浓，完全是当时丝绸之路上可能发生之事。

其他情节还有：大辟图，亦始见于本窟，但构图简单，画一人被绑，一人举刀欲砍。求男得男、求女得女，经云：“若有女人设欲求男，礼拜供养观世音菩萨，便生福德智慧之男；设欲求女，便生端正有相之女。”从隋代开始，凡画此品，必有二人，或一携男孩，一携女孩，顾盼而行；或跪于观音前请求赐子，身后立着小孩。各时代的求男求女图中的人物造型、衣冠服饰各不相同，如第 420 窟的人物穿窄衫小袖，长裙曳地，体态修长，与隋开皇年间女供养人的形象一致。第 420、303 等隋代洞窟的法华经变“观音普门品”，或制榜题曰：“观音能应众生求：福德智慧之男，端正有相之女。” 观音赐子反映了敦煌的生育民俗。

南披为譬喻品，譬喻品主要说明“三界无安，犹如火宅，众苦充满，甚可怖畏”，而众生有如“稚小无知”之小儿，游戏于火宅之中而不觉危险，佛以三车——牛车、鹿车、羊车“引导众生”脱离火宅，并赐以“大牛之车”。此品之画面，从隋代起，就以火宅喻和三车来表现。中唐以后，“火宅”多被布局在法华经变的下部正中，成为识别法华经变的标志之一。已知此品有 27 幅，本窟规模最大，画中的三车是研究各时代《舆服志》的形象参考资料。

西披似为方便品。

北披能确认者为序品，其灵鹫山图是法华经变“序品”情节之一。灵鹫山，印度之名山，又名耆阇崛山。释迦牟尼生前曾于此讲法华经，故凡画法华经变，其“法华会”之背景均为此山。但本窟北顶之灵鹫山可谓独一无二，没有“法华会”，只画一座大山，山巅是一只雕鹫之头，圆睁着眼俯视下方，整座山形似一只雄踞高处的猛禽。山之左及背后，有竹林树木，描绘极其精细，与山之雄伟形成鲜明对比。此图之意义还在于它与中国典籍之间的关系。东晋法显西行求法巡礼印度时，曾请人引导亲临其境，“花香供养，然灯续明”，记曰：“入谷搏山东南上十五里，到耆阇崛山。未至头（顶）三里有石窟南向，佛本于此坐禅。西北三十步，复有一石窟，阿难于中坐禅，天魔波旬化作雕鹫，住窟前恐阿难，佛以神足力隔石舒手摩阿难肩，怖即得止。鸟迹、手孔今悉存，故曰雕鹫窟山。”隋智顗《法华文句》云：“耆阇崛山者，此翻灵鹫，亦云鹫头，亦云狼迹。……又解，山峰似鹫，将峰名山。又云，山南有尸陀林，鹫食尸竟栖其山，时人呼为鹫山。”隋吉藏《法华义疏》曰：“耆阇崛山者，此云鹫头山也。……今之一山似鹫头，故以名鹫。佛灭度后阿育王见其山顶似鹫，使人凿作两翅两足及尾，故全如鹫鸟。”据上引诸文，可知此灵鹫山图，非据佛经，而是综合各家论、疏之后创作之佳品。说明创作者不仅绘画技艺高超，且具有佛教经论之修养。

隋代乃法华经变草创时期，无一定之规。隋代第303窟虽早于此窟，但它只有观世音菩萨普门品，因而此窟之法华经变随处可见探讨精神：序品画灵鹫山，敦煌壁画中独一无二；譬喻品撮取“火宅”“三车”作为重点，满壁画十座房屋，大小规模不一，除一座平安无事外，余皆四面起火，猛兽追逐孩子，屋顶上有蛇蝎之属，十分恐怖。唐以后之譬喻品只画火宅、三辆车，而且多在显要位置，成为法华经变之定式。同是观世音菩萨普门品，第303窟画面简单，忠实于经文，而此窟则有简有繁——“三十三身”简，“救苦救难”繁。如“商人遇盗”用全画的三分之一篇幅描绘了路途艰辛及遇盗得救；“求男得男、求女得女”则栩栩如生。

整个窟顶四披的经变画，以树石花卉、塔庙寺院、流泉莲池、行云飞花等景物，作为各种场面的分界，构图自由，考虑周到。人物聚散，疏密适当。这样宏大内容丰富的画面，为唐代大幅经变画的发展开了先河，具有很高的艺术价值。

西壁（图2-18）正中一龛，方口圆角，内外两层。内龛浮塑缠枝莲花龛柱，

图2-18 隋莫高窟第420窟 西壁

彩帛龙首龛梁。画忍冬莲花化生龛楣，联珠纹边饰，龛楣周沿饰火焰纹，火焰纹楣尖达窟顶西披边。

内层龛塑一趺坐佛、二弟子、二菩萨，外层龛塑二菩萨，均为隋代原作。内龛趺坐佛右手掌心向外举于胸前施无畏印，左手下垂展掌作与愿印，塑像体型结实，形象端严，比例匀称，佛后绘化佛火焰背光。内龛南侧阿难像彩塑，圆脸大耳，面貌圆润，双目下视，凝神挺立，似专注聆听的神情。在变成棕红色的脸上，可看到面颊、眉棱、鼻梁、下颏施加晕染的痕迹，这是隋代开始出现的增强彩塑造像肌肤立体感的一种技法。两侧弟子和菩萨像后各绘六弟子、六菩萨，内龛柱侧各画二菩萨。

外龛南侧菩萨像彩塑，头大，肩宽，腰细，上身前倾，下身内收，一手贴胸持柳，一手下垂提瓶，面部造型方中显圆，轮廓分明，额广颐秀，眉棱、鼻棱、颐棱转折清晰，个性鲜明，表情文静恬淡，洁白的脸，翠绿的眉，含笑之嘴，宛如天真少女。头戴三珠宝冠，青绿色长巾绕肩下垂，横腹两道，沿体侧贴壁蜿蜒飘垂而下，贴壁部分以浅浮雕表现。腰围锦裙，裙衣贴体，衣纹写实，上饰波斯风格的环形联珠狩猎纹图案，巾裙均包金边，项圈、臂钏、手镯均作金装。洁白细嫩的肌肤历1400余年而不变，被称为“永葆青春之菩萨”。富丽的纹样和色彩，传神的形象和表情，均表现了隋代的新风格。这种内、外层方口龛的结构形式，加强了纵向延伸感，使龛内宽敞开阔，两侧塑像在纵向布局上以愈向外形体愈大加强了群塑的透视感。

此铺塑像为高浮雕，已无北朝附属性影塑与其相配合，表示进入主体性雕塑阶段。塑像体格健壮，面相方满，形象端严，头略大，肩宽，腿短。手法简练写实，较少宗教神秘感，较好地表现了不同类型“人物”的性格。如佛像庄严慈祥，菩萨像文静温婉，弟子像虔敬恭顺。佛像头光、身光绘青绿重彩并贴金箔的图案，几尊菩萨的圆光、宝冠、项饰、环钏、手镯、足环，手中的摩尼宝珠、花枝以及披巾、裙衣等亦贴金为饰。贴金时先将稀释的桃胶水涂于贴金处，然后贴上金箔压平即成，隋代第420、427诸窟都是当时贴金最多的代表窟。重彩与金色互相辉映，使之更加灿烂绚丽，体现了隋代艺术臻丽细密的风格。群塑南侧的弟子阿难和菩萨为典型形象。内外龛造像结合起来，形成以塑为主，塑绘结合的大型尊像场景。

整铺彩塑赋彩华丽，佛像的袈裟和僧祇支，以及外层龛两菩萨像的长裙均装饰波斯风格的环形联珠狩猎纹图案，十分华美。联珠纹由若干白色圆珠联成环状，环内或画骑士狩猎，或画翼马、对兽、莲花，约4世纪时由西亚传入中国，隋唐时广泛流行。新疆吐鲁番墓葬出土有“联珠对孔雀纹锦”（北朝、隋）、“联珠天马骑士纹锦”（唐）等多种。日本法隆寺藏有隋代“联珠狩猎纹锦”。莫高窟联珠纹始于隋代，除第420窟塑像服饰“联珠狩猎纹”外，还有第402窟龛口沿边饰“联珠翼马纹”，第277窟龛口沿边饰“联珠对马纹”。另第401窟龛口沿边饰“联珠莲花纹”，是此纹样传入中国后又经发展的新联珠纹。联珠纹的出现，与隋王朝经营河西，打通丝绸之路，中西文化交流的进一步发展有着密切关系。

隋代短暂的30余年中，出现了大量彩塑，内容丰富，手法多样，风格不一，这说明隋代正处于塑造各种人物典型形象和形成民族新风格的探索期。

龛外南北两侧上部，画维摩诘经变“文殊师利问疾品”。维摩诘经变简称维摩变，据鸠摩罗什译《维摩诘所说经》绘制。经文主要内容讲：毗耶城有一位大居士，名维摩诘，精通大乘佛教哲理，善辩论。一日称病在家，释迦牟尼知道后，先后拟派十大弟子、弥勒等四大菩萨前往问疾，但都不敢前往。最后，文殊菩萨承佛旨，前往问疾。《维摩诘经》是大乘佛教的重要经典之一，共分 14 品，入画 13 品。据张彦远《历代名画记》卷五记载，东晋画家顾恺之画维摩诘像，轰动一时。现存最早维摩诘像绘于西秦建弘元年（420 年）前后修建的炳灵寺第 169 窟，云冈、龙门等石窟以及其他各处佛教造像碑塔中亦存大量同类雕刻。莫高窟维摩诘经变始见于隋，现存 11 铺，绘于第 420、425、433、277、262、417、314、380、419、423、276 窟，内容有《方便品》《弟子品》《问疾品》《观众生品》《见阿閦佛品》。多数画于主室西壁佛龛外两侧，依循中原旧式，构图简单。画面多表现维摩诘凭几坐于殿中，双眉紧锁，面庞消瘦，手执麈尾，扬头向前，慷慨激昂，似乎正和前来问疾的文殊菩萨展开激烈的辩论。

维摩变下部绘十大弟子和八大菩萨。菩萨的皮肤已变成灰黑色，脸部、胸部、手臂等晕染亦因变色而清晰地显现出来，实为研究绘画技法之形象资料。龛下为宋画供养菩萨及供器。

南北两壁绘千佛，中央各开一方口浅龛，内各塑一趺坐佛和二胁侍菩萨，两侧绘十大弟子。东壁门上，利用门上的矩形空间绘制尊像图，佛居中结跏趺坐于金刚宝座之上，二菩萨、十大弟子分列于佛菩萨身后。上方华盖悬空，菩提树青翠繁茂，两身飞天持鲜花赶来礼佛，构图平稳均衡，着色浑厚朴实。此图共绘佛陀、菩萨、弟子十三身，绘全十大弟子是隋代尊像图一大特点，人物造型和彩塑造型相一致。门两侧遍绘千佛，下部为宋画供养人。

（十）第 423 窟

第 423 窟人字顶西披弥勒上生经变中的兜率天宫图，为壁画建筑代表作之一。大殿建于素平台基上，五开间六柱，柱瘦长，开间狭窄，殿身高耸，柱间完全开敞，便于在殿内安置诸菩萨，柱上端有阑额两重，柱上有一斗三升斗拱，各补间通用人字拱。檐下仅有檐椽一层，檐端平直，翼角不起翘飞，顶作歇山式，两侧屋面亦作直线，没有反曲。屋脊平素无饰，唯正脊两端的鸱尾瘦高，尾部向内弯曲成钩状。殿堂两侧稍后各有一座三层楼阁，每层通作一间，上两层逐层收小，上下层之间有腰檐，上层屋顶作歇山式，各层檐下不设斗拱阑额及其他构件，结构异常简单，是象征性的表示。据文献资料及考古发掘，唐长安大明宫麟德殿即有东西二亭，与本图的设计意趣相同。

第 423 窟弥勒上生经变中的兜率天宫，两旁侧夹峙二楼，中有数伎乐演奏乐器，其中一人持葫芦琴（一种弹拉类颈箱型乐器），这是目前所见最早的一幅乐器合奏图。葫芦琴在面板上还绘有一对称的“S”形纹样，类似小提琴腹板上的 f 音孔。隋代第 262 窟绘另一形制的五弦葫芦琴与上述图形不尽相同，是画工偶然的艺术创造还是真有实物流行，古代是否有用植物葫芦（匏类）制弹弦乐器，待考。另外，敦煌壁画葫芦琴的图形，颇近似今日蒙古族乐器“火不思”、新疆乐器“考姆兹”，其中有无渊源关系，亦待考。

隋第 423、427、419 窟存须达拏太子本生故事横卷式连环画（图 2-19），内容据西秦圣坚译《太子须达拏经》绘制。此画的表现多采用连续画面按顺序描绘须达拏太子施象、国王赶太子出城、沿途施舍、山中修行、婆罗门乞讨二子、太子终于回国等情节。第423窟画面车辆，双辕、双轮，高栏车舆，上置伞幢，属轺车型。隋末唐初389窟东壁供养人乘用安车为双辕双轮、单马驾驭的大篷顶盖安车，是供养人即敦煌当地贵族的代步工具，最能反映当时敦煌地方的马车情况。

图2-19　隋莫高窟第423窟人字披顶东披　须达拏太子本生故事画

（十一）第427窟

第427窟，隋代表窟之一，大型中心柱窟。有宋代重修三间四柱木构窟檐（图2-20）一座。大梁上有墨书题记："维大宋乾德八年岁次庚午正月癸卯朔二十六日戊辰，敕推诚奉国保塞功臣归/义军节度使特进检校太师兼中书令西平王曹元忠之世创建此窟檐记。"乾德无"八年"，实即开宝三年（970年）。

图2-20　隋莫高窟第427窟　宋代重修窟檐（彩画）

前室南北两壁有隋塑天王各二身，合为四天王。四天王，名东方持国天王、南方增长天王、西方广目天王、北方多闻天王，乃佛国镇守四方的护法神，亦称"护世天王"。天王一般多塑造为身着甲胄、头戴兜鍪、手执各种兵器、孔武有力之将士，其表情、气概英武非凡，有怯邪镇魔之能，在石窟艺术诸神中代表一种阳刚之美，是莫高窟彩塑中不可或缺之一部分。此窟天王像虽经后代修葺，但原形未变。古代匠师夸张了天王的头部及上身躯干，面部圆中见方，两眼奋睁，挺胸凸腹，腰圆背厚，或叉腰举拳，或握拳托物，或嘴唇紧闭，或张口欲吼。身上十字甲带束在胸前，左右有胸甲，肩覆护膊，腰围膝裙，下露战裙，扎裹吊腿，足登毡靴。天王脚下的夜叉鬼肌肉壮实，姿态各异，慑服天王威力，难耐镇压之苦，表现得非常生动。

前室西壁北侧塑二力士，此乃隋代新出现之题材。力士画像为佛教护法神像之一，主要绘于早期石窟四壁和中心塔柱四面下端。其形象身躯粗短、健壮，上身裸露，下着短裤，肉体染青、绿、赤、黄各色不等。其姿态或吹箫弹琴，或拨弦击鼓，或奋臂作擎物状，神情狰狞恐怖。在神秘静穆的佛窟中，增添了动的节奏。隋唐以后，壁画中的力士画像逐渐消失，而代之以彩塑，成为头顶束发、上身赤裸、双肩披巾、下着战裙的刚健武士形象。

此处像高均为3.6米以上，头大体壮，两腿短粗，双脚五趾分开，肌肉凸起，筋脉暴张，趾关节粗大，身躯粗壮。这二位力士顶戴花冠，耳饰垂肩，上身袒露，肩挂长巾，腰束战裙，昂首抬肘，挥臂怒吼。作者以块面表现骨骼和肌肉用力时的起伏转折，加上咬牙切齿、怒目而视的脸部表情，表现出力士鲁莽暴躁、放纵不羁的性格特征。力士像保存基本完好，左手略残，宋代修窟檐时重绘这些塑像之衣纹。隋代多在洞窟前室塑造天王、力士像，迄今保存者，仅此一组。

前室顶部残存隋画涅槃经变（简称涅槃变）。表现释迦牟尼佛病重，在拘尸那城外跋提河边娑罗树林间为众弟子作最后的说法，然后于七宝床上右胁侧卧，入于涅槃，诸菩萨、弟子以及世俗信徒等哀悼情景。莫高窟现存 15 铺涅槃经变，隋代 3 铺，绘在第 427、295、280 窟窟顶，已经脱离佛传画，形成独立单幅构图涅槃经变。除北周壁画涅槃变入般涅槃、大众举哀、迦叶抚足等经典内容外，新增情节有：摩耶恶梦、佛母奔丧、外道答迦叶问、须跋陀罗身先入灭和金刚力士哀恋等。

主室平面呈纵长方形，前部人字披，后部中心柱。中心柱南、北、西三面开龛，龛内均塑一佛二弟子，系隋代原作。中心柱西向龛内北侧阿难像彩塑，头大体小，脸面光润，温顺虔敬似在凝神专注聆听佛法，显得聪敏、俊秀。中心柱南向龛（图 2-21）坛沿绘须达拏太子本生故事。此处为横卷式连环画形式，隋代第 423、419 窟壁画亦有此题材。

中心柱东向面塑立大型一佛二菩萨，与南北两壁前部之一佛二菩萨组合成三身佛（图 2-22），此是隋代始有之造像布局，亦为敦煌彩塑中最高大的一佛二菩萨组像。三身佛即佛之法身、报身、应身。法身指佛之真身，即佛自性之身；报身以佛为因，修功德而得佛果之身，即佛自受之身；应身为应众生之机缘而化现之佛身，即佛为济渡众生而随其不同根业、需求的变化之身。此题材亦见于隋代

图 2-21　隋莫高窟第 427 窟主室 中心柱南侧

图 2-22　隋莫高窟第 427 窟主室北壁前部 三身佛组像之一

第 292 窟主室。

报身组像背靠中心柱，正对窟门。法身、应身组像分别背靠南、北两壁。各组佛像均高 3.80 米，六身胁侍菩萨像各高 3.35 米，佛及菩萨莲座高 0.53 米。佛身着土红通肩袈裟，头大微俯、额宽颐满、鼻直唇厚，眼下视，颈粗体壮，具有隋塑特点。北壁左胁侍菩萨眼神柔和，容貌端庄沉静，体态丰满柔丽，腰身微扭，透过衣饰能看出胸、肩、腹、胯、腿、膝等人体结构，与早期洞窟的塑像相比，已开始重视人体结构、比例及形体姿态。菩萨塑像所着彩裙为锦裙，锦裙是以厚缯为地的织花丝质裙，涂金绘彩。菩萨内衣饰“狮凤纹”，裙饰“菱格彩帛纹”，华美富丽，多为当时贵族妇女所用。敦煌世家大族张、曹、索等大姓之女供养人亦服此裙。菩萨佩饰的臂钏、手镯及璎珞亦趋向华丽。这些对考察隋代纺织、印染及手工艺水平极有价值。

四壁上部画绕窟一周之飞天，下部绕窟一周为宋代重绘之供养人，其余为千佛，窟顶亦然。西壁及北壁后部中央画尊像图一铺。南壁千佛中绘卢舍那佛一身，卢舍那是释迦牟尼佛永恒不灭的法身。

此窟之有别于前代者有五：一者千佛脸部贴金，窟顶上部之千佛至今犹金光闪闪；二者佛（龛内）、菩萨身上僧祇支、披帛、衣裙之花纹，反映出中国织金锦之发展及受波斯之影响；三者图案纹样由于白线勾勒保存完好，使纹样清晰有神，尤其是仿制“大梁”上的莲花卷草图案，造型生动，结构活泼多变，艳冠前朝；四者“须达拏太子本生”绘于龛座沿上，画面高 0.3 米，总长约 11 米，色彩艳丽，线描谨细，造型优美，体现出隋代中原地区展子虔、郑法士等名家所代表的“细密精致而臻丽”的新风格对敦煌的影响；五者绕窟一周之飞天，共 108 身，姿势多样，体态轻盈，系隋代飞天之代表作。

二、敦煌隋代物质文化精粹举隅

（一）佛画、彩塑

隋代第 278、280、383、397 窟佛传故事画，包括乘象入胎和夜半逾城等情节，是佛传故事画中流行的题材。乘象入胎，内容据《修行本起经》《太子瑞应本起经》《普曜经》《过去现在因果经》《佛所行赞》《佛本行经》《释迦谱》等佛经。故事为：能仁（或护明）菩萨化乘白象，投入摩耶夫人胎中。典型画面为一菩萨乘白象而行，有的窟中又加画一汉式建筑，内摩耶夫人右卧于榻上。夜半逾城，内容据《修行本起经》《太子瑞应本起经》《普曜经》《异出菩萨本起经》《过去现在因果经》《佛所行赞》《佛本行经》《释迦谱》等。故事的基本情节是讲太子在出外游观后更欲出家。半夜国中人均昏睡不醒，在诸天的帮助下城门无声而开，太子乘犍陟马逾城而出，开始了漫长的苦行生活。

第 416 窟西壁龛内南侧彩塑菩萨像为隋塑代表作之一。削肩细腰，亭亭玉立，身姿微倾，一手持拂尘，一手提物（已毁），眉清目秀，双眼下视，表现出女性温婉而矜持的神情。比例匀称，造型洗练，作风朴实，衣饰简单贴体，不作衣纹，敷彩单纯。此像是隋代小型彩塑风格的代表，至今保存完好。

（二）乐舞

隋第423、390窟等出现了最早的礼佛乐队，系小型乐队合奏。经变画中，正中尊像图是各种佛经变相的主体画，每幅尊像图都有乐舞表演，谓为礼佛乐队乐伎。由于尊像图画幅大小不等，绘制精细程度不同，所以礼佛乐队的规模、阵容也不相同。此种乐队常画于全图中心线下方，经营布置极具匠心。虽然每幅经变画都有创造性构图，但逐渐也形成一种模式，成为固定的乐舞构图，大约是全图的下部常有一平台，类似今日的舞台，中间为舞伎表演，两侧即为礼佛乐队。乐队可分大、中、小三种规模，大的乐队每侧有八人以上，中型每侧六至八人，小型多为二至四人。中间表演的舞伎，有一人、二人或四人不等。

隋代第390窟，在窟之东南隅，绘制了一组乐舞伎，其中乐伎八人，舞伎三人，全为站立表演之女子乐舞，乐伎高髻细腰，长裙委地，披有巾带，体态修长娟秀，舞态轻盈，此图画面不大，但构图精美，具有装饰性风格。所用乐器，最前者奏方响、箜篌，有两只琵琶并列，后排为排箫、横笛等。这些绘制供养人时所表现的伎乐，被称为供养人伎乐。这种伎乐直接反映各个时代的音乐舞蹈生活，比较客观地反映民间的世俗乐舞。供养人伎乐，所占画面较小，人数也不多，只具象征意义。

隋代飞天乐伎，由男性逐渐转为女性。隋唐时期飞天所持乐器的品种日益丰富，基本上按当时燕乐的乐器编配，而且比较写实，乐器细部绘制清楚，可以看出当时的形制。飞天还具有演奏的表情。

隋代第62、379窟出现了最早的“不鼓自鸣”壁画，即将各种乐器绘于空间，并绕以彩带，类似飞天，以乐器凌空飘舞，寓意天乐自鸣，在天宫极乐世界里，处处有音乐，无须人演奏，乐器自会发出美妙的声音。壁画中不鼓自鸣乐器，有固定的布局，其位置多在佛龛内外、壸门，以及经变画的上端。后来，每幅经变画皆有之，成为一种固定的壁画形式。不鼓自鸣的乐器有的描绘得十分细致具体，这对研究古代乐器十分重要。

在敦煌壁画中，拍板始见于隋代第398窟。拍板亦称檀板、掉板，简称板，是一种打击类木质体鸣乐器。由上圆下方之长条木板数片缀合（一般四至六片），双手对击发声。古时拍板与今日戏曲所用的板不同。现在的板，两片对击，其中一厚片是由两片木板捆扎而成。一轻一重，一手操作。在大、中、小乐队合奏中均有拍板，有时一个乐队连用数只。其在乐队中的位置，必居于排头第一位，似起指挥作用，如是八字形排列的乐队，两排第一人均为拍板。经变画中伽陵频迦鸟乐伎往往持拍板。唐以后拍板图像繁多，有时单独出现，也是音乐的一种象征符号。

在敦煌壁画中，方响早见于隋代第244、390窟。方响始于南朝之梁代，为一种敲击发音、有音律的乐器，类似编磬，由十六片薄厚不同、上圆下方、长方条状铁板组成，编缀于木架上。有两种悬挂方式，最多的一种是垂直悬挂于木架上，还有一种是在铁板中间穿孔斜挂（见于第220窟），一般都是上下两排，每排八枚。据文献记载，不论雅乐或俗乐，方响都入于编制，但实际上多用于宫廷音乐，民乐很少使用。

（三）图案

隋代第407窟有三兔莲花藻井图案。井心莲花中绘三兔，首尾相接，相互追逐，绕圈奔跑。并以三只耳朵连接三兔头部，看似每兔都有两耳，巧妙的构思，形成旋动感，活跃了窟中的气氛。井外边饰、垂幔与一般莲花藻井相同。此种藻井图案始于隋代，终于晚唐。第407窟藻井井心宽大，中绘八裂瓣大莲花，花芯画三兔，花外画有飞天、比丘、童子围绕莲花飞翔。井外边饰、垂幔分别以土红、赭、褐及石青、石绿为地，白线画各种忍冬纹。隋代洞窟给人总的印象是装饰趣味很浓厚，这和图案的普遍应用及多样化是分不开的。

隋代第401窟出现了用花砖铺墁的石窟地面。唐宋时代大量铺设此种地面，砖一般约30厘米见方，厚6厘米左右。花纹以八瓣莲花为主，杂以蔓草卷云纹、桃心卷瓣莲花纹、火焰宝珠纹等，仅窟前遗址出土就有18种之多。除植物花纹外，尚有动物纹样，如马、狮等。莫高窟发现的铺地花砖，包括隋、唐、五代、宋、西夏、元等几个时代。

隋代，政治上的大统一，带来了佛教思想和艺术风格的大统一。敦煌石窟也正是融合中西成一家的变革时代。隋代统治者锐意开发丝路，隋炀帝巡幸河西，主持二十七国交易会，并派人到敦煌造寺修塔。仅有三十几年的隋王朝，在莫高窟开窟八九十个，形制仍为中心柱窟（变形）和覆斗顶殿堂窟，有的正面开龛，有的三面开龛，有的依壁造像，布局多种多样。隋代石窟形制的变化，主要呈现在窟内布局和内容上。由于早期洞窟多以说法、禅定和弥勒等塑像为主尊，到了隋代则普遍出现了说法相、三佛和整窟结合大型群像。一些在建筑空间上很典型的中心柱窟，窟内布局也有所改变，如第292、427窟，以三铺大立佛为主体，形成一派庄严的佛堂气氛。

图2-23 隋莫高窟第311窟 窟顶藻井

壁画中各种经变逐渐形成，题材渐多，构图也力求生动与变化。《法华经变》最早出现在隋代，第420窟中的《法华经变》是规模最大、内容最丰富的一个。整个画面十分密集，画与画之间用楼阁房屋、青山绿水相隔。维摩变、药师变、弥勒变也日益增多，故事画则逐渐减少。

壁画风格分疏体、密体两派，后者多受中原影响。唐张彦远《历代名画记》称“顾、陆之神，不可见其盼际，所谓笔迹周密也；张、吴之妙，笔才一二，像已应焉，离披点画，时见缺落，此虽笔不周而意周也”，谓画家各有所长，虽风格各异，而“疏”“密”之分却有其共性。敦煌壁画每个时代都有鲜明的时代风格，纵观全局仍是疏、密有别。如画风淳朴、敷彩简练的北朝壁画多“笔才一二，像已应焉”之美，与镂金错彩、锐意求精的唐代壁画相较，后者正是“不可见其盼际”的笔迹周密之体。隋代同时存有两种风格。一种是从北朝演变下来的线描精练、造型准确、晕染从简的风格，从隋初的第 302、305 等窟到后期的第 276、313 诸窟均是一脉相承的疏体；另一种是造型认真，晕染浓郁，敷彩华美，贴金饰彩，色泽鲜丽的风格，人物活动在山石林泉、庭院堂阁中，如第 419、420、427、402 诸窟，都是“细密精致而臻丽”的密体代表窟。同一时期疏密二体如此泾渭分明，长期并存，在敦煌历代壁画中甚少见。

装饰图案大量吸收波斯花纹，如圆形联珠纹、狮凤纹等，出现了新风格，为隋代壁画一大特色。隋代藻井图案（图 2-23），是北朝“斗四方井套叠”形式向唐代单一方井形式转变的过渡时期，纹样以纤秀的忍冬纹、莲荷纹、联珠纹为特征，形式多样，不拘一格。现存有藻井图案三十一窟，其中“斗四方井套叠藻井图案”七窟，余皆为单一方井藻井图案。藻井井心多绘八瓣大莲花，花中或有三兔，花外或环绕飞天，或饰茎蔓小莲花。井外有一二道边饰，多绘小白珠纹。垂幔较前代长大，花饰变化多姿，不拘一格。莲花藻井图案现存 81 窟，占莫高窟藻井图案总数的 28.6%，其中隋代最多，有 24 窟。

第三章
盛世春秋与吴带当风——唐代石窟艺术

第一节 初唐石窟艺术（618—704 年）

唐代近三百年间，政治、经济和文化都登上了封建社会的最高峰，唐代石窟分为初、盛、中、晚四个时期。

初唐为唐太宗李世民和武则天时期。在 46 个初唐洞窟中主要为覆斗顶、敞口龛殿堂窟，彩塑出了 33 米的弥勒大像，说法群像一铺七身或九身，佛弟子、菩萨、天王、力士各有典型。菩萨逐渐女性化，壁画主要为各种净土变：阿弥陀净土变、弥勒净土变、维摩变、涅槃变等，体现了中原大乘净土思想。人物造型丰满健康，衣饰新颖，色彩鲜丽，神情豪放。武德年间的第 57、322 窟，贞观十六年（642 年）的翟家窟（第 220 窟）为初唐艺术的代表，高度体现了新的民族风格。

初唐敦煌石窟艺术，指唐武德元年李渊父子建立唐朝到长安四年（618—704 年）期间的敦煌石窟艺术。初唐石窟可分武德（618—626 年）、贞观（627—649 年）、高宗及武则天（650—704 年）三期。武德时期东西交通尚未畅通，石窟形制与绘塑制作仍沿袭隋末，以覆斗形窟顶双层龛为主。佛、菩萨额颅方圆、表情庄重、衣褶简练流畅，装饰纹样除沿用忍冬纹外，还出现大量的莲花葡萄纹。反映净土思想的阿弥陀净土变、维摩诘经变增多，弥勒上生与下生经相结合，出现了弥勒上下生经变。贞观以后高昌初定，中原文化频繁西传，莫高窟艺术进入一个新时期，贞观十六年建造的第 220 窟是其代表。此窟曾被宋末、西夏初壁画所覆盖，1944 年由敦煌艺术研究所剥离始见其原貌。窟南壁的阿弥陀净土变、北壁的药师经变和东壁的维摩诘经变正是净土思想风行的反映。维摩诘经变中维摩诘画像，神思飞扬，凭几雄辩，机智无碍，毫无羸弱病容。“帝王听法图”中仪态威严的汉族皇帝和表情各异的王公大臣，以及“各国王子听法图”中的螺发黧肤的南亚王子，隆鼻深目、肤色白皙的海西商人形象，个个惟妙惟肖，性格鲜明。与阎立本“帝王图”画风基本相同。南壁阿弥陀经变和北壁药师经变每画均近 20 平方米，各有人物百余，场面宏大，色彩绚丽，楼台水榭，灯楼、灯轮，明亮辉煌，上有飞天散花，中有佛祖说法，下有舞乐献艺，池中有化生童子嬉戏。巨大的舞乐场面中，有急旋如风的健舞，也有姿柔轻曼的软舞。北壁健舞两侧有 28 人组成的大型乐队，箫、瑟、鼓、琴等乐器十余种，伴唱者举臂高歌，气氛热烈欢快。此窟线描、色彩、晕染方法均属中原一脉。整窟壁画出自高手，是敦煌壁画中上乘之精品。武周时期，由于武则天虔佛，故洞窟建造颇多，题

图 3-1-1　初唐莫高窟第 328 窟 西龛

图 3-1-2　初唐莫高窟第 328 窟 西龛主尊

材丰富，水平较高。彩塑出现了如第 205、328 窟这类艺术性很高的佛、弟子和菩萨像。第 328 窟彩塑像身修长，合乎人体比例和骨骼结构，佛像慈和，阿难虔敬，菩萨高雅圣洁，神态逼真（图 3-1-1、图 3-1-2）。又如证圣元年（695 年）所造 33 米高的弥勒大佛（第 96 窟），虽经后代重修，但从其身材比例、神态坐姿仍可窥见原作的高度水平。壁画色彩鲜艳，装饰效果强，尤其是窟顶藻井，图案复杂，变化多样，红、绿、青、赭颜色对比强烈，具有富丽堂皇的热烈气氛（如第 329、334 等窟）。经变多为通壁的大幅西方净土变、维摩诘经变、涅槃经变和弥勒上生下生经变。净土世界构图宏伟的宫殿楼阁，雕栏水榭，尽皆人间帝王的华贵气派。人物刻画细腻，无论菩萨、飞天、舞乐、化生、供养人，在姿容形貌和衣着饰物上都力求表现形体美和净土世界的欢乐、华贵。第 321 窟的宝雨经变，是这个经变在敦煌艺术中唯一的一幅，在构图、色彩、人物造型方面都较前代有所突破。这幅经变题材新颖，但经文多有伪造。武则天利用《大云经疏》和宝雨经变中的伪造经文自诩为弥勒和“日月光天子”，以顺乎天意为名，代李唐称帝登基。第 96 窟 33 米大弥勒像及第 321 窟的宝雨经变都与此有关。第 321 窟北壁阿弥陀变以青绿为主，画中只绘了简单的雕栏水榭、宝池莲荷，但极目远眺，飞天漫游高空，蓝天绿水相接，另有一派宁静、祥和的田园景象，有别于其他净土变的热烈豪华气氛。另外，如第 321 窟净土变中的各式飞天，龛顶的“赴会菩萨”“凭栏天女”，第 329 窟龛顶的“乘象入胎”（图 3-1-3）、“夜半逾城”（图 3-1-4）等，也都是初唐时期佳作。

《内容总录》确定 618—704 年间，在莫高窟新建四十六窟。编号是：51、57、58、60、67、68、70、71、77、78、96、202、203、204、205、207、209、210、211、212、213、220、242、283、287、321、322、328、329、331、332、333、

图 3-1-3 初唐莫高窟第 329 窟 佛本生故事之乘象入胎（摹本）

图 3-1-4 初唐莫高窟第 329 窟 佛本生故事之夜半逾城（摹本）

334、335、338、339、340、341、342、371、372、373、375、381、386、448。重修六窟，编号是：206、292、392、397、401、431。

一、初唐代表洞窟

(一) 第 57 窟（图 3-1-5）

第 57 窟说法图位于南壁。主尊阿弥陀佛居中，于宝盖、双树下结跏趺坐，作说法相，坐双狮座，前设熏炉供养。左右侍立迦叶、阿难二弟子和观世音、大势

图 3-1-5 初唐莫高窟第 57 窟 内景

至等十菩萨，又有二力士守护两侧。主尊身后的观世音菩萨（图3-1-6），容颜秀丽，柳叶眉，樱桃小嘴，鼻梁端直，无髭须，纯粹为女性形象。头微侧，目俯视，正与下方之力士相呼应。身躯略作“三曲弯”，更显得婀娜多姿。额上、鬓边、眼睑、两颊、下颌均施淡染，使肌肤润泽细嫩如妙龄少女。各种花纹均勾白色线，显出丝绸织物之绮丽。所戴为以金丝编织和镂刻的化佛冠，冠上镶珠玉，冠左右两侧插金钗，上垂珠翠镶嵌的金穗，实为步摇冠。其冠饰、璎珞、臂钏皆以沥粉堆金画成，尤堪注意。这显示出初唐洞窟由隋代“细密精致而臻丽”的画风向盛唐的富丽灿烂画风过渡的风格。

图 3-1-6　初唐莫高窟第 57 窟 观世音菩萨

璎珞乃菩萨及贵妇之项饰，由珠宝金玉等雕琢镶嵌、串联而成，故《法华经·观音普门品》有“解颈众宝缨珞，价值百万金而与之”之说。又据《佛说观无量寿佛经》谓，韦提希夫人于“诸璎珞中盛葡萄浆，密以上王”，可知璎珞亦有中空可开合盛物者。敦煌壁画、彩塑中菩萨及贵妇皆饰璎珞，早期样式简单，多作金玉环带，其上稍饰珠贝。到初、盛、中唐，则精雕细镂，金线编织，珠联玉串，绿母镶嵌，网结连缀，长曳至腰，环垂腹前，极显高贵华丽之态。

第 57 窟思惟菩萨画像，位于西龛外层龛南侧西壁。菩萨头戴宝冠，上着僧祇支，下着长裙，肩披宽巾，头微左倾，右手抚跷起之左足，右肘置膝以食指轻支腮边，双目垂视，半跏趺坐于莲台上，表现了“具足五劫，思惟摄取庄严佛国清净之行”之内涵。此像造型比例适度，人体轮廓用黑色铁线，衣纹用土红色兰叶线，笔力雄健，柔中有刚，为初唐壁画中最大之思惟菩萨。

（二）第 96 窟

大像窟又称大佛窟，洞窟形制之一，以洞窟内凿、塑巨大的弥勒佛坐像而得名。敦煌石窟的大像窟仅三处，即莫高窟初唐第 96 窟（大像高达 33 米），盛唐第 130 窟（大像高 26 米）和榆林窟唐代第 6 窟（大像在 20 米以上）。大像依崖倚坐，内为石胎，外敷泥赋彩。洞窟下大上小，石壁向上弧转收小，下部平面方形。顶为覆斗形或圆穹形，窟顶与壁面交接处转折自然，无明显界限（第 96 窟顶开敞露天，上覆木构建筑以为顶）。窟内佛像前的空间并不宽阔，人们仰视窟顶，倍觉佛窟高大深邃。大像窟除下层有门外，在中、上部还各开一明窗，以作通道、

图 3-1-7　初唐莫高窟第 96 窟外景（1908 年伯希和助手拍摄）

图 3-1-8　初唐莫高窟第 96 窟 北大像（弥勒佛像）

观佛和采光用。

第 96 窟，唐代称北大像，俗称大佛殿，敦煌石窟之第一大窟（图 3-1-7）。洞窟直通崖顶，高 40 米，窟外有九层木构建筑，高 45 米。窟内徒壁无画，依崖塑敦煌石窟中最大塑像（高 33 米）的弥勒佛像（图 3-1-8）。高度仅次于四川乐山石刻大佛（71 米）和四川荣县石刻大佛（36 米余）。在泥塑造像中，其高度则为全国之冠。据 P.3720《莫高窟记》，此窟及像由禅师灵隐及居士阴祖等于武周证圣元年（695 年）建造。大像就崖镌刻石胎，外敷草麻泥，然后造形上彩。像身倚崖善跏坐，双腿下垂，脚踏覆莲，衣僧祇支及土红袈裟，仪容端庄。五代后，因地震毁，同窟壁画亦毁于此时。现存者为后代重修。由于原作石胎尚存，故原像的身材比例和基本姿态仍得以保持。1928 年重修窟前木构建筑时，曾粧銮大佛，彩绘僧祇支及土红袈裟，并在袈裟垂裾边沿绘清式云龙纹，非佛非俗。现存大佛双手，为敦煌研究院于 1986 年重修。证圣元年武则天加“慈氏越古金轮圣神皇帝”尊号，洛阳造弥勒大像，此风随之靡及全国，敦煌地区弥勒信仰亦随之更盛，北大像即建于此时。窟外木构建筑共九层（俗称“九层楼”）。阁楼依崖就窟而起，下八层为五间六柱大型两角窟檐，檐角上翘，有线脊，下垂风铎（俗称铁马）。第一层正对本窟巨型窟门，第四层和第七层各对洞窟明窗。第九层为八角顶，上竖三米高宝瓶，窟、像即现藏于英国国家博物馆的敦煌文献 ch00207 以此顶相覆，三者共融一体。据 P.2762《张氏勋德记》、《乾德四年重修北大像记》及 1936 年《重修千佛洞九层楼碑记》（此碑已毁，仅存录文）记载，武周初建大佛时，楼为四层。晚唐乾符年间（874—879 年），沙州归义军节度使张淮深重建，改四层为五层。宋乾德四年（966 年）沙州归义军节度使、托西大王曹元忠及其妻凉国夫人浔阳翟氏避暑莫高窟，将下两层糟朽梁、柱拆换重建（上三层仍保存原建筑）。清光绪三十四年（1908 年），敦煌商民戴奉钰集资重修，改五层为七层。1928 年，刘骥德和莫高窟住持喇嘛易昌恕等重建，改七层为九层，于 1935 年建成，即今之“九层楼”。

（三）第 203 窟

第 203 窟，覆斗形顶龛窟。主室窟顶藻井画莲花井心，周围垂幔，四披千佛。

东壁画千佛、七佛、四天王，宋补画菩萨、供养人。南北壁千佛中间画净土变各一铺。西壁圆拱形龛内浮塑身高三米之“凉州瑞像”与山峦，即北魏太延年间著名高僧刘萨诃于凉州番禾县御谷礼佛预言之事。此像依山而立，面相略方，金色，青色波状肉髻，眉目俊秀，肩宽胸平，右袒袈裟，右手仰伸下垂，手指纤细，掌心拈一朵小团花，左手握袈裟贴胸前，内着朱色裙，浮塑身光画团花、火焰。为佛教艺术彩塑中少见的题材。两侧塑菩萨各一，头束高髻，面相丰圆，长眉细眼，上身赤裸，腰躯微扭，长裙覆足，衣纹线条流畅。白色山峦以青、绿、赭、黑色晕染，龛顶土红色上画四飞天散花。龛外两侧上部画维摩诘经变，承袭隋代以“文殊师利问疾品”为主之内容、布局和构图形式，并增加了“观众生品”中之舍利弗与“香积佛品”中之化菩萨。龛外两侧台下塑二狮子，台上宋塑二力士。

（四）第 205 窟

佛床，亦称佛坛、中心坛、须弥座。石窟中部或佛龛中塑像下的台座。其平面多作凹字形，最早见于初唐第 205 窟，晚唐、五代、宋代大型洞窟中均有，中唐时期帐形佛龛内亦有。第 205 窟菩萨像，位于中央佛坛南侧，初唐塑造。莲台上作“游戏坐”，头部微倾，形体端庄，姿态自然。胸、腹、背的肌肉丰满结实，富有弹性，长裙贴体，裙衣覆盖莲台，呈垂幔状下垂，长裙上是绚丽的图案纹样。此像整体造型丰腴健美，比例恰当，解剖结构准确，以高超的艺术技巧和写实手法，塑造了可供前后左右观赏的圆雕，表达出女性化菩萨安详典雅的神韵及其肌体、衣饰的质感。面部、臂部、足部虽已残，但仍不失为初唐圆雕的精品。

施珠菩萨图，绘于第 205 窟西壁南侧。图中观音脚踩莲座，居高临下，手臂下垂，两指轻捻佛珠，垂首俯视，将佛珠授予女供养人。女供养人手执香炉，抬头仰望观音，双手捧接佛珠。观音身姿婉约轻柔、神情高雅慈和，供养人体态修长，披巾潇洒，长裙曳地，虔敬仰慕。两人四目相接，人神沟通，天上人间，情意交融，意境宁谧，令人神往。

第 205 窟三兔莲花藻井图案，以三兔莲花为方井内主花饰的藻井图案。井心莲花中绘三兔，首尾相接，相互追逐。三兔画三耳，合成三角形，每兔仍各有两耳，形成旋动感。井外边饰、垂幔与一般莲花藻井相同。

（五）第 209 窟

第 209 窟，覆斗形佛坛窟。据画风为初唐第一期（即武德时期、由隋画过渡到唐风）的典型窟。窟顶东、南、北三披各画“说法图”一铺，西披画佛传“乘象入胎”“夜半逾城”及“成佛”三情节，具有浓厚隋画遗意。画风与第 329 窟类似，但其中飞天奏乐、天女散花、祥云飞动，较第 329 窟更活泼，显示其由隋过渡到唐的艺术风格。西壁塑像已毁，佛光两侧画观无量寿经变的“未生怨”“十六观”。画中妇女头梳高髻、长裙曳地，肩部丰腴微削、体态修长。图中近山复叠、远山掩映、绿树列植，人、山、建筑比例基本相适。如此种种，虽未完全摆脱隋画影响，但已多具唐画清新淡雅、注重比例和人体形态婉柔之新风。

第 209 窟葡萄石榴藻井图案，以葡萄石榴纹样为方井内主花饰的藻井图案。纹饰以藤蔓作“十”字或“米”字形布局，再与圆环相套叠，附以葡萄纹、石榴纹，呈放射状。井外边饰少，纹样单纯，多是连续方格内绘以环形白珠纹。垂幔为简单的三角纹。形象鲜明，样式新颖，有别于各种莲花（团花）藻井图案。莫高窟主要绘于唐武德至贞观十四年间（618—640年）。现存有此类藻井图案者六窟，以本窟及第322窟为最佳。

（六）第220窟

第220窟（即贞观十六年窟，俗称翟家窟），殿堂式窟。宋或西夏时，此窟壁画全被覆盖，绘以满壁千佛（图3-1-9、图3-1-10）。1944年，敦煌艺术研究所剥去四壁之上层壁画，初唐艺术杰作赫然重晖。主室西壁一龛，内塑一佛二弟子二菩萨（清重修，图3-1-11），龛沿下初唐画供养人虽已模糊，然"翟家窟"三字尚可辨认，说明唐时石窟已具有"家庙"性质。龛外两侧画文殊、普贤变各一铺（图3-1-12）。南北两壁为通壁大画：南为西方净土变，北为药师经变。东

图3-1-9　初唐莫高窟第220窟西龛（1908年伯希和助手拍摄）

图3-1-10　初唐莫高窟第220窟 未剥离上层壁画前壁面（1908年伯希和助手拍摄）

图3-1-11　初唐莫高窟第220窟 西龛

图3-1-12　初唐莫高窟第220窟西龛北侧 普贤变

壁门上画说法图一铺，男女供养人各一身，贞观十六年（642 年）题记一方，门两侧画维摩诘经变。

1975 年，敦煌文物研究所对此窟重层甬道进行了整体搬迁，底层壁画完好如初，计有：五代后唐同光三年（925 年）画新样文殊变一铺，翟奉达等供养人画像七身，题记一方（以上北壁，图 3-1-13）；中唐画小龛一，晚唐画一佛、一比丘、七供养人，五代翟奉达书“检家谱”题记一方（以上南壁，图 3-1-14）。上述题记为研究莫高窟历史之珍贵资料。

南壁西方净土变（图 3-1-15、图 3-1-16、图 3-1-17）主尊阿弥陀左胁侍观世音画像为观世音造像之精品。观音绀青长发，束高髻，戴宝冠，斜披天衣，罗裙透体，披宽巾，佩饰环钏璎珞，左手提净瓶，右手作“施无畏印”立莲台上。造型上已完全女性化，面相丰满、结实。人体与服饰以朱、墨线并用，朱色轮廓线脱色而形成白色线，雄浑有力。敷色以青、红、绿、白为主，衣裙及巾上饰方格、棱形纹及四瓣小花，头光装饰一圈八瓣团花。莲座花瓣以青、红、绿色层层叠晕，色调浓艳绚丽，为初唐出现之新风格。

敦煌壁画中，埙的图像仅见于第 220 窟南壁西方净土变的乐队中，一乐伎双手捧埙，只见二音孔，其他音孔为手指所按，不易辨清孔数；此埙甚大，从与乐

图 3-1-13　初唐莫高窟第 220 窟甬道北壁 翟氏供养人像

图 3-1-14　初唐莫高窟第 220 窟甬道南壁 佛龛等

图 3-1-15　初唐莫高窟第 220 窟南壁 西方净土变

图 3-1-16 初唐莫高窟第 220 窟南壁 西方净土变中化生童子

图 3-1-17 初唐莫高窟第 220 窟南壁 西方净土变中舞伎

伎比例看，有手掌大小。埙是吹奏类胴腔乐器，也是中国最古老的吹奏乐器，多用陶土烧制而成，呈桃或鱼形，有音孔。周代埙已列入八音之“土部”。这种乐器上古时曾为雅乐必用，后来俗乐也用，但未被正式列入乐队。在民间，作为儿童玩具尚有流传，今日藏族的“扎令”，彝族的“布里拉”“笛志挪”，回族的“泥哇呜”都是埙的后裔。汉族民间也有流传。

进入初唐，出现大型的乐队，北壁东方药师经变（图3-1-18）中的礼佛乐队，人数最多，乐器品种多，乐器绘制精致写实。乐队绘于经变画下部，分两列相对坐于四块地毯上，左边十五人，右边十三人（图3-1-19），共绘乐器二十六件，其中弹弦乐器三件，吹奏乐器十件，打击乐器十三件，计有：箜篌、筝、花边阮、筚篥、横笛、竖笛、排箫、笙、拍板、海螺、答腊鼓、羯鼓、腰鼓、锣、方响等。乐队之乐伎上身裸露，斜披锦巾，演奏姿势逼真。全部乐伎分为黑白两种肤色。

图 3-1-18 初唐莫高窟第 220 窟北壁 药师净土变

有的研究者认为此为多民族之混合乐队。两列乐队中间有翩翩起舞的舞伎四人。南壁为西方净土变，也有一组乐队，绘制得也颇精致。乐队十六人两列，左右各八人。乐器有：排箫、竖笛、箜篌、方响、琵琶、筝、笙、羯鼓、腰鼓、埙等。两组乐队比较典型地反映了唐代宫廷乐队的面貌。乐器埙仅出现于此窟，花边阮仅见于此窟和盛唐的第217窟，有珍贵的历史价值。乐队演奏状态十分逼真、具体，一些细微的演奏技法，甚至面部表情都绘得惟妙惟肖，这些都是当时社会音乐生活的反映。

图3-1-19　初唐莫高窟第220窟北壁　药师变乐队

东方药师变中，还有两个乐伎演奏铜锣，锣为一扁平圆盘，表演姿态特殊，击响后抛入空中，可见当时锣已列入乐队编制。另外，在飞天乐伎中，也有手持锣者。锣是一种打击类金属体鸣乐器，古时也曾称为钲、铜锣、沙锣。钲原为青铜乐器的一种，唐代曾专指盘形铜锣。锣的演奏方法有两种，一为手拍击，一为以小锤击之。在敦煌壁画中，从初唐第329窟到晚唐，共有十三个窟绘制了二十面锣，五代的第146窟也绘有一面锣。

图3-1-20　初唐莫高窟第220窟北壁　药师变歌舞伎乐

乐队中间为胡旋舞表演（图3-1-20）。两旁乐师共有二十八人，中间有舞伎四人（敦煌经变画中仅此一铺为四人，其余均为独舞或双人舞），舞伎的排列分为左右两组（二人为一组）。右组二舞伎，上身赤裸，臂有钏，腕有镯，头上戴杂宝花冠，发绺飘散，身饰璎珞，披丈余长巾，穿月白长裙，赤足，各立于一小圆毯子上舞，圆毯直径仅有二尺左右。左组二舞伎，雄装，戴杂宝头盔，穿锦甲半臂，戴手镯，挂璎珞，着棕色荷叶卷边大口裤，绿围腰，蓝花白短裙，手执丈余长巾，赤足，一腿掖后，单足立于小圆毯子上舞。这幅四人舞图，画的都是舞的背影。右组左边的舞人是向左后旋转的舞姿，舞人的左颊已可看到；右边的舞伎是向右后旋转的舞姿，舞人的右颊已可看到。左伎向左后转，右伎向右后转，二人是相对旋舞。左组雄装二舞伎，单腿立，同样是相对旋舞，舞人的长巾环飘，头带高扬，璎珞横飞，辫发散披肩上，旋转动作如疾风电闪，生动地表现出这是一种以快速旋转为主要特征的舞蹈。这种舞蹈正与史书所载的“胡旋舞”相合。唐杜佑《通典》“康国乐”条载：“舞急转如风，俗谓之胡旋。”段安节《乐府杂录》载：“舞有骨鹿舞、胡旋舞，俱于一小圆毯子上舞，纵横腾踏，两足终不离于毯子上，其妙若（此）。”这种舞蹈以女子为主，来自西域。《新唐书·西域传》载：“康国者……开元初，贡……胡旋女子。”“米（国）……开元时献壁、舞筵、师子、胡旋女。”“俱密（国）者……开元中献胡旋舞女。”胡旋舞是康国乐，二女相对旋舞，急转如风是其特色。《旧唐书·音乐志》载：“康国乐，工人皂丝布头巾，绯丝布袍，锦领。舞二人，绯袄，锦领袖，绿绫裆裤，赤皮靴，白裤帑。舞急转如风，俗谓之胡旋。”唐代诗人元稹、白居易都有《胡旋女》诗，白居易诗：“胡旋女，胡旋女。心应弦，手应鼓。弦歌一声双袖举，回雪飘飖转蓬舞，左旋右转不知疲，千匝万周无已时。人间物类无可比，奔车轮缓旋风迟。曲终再拜谢天子，天子为之微启齿。胡旋女，出康居，徒劳东来万里余，中原自有胡旋者，斗妙争能尔不如，天宝季年时欲变，臣妾人人学圜转转，中有太真外禄山，二人最道能胡旋。”胡旋舞是由西域传入、风靡于盛唐的舞蹈，而敦煌正是此舞传入的必经之地。第220窟北壁乐舞图左组的一对舞伎，停在“初转”的姿势；右组的舞人，停在“转半”的位置。应该还有一组舞人成为正面“转回”的位置，才成为一个旋转的全过程。不知是巧合还是画师有意的安排，在同窟的南壁西方净土变乐舞图中的二舞伎，各立于一小圆毯子上手执长巾，跨腿单足立，二人相向，面向前而舞，正是旋转动作的第三图“转回”的姿势。虽然这同一窟中的三组舞人，服饰各异，各自独立，但在旋转的姿态上包含着“动作”的连续性，展示了胡旋舞旋转的全过程，以及旋转的不同动态。

药师经变灯轮图。据经文，供养药师佛须燃灯，“续命”须燃七层灯，每层七灯，共四十九灯，且要求燃灯“大如车轮”，因而从隋代开始，凡画药师经变，均有灯轮，下有灯座，中有立柱，灯轮有如平放之车轮，上置灯。造型最美者为本窟：一个很精致的灯座上，安立柱一，上安四层灯轮，每层灯轮有许多盏灯，犹如车辐。灯轮上的灯，有的已燃，有的空缺，地上摆着许多小灯盏，一位菩萨蹲在地上点灯，一位菩萨站着接应点灯者，菩萨全神贯注、虔心供奉，姿态优美。考古学者称“连枝灯”者，似即此佛家之“灯轮”。

续命幡灯图。从药师经来看，东晋时已有“阎罗王”主阴间之说，隋代加添了与人“俱生”之神，专司记录人之善恶，然后禀报阎罗王。人们如若祈求转祸为福，就得“续命幡灯”。经云：阿难问救脱菩萨，“续命幡灯法则如何？”答言：“神幡五色四十九尺，灯亦复尔，七层之灯，一层七灯，灯如车轮。”

五色幡图。经云：求长寿，求富饶，求官位，求男女，须悬幡；欲脱重病或求“应死更生”，须造“五色续命神幡”长四十九尺；帝后、妃主、储君、王子、大臣、辅相、中宫婇女、百官、黎庶为求消灾免难，亦应造“五色神幡”。因此，凡画药师经变，从隋至西夏，长幡几不可少。飘扬在佛国上空之长幡，不仅造型美，其幡上之图案更反映出人间丝织物的质量与水平，如初唐第220窟北壁上部之五色幡图，就是一例。1965年，敦煌文物研究所在加固第130窟窟内壁画过程中，在该窟南壁西端顶部的底层壁画下面的岩孔内，发现唐五色幡三十九口（唐代将幡之计量称为“口”），有一件幡上的发愿文曰“开元十三年七月十四日，康优婆姨造幡一口，为己身患眼。若得损日，还造幡一口，保〔报〕佛慈恩，故告”，这是当时佛教活动的实物见证。其中最长的一口，长2.64米。所谓“五色幡”，实际是用不同花色之丝织物连接而成，并非指一块丝织物上兼具五色。

图3-1-21　初唐莫高窟第220窟东壁门北 维摩诘经变之文殊菩萨问疾

文殊师利问疾品，维摩诘经变中之一品（图3-1-21）。经云：居士维摩诘精通大乘佛教，辩才无碍，佯病在家，等待释门弟子登门辩论。释迦牟尼佛知其装病，欲借问疾，遣弟子前往辩论佛教哲理。他先后派遣的十大弟子、四大菩萨，皆因自知不堪此任，推辞不去。最后只有“智慧最胜”的文殊师利菩萨“承佛圣旨，诣彼问疾”。维摩诘卧床以待。双方一见面，即从“空”字辩论起。画面紧紧抓住“辩论”这一主题展开，文殊、维摩相对而坐，文殊胸有成竹，文静安坐；维摩慷慨激昂，咄咄逼人。两个截然不同的形象，对比十分鲜明。尤其是维摩诘，他那激动不已的样子，似乎要脱壁而出。“问疾品”是维摩诘经变的中心与高潮，凡此经变，必有此品。莫高窟现存67幅，始于隋，终于宋，大都如此表现，其中尤以第220、103窟问疾品为上乘。

图3-1-22　初唐莫高窟第220窟东壁门北 维摩诘经变中帝王群臣

第220窟帝王问疾图，维摩诘经变“方便品”中之国王大臣问疾情节（图3-1-22）。位于主室东壁窟门北侧文殊菩萨像下部。唐贞观十六年（642年）前后绘制。经云：维摩诘现身有疾，国王大臣前往问候。画面着重刻画了一位华夏皇帝像，头戴冕旒，冕板前圆后方，前低后高，垂十二旒。着大袖青衣，白纱中单，方心曲领，大带画升龙，红蔽膝，曲裙，黑地红裳，笏头赤舄，衣饰十二章，两肩绘日月，衣上遍饰山树，袖端饰粉米等纹，形制文采与唐阎立本“帝王图”中之蜀主刘备、晋武帝司马炎衣冠相同。《新唐书·车服志》载：“衮冕者，践祚、飨庙、征还、遣将、饮至、加元服、纳后、元日受朝贺、临轩册拜王公之服也。”“（冕）垂白珠十二旒，朱丝组带为缨，色如绶。深青衣纁裳，十二章：

a. 局部一　　b. 局部二

图 3-1-23　初唐莫高窟第 220 窟东壁门北 维摩诘经变中的随从侍臣

日、月、星辰、山、龙、华虫、火、宗彝八章在衣；藻、粉米、黼、黻四章在裳。……衣、褾、领，画以升龙……舄加金饰。”第 220 窟帝王衣冠与记载基本相符，合唐制。又，五代第 98 窟于阗国王李圣天供养像也绘此服，但旒珠为六行，纹章亦少于中原帝服，盖为皇帝与国王等级差别之故。

皇帝在大臣侍从的簇拥下，昂首阔步，向维摩方丈走去。皇帝前有障扇，后随侍臣（图 3-1-23）。掌羽扇武士，头戴进贤冠，着交领大袖朱褶，腰束革带，缚袖，白布大口袴，缚袴。侍臣们则小心翼翼，谨慎事君。画面色彩不多，不过由于配色巧妙，仍然具有绚丽的效果，如只有皇帝身着浓重的青衣朱裳，而其身后的群臣，多着白练裙襦，在浓淡重轻的相互对比衬托下，皇帝显得更加突出。

东壁窟门南侧维摩诘讲论（图 3-1-24）。维摩诘头戴透明的白纶巾，白长带，白练裙襦，白纱中单，曲领，凭几探身坐宝帐中，手挥麈尾，眉飞色舞。维摩诘所着鹤氅裘，也称鹤子裘、鹅子衣。《酉阳杂俎》谈维摩诘时说的“金粟纶

图 3-1-24　初唐莫高窟第 220 窟东壁门南 维摩诘经变之维摩诘讲论

巾鹅子衣”，系指裘的外层为鸟类羽毛制成。这是魏晋时代炼丹饮酒学神仙的名士的轻裘。《晋书·谢万传》说“万著白纶巾，鹤氅裘”去见简文帝，“共谈移日”。维摩诘的衣冠是中国魏晋名士的衣冠。维摩变中的天女，额上贴云头花钿。贴花红是唐宋时敦煌妇女面饰，贴花、点红、点绿之合称，《下女夫词》所谓“头上盘龙髻，面上贴花红”。

第220窟王子官属问疾图，维摩诘经变“方便品”情节之一。位于主室东壁窟门南侧维摩诘像下部，唐贞观十六年（642年）前后绘制。经云：维摩示疾，王子官属前去看望。画面描绘了一组外国王子、使臣群像（图3-1-25），共十一人，卷发，深目高鼻，头戴高帽，身着圆领窄袖长袍，足穿长鞠乌靴，这些人物实际上是初唐时期往来于丝绸之路上的国内一些少数民族首领与外国使臣的真实写照，与初唐大画家阎立本的《职贡图》相比，毫无逊色。

线描方面，人物衣纹用类似蓴菜条的兰叶描，元汤垕《画鉴》称：“吴道子笔法超妙，为百代画圣。早年行笔差细，中年行笔磊落，挥毫如蓴菜条。”明何良俊《四友斋画论》说：“夫画家各有传派，不相混淆，如人物其白描有二种，赵松雪出于李龙眠，李龙眠出于顾恺之，此所谓铁线描；马和之马远则出于吴道子，此所谓兰叶描也。”清人郑绩撰《梦幻居画学简明》说吴道子线描“如韭菜之叶旋转成团也，韭菜叶长细而软，旋回转折，取以为法”，“旋韭用笔轻重跌宕，于大圆转中多挛曲，如韭菜扁叶悠扬辗转之状……李公麟、吴道子每用之”。在敦煌壁画中，“铁线描”“蓴菜条”两种线描同时存在，区别仅在各个时期用法不同，并略有变化。例如铁线描在北朝壁画中普遍用于描定型线，蓴菜条则作为白描起稿线而具有“悠扬辗转之状”和“轻重跌宕”之势，它们在西魏第249、285窟与隋代第302、305诸窟的起稿线都表现了与铁线异趣的风格。进入唐代以后，蓴菜条线描在壁画中已居主导地位，并为以后各个时期常见的壁画线描。

此处人物面部则根据不同的形象，变换手法，或圆润流畅，或停顿明显，或运笔凝重，或挥毫潇洒，体现了画工运笔之有情。这幅帝王图略早于初唐大画家阎立本的《历代帝王图》，但在人物规模、画面结构、运笔敷彩以及风韵神采方面，比《历代帝王图》有过之而无不及，是一幅难得的初唐人物画杰作。

《新唐书·车服志》载唐初马周上书改制：以罗代绢，又令重系前后以象二仪，两边各为三撮，取法三才。初唐第220窟贞观十六年（642年）男供养人，皂罗裹头，二脚系头上，二脚垂脑后，虽未分级而头前后已见高低，叫软裹，或者高头巾子。盛唐以后，施屋分级前低后高，内施漆衬，外裹皂罗，头上二脚已不明显，脑后垂脚长五六寸，形成幞头基本形制。唯后垂二脚形式不一，有软脚，有交脚，有牛耳，有长脚，有朝天，有展脚，随时

图3-1-25 初唐莫高窟第220窟东壁门南 维摩诘经变中各族王子

代变化而形式各异。

（七）第321窟

第321窟，建于武周时期，覆斗形窟。西壁佛龛除佛像为初唐原作外，弟子、菩萨、力士均为清改修或重塑。西龛顶部南侧绘制一排供养菩萨画像，是配合彩塑主尊在净土说法中之供养菩萨。蓝天里一堵装饰着飞鸽衔璎珞、龙凤栏板与花卉之天宫栏墙，一群头戴宝冠，上身赤裸，佩饰环钏璎珞之供养菩萨，俯视下界，表现出"敬供养"与"利供养"（赞叹、散花）的姿态，造型优美生动，上空飞天舞巾、散花，赴会佛偕菩萨乘云而下，"极乐净土"气氛浓厚，题材布局和构图形式新颖别致，莫高窟壁画中仅此一例。

第321窟十一面观音画像，密宗观音画像代表作之一，绘于东壁窟门北侧。又名大光普照观音，为六观音（大悲观音、大慈观音、师子无畏观音、大光普照观音、天人丈夫观音、大梵深远观音）之一，作十一面、六臂。此观音头冠中有阿弥陀佛，前左手持净瓶，右手置胸前以串璎珞施无畏手，与各经文所述相符，为初唐开始出现之新题材。左右各一胁侍菩萨均立于莲台上。观音体型修长，面相俊秀，肩披宽巾，长垂曳地，透体罗裙上饰四瓣小花，华盖两侧图案形之银杏树敷色艳丽，保存犹新，均为前所未见之新样。

南壁为宝雨经变，据武周长寿二年（693年）南天竺僧菩提流支所译的《佛说宝雨经》绘制，约绘于武周证圣至圣历年间（695—700年），是敦煌石窟中仅有的一组。壁画中央"序品"画薄伽梵（即佛）在伽耶山为大比丘等七万二千人说法，除画有与会的比丘、诸上首菩萨、天龙八部、梵天、魔王、商主及向佛启问的"止盖菩萨"外，还绘有"东方日月光女王"及男女、文武扈从，女王双手合十礼佛。佛坐莲座，结印说法，上空有珠网宝盖，四周众宝纷降，天花乱坠，以表现"……于虚空中，遍天云雨，天妙莲花，杂花妙果，或天雨花鬘，好香末香、袈裟衣服、珠盖幢幡……"。在宝雨网盖上端绘一条横贯全壁的海水（或为云涛），从浪花喧腾的云海中伸出两只巨手，一手擎日，一手托月。这条横幅喻义云海为天，日月悬空，正是武则天的"圣讳""曌"字的图解。横幅以上排列着十铺"说法图"，代表《佛说宝雨经》的十章，表现薄伽梵向止盖菩萨说一千零十法门。"序品"两侧画十章中的各品。现存壁画情节，有第一、三、四、五、六、七、八、九、十各章的内容，榜题虽漫漶，壁画情节尚相符合。"序品"东侧的"地狱""农夫作业""修补破庙""葺治故塔""斋僧""燃灯""愦闹人寰""狩猎""智城"等情节，十分生动。"序品"西侧上端画四壁梵天、三头六臂大自在天、婆罗门、四天王、龙女、阿修罗、男女信众与居士，以表现《宝雨经》卷三"菩萨救护有情方便善巧"中之"现身说法"。下面有"男女爱语""怖畏调伏""系缚杀害打骂调伏"等画面，为"救济众生"的各个细节。其他如"火焚""坠崖""水溺""跌落"等灾祸，表现卷七的"云何得喜行"。"施医药""蒙光受施"等，表现卷十"菩萨能成就十种法"的内容。此外，还画有卷六的"云何而得清净辩才"辩论场面与卷七的"云何而得为大商主"等细节。经变结构宏伟，描绘细腻，以山峦为背景，以伽耶山佛说法为中心，既分割开一些大区域，又形成一些山重水复的小环境，从总体看，布局均匀，在变化中追求画面的统一，是初唐壁画艺术中很富创造性的作品。

大云宝雨，位于第321窟南壁宝雨经变“序品”上端。画中宝网华盖，背景为伽耶山，上空横亘云涛（或为海水）一带，中画两只巨手，一手托日，一手擎月，下降璎珞、宝珠、乐器、宝瓶、花雨。武则天在八十卷《华严经》译成后作序曰：“金仙降旨，《大云》之偈先彰，玉扆披祥，宝雨之文后及。”此画应是她认为“符命”的图解。

长城宝雨，位于第321窟南壁宝雨经变“序品”下端。此即《佛说宝雨经》卷七“云何而为大商主”所说“菩萨成就十种为大商主”中“越于险难得至大城”。描写商队经过荒漠流沙去往“智城”的途中越过长城的情景。画中长城蜿蜒于山水之间，城内有旅邸建筑，城外有河流、山峦。中有雄关一座，关外河上有桥。对长城的描绘是莫高窟壁画中比较少见的。

东方日月光女王，位于第321窟南壁宝雨经变中央说法佛下东侧。画中一位礼佛的妇女，头戴髻珠，背压珠环，绣襦、蔽膝，一派豪华盛装，后是两位宫女相伴，均着绣襦长裙，双手合十仰面向佛，后有文武扈从，足显其帝王气概，即经上所说的“东方日月光女王”。经中，佛谓东方日月女王：“天子，汝于过去无量佛所，曾以种种香花珍宝严身之物衣服卧具饮食汤药，恭敬供养，种诸善根。”“以是缘故，我涅槃后最后时分，第四五百年中法欲灭时，汝于此瞻部洲东北方摩诃支那国，位居阿毗跋致，实是菩萨，故现女身为自在主，经于多岁，正法治化，养育众生……名日月净光天子。”前述盛装妇女这位瞻部洲东北方摩诃支那国的“自在主”的形象，实乃武则天的象征。

畜道地狱，位于第321窟南壁宝雨经变“序品”东上侧。《佛说宝雨经》卷一谓：“止盖菩萨及诸菩萨身出种种清净光明，其光遍三千大千世界，其中所有地狱、傍生、琰魔鬼界蒙光触身，皆得离苦，悉住安乐。”画面是：在绿色山峦间画一对白象（现已变为茶褐色）和两匹马，其侧画一惊怖的罗刹、一头昂首迈步的狮子、飞翔的雉鸟、奔窜的狐狸。下方画地狱中阎罗王据案问审，案旁跪有捧持文案的佐吏，案前牛头阿旁持刀押一带枷罪人。下为狱城，门口有一夜叉，城内置有沸油釜、铁蒺藜，城外刀山剑池，狱城旁有两只恶狗作啖食状。

大杂院，位于第321窟南壁宝雨经变“序品”东侧。表现《佛说宝雨经》卷一“云何净戒圆满”中所说的远离一切烦恼。画面有两栋房屋，一栋东西向，一栋南北向。东西向屋内有一袒臂男子正揪着一个妇女的发髻，挥拳相向，房后有二婢女在推转手硙磨制粮食，屋傍站着一个穿短褐的仆人，神色怵惶。院内有二人斗殴、角力，傍立一妇女在劝解。另有二屠户，一人肩扛一头新猎的野牲，另一人挑一担猎物。又一猎手臂掣猎鹰，正向屋内踞坐床上的猎主报告猎获情况，另一猎手掣着一头猎犬。房后有男女攘臂喧闹，附近山间有一持刀男子正在追逐一名背负财物的少年。表现了充满尖锐矛盾和杀机的社会生活的一个侧面。在一片“拳打、手搏、刀杖损害、粗言毁责”的扰攘愦闹中，一位乘云升腾已逾房顶的佛弟子，正离尘寰而去。

斋僧图，位于第321窟南壁宝雨经变“序品”东侧。表现《佛说宝雨经》卷一“得施圆满”中供养佛法僧三宝之“供养僧”，谓“云何供养僧？谓供给衣服、饮食、卧具、汤药、下至山器众具皆足……”画中三位僧人坐于庑殿顶房廊内，阶下有一妇备食施斋、四个男子正前往布施奉食。

修建图，位于第321窟南壁宝雨经变东侧。画中描写《佛说宝雨经》卷一“菩萨得施圆满”所说：“制多破坏，应当修理。”在河流北岸，三人在安装塔刹，南岸有四人修整一座庑殿顶式房屋，屋顶坡度平缓，上有二人一蹲一站，正墁抹房泥，廊下一人手持墁刀在墙上抹灰，稍后一人手中捧物似为前一人送料。工人均头着幞巾，赤裸上躯。场面虽小，但施工的情景非常明确，是古代建筑及民俗难得的形象资料。

狩猎图，位于第321窟南壁宝雨经变“序品”西侧。此为《佛说宝雨经》卷八“阿兰若住处”譬喻野兽护命，故远离人间，比丘应远离闹市在静寂的阿兰若里修习佛法。画中一群猎手张弓驰马，猎取狐兔，另一猎人在河边赤手擒捕幼鹿。一只白鹿惊惧奔窜，正被追逐，以表现比丘居于荒野修行。

情侣图，位于第321窟南壁宝雨经变“序品”西侧。《佛说宝雨经》卷三谓：“应以爱语得调伏者，即现爱语而为说法。”画中一妇女向一男子喁喁而语，男子手牵女人披帛，意态缠绵。

这些，或以正面图画表现反义说教，或以形象描绘表现难解的佛理。这种以具象表现抽象，不仅在佛教美术中有创新意义，而且在客观上表现了很多当时社会生活的真实图景。此种将佛经中繁杂内容汇集一图的表现形式和构图，成为以后许多经变的模式。

北壁西方净土变，碧波蓝空，天水相接，飞天千姿百态，或双手合十挟云缓行，或返体倒身裹云急落，或弓身踏云捧花徐降，或凌空飞行，凭天翱翔。“百千天乐不鼓自鸣”，“一一宝珠化成无量乐器，悬处空中不鼓自鸣”，此类记载，佛经中常有所见。创作者们给箜篌、琵琶、筝、腰鼓、阮咸、拍板、排箫、筚篥、笙、竽、羯鼓等一一系上飘带，让其与鲜花、飞天共舞于空际。这智慧的彩带，使“天乐不鼓自鸣”更臻完美，使观者浮想音声，若有所闻。此铺西方变蔚蓝色的天空几占全画的三分之一，有次序地安排了十四种三十件不鼓自鸣乐器，是乐器数量多、画工精的一幅，乐器上还画有精彩的图案。

此窟阿弥陀净土变东侧楼阁（包括盛唐第172窟观无量寿经变佛殿）的屋檐及檐角均置檐椽，一种建筑物檩背上直接承受屋面板及瓦件重量的木杆件。一般用较小直径的圆木为之，小方木做成飞椽置于圆椽端头上，并使其向上反翘，使建筑形式轻盈活泼，并有利于檐端排水较远和檐下采光。壁画中所画屋檐的翼角部分，椽子与飞椽均为平行排列，与现存唐宋遗留的古建筑翼角处椽子作放射状布置不同，而与日本古建筑翼角椽的排列方法相符。此窟壁画无论在艺术风格、笔墨意境、经变内容、世俗风情、政治寓意等各方面都有其特殊之处。

（八）第322窟

第322窟，覆斗形殿堂式小型窟。以塑像完整及其形象特殊而著名。属初唐第二期（由隋风渐转唐风）的典型窟。主室正面开龛，内塑一佛、二弟子、二菩萨、二天王（图3-1-26）。塑像已改变隋代背贴龛壁的贴塑形式，成为离壁独立的圆塑，天王位置，已移入龛内，加强了一铺塑像的整体感，且类似帝王宫廷文臣武将格局，反映了唐代佛教艺术世俗化加强的过程。塑像形体略显单薄，仍未脱隋代背壁贴塑的影响，菩萨头上结小辫而成高髻，天王鼻高翼宽，浓眉大眼，类似胡人形象，显示了此窟塑像所具西域各民族的情貌，反映出贞观之后与西域各族间之交往。壁画风格，就整体看，满壁土红，多绘千佛以及佛龛帐门两侧上

图 3-1-26　初唐莫高窟第 322 窟 西龛

部绘制简单的文殊、维摩论辩等，似尚未脱隋代影响；但说法图中菩萨的身姿已渐秀丽，线条圆润有力，色调丽而不艳，则又显示了逐渐形成的初唐富丽而又淡雅的风格。

第 322 窟菩萨画像，绘于东壁门上“说法图”主尊右侧。菩萨头束双椎髻，戴宝冠，长发披肩，斜披绿色天衣，下着绿腰红裙，青色透明纱巾贴肩而下垂，右手握红莲，左手持白色冠带，双目微睁结跏趺坐于莲台上，主尊之胁侍菩萨结跏趺坐为初唐出现之新形式，系取莲华藏世界（报身佛净土）之义。造型比例合度，线描准确，敷色单纯厚重，神态自然，手姿尤其优美。

第 322 窟藻井北披一飞天乐伎持葫芦琴，上小，下大，轮廓清晰，葫芦形，设四轸四弦，但相位不可辨。

（九）第 329 窟

第 329 窟，覆斗形殿堂窟。藻井华丽，由井心、井外边饰、垂幔组成（图 3-1-27）。井心宽大，绘十四裂卷瓣莲花，花芯画放射波状色轮，花外画四飞天绕莲花飞舞撒花，藻井幔帷之外四边有十二身飞天亦按相同方向飞翔，形成一种永不停动的旋动感。四角花为剖开石榴形。井外五层边饰：（1）莲花葡萄纹；（2）方格环珠纹；（3）白珠纹；（4）卷草纹；（5）方格环珠纹和垂幔三角纹。敷色分别以青、绿、深红、朱红、绯红、紫、灰为地，以白色线勾纹，光泽闪灼，色调艳丽。明顾炎武《历代帝王宅京记》引《邺中记》曰：“北海中有密作堂……帐上刻作飞仙，循环右转，又刻画紫云飞腾，相映左转，往来交错，终日不绝。”此文所述与石窟藻井颇相似，说明古代中原文化对敦煌石窟艺术的影响。

主室正面开龛，龛内彩塑原作已毁，现存者为清代所修。南壁绘阿弥陀经变。第 329 窟北壁所绘弥勒经变，为弥勒经变代表作之一（图 3-1-28）。弥勒上生经变，据《佛说观弥勒菩萨上生兜率天经》绘制。隋代独立成幅，初唐迄宋，与弥勒下生经变合入一壁，位于画面上部。弥勒下生经变，据《弥勒下生经》绘制。描绘弥勒菩萨从兜率天下生阎浮提，于龙华树下成佛，三次说法，以及弥勒世界

图 3-1-27　初唐莫高窟第 329 窟　藻井

图 3-1-28　初唐莫高窟第 329 窟　弥勒经变

诸种乐事等情节。始见初唐，终于宋。多与弥勒上生经变合于一壁，居画面中下部。弥勒三会图，据《弥勒下生成佛经》绘制。经云："尔时弥勒佛于华林园，其园纵广一百由旬，大众满中。初会说法，九十六亿人得罗汉。第二大会说法，九十四亿人得阿罗汉。第三大会说法，九十二亿人得阿罗汉。"图以主尊弥勒佛居中，倚坐说法，两侧大妙相、法华林二大菩萨胁侍，诸圣众围绕，以示初会说法。其左右两下侧各画倚坐弥勒佛说法场面，是为第二、三会说法。初唐迄宋，基本循此布局，以第 329、445、205、85、100、55 等窟较好。

本幅画面分上、中、下三段布局，上部中央描绘兜率天宫。弥勒菩萨倚坐主殿说法，众菩萨胁侍于侧。宫外诸天赴会，天乐自鸣。中部表现弥勒菩萨自兜率天降生阎浮提，于龙华树下成佛，举行法会广度众生，构成以本尊说法为中心的众菩萨围绕的说法会。下部中央设香案供品，两侧为儴佉王、王妃等剃度出家图。此时之剃度尚未形成组画，王妃身着初唐妇女衣装。整个画面以兜率天宫、主尊佛、香案为中轴线，呈对称布局，构图新颖别致，规模宏大，气势磅礴。这是敦煌石窟中最早把弥勒上生、下生经变绘入一处的壁画。其后同类经变题材多依循此式。

龛顶佛传"乘象入胎""夜半逾城"周围，前有乘龙天人引路，上有飞天翔绕，后有人非人护持，象、马四蹄有红莲或天神承托，与此前同类题材壁画相比，内容更为丰富，技法亦更趋成熟。

东壁南侧"说法图"中女供养人像，椎髻，圆领露胸窄袖衫，长裙、纱巾，是唐代妇女的新时装，称胡服。《新唐书·五行志一》说："天宝初，贵族及士民好为胡服胡帽，妇人则簪步摇钗，衿袖窄小。"唐韩偓《袅娜诗》云："袅娜腰肢淡薄妆，六朝宫样窄衣裳。"白居易《上阳白发人》云"小头鞋履窄衣裳"。这些新装，在中唐以后的壁画中逐渐消逝。女供养人席地跪坐，手持莲荷，温婉虔敬。"说法图"下之供养牛车，以珠宝缀饰，显示贵家豪族华丽高贵之风。

（十）第 331 窟

第 331 窟阿弥陀经变，亦称西方净土变，据《阿弥陀经》绘制而成。经云："从是西方过十万亿佛土，有世界名曰极乐，其土有佛号阿弥陀。""其国众生无有众苦，但受诸乐，故名极乐。”“极乐国土有七宝池，八功德水充满其中，池底纯以金沙布地，四边阶道金、银、琉璃、颇梨合成，上有楼阁……池中莲花大如车轮……彼佛国土常作天乐，黄金为地，昼夜六时天雨曼陀罗花。”本幅通壁大画，上段为飞来飞去之一佛二菩萨，楼阁、孔雀、迦陵频伽、白鹤、宝幢，宝幢之上绘出“七重楼阁”“珠宝罗网”，其中一幢至今仍色彩斑斓。中段为水上平台，中间为主尊及二大菩萨（立像）及众多菩萨，左右各一大菩萨及众多小菩萨。这四大菩萨即释迦牟尼说阿弥陀经时侍立左右的文殊师利、阿逸多、乾陀诃提、常精进。下段亦是水上平台，中间为舞乐，左右两边为佛菩萨，最边上为楼阁。

第 331 窟法华经变，法华经变代表作之一。其中主要内容有：

妙音菩萨品。按照经文，此品可入画之内容有三：一是释迦“放大人相肉髻光明”；二是妙音菩萨来到释迦、多宝面前，问候起居，奉上璎珞；三是妙音菩萨现各种“神变”，即“现身说法”，有如观音菩萨。从壁画来看，初唐始有此品，以第 331 窟为代表：妙音菩萨身材苗条，姿态优美，侧身立于多宝塔前，双手持璎珞上举，作“奉献”状。

普贤菩萨劝发品。“劝发”者，劝人发佛道之心也。谓普贤菩萨“以种种胜事奖发持经人之心”。此品能入画的内容，有普贤菩萨及其眷属来到多宝塔前，或普贤乘六牙白象护法，佛为受持、读诵、修习、书写法华经者“手摩其头”“佛衣所覆”。始于初唐，第 331 窟画普贤乘白象与眷属等来到多宝塔前，与文殊菩萨乘狮子遥相呼应。这种布局是经变创作者的巧妙构思，不是经文的原意（按经文，法华会上的菩萨是文殊、观世音等，无普贤）。

娑竭罗龙宫，法华经变“提婆达多品”情节之一。经云：智积菩萨向佛告辞，欲返本土。释迦让其稍待须臾，与文殊师利菩萨会晤而后行。此时“文殊师利坐千叶莲花大如车轮，俱来菩萨亦坐宝莲花，从于大海娑竭罗龙宫自然涌出”。龙女亦随即来到佛前“忽然之间变成男子，具菩萨行，即往南方无垢世界，坐宝莲花成等正觉”。画面即据此而绘制。初唐开始出现，比较简单，只画大海、龙宫、文殊、龙女。中唐以后，“提婆达多品”与“从地涌出品”左右对称，绘于法华会周围，除龙宫、龙女从海上涌现外，还有与文殊同来之众多菩萨一个个从海上涌现，往上飞升，活泼热烈。娑竭罗龙宫乃辨认“提婆达多品”之标志。初唐第 331 窟龙宫犹如西方净土中之殿堂，比较华丽，惜已残。五代以后之龙宫虽然清晰，但简单，与莫高窟现存几座窟前唐宋窟檐建筑实物相似。

从地涌出品。经文大意为：法华会上，众多菩萨请求释迦牟尼允许他们在“娑婆世界”弘经，释迦未允，因为娑婆世界自有无数菩萨在弘扬此经。此时，娑婆世界“地皆震裂”，“无量千万亿菩萨摩诃萨同时涌出”。此品壁画始于初唐，中唐以后走向格式化。初唐第 331 窟、盛唐第 31 窟均画一片大地，一位菩萨上身露出地面，两手上举，表示正“从地涌出”。中唐以后，在法华会的左右下方，一边画“提婆达多品”，一边画“从地涌出品”，无数菩萨涌出地面以后“升于虚空”，来到法华会上方的多宝塔前，成半圆形构图，且成为识别法华经变的标志之一。这一构图，把序品、见宝塔品、提婆达多品、从地涌出品有机地结合起来，将法华会托入虚空，增添了庄严肃穆的气氛。一个个乘彩云飞向多宝塔的千姿百态的小菩萨，活泼欢乐。这种多品结合之构图充分反映出一种巧妙的构思。

（十一）第 332 窟

第 332 窟俗称圣历窟，又名李克让窟，人字披中心柱窟。窟前原有《李君（克让）莫高窟佛龛碑》一方（已残，存敦煌研究院陈列室）。此窟由李克让建于武周圣历元年（698 年），五代、元、清均重修。窟内塑三铺一佛二菩萨组像，即释迦佛之应身、化身、报身的“三身佛像”。一铺塑于中心柱东向面（图 3-1-29），两铺分塑于人字披下的南北两壁（图 3-1-30）。中心柱无龛，南向面画卢舍那佛，西向面画药师佛，北向面画灵鹫山说法图。窟西壁开龛，龛内塑涅槃像一身。正龛龛内北侧塑天王像。浓眉、大眼、高鼻、大嘴、八字胡须，面容清瘦，目光炯炯有神，表情爽朗和善。头戴兜鍪，身着皮质甲，披巾飘拂。头部和上身略向外倾，两手前伸，足踏地鬼。作者以写实的手法，通过面部的特征、表情和身躯的动态，表现了世俗生活中威武、善良、忠直性格的西域武将。

第 332 窟涅槃经变，位于主室南壁，初唐圣历元年（698 年）前绘制，与西壁龛内彩塑涅槃像合璧才是一铺完整的涅槃经变。画面糅合《长阿含经・游行品》《摩诃摩耶经》《大般涅槃经》（昙无谶译四十卷本）以及《大般涅槃经后分》等经创作而成。主要情节有：（1）临终遗教；（2）双树病卧；（3）入般涅槃；（4）商办入殓；（5）再生说法；（6）力士举棺；（7）大众送殡；（8）香楼火化；（9）八王争舍利；（10）起塔供养。

龛外两侧壁面画涅槃变中的“娑罗树林”“佛母奔丧”，南壁画“临终遗教”“商办阇维”“棺盖自启”“金棺自焚”等画面。在莫高窟涅槃变中，此窟所绘情节有其独到之处。北壁画维摩诘经变一铺。壁画颜色南北壁变化较大，呈赭红色，与其他初唐洞窟壁画变色情况相同，但西壁基本上还保持着初唐壁画绚丽鲜艳的原貌，可作考察同期洞窟画风的重要标尺，又可作同期变色壁画追寻原色的重要依据。在莫高窟于一窟之内既塑“三身佛像”，又造“涅槃像”，仅此一例。

图 3-1-29　初唐莫高窟第 332 窟中心柱东向面 三身佛像

图 3-1-30　初唐莫高窟第 332 窟人字披下 三身佛像

具体而言：佛母奔丧，经云：佛母摩耶夫人闻子去世，悲伤啼泣，不能自胜，领诸天女，自忉力天宫下娑罗双树间，坐佛棺前，“头顶作礼”。本窟增加了佛母自忉力天宫乘云浮游而下。弟子抬棺，《菩萨处胎经·复本形品》云：“尔时阿难捉棺西北角，难陀捉东北角，诸天在后侍值，北去双树四十九步，厝金棺随沙门法。”画面改“捉棺”为“抬棺”，本窟南壁始画此情节：阿难等十二比丘抬着释迦牟尼佛华丽棺柩出殡，前有菩萨持香炉、弟子执幡引路，后有诸天、僧众送殡，浩浩荡荡，排场非凡。这实际上是唐代上层社会出殡写实图。更有趣者，还在棺盖顶上画一雄鸡，这是取材于中国传统民俗：祠鬼神皆以雄鸡，御死辟恶；八王争舍利，八王译名，诸经不一。《长阿含经·游行经》云：释迦牟尼佛体火化后，波婆国等七国国王率军至拘尸城，求分舍利，声称：如果不给，当以力取。拘尸国王不允，双方发生战争。本窟南壁始画此情节：远景山峦起伏，河流波涛汹涌。两军相遇，跃马挺枪执盾，激战于河边。一王负伤坠地，战马受惊奔驰。作为古代战争画，描绘十分生动，战阵中戎士所服战袍，盘领，窄袖，紧身，长至膝下。八王起塔，释迦牟尼佛涅槃之后，波婆国等八国国王因争释迦舍利，发生战争。最后和平解决，八王平分舍利，“各归其国，起塔供养”。本窟南壁画此情节，仅绘一座三级佛塔，四周僧俗四众绕塔供养。

以上情节在新疆克孜尔石窟与山西发现的天授三年（692 年）大云寺涅槃经变碑上早已有之。莫高窟从隋末到初唐圣历元年的八十余年间，没有留下一铺涅槃经变，而第 332 窟的涅槃经变由隋代的单幅构图突然变成巨幅的连环画形式，显然是受了西域与内地两方面的影响而形成敦煌的独特风格。其构图严谨，气势雄伟，人物生动，色彩富丽，完全民族化的形式与内容，堪称敦煌壁画中同类题材的高峰。

（十二）第 334 窟

第 334 窟，覆斗形窟，窟顶莲花藻井图案。由井心和井外边饰组成，无垂幔。井心宽大，紫红地，绘八瓣大莲花，花芯为四瓣宝相花，莲瓣桃形绽开状，瓣沿微向内折合，四角花亦绽开状。井外边饰有绿地白珠纹、白地卷草纹、天青地宝相花纹、赭褐色地半团花纹、白地叠鳞花瓣纹。纹样均以云头纹为蒂，圆叶为花，花形疏朗舒展，敷色以青、绿为主，叠晕而成，色调明快。四披画千佛。

东壁门上画十一面二臂观音净土说法，“十一面”分列五排，从下往上为三、二、三、二、一。观音结跏趺坐于莲池中，右手作说法印，左右各一胡跪式供养菩萨，为初唐出现之新题材和形式。南、北壁千佛中央分别画净土变与阿弥陀经变，主尊两侧均有坐式大型菩萨各一，阿弥陀经变中有十二人组成之舞乐及坐于莲池中之供养菩萨，上空有赴会佛与飞天，为初唐内容最简单之阿弥陀经变。西壁龛内塑像被清代重修，龛顶“说法图”画在椭圆形五彩云层之中，弥勒佛作倚坐式，周围菩萨姿态各异，肤色不同，神情和悦，造型优美。龛壁南、北侧画维摩诘经变“文殊师利问疾品”与“方便品”，维摩诘（北）、文殊（南）及听法从众相对，均面向龛外，整龛壁画布局、构图形式别具一格。1983 年推移表层甬道，露出底层甬道南、北壁五代画菩萨各二身，色彩犹新。

第 334 窟天女，头束高髻，插步摇，着大袖襦，在褾襈羽袖，长裙曳地，蔽膝两侧，华袿飞扬，这种袿属大衣，据《宋书·礼志》乃南朝宋太后、皇后谒庙

（弥勒佛）塑于一窟的造像。第244窟三世佛像彩塑，初唐塑造。为三铺组像：西壁佛坛上塑现在佛释迦趺坐说法像，左侧塑迦叶及一菩萨，右侧是阿难及一菩萨，其中阿难头大身小，脸形长圆，鼻细嘴小，带有天真的笑意，似为一未脱孩提稚气、顽心未退的男童形象。与第427窟宁静、温顺具有女孩气质的阿难像一起，可称阿难塑像之双璧。南壁主尊塑过去佛立像，两侧各塑胁侍菩萨一身。北壁主尊塑未来佛弥勒菩萨像，两侧各塑胁侍菩萨一身（三者高度均与南壁塑像同）。塑像造型已由隋中期的敦实方正、肩宽腿短变为比例匀称、面相浑圆饱满，已开始对神态作细腻的刻画。北壁左胁侍菩萨温静平和，腰肢微扭，不但表现了寓动于静的情趣，而且反映了古代匠师对人体结构初步的科学理解，以及把握动态变化中的人体体形特征。三铺塑像的衣饰裙服虽然仍承袭隋塑华丽之风，但色彩已渐趋柔和雅致。自北魏后，云冈、龙门等石窟用三铺组像形式表现三世佛内容已属常见，而莫高窟则始于此时，但在形象塑造及神情刻画上已较前者生动。

密宗观音菩萨画像，观音画像之一。密宗多异相，观音之异相尤多。密宗在中国有“汉密”“藏密”之分。汉密造像中常见者有十一面观音、千手千眼观音、如意轮观音、不空羂索观音、马头观音。《胎藏界曼荼罗大钞》《秘藏记》《陀罗尼集经》等佛典，对上述观音之形象多有规定，是考证密宗观音画像之依据。始见于初唐，终于元，历代皆有代表作。

十一面观音画像，密宗观音画像之一。《十一面观音经》有北周耶舍崛多与唐玄奘、不空三藏译本，其所规定之形象，大同小异。“十一面”之配置为：“当前三面作菩萨面；左厢三面作嗔面；右厢三面似菩萨面，狗牙上出；后一面作大笑；顶上一面作佛面。”“其十一面各戴华冠，其华冠中各有阿弥陀佛。”对手的描述出入较大，前二译均为两手，“左手把澡瓶，瓶口出莲花，其右手以串璎珞或念珠，及施无畏印”，不空译本作“四臂”。莫高窟现存代表作均为初唐作品，时前二译已出，但具体形象与经文有差异。

树下说法图，彩色绢画，Ch.liii.001[1]，高139厘米，宽101.7厘米，初唐绘制，出自莫高窟藏经洞（图3-1-32）。佛身穿通肩朱红袈裟，居中结跏趺坐于莲台宝座上作说法印。左右各画一胁侍菩萨，头戴化佛宝冠，裸上身，饰以璎珞环钏，坐莲座上作听法状。菩萨身后各有三比丘，绕佛而坐。胁侍菩萨下方各画一供养菩萨，一执宝瓶，一捧莲花供养于佛。佛顶上有菩提宝盖，饰以珠缨流苏。宝盖两侧各画一飞天从天散花而下，右上方的一身完好无缺，左方一侧仅残存一臂及衣带衣裙。又画二飞天飞身而起，右一身残存长巾二端，左侧仅存云路。画面左

1 英国所藏敦煌写本和文物编号。Ch.是Ch'ien-fo-tung（千佛洞）的缩写。敦煌藏经洞内的遗书和绢画、丝织品等原本都是一包包地存放的，汉文经卷放在帙中，藏文等胡语文献和艺术品则放在较大的包袱中。斯坦因初次全面翻检时，无暇全面编号，只是将每一包在Ch.标示下给一个小写罗马数字（如ⅰ，ⅱ，ⅲ，ⅳ等）。较大的艺术品包放在藏经洞下层，编为Ch.xlvi-lvii，而部分胡语文书只给顺序号，如Ch.0041，Ch.00271等。这些收集品入藏英国博物馆后，馆方又将包中的每一件写本或其他材料在罗马数字后编顺序号，而汉文写本则统编入S.号下，以致失掉原有的Ch.号。以后，随着斯坦因收集品分藏于英国博物馆、英国图书馆、印度事务部图书馆、新德里印度国立博物馆，英国图书馆已全用S.号，其他三馆仍用Ch.号，但同时又有目录编号和馆藏号。其中英国博物馆藏绘画的原编号可以从韦陀《西域美术》后附索引中查到；印度事务部图书馆所藏原编号可查瓦雷·普散的《印度事务部图书馆藏敦煌藏文写本目录》和山口瑞凤主编《斯坦因蒐集藏语文献解题目录》中查到；印度国立博物馆编号见魏礼《斯坦因敦煌所获绘画品目录》。

右下方各有一供养人，左下一身穿紧身窄袖衫，手捧莲花胡跪供养，右下仅存帽顶。佛座下有碑形愿文牌，菩萨、比丘旁都画有榜题牌，均无字。全画除边角有所残损外，保存完好，色彩鲜艳而丰富和谐。人物的额、鼻梁、颊、下巴等突出部位用白色晕染，以示高光，这在同期的敦煌壁画中还不多见。全画构图严谨，线描流畅，画法工细，是敦煌绢画中的精品。

图 3-1-32 大英博物馆藏《树下说法图》（Ch.liii.001）彩色绢画 初唐绘制

（二）彩塑

扶拔亦作符拔，又名桃拔。兽名。产于古代西域诸国。《汉书·西域传上》："乌弋山离国……而有桃拔、师子、犀牛。"颜师古注引孟康曰："桃拔一名符拔，似鹿，长尾，一角者为天鹿，两角者或为辟邪。"因属异兽，常作为贡品。《后汉书·班超传》："初，月氏尝助汉击车师有功，是岁贡奉珍宝、符拔、师子，因求汉公主。"原注："《续汉书》曰：'符拔，形似麟而无角。'"类似记载不一而足。莫高窟初唐第 344 窟、盛唐第 384 窟前室各有彩塑瑞兽一对，原定名"麒麟"，因恰似上述记载之形象写照，当作"扶拔"。第 334 窟位于龛外两侧，左为雄性（作"蹲狮"状，塑有阳器），皮似梅花鹿，头无角，耳小似羊，鼻、嘴、眼似马，四爪。右为雌性。雄者张嘴，雌者闭嘴，二者相向，似有呼应。第 384 窟之扶拔位于前室西壁，即后室门外两侧。左侧为雄性，头已残，无鼻无嘴，头后卷鬃如狮，皮为五瓣梅花。右为雌性，头无角，鼻大而短，嘴宽、长尾竟从后沿腿股卷向臀后。与塑造佛像之风格相一致，初唐扶拔形体细长而带灵气，盛唐则健壮雄劲而带"辟邪"之威风。

（三）服饰与妆容

帔亦名帔帛。古代妇人围巾。始于何时，其说不一。宋高承《事物纪原·衣裘带服·帔》云："三代无帔说，秦有帔帛，以缣帛为之。汉即以罗，晋永嘉中，制绛晕帔子。"而《中华古今注》卷中之"女人披帛"："古无其制，开元中，诏令二十七世妇及宝林、御女、良人等，寻常宴参侍，令披画披帛，至今然矣。"征之近百年考古发现之陶俑和壁画，妇人帔帛始于隋，盛于唐宋，元明继其余绪。在敦煌艺术中，帔有两类。一类俗帔，即世俗人之帔帛。其类别有画披、绣披、晕披与轻柔透明的纱披，如隋代第 295 窟、初唐第 205 窟、盛唐第 130 窟等供养人像所披。另一类为仙帔（天帔），即菩萨、天王、力士之帔，这类帔随佛教艺术俱来，是受到波斯、大秦、中亚的男女“并有巾帔”的影响而形成的特殊装饰。

高髻，妇女发髻形式之一。所谓高髻，即高耸头顶之髻。敦煌壁画中有多种样式。圆髻，结发头顶，其状如球，亦称大首发。如榆林窟第 25 窟弥勒变中农妇即梳此髻。椎髻，结发头顶，其状如椎，《沙州文录》孔公浮图功德铭中有“盛椎髻而孤标”之语，即指初唐风俗，如第 329、331 等窟初唐供养人发髻。西安、洛阳、新疆初唐墓壁画和陶俑亦多梳此髻。半翻髻，结发如鸡冠，耸立头顶而向外侧倾斜，《妆台记》云“武德中宫中梳半翻髻”，如第 357 窟供养像发髻；20 世纪 60 年代发掘的陕西乾县唐永泰公主墓画中的仕女亦梳此髻。飞髻，结发头顶，双冠向两侧倾展如鸟张翼飞翔。双丫髻，头顶束双髻，其状如丫，如第 334 窟侍婢发髻。双鬟望仙髻，结发如环，以发插竖于头顶两侧，《妆台记》有“开元中梳双鬟望仙髻”语，如第 331 窟侍婢发髻。

第二节　盛唐石窟艺术（705—781 年）

盛唐主要是玄宗、肃宗时代，特别是开元、天宝盛世，近八十年间建窟九十七个，形制主要继承初唐殿堂窟，彩塑进入极盛时代，圆塑说法相多达九身或十一身，菩萨像普遍女性化，大势至、观音都表现中国女性庄重温静之美，第 45、205 窟的彩塑为代表窟中的精华。壁画中增加了观无量寿经变、法华经变、报恩经变、天请问经变和许多独立的菩萨。藻井、圆光、边饰、服饰中的装饰图案，繁华富丽，灿烂夺目。肖像画大发展，人与神的地位有了变化，出现了等身巨像，并置于显著地位。第 130 窟晋昌太守乐庭瓌和都督夫人太原王氏全家礼佛图，为盛唐肖像画代表。盛唐艺术，继承中原写实风格，登上了繁华富丽、金碧辉煌的顶峰。

盛唐敦煌石窟艺术，指唐神龙元年至建中二年（705—781 年）期间的敦煌石窟艺术。在莫高窟新建九十七窟。按其艺术风格可分为三期。第一期从神龙元年至太极元年（712 年），包括中宗李显、睿宗李旦统治时期所开凿的洞窟，以第 217、215、205（窟顶与南壁）等窟为代表。第二期从开元元年（713 年）至天宝十四载（755 年），包括玄宗李隆基统治的四十余年所开凿的洞窟，这一时期凿窟最多，以第 130、41、45、46、66、320、444、445、446（开元期）、172、171、103、79、180、185（天宝期）等窟为代表。第三期从至德元年（756 年）至建中二年，包括肃宗李亨、代宗李豫、德宗李适三代，以第 148、194、31、123、199 等窟最为著名。

各期窟型大多承袭初唐形制，以覆斗形窟顶西壁开龛的殿堂式为主，龛内塑像，东壁正中开门，四壁均绘壁画。也有少量的异形窟，如开元九年（721 年）开凿的南大像，从地面到窟顶雕塑一弥勒坐像；又如第二期第 46 窟北壁塑七佛龛，南壁塑涅槃龛与西龛说法佛陀、弟子、菩萨、天王诸像组成一窟三龛的形式。这一期还出现了长方帐形龛，如第 79 窟将佛陀、弟子诸像安置于佛床上，上为盝形顶帐盖，塑像身后绘“屏风”。此期特别重要的是开凿了第 148 涅槃大窟，南北两壁各开一帐形龛，分别绘塑如意轮观音与不空羂索菩萨。这种窟型尚属首见。盛唐石窟的装饰图案是敦煌图案中最精美者，凡佛光、藻井、边饰、服饰图案等，都是色彩绚丽、纹样细致、变化多样。以图案为主的藻井，形式都不雷同，色调、纹样组合皆各具异趣。盛唐彩塑与壁画形成绘塑结合的典范，是唐代泥塑艺术保存至今的极为珍贵的实物。内容以释迦佛或弥勒佛为中心，两侧各塑二弟子、二菩萨、二天王、二力士，在像后的龛壁上绘八弟子、六菩萨、二天王，形成龛内环侍释迦佛或弥勒佛的十大弟子、八大菩萨、四大天王。这种绘塑结合，使佛龛内产生一种层次分明、济济一堂的艺术效果。与北朝、魏、隋塑像追求沉思静穆的神性相反，盛唐已逐步在佛、菩萨像上追求生动的人性。有深谋远虑、老成练达的迦叶，有谨淳忠厚、彬彬有礼的阿难，有亲切温柔、慈善近人的菩萨，有目睨风云、叱咤四方的天王。由于净土思想与涅槃学说的盛行，盛唐第一、二期敦煌壁画多绘大乘经典的变相，到第三期才有大量密宗题材出现。

根据《敦煌莫高窟内容总录》统计，盛唐壁画题材有观无量寿经变二十铺，法华经变（包括“观音普门品”“见宝塔品”）十六铺，维摩诘经变三铺，弥勒上生下生经变十四铺，阿弥陀净土变七铺，华严经变一铺，药师净土变三铺，天请问经变一铺，如意轮观音变一铺，不空羂索观音变二铺，涅槃变三铺，普贤变三铺，文殊变三铺，报恩经变二铺，千手千眼观音变三铺，观音藏摩尼宝胜佛变一铺，佛教史迹画二铺。以上各类经变，显示了壁画题材随着时代的易移在不断变化。其中净土思想仍是敦煌地区的主要信仰。特别是对弥勒净土信仰，从十六国到盛唐，始终是莫高窟塑像与壁画的重要题材。公元 753 年，密宗大师不空三藏应河西节度使哥舒翰之邀，到凉州设坛灌顶，使内地兴起的汉密艺术开始西传。公元 845 年会昌灭法后，此类壁画在中原毁除殆尽，而莫高窟第 148 窟的密宗壁画至今犹存，成为中国佛教艺术中少见的宝贵实物。

莫高窟盛唐绘塑实物的艺术风格和中原唐画一脉相传，壁画上佛国世界所表现的山水、人物、城郭、宫殿、居室、寺塔、田野，实际上是当时人世社会的写照。它以现实生活形象、情景来表现佛理，已远远超出了经典喻义的要求。如《弥勒下生经》中一句“一种七收”经文，在壁画中就用当时的春耕、夏耘、秋收和场屋里一位地主指挥管家储藏收获的粮食来表现。又如《法华经》的章句里有“如子见母、如病得医”八个字的比喻，壁画就画了母亲为病婴请医生的画面。《维摩诘经》在隋唐敦煌壁画中是常见题材，盛唐第 103 窟用焦墨线描，把这位居士满腹经纶、从容潇洒的容貌，刻画得十分生动，他臂凭乌几、手挥麈尾、辩才横溢、侃侃而谈的形象，典型地反映了盛唐时鸿儒的精神风貌。盛唐壁画在描写经变人物时忠于现实情景，是其能具有高度审美价值的重要原因，例如弥勒下生经变里描写儴佉王布施剃度皈依佛法的庞大场面，描写宫女们被迫出家时的无奈的心情，大臣们诚惶诚恐、忧心忡忡的恭谨中流露着对尘世的眷恋，乃上乘之佳作。如此种种，都反映了画家笔下的画面所表现的内容超出了经文的内容。另外，如壁画上的飞天，飘带长曳，翔游自在，确有“天衣飞扬，满壁风动”之感。对自然环境的描绘，这一时期的青山绿水、朝夕黄昏、随情设景、情境交融，使壁画上出现了令人回味无穷的逸韵。其他如鞍马人物，房舍器具，在故事画中随情节需要都作出了写实的描绘。

《内容总录》确定盛唐时期（705—781 年）凿建九十七窟，编号是：23、26、

27、28、31、32、33、34、38、39、41、42、44、45、46、47、48、49、50、52、66、74、75、79、80、83、84、87、88、89、91、101、103、109、113、115、116、117、118、119、120、121、122、123、124、125、126、129、130、148、162、164、165、166、170、171、172、175、176、179、180、182、185、188、194、199、208、214、215、216、217、218、219、223、225、264、300、319、320、323、345、347、353、374、384、387、444、445、446、450、458、460、482、483、484、490、492。重修七窟，编号是：205、288、292、338、371、379、383。

一、盛唐代表洞窟

（一）第23窟

第23窟，盛唐代表窟之一，覆斗形窟。主室窟顶藻井画莲花井心，壁画题材以法华经变为主，由窟顶东披、南披、东壁、南壁、北壁共五壁组成，内容包括序品、药草喻品、譬喻品、见宝塔品、观音普门品、化城喻品、常不轻菩萨品、方便品、从地涌出品、嘱累品、药王本事品、信解品、提婆达多品、如来神力品、妙庄严王本事品共十五品，其造型、敷色、晕染等技法纯熟，构思亦与其他诸窟同类题材不同，其中药草喻品系以大雨来临时农民在田间紧张耕作、收割、运禾以及农妇送茶饭等写实场景来表现“佛法如云，云降雨以润育万物”这一主题。窟顶北披之阿弥陀经变，中部为西方三圣说法，周围六排共四十七身供养菩萨坐莲台上，莲茎与中央阿弥陀佛之莲座相连，形式独特。龛内塑一佛、二弟子（清修）、四菩萨（清塑），南侧弟子后壁有墨书“陇西伏羌人北乡据城八十里小地名李家川兄弟同胞三人李继渊、承广、绍广敬造”题记。

图 3-2-1　盛唐莫高窟第23窟 雨中耕作图

雨中耕作图为法华经变“药草喻品”中之精品（图3-2-1）。按经文，本无“雨中耕作”之意，而是要说明“佛所说法，譬如大云，以一味雨，润于人花，各得成实”。为了说明佛法无边，该品偈语有“卉木药草，大小诸树，百谷苗稼，甘蔗葡萄，雨之所润，无不丰足”等句。画工在撷取上述偈语作绘画题材时，尤其对“百谷苗稼，无不丰足”这两句进行了创造性的发挥。第23窟对此作了精致的描绘：乌云密布，时雨普降，一位农夫正挥鞭策牛，雨中耕作；地头上坐着三人——农夫、农妇、小儿，父子捧碗吃饭，农妇关切地注视着他们。这一田头小景，妙趣横生。在另一块地上，有一农夫，肩挑庄稼往回走。画的下方，创作者又根据“方便品”里的“若使人作乐，击鼓吹角贝……乃至童子戏，聚沙成宝塔”等句，绘一人跪于塔前，一人翩翩起舞，六人各执乐器席地而坐为舞者伴奏，旁边有几个胖娃，正在津津有味地“聚沙成塔”。整个画面恰似一幅从耕作到丰收的连环画。

第23窟见宝塔品为法华经变“见宝塔品”代表作之一。它地位显著，在南壁正中，巨幅画面有3.59平方米，雄伟辉煌。在双重塔座上，华丽庄严的宝塔，宝铎和鸣，璎珞迎风，塔尖直耸云霄，塔内释迦多宝并坐。宝塔前面是升在虚空的与会者。千姿百态的菩萨，亭亭玉立，飘带当风，落落大方，见而忘俗。宝塔上部，左右各有五佛，每佛偕一菩萨，乘彩云飞来，近大远小，透视感很强，一看便知是从远处、从四面八方飞来。整个见宝塔品彩色浓丽，人物荟萃，而周围的“观音普门品”却在白地上用石绿、鹅黄为主色，通体淡雅，从而更衬托出宝塔的金碧辉煌，光彩夺目。

药王菩萨本事品，法华经变中之一品。所谓“本事”，系指佛之大弟子们前世之事。药王菩萨前世名“一切众生喜见菩萨”。他曾引火自焚，对法华经作“燃身供养”。日月净明德佛涅槃之后，他为之起舍利塔并“燃臂供养”。由于他燃身、燃臂而不后悔，佛以“神力”使其健康如初。佛教认为，“燃指供养”已胜于一切施舍，何况燃臂、燃身？然而，这一切都不如受持法华经，用以说明法华经是一切之最。此品壁画始见于盛唐，取材多样，形式自由、生动，如第217窟之得医图就是一幅名画。又如第23窟，入画内容最多，东壁画起塔供养、燃身供养、燃臂供养，东顶画如病得医、如子得母、受持诵读佛经。从中唐开始，形式固定，位置都在经变之右上角，画燃臂供养、燃身供养、如贫得宝（象宝、马宝、轮宝等“七宝”）、如寒得火、如须弥山（喻法华经犹如须弥山为山中第一）。此品代表作当推初唐第217窟与盛唐第23窟。

普贤菩萨劝发品，法华经变中之一品。“劝发”者，劝人发佛道之心也。谓普贤菩萨“以种种胜事奖发持经人之心”。此品能入画的内容，有普贤菩萨及其眷属来到多宝塔前，或普贤乘六牙白象护法，佛为受持、读诵、修习、书写法华经者“手摩其头”“佛衣所覆”。始于初唐，有两种表现形式：其一，第331窟画普贤乘白象与眷属等来到多宝塔前，与文殊菩萨乘狮子遥相呼应。这种布局是经变创作者的巧妙构思，不是经文的原意（按经文，法华会上的菩萨是文殊、观世音等，无普贤）。其二，第217窟画一立佛，二弟子相随，佛前跪一位王者形象之信士，身后有二侍从，佛以左手摩王者之头。盛唐除承袭初唐两种形式之外，第23窟还画“佛衣所覆”，与“手摩其头”同为一个画面：佛“手摩其头”的同时，身后的弟子举衣欲给信士。中唐以后，只画普贤乘白象至多宝塔前。

盛唐23窟窟顶东披《法华经变·观音普门品》上，在一小房内，一张长方形四腿床，尺寸相当于现代的单人床。一对男女，男子踞坐，女子半倚坐，床后立有画有花草的二折五扇（应为三折扇）屏风，床的高度也与现代单人床相似。

（二）第45窟

第45窟，盛唐代表窟之一，覆斗形窟。主室西壁龛内塑趺坐佛及弟子迦叶、阿难、观音、大势至菩萨和南、北天王立像各一身。龛外两侧原塑力士各一，现已毁，仅存台墩。此窟彩塑形如真人，写实性强，为盛唐彩塑之精品。释迦庄严肃穆，迦叶老成持重，阿难温顺恭谨，观音、大势至健美热情，南、北天王威武雄健，各具性格特征。其中尤以迦叶及菩萨的形象情态为佳。“宫娃如菩萨”，此之谓也。洞窟前室残存五代时期所绘观音、毗沙门天王赴会等壁画，因多年曝晒，色线有所褪变。甬道南、北壁及顶，存五代时期所绘经变、佛教史迹画及瑞像图。主室窟顶藻井绘团花井心；北壁盛唐时期绘观无量寿经变：中为净土变相，画西方三圣尊像及楼台亭榭，两侧绘条幅式的经变故事组画未生怨、十六观；南壁盛唐时期画观音普门品，居中为观世音菩萨画像，男身、有髭、戴化佛冠。像的两侧分绘观世音菩萨三十三身及救苦救难。其中有胡商遇盗，航海遇难，监狱，大辟，求男得男、求女得女等反映唐代世俗生活、民情风俗、刑法制度、衣冠服饰等画面。

正龛彩塑原系九身，现仅存龛内七身。敞口龛内以佛像为中心，由近至远，按身份等级侍列成对弟子、菩萨、天王像。塑像身后画菩萨行列，扩大了龛内空间，构成了全窟之重心。主佛脸型丰满圆润，两眼细长，穿僧祇支，结跏趺坐，作说法相，佛光装饰富丽堂皇。

迦叶像位于主室西龛龛内佛像北侧。内着锦襦，外披田相格山水衲，胸部半袒，俯首直立，面貌清癯，嘴唇抿合，嘴角深陷，浓眉纠结，双眼下视，眸子半露，目光有神，神情老成练达，沉毅矜持。此像造型严谨，比例准确，技法纯熟，刻画细腻，曲尽形神之妙。作者通过颀长硬朗的身材，富丽华贵的衣衫，轮廓清晰的长脸，宽阔饱满的额头，以及面部五官处处呈现若有所思的表情，塑造出一个资历高深、精研佛法、思想深邃、令人敬仰的高僧大德形象。保存基本完好，仅两手稍残，是同类彩塑题材之精品。

阿难像位于主室正龛龛内佛像南侧。上身后倾，腰胯微向左侧斜挫，两手相交置于腹前，头部右倾微俯。举止闲适潇洒，面目英俊秀朗，神情聪明，又含有恭顺、腼腆的神态，犹如现实生活中有情有欲的世俗少年后生。明亮华丽的锦绣裙襦和色彩热烈的紫袈裟，更为青年僧人的俊秀之美增色。作者深思熟虑的构图，高度成熟的表现手法，精湛的艺术技巧，使此像从造型、动态、容貌的塑造到神情、性格的揭示，皆出神入化，是质高气美的艺术杰作。

两身菩萨面带微笑，温婉慈祥，肌肤洁白如玉，身姿婀娜，全身作“S”扭曲，表现女性的妩媚。显得威武凶猛的两身天王，与弟子、菩萨的形象形成对比，在大体相同的姿态中，也表现了各不相同的面部表情。从群体关系到不同身份、性别、年龄造像的衣饰、动态、表情，以至细微之处，无不周密布置，精细处理，表现出高度的艺术功力。此窟彩塑动态多样，个性鲜明，性格各异，衣着华丽，是唐代雕塑艺术的杰作。现保存完好。

菩萨画像位于西龛内南壁中部。为绘塑结合净土说法中八大菩萨之一（龛内有彩塑一佛、二弟子、二菩萨、二天王，壁画六菩萨），此菩萨头束高髻，戴宝冠，饰项钏，斜披天衣，腰系罗裙，立于莲台上。面部造型特点：（1）以纤细之淡墨铁线描出轮廓及五官；（2）以浓墨描眉、上眼睑、眼球、鼻孔、唇间线，不加晕饰而神韵突出，并具有立体感。是开元时期“丰肌秀骨”的女性典型。

观音普门品，法华经变中之一品。观音普门品者，即观世音菩萨普观“圆通之门”令善男信女悟入佛道之谓。从隋代开始就有此品，而且画面比较忠实于佛经，画三部分：（1）观音菩萨立像；（2）观音三十三身，即观音菩萨变成三十三种不同人物，为不同的信士演说佛经；（3）有求必应、救苦救难。已知此品有十六幅，其中的“火坑变成池”“枷锁自落”“商人遇盗”“临刑得救”“航海遇难”“求男得男、求女得女”等，都很生动。尤以第45窟最为著名：观音菩萨处于通壁大画之正中，面部丰腴，翠眉明眸，端庄慈祥，披帛随身，璎珞璀璨环绕，艳而不俗。观音两侧的“三十三身”“有求必应”“救苦救难”均为精品，其中的“救苦救难”部分，写实性极强，是研究盛唐社会生活的形象资料。

三十三身十九说法，法华经变“观音普门品”情节之一。普门品记观音化现之身三十有三，其中“说法”二字十有九次，因而有“三十三身十九说法”之谓。如“应以毗沙门身得度者，即现毗沙门身而为说法”“应以童男童女身得度者，即现童男童女身而为说法”等。壁画均严格按经文绘制，不同的是，隋代把“现身说法”画成一座座经堂，各变现之身于其中为信众说法，唐以后只画变现之身正给眼前跪拜者说法之场景。盛唐第45窟是其代表，不仅画面完整清晰，且题榜字迹如新，构图对称均衡，形象生动，线条流畅，人物皆有个性。尤其是帝释天、自在天、大自在天等形象，身着羽袖天衣，脚蹬尖头履，神态洒脱。听法者有高鼻、深目、卷髯之“胡人”，也有汉人，皆双手合十，恭虔之态跃然壁上。

大辟图，法华经变“观音普门品”情节之一。始见于隋代第420窟，但构图简单，画一人被绑，一人举刀欲砍。唐代死刑有二，曰绞曰斩。斩即“大辟”。盛唐第45窟之“大辟图”，去其宗教色彩，保存了唐代此刑之形象资料：犯人被反绑双手而作俯首躬身状，执刑者三人，一人用绳拉着被绑者之头发，一人用绳拉住被绑者之双手，一人执刀欲砍，就在这千钧一发之际，“念彼观音力，刀寻段段坏”，画面上果是一节节断裂之刀。更为难得者，此画尚有清晰题榜，文曰“若复有人临当被害，称观世（音）菩萨，彼所执刀杖寻段段坏而得解脱”，与经文完全一致。西千佛洞晚唐第15窟“观音普门品”中之“大辟图”，亦有题榜，但画面不如莫高窟第45窟精彩。

监狱图，法华经变“观音普门品”情节之一。据经文“设复有人，若有罪若无罪，杻械枷锁检系其身，称观世音菩萨名者，皆悉断坏，即得解脱”绘制而成。盛唐第45窟题榜犹存，与经文完全一致，画面也很清楚：有一监狱，两层围墙，外方内圆，墙头设有鹿砦；牢门敞开，一犯人合十端坐监内；监狱外，脚镣、手铐、木枷弃置于地，守监人离开监狱，边走边回头，犯人获得自由。这“牢门自开，监禁不守”的情景，是画家的想象。此图保存了有关盛唐监狱的珍贵形象资料。

求男得男、求女得女，法华经变“观音普门品”情节之一。经云：“若有女人设欲求男，礼拜供养观世音菩萨，便生福德智慧之男；设欲求女，便生端正有相之女。”从隋代开始，凡画此品，必有二人，或一携男孩，一携女孩，顾盼而行；或跪于观音前请求赐予，身后立小孩。各时代的求男求女图中的人物造型、衣冠服饰各不相同，往往是各时代的风俗画。如第420窟的人物穿窄衫小袖，长裙曳地，体态修长，与隋开皇年间女供养人的形象一致，而第45窟的求女者则头饰“抛家髻”，面部圆润，体态雍容华贵，一派盛唐妇女的丰姿。后立一女童，榜题：“设欲求女，便生端正有相之女，宿殖德本，众人爱敬。”相对的是一位窄袖袍服男子，双手合十，后立一男童，榜题：“若有女人，设欲求男，礼拜恭敬观世音菩萨，便生福德智慧之男。”五代时三界寺还修设“观音堂”一座（P.2641）。

商人遇盗图，法华经变“观音普门品”情节之一。始见于隋代第420窟，东顶以三分之一的壁面绘制：一商队整装待发；商主在祈祷；一人正为病驼灌药；在爬山过程中，一骆驼坠崖而死；路遇强盗，货物被抢；官兵保护商人，与强盗展开激烈战斗；一旁，毛驴在打滚，马在河边饮水而鞍却未卸；强盗被押到官将前，一个个交还所抢之物。画面与经文有一定距离，因而神秘色彩少而生活气息浓，完全是当时丝绸之路上可能发生之事。盛唐第45窟之“商人遇盗图”则是另一番景象：一群高鼻深目、卷须浓髯、头戴毡帽、身着贯头衫之西域商人，牵着驮载丝绸之毛驴，行进于山谷之中。突然，从悬崖幽壑中走出三个持刀强盗，拦劫货物，商人们双手合十。画面正中上方，有很大一块榜子，榜书全文为：“若三千大千国土，满中怨贼，有一商主将诸商人赍持重宝径过险路，其中一人作是唱言：诸善男子，勿得恐怖，汝等应当一心称观世音菩萨名号，是菩萨能以无畏施于众生，汝等若称名者，于此怨贼当得解脱。众商人闻，俱发声言：南无观世音菩萨，称（其名故）即得解脱。”榜书与经文仅差三字。此画作于开元、天宝之际，说明即使是太平盛世，中西交通往来也仍有艰难险阻。此画在“观音普门品”中人物多、构图紧凑、表现细腻，且至今保存完好。

航海遇难图，法华经变“观音普门品”情节之一。隋代洞窟据偈语“或漂流巨海，龙鱼诸鬼难，念彼观音力，波浪不能没”入画，如第420窟，画两只船航行于海上，水中有龙有鬼，“摩竭大鱼”张开比船还大的嘴，正要吞噬船只，船上的人不惊不慌，若无其事。唐以后据经文“若百千万亿众生，为求金银、琉璃、车渠、玛瑙、珊瑚、虎珀、真珠等宝入于大海，假使黑风吹其船舫，飘堕罗刹鬼，其中若有乃至一人称观世音菩萨名者，是诸人等皆得解脱罗刹之难”入画，第45窟可作代表，画一只大船，张满风帆，有人掌舵，有人撑篙，有人摇橹；正行进间，狂风大作，是人非人、拖着尾巴之“罗刹鬼”张牙舞爪向船上袭来，有一人合十虔敬称念观音。艺术家用写实手法为后世留下了逼真的唐代船只，乃至摇橹装置、桅杆上一级级挂帆之装置等。画旁有题榜，与上引经文完全一致。至五代、宋，则出现带毡庐似的篷帆船和双尾船。各时代之“航海遇难图”留下了各种船型的形象资料。

此窟北壁观无量寿经变之“十六观”，现存十三观，最后三观因系“九品往生”，当年可能绘于“西方净土”之下，今已无存。现存画面之特点为：人物、山水、树木、建筑皆完整如初，色彩沉着；“八功德水观”（第五观）画八个水池如棋格，前所未见，且为后来者所袭用；韦提希夫人头梳“抛家髻”，顶戴珍贵头饰，完全是盛唐贵夫人气度；夫人背后必有侍者，或一男一女，或二少女，或一男子，衣冠、服饰各有变化，说明夫人之侍者无数，贵极一时。这一表现方法未见于其他诸窟。

“十六观”里的韦提希夫人身后的二侍者，均着大袖长袍，为古代士庶人等之常服。《大唐新语》：“隋代帝王贵臣，多服黄纹绫袍、乌纱帽、九环带、乌皮六合靴。百官常服，同于走庶，皆着黄袍及衫。"《释名·释衣服》："妇人以绛作衣裳，上下连，四起施缘，亦曰袍。"此服类长衫，袖大，不分衣和裳，内充絮以御寒。敦煌壁画中的世俗人物多服此。

北壁"未生怨"故事画中，世俗男子均着襕衫、革带、乌靴，头裹长脚幞头，两脚长如带，自头后垂至肩臂。唐封演《封氏闻见记·巾幞》载："开元中燕公张说当朝，文伯冠服以襦者自处，玄宗嫌其异己，赐内样巾子长脚罗幞头，燕公服之入谢，玄宗大悦，因此令内外官僚百姓并依此服。"敦煌受长安影响，但盛唐时期壁画中的长脚幞头尚不多，主要见于吐蕃统治时期，即中唐时期。

菩提寺高广大塔图，为佛教史迹画之一。始见于晚唐，终于宋。多绘于甬道顶。《大唐西域记》谓：僧迦罗国王族弟入印度朝拜圣迹，诸僧伽蓝僧咸轻其小国边鄙，轻慢之，于是愤而归国建此塔，聚僧供养如来舍利，其骨舍利大如指节，光润鲜白，斋日放光，天雨蔓荼罗花。画中绘一楼阁式大塔，正面设蹬道，阶前立一人，作供养状。盛唐第45窟画侧有榜题曰："此菩提寺高广大塔。舍利如指……" S.2113A、P.3033及《法苑珠林》《续高僧传》《释迦方志》等均有此记载。

（三）第46窟

第46窟舍利弗像，彩塑代表作之一，位于主室南壁龛龛内涅槃佛像双足西侧，盛唐开元前后塑造。舍利弗是佛的十大弟子之一，佛经记载，佛涅槃时，他以火自焚，先佛入灭。同类题材壁画有之，彩塑仅此一身。此像袈裟裹头，通肩缠身，结跏趺坐，闭目入定，敛神遐思，嘴角含笑，面貌英俊，表现内心泰然自若、喜形于色的神情。造像以简练纯朴的雕塑语言，"意到笔不到"的手法，成功地塑造了外形朴拙、内蕴丰富深刻的形象。

佛母奔丧，涅槃经变情节之一。经云：佛母摩耶夫人闻子去世，悲伤啼泣，不能自胜，领诸天女，自忉力天宫下娑罗双树间，坐佛棺前，"头顶作礼"。盛唐第46窟南壁龛内释迦涅槃像头边，塑摩耶夫人，上着交领襦，下穿裙，脚踏云头鞋，坐莲座上，神情哀伤。这是莫高窟现存唯一的佛母塑像，十分珍贵。

第46窟二天王像，彩塑代表作之一，位于正龛龛内南侧和北侧。身着盛唐武将流行的铠甲（明光甲），颈下纵束甲带，到胸前横至背后；胸甲分为左右两部分，上面各有一圆护，绘圆形花饰，上缘有带与背甲相连。腰带上半露护脐的圆护；腰带下垂膝裙，鹘尾；其下露出战裙，下缚吊腿；肩覆披膊作龙首状。头束高髻，昂首挺胸，两手叉腰，挺然而立。南方天王竖眉瞪眼，嘴唇紧闭，怒不可遏；北方天王，横眉怒目，张口叱咤，凶暴威猛。北方天王脚下的地鬼，粗壮有力，咬紧牙关，睁大眼睛作挣扎的神情，更衬托出天王的威武。此窟天王像是威风凛凛、孔武有力、能征善战的唐代武将的生动写照。造型严谨，比例准确，手法写实，技巧高超，神采如生。现保存完好。

（四）第66窟

第66窟观音菩萨画像，观音画像代表作之一。位于西壁龛外北侧。盛唐绘制。菩萨扭腰出胯，重心落在右脚站立的莲花之上。右肩之侧有题榜"救苦观世音菩萨"。菩萨头戴摩尼宝珠冠，珠宝璎珞满身，帔帛、腰带而外，更系彩绦，愈显华贵；下着轻纱透体之红裙，其上花纹繁复；左手下垂轻拈璎珞，右手持璎珞至胸前，静中有动。体态健美，神情安详，微俯下视，似与观者相呼应，给人以善良、亲近之感。线描秀挺，重彩叠晕，珠宝中心点白色，增加闪光感；纹样周围剔白线，图案更为绚丽。然而由于人体过高，比例略显失调。

百花蔓草纹，由多种花草纹组合成的一种图案纹样。主花形近似茶花纹，正视圆形，花五瓣或六瓣，侧视花形如展开折扇。花实累累，叶短、肥、圆、尖，长叶则卷曲状。或以叶为花，或花叶相合，自由伸延。盛唐第66窟“百花草边饰”为最佳。始见于天宝时期（742—756年）诸窟，晚唐时消失。

（五）第103窟

第103窟，盛唐代表窟之一，覆斗形窟。主室窟顶藻井画团花井心，周围联珠、半团花、鳞纹、垂角幔帷边饰，四披画千佛。东壁画维摩诘经变“佛国品”“文殊师利问疾品”“方便品”，其中维摩诘、文殊师利、帝王、群臣、各国王子、罗汉、天人、舍利弗等人物均神形兼备，体现出线描造型之功能，具有“落笔雄劲，敷彩简淡”之吴道子一派风格。南壁画法华经变“序品”，两侧“妙庄严本事品”“化城喻品”等。北壁是观无量寿经变，两侧未生怨、十六观。三壁下部均残毁。经变画的人物造型，比例适度，线描纤细，用笔遒劲，服饰、华盖、背光、莲座敷色华丽，色调清新明快。南壁之“化城喻品”，以青绿山水为主，丛林葱翠，柳竹成荫，飞泉倾泻，人物骑骡牵象穿行其间，相映成趣，春意盎然，此画线描与色彩保存犹新，在敦煌壁画中独具一格，有极高的艺术价值。

东壁之维摩诘经变与南壁之法华经变系此窟之精品。法华经变为通壁大画，现下部已残，中间为“法华会”，画释迦于灵鹫山说法，“眉间白毫放光，照东方万八千世界”；左面为“化城喻品”；右面为“方便品”“妙庄严王本事品”“药王菩萨本事品”等。其布局与第217窟相近，艺术上各有千秋。如“化城喻品”，人皆誉之为优秀的山水画：远处，万山叠翠，几位旅行者牵着大象、骑着毛驴行进于山峦之间；中间几座陡峭之大山，岩石嶙峋，劲松兀立于岩缝之中，山尖草木茂密，巍峨而秀丽；画面之左侧，一练瀑布从高山之巅飞流直下，山涧上空因而薄雾蒙蒙，旅行者或“遥看瀑布挂前川”，或合十，或顶礼膜拜；画面之右上方，大山之背后，有化城（西域式）一座，点出故事主题“化城喻”。此经变之特色有二：其一，佛、菩萨、弟子造型准确，线条圆润，以线传神。而衣服上的线，则强调质感，红色长裙，在红色上面勾墨线，沉着厚重；绿色袈裟、腰带，着色后不再勾线，柔和、丰富、光洁。山石之奇，则用线或转折或挺拔或蜿蜒。远山近水，笔墨曲尽其妙。“化城”干脆只用线而不敷色。其二，敷色淡雅，色种简单。山水只用青绿，人物则有的几近白描，菩萨、弟子之圆光，一律不用花纹，反而更显人物之端庄。

第103窟维摩诘像，维摩诘经变“方便品”情节之一。位于主室东壁窟门南侧。盛唐绘制。内容与第220窟维摩诘像相同，构图亦无大差别。此像的特点有二：（1）通壁以墨线起稿，敷色后再用深墨勾勒；（2）维摩诘背后竖立屏风，屏风上贴有草书斗方，这是一件珍贵的民俗资料。

帝王问疾图，维摩诘经变“方便品”情节之一，位于主室东壁窟门北侧。古代画工主要靠一手流畅明快的线描，把一个广额丰颐、浓眉大眼、隆鼻美髯、仪表堂堂的中年华夏帝王，勾画得踌躇满志，栩栩如生，显示出同时代著名画家吴道子"落笔雄劲，敷彩简淡""虬须云鬓，数尺飞动，毛根出肉，力健有余"的风格。宋郭若虚《图画见闻志·论曹吴体法》中说："吴之笔，其势圆转，而衣服飘举。"《论吴生设色》篇又说："吴道子画……落笔雄劲，而傅彩简淡。"元汤垕《画鉴》谓"吴道子笔法超妙，为百代画圣……人物有八面，生意活动，方圆平正，高下曲直，折算停分，莫不如意，其傅彩于焦墨痕中，略施微染，自然超出缣素，世谓之吴装。"吴道子无论描线、造型、设色均有独到成就。唐代敦煌壁画与同期中原风格甚相近似，由于吴道子艺术的深远影响，凡唐代壁画的优秀作品，民间都习呼为吴家样，在敦煌壁画中成为对唐代艺术的泛称。

王子官属问疾图，维摩诘经变"方便品"情节之一，位于主室东壁窟门南侧。内容、构图承袭第220窟王子官属问疾图，唯敷彩简淡，着力于线描，运笔生动。人物形象具有重要的民族学史料价值。

第103窟普贤菩萨画像为菩萨画像代表作之一，位于南壁法华经变"序品"中。为释迦如来在灵鹫山说法华之会时右侧胁侍菩萨，主一切诸佛之理德、定德、行德，与左侧主智德、证德之胁侍文殊菩萨相对，盛唐23、217窟法华经变"序品"中普贤菩萨布局与此相同。双手作"普贤三昧耶印"，交腿坐莲座上，面相椭圆，蛾眉细眼，高鼻小嘴，素面，神情端庄，造型线描纤细准确，敷色以青、赭、绿、白色为主，服饰、宝盖、莲座装饰华丽，保存犹新。

第103窟山水画位于南壁法华经变"化城喻品"中，构图简练、集中，主要有两组山崖相对如阙，左侧岩间有泉水涌出，下面是河流，河边旅人正驻马观泉。崖上青藤翠蔓描绘颇细；岩石以淡墨线勾出轮廓，行笔劲健，辅以青绿晕染，显出质感。上部远景为平缓的山丘，山间有一行人走出。这幅山水画近景远景层次分明，用色单纯、清爽，岩石的勾勒及皴法颇具特色。

（六）第130窟

第130窟，盛唐代表窟之一，敦煌石窟之第二大窟。P.3720《莫高窟记》及P.3721《杨洞芊列记敦煌古事》记载，此窟由僧处谚与敦煌人马思忠等于唐开元九年（721年）始建。又据此窟甬道供养人晋昌郡太守乐廷瓌题记，此窟全部竣工当在玄宗天宝年间，历时30余载。窟内塑像为善跏坐（倚坐）弥勒佛像，高26米，在敦煌为仅次于"北大像"（高33米）之第二大佛像。因此像位于"北大像"之南，故唐代称之为"南大像"。此像就崖镌刻石胎，外敷草麻泥，然后造形上彩。佛身倚崖而坐，双腿下垂，脚踏仰莲，左手抚膝，轻柔自然，右手作施无畏印。佛头微俯，双眼微合下视，脸庞丰满，略含笑意。整个塑像比例适度，神态庄重慈祥。洞窟呈方锥形，下大上小，高29米，仅容大佛，观者自下仰视，弥觉佛像高大宏伟。窟内四壁为重层壁画：南、北两壁各有高8米的盛唐结跏坐菩萨画像一身，为莫高窟最大的菩萨画像，原色铅粉氧化，变为褐色。东壁表层，北宋、西夏之际画菩萨多身，下半部的底层露出盛唐涅槃经变部分画面。窟顶呈覆斗形，有北宋、西夏时浮塑团龙华盖藻井。甬道顶左右两侧各有一个盛唐时所建的小窟，内残存盛唐及西夏壁画。甬道北壁画天宝年间晋昌郡太守、墨离军使乐廷瓌及侍从供养像，画面虽有损坏，但仍可辨识，盛唐时期刺史官服佩饰亦可据以考察。南壁画乐廷瓌夫人太原王氏及其女和侍从等供养像。王氏夫人体态丰腴，发髻簪花，衣着华丽，雍容华贵，神情虔敬。此画画工精美，用笔纯熟，色彩艳丽，与中唐周昉《簪花仕女图》人物同一风格，为盛唐巨型人物画中之精品。惜画面因人为破坏及千年风沙磨蚀，现已较模糊。段文杰早年曾复原临摹此画，临本现存敦煌研究院，可略补壁毁之失。此窟窟前原造木构建筑已毁，现仅存清代重修之顶层（第三层）窟檐及中层（第二层）木栏，底层仅存崖面梁孔、椽眼遗迹。1979 年敦煌文物研究所考古研究室于此窟窟前地面下三米处，发掘出西夏时期的木构殿堂遗址。遗址东西进深 16.3 米，南北宽 21.6 米，花砖墁地。地面有三排 18 处柱础或柱孔遗迹。靠窟门外两侧地面，有四处地神塑像及天王塑像残腿。依据这些发掘资料，结合崖面梁孔、椽眼大小及高度，可知西夏时期此窟窟前有东西进深三层、南北阔面五间、高约九米的木构殿堂，以及背崖而立、高约七米脚踩地神的四天王塑像。

第 130 窟甬道南壁都督夫人太原王氏礼佛图，是唐代供养人画像中规模最大的一幅，王氏“丰肌腻体”如杨贵妃型，她是天宝五年（746 年）出任晋昌郡都督的乐庭瓌夫人，头上抛家髻，饰鲜花、小梳、宝钿，碧衫、红裙、肩帔，脚登笏头履。身后女十一娘面饰花钿、花子，着朱衫白裙。女十三娘头戴凤冠，斜插步摇，衫裙帔帛，小头鞋履。再后面九个婢女，为首的也饰抛家髻，着衫裙帔帛，执纨扇，其余八人均着圆领衫，腰束带，束装似男儿，为天宝年间时兴的奴婢服装，其中三人发髻上戴透额罗幞头，造型真实，富有生活气息，是敦煌供养人壁画中最成功的一幅。

抛家髻为妇女发髻形式之一，敦煌盛唐壁画中女供养人或故事画中的世俗妇女，均饰此髻。唐末、五代、宋亦盛行不衰。最典型者为盛唐第 130 窟天宝年间“都督夫人太原王氏礼佛图”中太原王氏及其二女。其型为两鬓包面，头上又加朵子，据《新唐书·五行志一》云：“唐末，京都妇人梳发以两鬓抱面，状如椎髻，时谓之‘抛家髻’。又世俗尚以琉璃为钗钏。近妖服也。抛家、流离，皆播迁之兆云。”隐喻安禄山叛乱之后，唐王室流离失所，百姓抛家外逃之意。唐书记载抛家髻出现的时间晚于敦煌壁画所绘，当以壁画为准。唐书所述仅为一说耳。

贴花红为贴花、点红、点绿之合称，为唐宋时敦煌妇女面饰，《下女夫词》所谓“头上盘龙髻，面上贴花红”。莫高窟壁画中有此面饰之形象资料。如贞观十六年（642 年）的第 220 窟维摩变中的天女，额上贴云头花钿；天宝年间的第 130 窟甬道南壁女供养人像——晋昌郡太守乐庭瓌第十一女额上贴五出梅花，髻侧及面颊点红、腮上饰“绿的”；第 61 窟主室北壁五代女供养人额上髻侧、两颊、两腮均点上色饰花样；同窟东壁南侧北宋时节度使曹延禄夫人、于阗公主李氏更是满面贴花点绿。可见初唐、盛唐、五代、北宋妇女面饰日趋繁复之迹。

五色幡图，药师经变标志之一。经云：求长寿，求富饶，求官位，求男女，须悬幡；欲脱重病或求“应死更生”须造“五色续命神幡”长 49 尺；帝后、妃主、储君、王子、大臣、辅相、中宫婇女、百官、黎庶为求消灾免难，亦应造“五色神幡”。因此，凡画药师经变，从隋至西夏，长幡几不可少。飘扬在佛国上空之长幡，不仅造型美，其幡上之图案更反映出人间丝织物的质量与水平，如初唐第 220 窟北壁上部之五色幡图，就是一例。1965 年，敦煌文物研究所在加固第 130 窟窟内壁画过程中，在该窟南壁西端顶部的底层壁画下面的岩孔内，发现唐五色幡 39 口（唐代将幡之计量称为“口”，有一件幡上的发愿文曰：“开元十三年七月十四日，康优婆姨造幡一口，为己身患眼。若得损日，还造幡一口，保〔报〕

佛慈恩，故告”），这是当时佛教活动的实物见证。其中最长的一口，长 2.64 米。所谓“五色幡”，实际是用不同花色之丝织物连接而成，并非指一块丝织物上兼具五色。

同时发掘的还有一口绿地团花蜡缬残幡，现藏敦煌研究院。此幡为唐代制作，长 47 厘米，宽 52.5 厘米，幡身二段，因经线粗细不同，绢面呈平行条纹。此件先染黄色，再用镂花夹板注蜡缬染出绿地或紫地圆形和四出团花。纹样复杂而精致，严谨而工整。这类团花纹样与莫高窟初、盛唐洞窟内团花纹样风格基本相似。据幡身两侧保存完好的幅边，推知绢幅面阔为 52.5 厘米，折合唐尺一尺七寸，与文献记载大致相符。幡身一段基本完好，另一段仅存残片，首尾均残。

（七）第 148 窟

第 148 窟，盛唐代表窟之一，拱形顶窟。前室南厢置石碑一座，碑南北向，南向为唐大历十一年（776 年）镌刻的《唐宗子陇西李氏再修功德记》，故本窟又称“大历窟”和“李家窟”。此碑北向为《唐陇西李府君修功德碑》，两碑所记洞窟塑像、壁画内容与本窟完全相符，建窟铭记为唐大历十一年李大宾所造。前室晚唐塑二力士、二天王、六从众、二狮子（经清重修），甬道顶画报恩经变之序品、孝养品、恶友品（残，为盛唐出现之新题材）。主室窟顶画千佛。东壁门上绘千手千眼观音，北门是东方药师变，门南为观无量寿经变。西壁长佛坛上塑涅槃佛（身长 14.5 米）及佛弟子、天人、各国王子、佛姨母、菩萨等举哀像七十二身（西夏重修），画涅槃经变。南壁中部开盝顶帐形龛，内塑如意轮观音（已毁），画观音变、四臂观音、六臂观音、八臂观音及如意轮陀罗尼咒诸愿。龛上部绘弥勒经变（包括上生、下生），龛外东侧绘文殊菩萨，左侧接绘西壁涅槃经变的部分情节。北壁盝顶帐形龛内原塑不空羂索观音（已毁），画欢喜藏摩尼宝胜佛、药王菩萨、地藏菩萨及不空羂索神咒诸品，龛上画天请问经变（新出现之题材），龛外东侧普贤菩萨，右侧接绘西壁涅槃经变的部分情节。东壁、两龛下与坛下表层是西夏画的供养人，底层露出晚唐供养人。此窟诸经变画及文殊、普贤均为莫高窟各同类题材中之最大者，各经变画内容丰富，构图层次分明，人物造型比例适度，建筑（殿堂、角楼、院落、回廊、水榭）结构复杂，布局谨严，背景山水远近透视关系处理技巧成熟，敷色浓丽，绘制精细。此窟石碑全文见徐松《西域水道记》、罗振玉《西陲石刻录》、张维《陇右金石录》《沙州文录》《敦煌石室真迹录》等，有重要参考价值。

十六观，观无量寿佛经变情节之一，乃辨别观无量寿佛经变之标志，据《观无量寿佛经》绘制而成。此处之“观”，包括看、想、念、行，主要是想。所谓“十六观”，即：第一观，日想；第二观，水想；第三观，地想；第四观，树想；第五观，八功德水想；第六观，总想；第七观，华座想；第八观，像想；第九观，遍观一切色身相；第十观，观观世音菩萨真实色身相；第十一观，观大势至色身相；第十二观，普观想；第十三观，杂想观；第十四观，上辈生想；第十五观，中辈生想；第十六观，下辈生想。通过十六观，使善男信女了解西方极乐世界以及如何“往生”西方佛国。由经绘成壁画，在莫高窟，自初唐至宋（宋以后无此经变）均以一位夫人跪地观看十三种或十六种场景来表示。只画十三观者，第十四至十六观画成“九品往生”，如初唐第 431 窟，盛唐第 45、148 窟；“十六观”画全者，亦画“九品往生”，如盛唐第171、172窟等。“十六观”所处之位置，因观无量寿经变形式不同而不同：横卷式在全卷正中；中堂式在说法图之左或右；屏风式则在说法图之下方。“十六观”之代表窟有：初唐第431、217窟，盛唐第45、66、320、172、171、148窟。同是“十六观”之主要人物韦提希夫人，初唐时文雅娟秀，盛唐则雍容华贵，五代、宋虽有盛唐遗风，但神情呆滞，景观也大为逊色。

第148窟十六观为观无量寿佛经变“十六观”代表作之一，位于东壁南端。“十六观”只画一至十三观，其余三观因系“九品往生”，绘于“说法图”中七宝池内。其次序严格按照经文自上而下安排，画面至今保存完好。创作很讲究“经营位置”，每一“观”之景物繁简、高低、大小、远近等错落有致，疏密有方。更可贵的是，榜书基本可辨。第一观，“日想”，落日正西沉，修行者韦提希夫人与“日没处”远隔山山水水，画面幽静、深远。第二观，夫人跪在池边，池水已结冰，榜书则为“第二观水作冰观”。此系据经文归纳而成，可见创作者熟悉经文。第三观，“地想”，榜书已不清，画面为一朵大莲花，上有“光明台”，台边有宝幢，幢放五色光。地想观之经文很简单，应如何想“地”，在第二观中有描述。初唐第431、217等窟之“地想观”，用花砖铺地表示，似按当时社会之“地”来描绘，此画作者却据经文由“地”而联想到莲花、光明台等。第四观，“树想”，画面无甚奇特，榜书作“第四宝树观”。第五观，“八功德水想”。榜书已不可辨认。盛唐第45、66等窟按经文画八个水池，此处只画四个，但莲花画得特好，此乃按经文“一一水中有六十亿七宝莲花，一一莲花团圆正等”绘成，比之呆板的“八池水”略高一筹。第六观，“总想观”，据经文，此观应“粗见极乐世界宝树、宝地、宝池”，如依此实绘，则与其他各“观”势必雷同，创作者撷取经文中“众宝国土一一界上有五百亿宝楼”此句，画一座楼阁，而且直题其榜书为“第六宝楼观”。第七观，“华座想”，其他洞窟，绘此观多作一“莲座”，唯独此处画一水池，池中长出有如佛座的一朵大莲花，花瓣饱满，莲茎粗壮如柱，花之周围宝珠串串，其榜书为“第七莲花观”。这是画家摘取经文中之“欲观彼佛（指无量寿佛）者，当起想念，于七宝地上作莲花想……如是莲花，具有八万四千叶，一一叶间，有百亿摩尼珠王以为映饰”，独出机杼。第八观，“像想”，榜书已不清。画面为一佛二菩萨坐于七宝池中之莲座上，与经文合。第九观，“遍观一切色身相”，画面为一佛端坐于莲花上，作“施无畏”印，周身放光，光中有千佛，韦提希夫人跪于佛前，榜书清晰，曰“第九阿弥陀观”，与经文一致。这概括性的榜书，令人称绝，盖“遍观一切色身相”，乃指“观”阿弥陀佛。第十观，“观观世音菩萨真实色身相”，第十一观，“观大势至色身相”，据经文，前者冠中有化佛，后者冠中有宝瓶，其他相仿，故二者画面无甚区别，菩萨结跏趺坐于莲台之上，周身放光，光中有千佛，韦提希夫人跪于前，至于花冠，如今已无明显标志。第十二观，“普想观”，画面与其他洞窟相仿（水池、莲花），只是在莲花之上画五色光及千佛稍为特殊，榜书曰“第十二观莲花开合”，当是通经者之点题。第十三观，“杂想观”，绘一佛，跣足立于莲花之上，韦提希夫人跪于前，榜书则为“第十三观丈六佛身”，经云“若欲至心生西方者，先当观于一丈六像”，榜书与经文合。

九品往生，观无量寿佛经变情节之一。亦即“十六观”之最后三观：第十四观，上辈生想；第十五观，中辈生想；第十六观，下辈生想。此三辈，又各分为上、中、下，成为九品。据《观无量寿佛经》，谓期生西方净土者，各依“行业”之不同而分为九种往生形式，即：上品上生、上品中生、上品下生、中品上生、中品中生、中品下生、下品上生、下品中生、下品下生。壁画“九品往生”虽同依《观无量寿佛经》，但布局、繁简、表现方法却有不同。

上品上生，148 窟在水池正中画一盛开莲花，上跪一人作菩萨状，面佛礼拜。榜书曰“初品上生”；上品中生，第 148 窟只画一人双手合十盘腿坐于莲花上，榜书“上品中生”仍隐约可见。作为可靠资料，莫高窟仅此一例，弥足珍贵；上品下生，第 148 窟画一人坐莲花内，但见上半身，花尚未全开，画面表示莲花正在开放。有隐约可见之榜书，文曰“上品下生”；中品上生，第 148 窟则与“上品中生”并列，画一朵盛开莲花，一菩萨模样者盘腿坐于花上。榜书“中品上生”四字隐约可见；中品中生，第 148 窟有榜书，但只有“中品”二字尚隐约可见；下品上生，第 148 窟则只画一朵莲花，上坐一位“化生童子”，旁有榜书，文曰“下品上生”。此画简单，表明“化生童子”虽活泼可爱，但却是“下品”往生，此品之前各品，俱作菩萨状，表明往生者已“闻法得道”；下品中生，第 148 窟则只画一朵莲花，正在绽开，内有一化生童子，只露半身。榜子虽存，但榜书已不可辨，按其整体安排，榜书应为“下品中生”四字；下品下生，第 148 窟则画一朵莲花苞，苞内一片混浊，意谓往生者在莲花内须得等待“满十二大劫，莲花方开”。旁有榜书，文曰“下品下生”。

药师经变亦称药师净土变。敦煌佛教经变画之一。佛说拔除过罪生死得度经变、药师如来本愿经变、药师琉璃光如来本愿功德经变之总称。佛家宣传药师经乃“致福消灾之要法”“病士求救，应死更生”“王者攘灾，转祸为福”之“妙术”。凡“无救、无归、无医、无药、无亲、无家”，只要供养药师如来就可一切如愿；王者如遇“人民疾疫难，他方侵逼难，自界返逆难，星宿变怪难，日月薄蚀难，非时风雨难，过时不雨难”，只要供养如法，则“七难消除”。盛唐出现兼择各种译本而综合组织成的通壁大画，如第 148 窟，据题榜得知，上部正中的主要题榜用的是义净译本中的咒语，而十二大愿则既有帛尸梨蜜多罗译本，又有玄奘、义净译本。

第 148 窟药师经变为药师经变代表作之一，莫高窟最宏伟之药师经变。位于东壁北侧。中间为药师净土及鼓乐歌赞。左条幅为十二大愿，至今题榜尚有可认者。右条幅为九横死及斋僧燃灯、供养如来。此画不仅规模大、人物多、保存完好，而且以精细、严整著称。仅“不鼓自鸣”之天乐，就画了 20 多件乐器。两进平台，台基贴面花砖、栏杆彩画、望柱装饰，无不精细描绘，一丝不苟。两进殿宇，连户牖之蔑帘、花纹犹历历在目。“鼓乐歌赞”的乐队中，有两架莫高窟最大之箜篌，架上花纹、丝绦、琴弦无不具体而微。清澈见底的“八功德水”，缓缓流入水池，七宝池中，鸳鸯戏水，儿童游泳，有两个小孩竟坐在荷叶上玩耍，另一小孩正努力往荷叶上跻身，为画面增添了不少情趣。殿宇、回廊中的菩萨，或两人结伴，窃窃私语；或三五成群，前呼后应；或倒卷珠帘，临牖眺望；或凭栏俯首，下视人间；或持花，或捧食；有一位走至阶前，将大盘往上传送，有一位竟坐在栏杆上小憩。这分明是人间宫廷生活。莫高窟之菩萨千姿百态，但如此表现净土生活的“活跃”，却前所未有。

九横死图，药师经变情节之一。各译本对“九横死”之描述，内容大同小异，只是次序先后有别。“横死”即死于非命。九种横死，有的易于入画，如：“枉为王法所戮”（二横）；“畋猎嬉戏，耽淫嗜酒，放逸无度，横为非人夺其精气”（三横）；“横为火焚”（四横）；“横为水溺”（五横）；“横为种种恶兽所噉”（六横）；“横堕山崖”（七横）。以上种种，盛唐以后之药师变中多有表现，画面如经文之图解，没有什么精品。有几种横死容易混淆，如“得病虽轻，然无医药及看病者，设复遇医，授以非药，实不应死而便横死。又信世间邪魔外道、妖孽之师妄说祸福，便生恐动，心不自正，卜问觅祸，杀诸众生，解奏神明，呼诸魍魉……遂令横死”（初横）；“横为毒药、厌祷、咒咀、起尸鬼等等所中害”（八横）；“饥渴所困，不得饮食，而便横死”（九横）。饥与病不易分，信邪与厌祷也不易分。可能由此之故，“九横死”之画面往往不全，盛唐第 148 窟药师变为莫高窟该经变之最，从现存九块榜子看，“九横死”可谓齐全，但画面易于识别、确认者仅初横、四横、五横、六横而已。从民俗画角度看，“初横”是难得之民俗资料：第 148 窟之画面为一张低床上坐着一位病人，床前站一妇女，面对患者，一赤膊男子在手舞足蹈，他周围的地面上插着小旗模样之物，另有一妇女弹琵琶为他伴奏。

斋僧燃灯图，药师经变情节之一。供养药师如来，尤其是“欲脱重病”“增益寿命”、消除七难，斋僧燃灯为必不可少者。代表作有盛唐第 148 窟、中唐第 159 窟、晚唐第 12 窟等。画面一般为：一座大院，正中上房供一佛像，前有供品；边厢里坐一些僧人，正接受施主奉食；院子里放着大案，上摆食物，一人捧物，另两人抬物，一派忙碌景象，生活气息极浓。另一座房子里，安有五层或七层灯轮，房外竖一幡杆，上挂长幡。

弥勒经变简称弥勒变，即弥勒净土变、弥勒变相、弥勒上生下生经变之合称。敦煌佛教经变画之一。据《佛说观弥勒菩萨上生兜率天经》《弥勒下生经》绘制。盛唐着重于《下生经》全部内容及细节之描绘和铺陈，如第 33、148、208、445 窟等。画面以弥勒三会为中心、三会分布成“Π”形，诸细节穿插于三会两侧及下部空隙处，主要有：弥勒诞生，七步生莲，沐浴，回城，降魔，龙华树下成道，婆罗门拆毁宝幢，七宝，罗刹扫城，龙王降雨，地涌甘泉，路不拾遗，一种七收，树上生衣，女年五百岁出嫁，送老入墓，迦叶禅窟，弥勒及弟子入城乞食，供养佛塔、三宝，持戒者往生兜率天等。画面构图合理，描绘细腻，位置经营错落有致。这一时期构图形式还有窟顶一披式和条幅式，并成为后世因循之常用格式。

兜率天宫图，弥勒经变情节之一。佛教所说欲界六天中之第四天。有内、外二院。弥勒菩萨居内院。以盛唐第 148 窟壁画规模最大，保存最好。图中正面宫门竖匾墨书“兜率陁天宫”。弥勒菩萨于宫内主殿说法，菩萨天人胁侍左右，两侧宫殿楼阁，层叠林立，宫外回廊天女“执众乐器，竞起歌舞”，四大天王守护宫城。画面与《上生经》所说“兜率陁天”的描述一致。初见于隋，终于宋。

三院伽蓝，大型寺院平面布局方式之一。莫高窟盛唐以后弥勒上生经变中表示弥勒菩萨所居住的兜率天宫。有作横向并列三院布局的：一般中院较大，是寺院的主体，左右二院较小，面向中院，并有门户相通；有的左右院表示为园林，园中有八边形亭式建筑。另一种如盛唐第 148 窟南壁弥勒变中的兜率天宫，为一横向矩形大寺院，两侧紧连一小院，亦是三院之制，唐段成式《酉阳杂俎·寺塔记》载一寺院分作若干院、堂，壁画中作三院布局，有一定现实依据。

三门图，壁画中建筑群正面并列的三座门，象征佛教的“三解脱门”（空门、无相门、无作门）。盛唐第148窟南壁上部，弥勒经变表现一寺院建筑群，在开阔的正面回廊上，正中有一座三开间单层的大门，两侧各一门，形成“三门”。五代第61窟北壁药师净土变正面绘一大片建筑，正中突出一三开间二层楼的门楼，两侧各挟一形制相同而稍小的二层门楼。唐段成式《酉阳杂俎·寺塔记》第一百四十七条：“……南中三门里东壁上，吴道玄白画地狱变。”释道宣《戒坛图经》记有大型寺院“外门”“东门”“西门”三门并列。三门，亦称山门，以寺院多居山林之处，故有此名。或只有一门，仍呼三门。

七宝图，弥勒经变情节之一。据《弥勒下生成佛经》绘制。经云：“（儴佉）王有七宝：金轮宝、象宝、马宝、珠宝、女宝、主藏宝、主兵宝。”壁画将此七宝或绘于主尊弥勒华盖两侧，如第148、202、205、231、85、156、98、100、25、454窟等；或置于佛前作供养品，如第23、445、218、129、384窟等。轮宝绘一车轮，主藏宝绘一珍宝盒，象宝象一，马宝马一，兵宝武士一，女宝童女一，珠宝宝珠一，这七宝有别于佛经中的另一种“七宝”（金、银、玻璃、琉璃、车渠、珍珠、玛瑙等）。弥勒七宝是识别该经变的标志之一。始见于盛唐，终于宋。

弥勒回城图，弥勒经变情节之一。表现弥勒于妙花园降生之后，回妙幢相城的情景。据《弥勒下生成佛经》绘制。经云：“褓母擎菩萨，三十二相身。具足诸光明，捧持来授母。御者进雕辇，皆用宝庄严。母子升其中，诸天共持舆，千种妙音乐，引导而还宫。”莫高窟现存盛唐到五代的弥勒下生经变中均有此画面，以第148、91、129、154、156、202、205、231、361、156窟较好。图中四人抬一轿，净妙怀抱弥勒坐于轿中，前有引导，后随婇女，向妙幢相城行进，城门外，国王及大臣恭候迎接净妙母子的到来。

婚礼图，弥勒经变情节之一。据《弥勒下生经》“女人年五百岁尔乃行嫁”一语绘制。第33、148、445、186、202、205、9、12、156、196、53、454窟及榆林窟第25窟均有绘制。图中帐幕内餐桌陈列宴请宾客，帐前新郎伏地，新娘与傧相立旁（或新郎新娘均立），向客人行礼，符合武则天时男拜女揖的时俗。还有弹奏乐队、弄姿起舞者，以及“奠雁”“合卺”等场面。当是现实生活中的婚礼场面在佛国世界的再现。始见于盛唐，终于宋。

涅槃经变，简称涅槃变。表现释迦牟尼佛病重，在拘尸那城外跋提河边娑罗树林间为众弟子作最后的说法，然后于七宝床上右胁侧卧，入于涅槃。菩萨、弟子、天龙八部、世俗人众皆来供养举哀。各窟彩塑与壁画结合表现的具体内容不尽相同。第148窟卧佛像的周围塑造菩萨、弟子、天龙八部、各国国王举哀群像七十二身。围绕群塑的壁面详细地绘画了佛说法和四众听法，佛涅槃和众弟子、佛母举哀，佛出棺为母说法和摩耶夫人、天龙八部听法，金棺自举和金棺自焚，四众分舍利等六十六个情节。

迦叶奔丧，涅槃经变情节之一。经云：迦叶与五百弟子在耆阇崛山修行，得知释迦牟尼佛去世，将诸弟子，寻路疾归。遥见佛棺，“号哭哽咽，闷绝躃地”。莫高窟涅槃经变中多数画此情节。第148窟榜题云：“尔时迦叶在耆阇崛山，知如来入般涅槃，以敬佛故，不敢飞空往如来所，将诸弟子，寻路疾行，悲号速往，乃见如来七宝棺，一时哽咽号哭，闷绝昏浊心乱。”这是考释画面的可靠依据。

应尽还源品，涅槃经变之一。经云：释迦牟尼佛去世，诸天龙神唱言“世界虚空”，“痛哉痛哉！”第148窟画此品：释迦涅槃像周围画数男女，着世俗装，或站或跪，面向释迦遗像致哀。第148窟榜题云：“帝释、梵天、龙神、群（下缺数字）力士女等唱言：痛哉痛哉！”

释迦再生为母说法，涅槃经变情节之一。经云：佛母摩耶夫人自忉力天下到娑罗双树间，见子释迦牟尼佛尸体入殓完毕，“呜呼苦哉，痛不可言”。尔时释迦牟尼佛“以大神力”，令棺盖自开，再生为母说法：“远屈来下此阎浮提。诸行法尔，愿勿啼泣。”第148窟画此情节：释迦牟尼佛坐棺盖上，举手说法。释迦前，摩耶夫人并二侍女，跪地听法。释迦两侧，分别画诸菩萨、弟子听法。这是佛教适应唐代社会伦理道德之需要，宣传孝道，“用报所生恩，示我孝恋情”。

金棺自举，涅槃经变情节之一。经云：释迦牟尼佛圣体入殓后，拘尸城内善男信女请四大力士，举棺入城供养。而诸力士尽其神力，皆不能胜。尔时如来即自举棺，升虚空中，绕拘尸城，徐徐运行。盛唐第148窟画此情节：棺材自起升空，越城而行。下部墨书榜题：“金棺自举，绕城七匝，即往荼毗，虚空而行。”

金棺，壁画中释迦牟尼涅槃后装遗体之棺。第148窟涅槃变中之金棺。谓此棺用黄金制作或用金装饰。以后高僧去世，其舍利亦以金棺盛装。甘肃泾州唐大云寺塔基内出土的金棺，其上满刻花纹，并镶嵌珍珠、石英石、绿松石等，极为精致华贵。金棺内盛琉璃瓶，瓶内盛舍利。壁画中的金棺，并非饰金，因色浅褪变，远不及出土实物华丽。

弟子抬棺，涅槃经变情节之一。《菩萨处胎经·复本形品》云：“尔时阿难捉棺西北角，难陀捉东北角，诸天在后侍值，北去双树四十九步，厝金棺随沙门法。”画面改“捉棺”为“抬棺”，第148窟西壁也画抬棺图，不过抬棺者不是弟子，而是力士。第148窟涅槃经变的棺材前头，绘有立鸡一只，为亡者在前导引，取其和阴阳、厌厉之意：“腊除夕，以雄鸡着门上，以和阴阳”“正朝县官杀羊悬其头于门，又磔鸡以副之，俗说以厌厉”（《太平御览》卷九百十八）。

外道幸灾乐祸，涅槃经变情节之一。“外道”是佛教对其他宗教派别的贬称。经云：“诸魔恶人，见佛涅槃，皆大欢喜。”盛唐第148窟西壁画七个外道，面向释迦涅槃像，手舞足蹈。榜题云：“拘尸那城中外道六师闻佛涅槃（下缺数字）欢乐。”

天请问经变相也在盛唐时代开始出现，见于第148窟，所依据的《佛说天请问经》是贞观二十三年（649年）玄奘法师奉诏新译出的，内容是天与佛之间的问答，倡言辟贪、瞋、痴等三毒，戒杀生、偷盗、邪淫、妄语、两舌、恶口、绮语、贪欲、瞋恚、邪见等十恶，主张施舍、忍辱、智慧、修福而求解脱。

如意轮陀罗尼神咒经变为敦煌佛教经变画之一，位于第148窟主室南龛。立于此窟前室的《大唐陇西李府君修功德碑》，载有此铺经变的题名和唐大历十一年（776年）纪年，为此铺经变绘塑年代的确证。据唐天竺三藏菩提流志译《如意轮陀罗尼经》绘塑。此经是密教的一部重要经典，主要内容是说佛在鸡喇斯山时，观自在菩萨在众菩萨中向佛说他有秘密如意轮陀罗尼，所求一切胜福事业，皆可如意成就。他承佛旨，为大众讲此陀罗尼咒，及其功德、诵念、法印、坛法、供养法等。全经共十品，入画者有“序品”“破业障品”“含药品”等。在盝顶帐形龛内，经变以绘塑结合的手法表现，主像如意轮观音像和两侧胁侍像共七身，均系彩塑，现塑像均毁，仅存像座。龛主壁两扇、左右侧壁各三扇屏风上绘画《如意轮陀罗尼经》各品内容。每扇屏风均安排上下两个画面，旁有榜题，摘录经文内容，榜题多已漫漶。主壁两屏风主要绘画“序品”，观自在菩萨讲如意轮陀罗尼时的神通力，如天龙八部各宫殿和大地震动，魔众恐惧怖畏，诸天持香、花、璎珞、宝盖、天衣供养佛等；其次表现“破业障品”，观自在菩萨讲说若持诵如意轮陀罗尼，就能破除过去一切罪恶和业障，成就一切功德的情景。左、右壁共六扇屏风12个画面，多表现“破业障品”的内容，屏风下部画面逐一表现若能信持如意轮陀罗尼，则能使“军阵”“刀兵”“王难”“斗战”“诤讼”“敌国”“冤家”种种人祸不相加害，狮子虎狼一切恶兽也不相害，水火风雨雷电自行消灭，一切药叉鬼神不能加害，一切恶魔鬼怪悉自消灭等。屏风上部画面逐一表现若能信持如意轮陀罗尼，观自在菩萨在人前现身，使其所求愿望悉能得到；使人或见阿弥陀佛真身；或见观自在菩萨所住的普陀落山七宝宫殿；或见国王大臣恭敬供养；或见自身前世所造一切罪障悉得消灭；死后不再胎生，由莲花化生，直至证得菩提。经变画面乃佛经内容之图解，榜题文字乃画面之说明。盝形龛顶绘四臂（东披）、八臂（南披）、三头四臂等观音像。自盛唐开元三大士善无畏、金刚智、不空来东土弘扬密教，莫高窟密教形象持续发展。在众多的密教形象中，以《如意轮陀罗尼经》为题材的绘塑结合的经变仅此一铺，且又是出现最早的密教龛。

六臂伎乐飞天为飞天代表作之一，位于第148窟南壁如意轮菩萨龛龛顶西角。六臂各弄乐器，掠空而来。两手上举击铙，两手拨弄琵琶，一手摇摆铎铃，一手拈管接唇，飘带长曳，裙裾飘扬，意态潇洒，极富音乐韵味。

不空羂索神咒心经变，敦煌佛教经变画之一。位于第148窟主室北龛。立于此窟前室的《大唐陇西李府君修功德碑》，载有此铺经变的题名和大历十一年（766年）纪年，为此铺经变绘塑年代的确证。据唐玄奘译《不空羂索神咒心经》绘塑。此经是密教重要经典之一，主要内容是说佛在布怛落迦山观自在宫殿时，观自在菩萨在大众中向佛说，他于过去九十一劫在世主王如来处所，受持不空羂索大神咒心，以此神咒力获得种种功德，以及神咒持诵、观修、供养法等。经变在盝顶帐形龛中以绘塑结合手法表现，主像不空羂索观音像和两侧胁侍像共七身，均系彩塑，像均毁，仅存像座。龛主壁两扇、左右两侧壁各三扇屏风，绘以《不空羂索神咒心经》之内容。每扇屏风均安排上下两个画面，旁有榜题，摘录经文内容，榜题多已漫漶。主壁两扇屏风表现自在天、大自在天等诸天守护供养不空羂索神咒和持咒所获的功德。左、右侧壁的六扇屏风画表现读诵神咒、受持诵咒、书写供养、为人赞说、令畜生听闻、书写并礼拜供养神咒心经、莲花供养念咒投火坛、取药丸念咒、取药丸念咒投火坛、读诵此咒并服用咒水等种种修持供养神咒之法，可免除各种灾难和病痛，获得种种功德利益的场景。绘画系榜题注文之图解。龛顶绘欢喜藏摩尼宝胜佛、地藏菩萨、药王药上菩萨。莫高窟盛唐以后密教形象渐增，以《不空羂索神咒心经》为题材的绘塑结合的经变仅此一铺，又是出现最早的密教龛。

刺目夺宝图报恩经变“恶友品”画面之一。故事为：善友太子在龙宫得摩尼宝珠，归途中遇弟弟恶友。恶友趁善友熟睡，刺瞎善友双眼掠宝而去。此画以盛唐第148窟甬道顶画面较好。画中恶友猛扑善友，一手叉善友咽喉，一手高举竹刺，势欲刺眼。恶友袍袖飞起；善友猝不及防，拳手足而挣扎。画面颇生动。

牛王舐目图，报恩经变“恶友品”画面之一。故事为：善友赴龙宫取得摩尼宝珠，归途中遭弟弟恶友刺瞎双眼，昏倒路旁，适逢群牛纷沓而至。牛王以舌舐善友目中毒刺，解其痛苦，并力护善友，使其免遭践踏。此图以第148窟（盛唐末）甬道顶画面为佳。图中牛王护善友于四蹄间，俯首舐目，其旁数牛侧身而过。回首相望，目蕴抚慰温情。

火天神画像，佛教密宗神像之一，十二天之一，位于盛唐第148窟南龛。据《大日经》，大日如来以事火梵志示现火神之形。画面为一长髯、裸上躯的婆罗门（梵志）像，有四臂，一手执军持（水瓶），一手扬掌，一手执竹杖，一手持念珠，踞坐于莲叶上。身后火焰熊熊，榜有题记书“火天神”。

城楼图，壁画中城门墩台上的木结构楼阁。凡有城门必有此建筑。其形式与殿堂相似，面阔三开间，多者五开间；进深二至三间，单层，个别为两层，庑殿或歇山屋顶。城门墩台与楼之间多施平座斗拱，上有栏杆绕楼一周，楼与城门组成壮丽和谐的建筑艺术形象，既是城防要害所在，也是城市空间艺术造型的标志。盛唐第148窟西壁涅槃变、第172窟南壁观无量寿经变“未生怨”、第9窟维摩诘经变等处的此种建筑，表现得充分具体。第148窟盛唐“未生怨”故事画中有八边形小殿堂，上有八边形攒尖顶，下有素平台基，柱间有帘，堂内亦有床及屏风之设，富有一定的生活情趣。

节鼓，打击类膜鸣直胴型乐器，即今日全国通行之堂鼓。鼓框木制，两面蒙皮，以小钉固定，鼓腔中间直径略大于两侧鼓面，大小不等。此鼓属中型，是汉族传统之鼓。节鼓在莫高窟壁画中出现较晚，为唐代，且数量不多，仅十余只，一般不用于乐队，多出现在零散伎乐的场面，如盛唐第148窟东壁北侧左下角，一菩萨乐伎就敲击此鼓。

都昙鼓，打击类膜鸣蜂腰型乐器。腰鼓的一种。多见于唐代文献。唐杜佑《通典》：“都昙鼓似腰鼓而小，以锤击之。”盛唐第124、148、217窟和中唐第188窟中绘有此图像，特征是鼓身特别细长，不用绳索。

唐代以后的马车，基本上分为三类：王公贵族乘车、普通贵族（供养人）乘车和行李车马。其中第一类仍然是轺车型，如莫高窟148窟《涅槃经变》中的四马驾车，61窟《佛传》故事画中佛母摩耶夫人所乘单马驾车等，只是车舆之装饰比较华丽。第二类供养人所乘亦为安车型，出现数量也少，车舆形制同以前相比也无多大变化。第三类行李车马主要出现在156窟的《宋国夫人出行图》和《陇西李氏出行图》，一般为大轮、高栏，是运载货物的工具[1]。

（八）第172窟

第172窟，盛唐代表窟之一，覆斗形窟。主室窟顶画团花井心，周围圆形网幔，四角各一飞天，四披画千佛。东壁门南、北画文殊变、普贤变，其中背景山水云霞缥缈，一气呵成波澜起伏之水纹，反映出此期线描、晕染相结合运用于山水画之成就。南、北壁画巨型观无量寿经变各一铺，均为杰作，北壁画面人物、建筑多布局及空间处理更为悦目。此经变正中上方有三座大殿，前后二殿为单层，中殿为两层，单檐庑殿顶，两侧各置单层配殿，配殿左右又各置二层楼阁，单檐歇山式顶，以廊庑与中部后殿相接，廊庑转角处，于庑顶置角楼。三殿前有大平

1 参见马德：《敦煌壁画交通工具史料述论（下）》，《敦煌研究》1995年第3期。

台，画无量佛、二胁侍及诸菩萨。前面有三座小平台，左右为由十六身乐伎组成之两组乐队，中间二乐伎对舞。下方有五座小平台，中间平台画白鹄、孔雀、鹦鹉、迦陵频伽、共命鸟，左右平台置化佛与诸菩萨。平台之间及平台与殿堂之间均以斜道与小桥相连，全部建筑架在宝池中，池中有莲花、化生、鸳鸯，天空诸佛乘云来集，天乐悬空自鸣，飞天散花。此画殿堂与角楼的檐下椽飞斗拱用仰视角度，人物用正投影，是中国于8世纪运用在大型壁画中的透视法。

此窟南北两壁均为通壁大画无量寿佛经变，但各有千秋。南壁淡雅、细腻、玲珑，人物清秀文静，连“不鼓自鸣”的天乐也是飘带轻柔，动态较小。建筑群中的前大殿，以仰视的角度画出顶部椽飞斗拱，一片洁白，圣洁大方。说法图中之众多菩萨，有几十种发型、头饰，在莫高窟首屈一指。经变为中间说法图、两边条幅式。条幅上一边画“未生怨”，一边画“十六观”，后者与一般洞窟不同，不仅次序颠倒随心，而且繁简悬殊，仅“水想观”就画了观水、水作冰想、“见冰映彻作琉璃想”三个场景。而“琉璃观”其他洞窟不见绘制。又，其“日想观”则可单独成为“青绿山水”之杰作；第十三“杂想观”绘一立佛，榜书犹存，曰“第十三观，佛身丈六观”，为辨别内容提供了第一手依据。北壁之观无量寿佛经变，则别有气度：“西方净土”、说法会、平台、楼阁全在烟波浩渺的湖上。远处，有大江从天际而下，波涛汹涌，待流至西方极乐世界——画面正中，成涟波起伏之势。“八功德水”池上，鸳鸯戏水，荷叶翠绿，莲花盛开，化生童子或坐莲花上，或处含苞待放之花内；平台上，孔雀开屏，白鹤回首，共命鸟延颈和鸣，鹦鹉、迦陵频伽随舞，表示“是诸众鸟，昼夜六时出和雅音”。尤其是建筑布局及其透视画法特别引人注目：中部大殿为建筑主体，画成仰视，显得高大；两侧配殿低于大殿，画成俯视，利于表现其广阔；后部楼阁则取平视角度，显得深远。这种画法虽不尽符合科学的透视法，但由于同时采用了仰视、平视、俯视的不同角度，从而使视点大致集中在中轴线偏上的部位，略有焦点透视的效果，使人感到真实亲切，并使图中殿堂、楼阁、亭台错落有致，形成一个宏伟的建筑群。此外，天空中的天乐、化佛、飞天韵律感很强，尤其是四身小飞天，乃莫高窟飞天之精英，舞剧《丝路花雨》序幕中之“飞天”系由此脱胎而出。

日想观为“十六观”代表作之一。“日想观”要求观者面向西方观想日落，因此上乘之作便成优秀的山水画。此窟南北两壁均为观无量寿经变，因而有两幅“日想观”。同一洞窟画同一内容。南壁之日想观幽静典雅：青山、绿树、断崖、溪流，一位夫人跪在溪水之滨，观望远处之落日；远处，有溪水源头，曲曲弯弯，细流似线，落日之处，正有一片淡淡的云，遮盖着太阳，给人带来迷惘、眷恋之感。北壁之日想观则是另一种情趣：一座大山，怪石林立，山无寸草，更显峥嵘；山前是大海，海中有小岛；远处残阳如血，染得大山通红；海边跪着一位夫人，似乎在听潮声；此刻，正是海浪拍岸之后，潮水卷起之雪浪往后退却之时。这幅日想观所表露的恰恰是心潮起伏，激荡不已。从色调上看，一幅以石绿为主，一幅以土红为主，前者深邃，后者激越，刚柔相对，交辉互映，意趣万千。

琉璃观为“地想观”之别名，第320、172等盛唐窟中有此画面：一个水池，上面有一个“满月”似的圆球，一半透明（未加晕染），一半朦胧（因变色而不知所以）。或以为画家擅加之“月想观”，然在第172窟已变色而几乎不可辨的榜字中却有“流离观”三字。“流离”即“琉璃”，或作“瑠璃”。经云：“见冰映彻，作瑠璃想，此想成已，见琉璃地。”“地想观”为第三观，上引经文属第二观，盖第三观之经文应与第二观连起来才能完整理解，亦即如何作“地想”之经文在第二观中。因此，榜书“流离观”即“地想观”，在“十六观”中名列第三。

南壁净土变，表现一座以佛殿、中部的平台为中轴线、严格对称多进大寺院的内部景象。视线所及的中下部位是佛陀、菩萨、天人及伎乐活动的平台，其下绿水荡漾、莲荷盛开。上部有一座面阔五开间单檐庑殿顶的佛殿，其后又有五开间的重楼并有夹屋，两重高大的建筑强调了寺院主轴的作用，佛殿两侧之前各有面阔五间歇山顶二层楼阁，各主要建筑之间又以回廊相连属，回廊后部两转角处各有五开间角楼，其外侧又各有一体形较小的圆形攒尖亭式建筑，尖顶上有塔刹，形象轻巧秀丽。此图比较具体地反映了唐代建筑艺术的发展水平，对于建筑物的立面形式、结构方式、各细部作法、瓦作、木作、斗拱、梁柱、门窗、台基、栏杆等都可供研究。此窟北壁有同名的净土变相，水面开阔，空间深邃，后部回廊顶上有角楼，与佛殿、配殿构成五凤楼的格局。

第 172 窟山水画壁画位于南北两壁观无量寿经变的“十六观”中及东壁文殊变、普贤变上沿，是山水画成熟期的作品。东壁北侧文殊变中成功地表现了波澜壮阔的水势。上部是曲折的河流，河边的树木愈远愈小，造成深远的透视感。绿色的原野，意境辽阔，山石及河岸多以赭色皴染，水纹以墨线描出，辅以石青、淡墨渲染，具有一种光影效果。北壁的“日想观”构图完整，右下部是一人静坐观日，左上有一轮红日，一条河流呈“之”字形蜿蜒流下，水波描绘生动，空间透视表现自然和谐。此窟山水画在描绘自然景色方面达到了很高的水平，尤其色彩的运用取得了较高的成就。

（九）第 180 窟

第 180 窟，盛唐代表窟之一，吐蕃统治敦煌时期完成。覆斗形窟。窟顶藻井西、北披存盛唐画卷草、团花、菱格纹、花瓣、璎珞铎铃垂幔（变色），中唐画茶花环枝井心。龛内塑像存一倚坐佛（弥勒佛）、五弟子、二天兽（清修），龛顶画释迦牟尼于翅头末城说法（残）、宝盖、赴会诸佛，龛壁佛光两侧画八弟子、二执幡天女、女剃度、听法高僧、马宝、象宝、轮宝、玉女宝、兵宝、珠宝、儴佉王、二妃、二罗刹、乘象入胎等情节。其塑绘相结合之佛说弥勒下生经变，在敦煌石窟中仅此一例。龛外两侧有盛唐画的文殊、普贤（五代以土红线重描），普贤像旁有“清信□弟子张承庆为身染患□心造二菩萨天宝七载五月十三日毕功”题记。东壁之八坐佛、五菩萨、观无量寿经变，南壁之药师经变、观音，北壁之观无量寿经变，均为中唐所绘。南壁像旁有“观世音菩萨弟子阚日荣为慈亲蕃中隔造”题记。两期壁画色调迥然不同，盛唐壁画大部变色，中唐壁画除色度稍褪外，多未变色；盛唐佛弟子身着饰花田相袈裟，龛沿亦多绘百花蔓草纹样，中唐则极少见。上举二则题记与画风，是判断莫高窟天宝时期与吐蕃统治时期壁画的标尺。

（十）第 185 窟

第 185 窟，盛唐代表窟之一，唐天宝八载（749 年）始建，吐蕃统治敦煌时期完成。覆斗形窟。窟顶藻井团花井心，四周垂幔，东、南、北三披千佛，南壁中央说法图，龛内佛光、八大弟子、二菩萨以及龛外边饰，均为盛唐绘制。其他各壁都是中唐所绘。西壁龛内塑一趺坐佛、二弟子（清修），清塑二菩萨。浮塑佛背光上所绘之百花蔓草、团花为盛唐流行之纹饰，龛外北侧百花蔓草边饰上有“天宝八载四月廿五日书人宋承嗣作己之也”题记，根据此窟壁画风格与纪年，可参照判断莫高窟同类型壁画的制作时代。

（十一）第194窟

第194窟，建于盛、中唐之际，覆斗顶形窟。前室经晚唐、西夏重修，画迹已模糊。主室顶大部坍塌，仅存北披比丘头部。本窟以彩塑完整、精美著称。主室西壁龛内外，有盛唐彩塑一铺九身。主尊为弥勒佛，左右胁侍分列弟子迦叶、阿难，二菩萨，二天王及龛外帐门两侧台座上的二金刚力士。弥勒佛像内着锦缘大袖绿襦，外披团花紫袈裟，神情庄严温静。阿难内着交领锦缘绿襦，锦裙，云头履，双手交于腹前，体略倾而自然，神情外聪内慧，谦恭虔敬。迦叶双手合十，恭虔侍立。南北两身菩萨均承盛唐丰肌秀骨之美，脸庞丰圆，眼秀鼻直，朱唇翠眉，唇上以绿色绘蝌蚪式胡须，神情温婉慈祥，身姿微斜而不忸怩。北侧菩萨斜挎天衣，上身半裸，下服锦绣重裙，微露笑容，神情开朗。南侧菩萨内着僧祇支，外披大巾，下服重裙，腹前束白带，略含笑意，如娴恬少女，端庄秀美，沉静含蓄。此窟菩萨像虽无丰乳肥臀，但女性化特征已深入内心情思，是莫高窟彩塑中之精品。南侧天王绾高髻，浓眉细眼，身着云肩绣铠，战裙缚袴，毡靴，张口露齿，笑容可掬，为敦煌彩塑中仅有的含笑天王，是天王彩塑中之佳作。北侧天王头戴战盔，着绣铠，战裙缚袴，毡靴，攥拳怒目，状颇威武，与南侧天王性格和表情恰成鲜明对比。金刚力士皆裸上身，肌肉突起，或怒目而视，或张口叱咤，造型夸张，雄健有力。整铺塑像虽性格各异，但主次分明，稳、美、健、雄均恰合各自身份，成为和谐统一之整体，是敦煌彩塑中群像之精华。此窟壁画，顶及四壁上部多残损，南壁绘维摩变，画中维摩、文殊同处一壁，各分东西相对而坐，维摩像下听法的中国帝王着帝王装，双臂平举，侍从扶持于左右，文武大臣恭随于后。全画29人，声势颇为壮观。文殊座下的各国王子问疾图，有南海昆仑，有赤发婆罗门君王，皆跣足而立，还有西域、东瀛及四邻诸国王子、使者立于后。全图25人，形貌不同，服饰各异，裸上身者有，披裘皮者有，春夏秋冬备于一壁。北壁的观无量寿经变，其净土说法会中的乐队，分出了立部伎、坐部伎，是难得的舞乐史形象资料。

第194窟菩萨像，位于主室正龛龛内南侧。头挽双鬟髻，曲眉丰颊，双目凝神下视，朱唇绿须，嘴角深陷，身体轻盈左倾，右脚略前伸，左臂半举，右臂轻垂，手指纤巧。身穿圆领无袖上衣，腰带轻束，披巾回绕，长裙覆脚。此像亭亭玉立，娴雅含蓄，耐人寻味。微妙而自如的动态，与庄静温婉的性格和谐地融于一体。衣裙色彩清淡，纹样繁华，绘制精细，富有织锦、刺绣的质感，更衬托出少女般的菩萨的柔姿丽质。因动势而垂曳的衣纹，簇集成优美的弧线，形成柔丽的装饰效果。作者的精工巧思，创造了塑绘巧妙结合、形质并茂的杰作。除右手残损外，保存完好。

第194窟南方天王像，位于主室正龛龛内南侧。体格健壮，身着绢布甲，身躯微内倾，左臂上抬，头部朝外，右臂和右腿外伸，足踏山石，挺胸分腿而立。

头挽高髻，面貌丰润，启唇露齿，双眼眯缝，浓眉飞扬，笑容可掬，致使面部肌肉显得格外饱满。此像突破天王凶神恶煞的单一程式，着意刻画言笑的面部表情，使赳赳武夫英武豪爽又憨厚善良的性格自然地流露出来，别有情趣。塑造上，人物内心世界与整体动态和谐协调，形体饱满凝练。铠甲上以石青、石绿绘石榴卷草纹样，明亮富丽，有助于人物性格的表现。白色面部用流畅的赭色线画出腮边、颏下的胡须，质感细软、蓬松、飘动。

第 194 窟北方天王像，位于主室正龛龛内北侧。头戴耳护上翻的兜鍪，上着连成整体的身甲，胸甲和背甲以带相连，胸部和腰部各束一带，腰带上半露护脐的圆护，肩覆披膊作虎头状，下部战裙飘扬，腿缚吊腿。甲上绘有华丽的纹样，这是仪仗用的绢布甲。此像身材魁梧，全副武装，面涂赭红，怒目而视，肌肉绷紧，一副耀武扬威、不可一世的神态，令人望而生畏。其表情、性格、肤色与对面的南方天王恰成对比。左手微残。保存基本完整，是彩塑中的精品。

（十二）第 217 窟

第 217 窟，盛唐代表窟之一，覆斗形窟。主室窟顶藻井画团花井心，卷草、垂幔边饰，四披绘千佛。南壁之巨型法华经变，以序品为中心，周围画妙庄严王本事品、随喜功德品、药王菩萨本事品、譬喻品、方便品、信解品、见宝塔品、嘱累品、提婆达多品、安乐行品、化城喻品及东壁之观音普门品，画面反映了当时许多世俗生活实况。以青绿山水为主的化城喻品，标志着盛唐山水画之成就。北壁的巨型观无量寿经变，以“极乐世界”为主，构图、内容与阿弥陀经变相类似，建筑物增多。两侧为立轴式连环画未生怨、十六观，开始形成完整而固定之结构，人物与建筑线描雄浑有力，以朱、绿、青、黑、白色为主，色彩厚重，富丽堂皇，宏伟壮观。西壁龛内仅存一趺坐佛（清修），龛顶画说法图，南侧毁，北侧有释迦牟尼为四众说法、释迦回迦毗罗卫城、罗睺罗出家等内容。龛壁画八弟子、二菩萨，技巧纯熟；龛外两侧绘观音、大势至菩萨，其造型、线描、敷色等表现出健康、精致、艳丽之时代风格。龛北坛下存唐代望族瓜州刺史阴嗣璋家族嗣琼、嗣王供养画像及题名，其余均漫漶，嗣琼为莫高窟第 231 窟窟主阴嘉政之曾皇祖（见《沙州文录》窦夫子撰《大番故敦煌郡莫高窟阴处士公修功德记》），此窟为阴家窟之一，当建于景云年间（710—711 年），具有重要之艺术价值与历史价值。前室及甬道，存晚唐画天王、文殊变、普贤变、地藏、十王与供养人像（模糊）。

龛内南侧边缘绘制菩萨画像，画像不仅头光无图案、花纹，连宝冠也仅有一珠（一般均为三珠冠）。中国的人物画“以线写形，以线传神”，此画可作形象之注释。无名画工用准确的“定形线”描绘出菩萨侧面；耳、鼻下之“人中”则只用“起稿线”后染白色，使线若有若无；菩萨的柳叶眉虽一笔而就，但从落笔到收毫却有轻、重、缓、急、粗、细之分，堪称“神来之笔”；上眼皮浓线，下眼皮浅线；鼻用浅线，唇用双线。除上下眼睑及颧骨处略施微染外，作者调动了各种“线”，塑造了一位眉宇疏朗，心无忧戚、郁结之块垒，胸存和悦坦荡之情怀的智慧端庄的菩萨，将其“普度众生”的特性做了恰如其分的表达。嘴上的须髭乃表明菩萨“中性”之特征。正是这潇洒的须髭加之嘴角上的一丝笑意，使其增添了男性的风流倜傥，缩短了神与人的距离，产生出菩萨和颜悦色，善与人亲的艺术效果。

龛内西北角绘制弟子画像。造型生动，神采奕奕，头颅、面颊、颈部、颚骨，结构写实，敷色厚重，晕染得当，使剃削刚过之肌肤透明泛青，发痕须痕在饱经风霜的脸上显露出一派苍劲的情趣，浓眉悬鼻之间流动着一双会说话的眼睛，神情幽默。那启唇露齿、欲出妙语的嘴唇，似乎正在向龛下朝拜者说一句充满机锋的禅语。额间三条深重如刻的皱纹，描绘出这位高僧的练达、智慧与乐观。头像结合晕染，用线描的轻重浓淡、抑扬顿挫，恰如其分地表现了这一呼之欲出的形象，这是敦煌壁画的笔墨敷色技法在表现人物画方面的成就之一。

西壁龛外南侧绘大势至菩萨画像，大势至菩萨为西方“三圣”之一，又为《七佛药师经》中八大菩萨之一。画像头戴宝冠，身着僧衹支，透明纱巾绕腕垂于膝下，长裙覆足立于青莲上。造型比例匀称，面相丰腴，双目垂视，既有须髭，又具女性温柔之特征。线描技巧纯熟，服饰华丽，色彩厚重。人体虽已变色，仍显出盛唐艺术灿烂、精致之风格。

北壁观无量寿经变，表示阿弥陀佛所居西方净土。按《阿弥陀经》对佛国世界的描述：“讲堂、精舍、宫殿、楼观皆七宝庄严，自然化成，内外左右有诸浴池。”在壁画中，殿堂、佛阁、钟楼、经藏、碑亭、回廊、平台等建筑物布局井然有序，池水荡漾，构成一幅理想的寺院规划图。经变右侧绘“未生怨”故事，有宫城一座，画城楼、角楼、城墙等建筑。南壁法华经变左右两侧有化城喻品，画西域城及汉式城、民居、佛塔等建筑，界画精细，形象较准确，建筑周围衬托山光水色，花木扶疏，“化城喻”及“得医图”等局部构图，充满诗情画意，反映自隋唐以来一些著名画家在发展“台阁”画中所做的努力。此窟在建筑画方面比初唐诸窟有较大的进步，反映的建筑物的种类较多，在绘画的透视技法以及建筑构造、材料方面均为建筑史的研究提供了重要的形象资料。

水想观。画面是群山环抱中之幽谷，有一水池，周匝有宝珠，池水无涟漪而有裂缝，表明水已成冰。两朵彩云，从池中升起，至天空而显现出七座殿堂。此乃忠实于经文之“水想观”。经云，“既见水已，当起冰想”，“一一宝中，有五百色光，其光如花，又似星月，悬处虚空，成光明台，楼阁千万，百宝合成”。在莫高窟，如此表现“水想观”者，仅此窟与第 431 窟（北魏窟，初唐重修），余皆只画水池或“水作冰观”。二窟画面均为初唐时所绘，说明观无量寿佛经变此时尚无定式，想象多于图解，每一“观”都使“西方净土”更加完美诱人。

宝树观。经云：“地想成已，次观宝树”，“一一树上，有七重网，一一网间，有五百亿妙华宫殿……”此窟“宝树观”最与经文相合：画山坳里有几株大树，枝叶茂盛，宝珠垂吊，有一株树上，从下到上画七座宫殿，近大远小，韦提希夫人跪于树下。作为观无量寿佛经变的一个小情节，其画面在整幅壁画中所占面积不及百分之一，但树上之宫殿却画出了开间、斗拱，具体入微，画家一丝不苟的精神，由此可见一斑。

第 217 窟法华经变位于南壁、东壁。南壁以“序品”为中心，绘序品、方便品、譬喻品、化城喻品、提婆达多品、随喜功德品、药王菩萨本事品、妙庄严王本事品等，东壁画观音普门品、见宝塔品。各品皆可称之为壁画代表作。“序品”为“佛放眉间白毫相光，照东方万八千世界”，无数道光芒从眉间射出，佛之头顶则为“东方万八千世界”——众多小巧玲珑之楼台亭阁，天人活动其间，其人物神态，酷似顾恺之“洛神赋图”中之洛神。著名的“折柳送别图”系“方便品”中一个场景。“化城喻品”如按经文，应表现人们旅行于穷山恶水之间，但画家反其道而行之，绘成游春图，为后世留下唐代“青绿山水”之代表作。“得医图”即“药王菩萨本事品”。此窟之“观世音菩萨普门品”十分强调观世音之作用，救苦救难中所有情节，均绘观世音菩萨“应时显现”，与隋代迥然有别。人物造型及衣冠服饰均为初盛唐之际典型形象资料。色彩丰富，石青、石绿、朱砂完好如新，整幅壁画光彩夺目。

妙庄严王本事品，法华经变中之一品。经云：云雷音宿王华智佛时，有王名“妙庄严”，夫人名“净德”，长子名“净藏”，次子名“净眼”。四人中唯王不信三宝。佛欲引导妙庄严王，说法华经。二子请母赴会听讲，母亲让二子“现种种神变”以开示其父。子应命。父见二子变幻莫测，探问其师为谁，子乘机劝父信佛。于是，妙庄严王与群臣眷属俱往听讲法华经。此品壁画，始见于初唐，第217窟画二子与国王、王后来到佛前。中唐以后，位置与形式都有一定之规：在法华会的右下方或右侧，画一座大院，内坐国王和夫人，二子在空中“现种种神变”（脚踩莲花手舞足蹈），城外，妙庄严王一行（人数或多或少）“共诣佛所”。第217窟此品是代表作。

南壁法华经变之“化城喻品”可称为一幅优秀的山水画。佛经原意为：取宝的人们因路途“回绝多毒兽，又复无水草”而畏难欲退，有一聪慧的导师，“以方便力”，化作一城，与众休息，继而引导众人前进。画家没有按照经文把旅途描绘得荒凉可怕，而是画了一幅优美的游春图：蜿蜒曲折的河流，穿绕重叠耸峙的山峦，远处涓涓细流，近处浪急河宽，落花点点顺流而下；近山树木青翠，河边桃李争艳，垂柳迎风；远方群山点点，咫尺千里；盆地中一座典型的西域城；人们穿游其间，怡然自得。唐李思训被世人称为青绿山水画之始祖，“画皆超绝，尤工山石林泉，笔格遒劲，得湍濑潺湲烟霞缥缈难写之状”（见《宣和画谱》卷十）。然李氏真迹今已无存，此“化城喻品”的制作时间，与李思训同时，且至今色彩如新，据此，则此画在绘画史上自应占有相当之地位。

南壁法华经变“方便品”中有折柳送别情节。内容是送人上山去诵读《妙法莲华经》。画面上有四个妇女、七个男人、两位僧人，竹林中有长亭，傍山麓有独木梯，人们或跪拜，或合十，柳树下有两位妇女伸手折柳，向登山者告别，对《妙法莲华经》的信仰表现出一派热烈的情绪。

得医图，法华经变“药王菩萨本事品”情节之一。佛家以为，法华经对于善男信女有“如病得医”“如子得母”等不可或缺之作用，盛唐第217窟“得医图”这一名画是其形象的说明。画面为：深宅大院内，假山别致，绿树成荫，垂柳飘拂，一位雍容华贵的妇女，坐在铺有茵褥的胡床上，跟前有一侍女，手抱婴儿，主仆均注视此儿；一侍女正引着手拄拐杖、温文尔雅、颇有儒医风度之医生来至阶前，身后跟着抱药箱之随从。画家源于生活，把上引两句偈语糅合为某夫人之婴儿患病，请来医生诊断。不仅用衣冠服饰、动作、道具等写实手法显示不同人物之身份，用优美之环境衬托出富有之家，还在室内屏风上画芦雁，茵褥上有细致之花纹，画中有画，颇增情趣。然此画位置在墙脚，可知作画时之艰辛。

（十三）第 319 窟

第 319 窟，盛唐代表窟之一，盝形顶佛坛窟。东壁与窟顶东披已坍毁。窟顶中心为赭红底色，以石青、石绿、黑（或系变色）为主画三团花，花瓣层次丰富、色调沉着，周围绘联珠、蓓蕾、卷草、团花边饰，南、西、北披与南、北壁全部画千佛。西壁中央浮塑佛光，两侧各画四弟子、一菩萨，壁前坛上塑一佛、二弟子（阿难、迦叶）、二菩萨、二天王（脚踏小鬼）。佛光以莲花为中心，周围的连续方格中各画一团花。佛着红色通肩袈裟，作"施无畏印"结跏趺坐于莲台上，面相端严。阿难内穿绿色绣襦、金边锦裙，外罩红色袈裟，着靴，两手拢袖而立，神态拘谨；迦叶内穿绿色绣襦、锦裙，外罩麻质山水袖（褪色），着靴，两手合十而立，表情稳重。菩萨发髻高耸，上身赤裸，佩饰瓔珞环钏，披巾，腰系红、绿色镶金边锦裙，相对作"游戏坐"于莲台上，仪容俊美。天王头束髻，红发、红眉、红八字髭，身穿铠甲，内着绿花短红裙，长靿靴，叉腰握拳，气势威武。此铺彩塑大部变色，但未失原貌神采，造型比例匀称，衣纹线条流畅，为莫高窟保存较完整之群像。

（十四）第 320 窟

第 320 窟，盛唐代表窟之一，覆斗形窟。主室窟顶藻井画云头牡丹井心，周围方胜纹、半团花、菱形纹、团花、鳞纹、垂角彩铃幔帷边饰，以朱、青、绿敷色叠晕，色彩浓艳厚重，保存犹新，四披千佛。南壁阿弥陀尊像图中之观音、大势至，1924 年被美国华尔纳盗走；经变上方菩提宝盖装饰华丽，两对散花飞天相对追逐，前后呼应，造型优美，因年深日久，变为褐色，俗称"黑飞天"（图 3-2-2），为莫高窟飞天中之精品，在现代装饰、工艺品上被广为引用。下方宝池中横列十四身供养菩萨，坐莲花内，三伎乐吹笙笛歌舞，左右各四十身形体较大之千佛坐莲花上，莲茎相连，形式独特。西壁龛内塑像仅存浮塑背光、一弟子、二菩萨，北侧菩萨比例合度，丰肌秀骨，体形健美，斜披天衣，罗裙贴体，贴金褶纹线条流畅，塑工精细。龛顶弥勒说法中二弟子、四菩萨、二天王依次而立，天王身着锁子甲、髀裈，为说法图中仅见。龛壁画八弟子、二菩萨，菩萨服饰华丽；龛外两侧绘观音，变色与轮廓线脱落而露出底色形成的白线，未失原来线描爽利之本色。北壁画三联式布局之观无量寿经变，中间是"极乐净土"内容，两侧为未生怨、十六观，形式与阿弥陀经变相类似，此画着力于突出宝池中莲花化

图 3-2-2 盛唐莫高窟第 320 窟 尊像图飞天

生、祥禽瑞鸟与伎乐之描绘，境界幽雅，色彩以青、绿、黑为主，色调清淡，为盛唐同类经变题材之另一风格。

第 320 窟观音菩萨画像为观音画像代表作之一。头戴“化佛冠”，左手提净水瓶，右手持杨柳枝，此乃唐以后观音菩萨之典型形象。菩萨着橘红轻纱缬染长裙，绿腰带，白色缬染帔帛，项圈、臂钏皆绿宝石为饰，但无璎珞，典雅、简洁、大方。翠眉秀目，安静慈祥，双目凝神注视着人间下方。皮肤之颜色因年久而变成灰黑，而当年之“轮廓线”却由黑变白，或以为此种“黑白颠倒”反而使菩萨更为沉着端庄。

第 320 窟山水画为壁画中山水画代表作之一，位于北壁观无量寿经变两侧的“十六观”和“未生怨”上部。画幅较小，西侧的“日想观”画一人坐树下观日，左边危崖高耸，右侧为石绿色染出的河水，远方一轮红日靠近石青色的山头。近处山崖以赭色皴涂，偶以石青晕染。山上有青绿色树木呈蘑菇状，富有装饰性。“未生怨”故事画上部的山水，呈“U”形构图，两边峭崖耸立，岩石以墨线勾勒，远景近景分别以石青、赭色晕染，中部为平远山水，远方可见佛及红色背光，宛若红日初升。此窟山水画具有熟练的皴法，色彩的应用也很成功。

（十五）第 323 窟

第 323 窟，盛唐代表窟之一，覆斗形窟。以佛教史迹画为主要题材。塑像为五代、宋和清代所重修。主室东壁门南、门北为佛教戒律画，画面以组画形式表现僧人守戒所发种种誓愿，系依据北凉昙无谶译《大般涅槃经》、南朝宋慧观等译《大般涅槃经》绘制，部分被美国人华尔纳于 1924 年盗走。南壁的佛教史迹画有：（1）西晋吴淞江石佛浮江；（2）东晋杨都金像出渚，大部分被华尔纳盗走；（3）隋文帝迎昙延法师入朝，下画菩萨八身。北壁佛教史迹画有：（1）汉武帝获得匈奴祭天金人与张骞出使西域；（2）释迦浣衣池与晒衣石；（3）佛图澄之神异事迹；（4）阿育王礼拜外道尼乾子塔；（5）康僧会感应事迹。西壁龛内塑一倚坐佛、二弟子、二菩萨，龛壁浮塑山峦影壁（清塑）与龛外南、北壁画中山水相连。壁画以青绿山水为景，合理地表现出近大远小之透视关系，为盛唐山水画家李思训一派之风格（已变色）。此窟壁画题材内容为莫高窟仅见，其中具有史地内容的佛教史迹画更具有艺术价值和历史价值。有的学者还据此窟壁画内容考证了佛教东传的时间、路线及文化交流等。

佛教史迹画，敦煌壁画中表现佛教传说与传播历史的壁画。多取材于对各个高僧、圣迹的记载和《法显传》《大唐西域记》《西域传》等。属于传说和著者所见的遗物（如圣迹、圣像）等结合或附会的产物。按内容性质可分：（1）佛教历史画——表现佛教传播历史的画面。如初唐第 323 窟的“张骞出使西域画”“昙延法师祈雨故事画”“阿育王拜乾尼子塔画”等。（2）感通故事画。以神异、灵变和感应的所谓事迹，宣传佛教，令信徒确信其“有”和“真”。如第 323 窟“释迦洗衣池”“释迦晒衣石”“吴淞江石佛浮江”“东晋杨都金像”“康僧会感应故事”等画。（3）瑞像图。表现天竺、中原、河西等地传说的“圣迹”“灵异”。数量很多，多绘于中晚唐、五代、宋初窟内，位置在佛龛盝顶或窟甬道顶，形式多为单幅、单身的小型图像。有些具有图案或补白的意味，如“摩迦陀国放光佛瑞像图”“摩迦陀国释迦并银菩萨瑞像图”“僧迦罗国施珠瑞像图”“犍陀罗分身瑞像图”“酒泉郡释迦牟尼佛瑞像图”“于阗国牛头山瑞像”“拘尸那城纯陀故井”“舍利弗及毗沙门天王决海故事画”等图像。（4）高僧事迹画。以某些“事迹”和“灵异”“神变”，附会于某些高僧以宣扬佛法。如第323窟“佛图澄洗肠”“佛图澄听铃音辨吉凶”“佛图澄幽州灭火”及“刘萨诃因缘”“安世高故事”等图画。（5）佛教图经。以佛教传播的地志为题材，绘制佛教“圣地”。如中唐第159窟“峨眉山图”“五台山图”，五代第61窟“五台山图”等。峨眉山是普贤菩萨住地，五台山是文殊菩萨道场。相传两地历代均多有“灵异”出现。在壁画中，以第61窟“五台山图”最为壮观，面积40余平方米，画了从河北正定到山西太原、定襄等地区方圆数百里的山川桥道、庙宇屋舍、民情风俗和灵异图像，是不可多得的古代形象地图。上述各类在内容上多有交叉，如“高僧”类，又有“灵异”“神变”的事迹，也可列入感通类。而“佛教历史”类又有高僧和感通的事迹。

第323窟主室北壁张骞出使西域图（图3-2-3），据《魏书·释老志》绘制。内容为：汉武帝获匈奴祭天金人，不知名号，遣张骞出使西域大夏国求金人名号。画面为：（1）殿堂正门上方竖匾，书“甘泉宫”三字，堂内立二佛像，殿前汉武帝跪拜金人，六臣僚捧笏拱手躬身立于两侧。榜题曰：“汉武帝将其部众讨匈奴并获得二金（人），长丈余，列之于甘泉宫。帝为大神常拜谒时。”（2）张骞拜别中宗赴大夏国求金人名号，其后有侍从数人牵马持节。曲柄华盖下，中宗骑马上，后随数臣属。榜题曰：“前汉中宗既获金人，不知名号，乃使博望侯张骞往西域大夏国问名号时。”（3）张骞一行持节旌行于旅途。（4）远处一西域城，即大夏国。城外有二比丘立迎。画中武帝拜金人及张骞别中宗情节居画面主位。张骞一行于旅途及大夏国城在画面右侧，情节由下而上。行旅途程以山作间隔，每过一山行旅出现一次，人物亦由大渐小，以示行旅之远去。敦煌壁画中以透视原理之近大远小作画，始于此窟。又，遣张骞使西域乃武帝而非中宗，骞使西域亦为通友好，而非求金人名。画面有乖史实，当系释僧为抬高佛教地位的附会之作。

此窟“张骞出使西域图”中汉武帝头顶置华盖，华盖是表示佛、菩萨和帝王威仪的伞盖。《古今注·舆服志》：黄帝“与蚩尤战于涿鹿之野，有五色云气，金叶玉叶，止于帝上，有花葩之象，故而作华盖也”。《法华玄赞》：“西域暑热，人多持盖，以花饰之，名为华盖。”在壁画中，华盖由顶、围、重饰所组成，由于时代及人、神身份不同，华盖大小、简繁及形式亦异。大者如洞窟窟顶，由藻井、四披组成一个覆盖全窟的华盖，盖顶是藻井，井心绘各种云龙、莲荷、飞天、团花、葡萄、草蔓等图样，四披为盖围。早期窟多绘千佛、云气、雷电天神、奇禽

图3-2-3 盛唐莫高窟第323窟北壁 张骞出使西域图

怪兽、伏羲和女娲等，以象征天体运行。晚期窟还绘佛像、经变等，围下及披四角，多绘彩幡、璎珞等重饰，以增加全窟庄严华贵的气氛。佛及菩萨的华盖，借助于神力或云气悬浮于头顶，结构复杂，纹饰华丽。早期壁画中较简单，多以花蔓简饰，少重饰带。唐以后，或以花锦罩围，或以珠玉网结，或用异石珍宝镶嵌，盖顶数层，高如佛塔宝顶相轮，既增佛、菩萨的端严、高贵气概，又显净土世界瑰丽铅华之色。帝王头顶的华盖有柄，由侍从持柄支撑，如壁画中东王公、西王母及人间帝王所用者，其结构、纹饰亦较简单，盖围垂饰以织物为之，盖顶饰以宝珠，具有象征帝王威仪和障日遮雨等功用。有柄之华盖可分直、曲两种，曲柄由直柄改进而来，持者方便，不易与帝王冠盖触碰，亦更显帝王威仪。如此铺壁画中汉武帝的华盖、中唐第 159 窟维摩诘经变中吐蕃赞普的华盖等。

佛图澄听铃音辨吉凶，绘于第 323 窟北壁上方。于深山旁画九级佛塔一，铃垂塔檐，随风作响。塔侧一僧，举手置耳旁谛听铃声，塔前一僧，举手指塔，作讲话状；一王者后随侍从二人，与一僧作对谈状。榜题蚀没。《梁书·佛图澄传》载：澄“听铃音以言吉凶，莫不应验”，即此。南朝梁慧皎《高僧传》卷九“佛图澄传”亦载听铃故事。画中高僧即佛图澄，王即石虎。

佛图澄洗肠故事画，绘于第 323 窟北壁中部下方。画中一人，临溪，袒上身，盘腿坐方毯上，引肠出腹，于溪中摆洗。榜题蚀没。据《高僧传》卷九“佛图澄传”谓：“澄左乳旁，先有一孔，围四五寸，通彻腹内。有时肠从中出，或以絮塞孔，夜欲读书，辄拔絮，则一室洞明，又斋日辄至水边，引肠洗之，还复内中。”此故事在《梁书·佛图澄传》也有记述。《敦煌县志》卷五谓：“今澄城县西南有洗肠河，传为遗迹也。”

第 323 窟主室北壁释迦浣衣池画，据玄奘《大唐西域记·婆罗痆斯国》“三龙池”条所述绘制。内容为：释迦初成道欲洗衣，帝释天化地为池供佛浣洗。画面为：（1）释迦提袂临池而立，旁有榜题：“此大夏波罗奈国佛初成觉时天□□□袈裟讫今有诸□□护时。”（2）一天人乘云从天而降，为释迦化地为池，旁有榜题：“此忉利天见佛欲洗衣，便来化地为池即以供养。至今池在大夏寺（时）。”又，据玄奘记载，唐时大夏国尚存此池遗迹。

第 323 窟主室北壁释迦晒衣石画，西邻“释迦浣衣池画”。据《大唐西域记·摩揭陀国》“鹫峰山”条及同书卷七《婆罗痆斯国》“三龙池”条所述绘制。内容为：释迦常于“三龙池”浣衣，后摊衣晒于池旁巨石，久之，浸石存衣纹十三条。是为圣迹。外道恨愤，以足践污亵渎释迦晒衣石而遭雷击。画面为：（1）正中绘一巨形方石，一外道以足践踏。（2）其上，乌云拥雷神轮转连鼓，发雷电。（3）石左侧践石外道倒毙于地，一外道跪于侧。（4）石右侧，二菩萨跪地，蘸水净石。画旁有榜题：（1）“□轻而止之，龙□死”。（2）“此方石，天所化作，奉佛晒衣，晒石上有十三条纹至今不灭。龙亦护之，时有菩萨来洗，天人所敬，至今见在大夏时。”画中外道践石手舞足蹈，凶狠张狂；菩萨则目不侧视，文静专一。人物组合，聚散相依，动静相成，变化而有生趣。

佛图澄幽州灭火故事画，绘于第 323 窟主室北壁。佛图澄，后赵高僧，精通佛典经论，后赵皇帝石虎尊为国师。故佛徒多伪撰神异事迹附之，“幽州灭火”为其一例。南朝梁慧皎《高僧传》卷九等皆有其传，所载“灭火”故事云：“澄又尝与虎共升中堂，澄忽惊曰‘变！变！幽州当火灾’，仍取酒洒之，久而笑曰：‘救已得矣。’虎遣验。幽州云：‘尔时火从四门起，西南有黑云来，骤雨灭之。雨亦颇有酒气。’”画面为：（1）一王者（石虎）凭几坐于胡床，其旁有六臣侍立，一僧（佛图澄）立几前，右手端碗、左手指端有乌云腾飞而出。（2）右上方，一方城，城中烈焰升腾，四门起火。城上乌云密布，云中降滂沱大雨。画中有榜题两方，一已漫漶难识；一曰：“幽州四门被天火烧，□澄法师与石主说法之况，忽惊愕，遂即索酒，乃于东方□之，其酒变为大雨，应时而至，其火即灭。雨中并有酒气。”

阿育王拜塔故事画，第323窟北壁。画面为一帝王率臣僚多人，跪拜于数塔前。其中一塔倾斜倒塌。榜题曰：“此外道尼乾子塔，(阿)育王见，谓是佛塔便礼，塔遂崩坏。口育王感德。”

隋文帝请昙延祈雨故事画，绘于第323窟南壁东端。（1）西上侧，青庐前，一僧合十而立，对面一王者及随从亦合十而立，作询问状。榜题曰：“延法师于塔前与文帝说涅槃经并造疏论讫，感舍利塔三日放光。”（2）在其下又绘一帝王对一僧合十顶礼，聆听高僧的讲说，榜题曰：“隋开皇六年天下亢旱，雩神不应，帝以问法师言：帝迎法师入朝时。”（3）在上画东侧绘一高僧结跏坐轿中，由八人肩抬，飞奔而前。榜题曰：“延法师入朝时。”（4）画东上角，绘一殿堂（大兴殿）式建筑，内置高榻，一僧坐于上。殿前阶下，有帝王一人，臣僚多人，面向高僧，屈臂合十，席地跪坐，作虔礼祈请状，残留榜题曰：“……法师……帝受……者与庶……讫云而降之，天下并足。”唐释道宣《续高僧传·昙延传》卷九对此有载。

敦煌石窟唐、五代壁画中共出现过十多乘舆轿和十多乘象舆。最早出现的舆轿形象是在此铺佛教史迹画中：高僧昙延法师应隋文帝杨坚之邀，乘轿入京。图中昙延法师所乘舆轿为六抬神龛形，轿舆顶部放置一圆状宝珠形物，前部敞开，舆身装饰得华丽而庄严，此形象在整个敦煌壁画中也仅此一见。根据史籍记载，唐代妇女乘轿之风盛行，因此而有国家关于妇女乘轿等级规定出世：一、二品及中书门下三品官的母、妻所乘轿用金铜装饰，轿夫八人；三品官者轿夫六人；四、五品官者轿夫四人，六品官以下以及百姓者轿夫四人[1]。敦煌壁画中唐后期及五代洞窟中出现的十余乘舆轿大概都是按照这个标准绘制的，轿夫有八人和四人两类，舆室也是六角亭和四角亭两种，其装饰从底座到顶盖都十分华丽和精巧[2]。

东晋扬州金像图又称迎佛图，绘于第323窟南壁中段。据《集神州三宝感通录》、《高僧传》卷十三“慧达传”记载，东晋咸和（326—334年）中丹阳尹高悝于张侯桥浦掘得一金像，无佛背光及佛座。其后年余，临安渔人张侯世又于海上得莲花趺座。至咸安元年（371年）交州合浦县采珠人董宗之，于海底得一佛背光。三者对接“恰然符合”，是为一体。本图即据此绘作。图中上部：（1）右画金佛，中画莲座，左是佛光，三者均光芒四射，表现得金佛、莲座、佛光等情况。（2）中部画鼓帆小舟和扬幡大船。舟、船上立一佛像，表示在海上迎佛而归。（3）下部原画有一方棚、插幡彩船，上立佛像及护送僧众和摇桨船工。岸上许多男女老少等僧俗人众迎送金像，有步行者，有骑牛、骑驴者。前方有二纤夫奋力拉纤。是一幅热闹的宗教活动风俗画。画中有榜题：“东晋海中浮一金铜佛趺，有光。舟

1 参见（北宋）王钦若、杨亿、孙奭等编：《册府元龟》，凤凰出版社，2006年。

2 参见马德：《敦煌壁画交通工具史料述论（上）》，《敦煌研究》1995年第1期。

人接得还至杨都，乃是育王像趺，勘之宛然符合。其像见在杨都西灵寺供养。”此画远山风帆，咫尺千里，烟波浩瀚，江海深远辽阔，表现了唐代在描绘山水及掌握透视关系方面已达到较高的水平。惜画中彩船在1924年被美国人华尔纳盗窃破坏，窃画现存美国哈佛大学赛克勒博物馆。

西晋吴淞江石佛浮江简称石佛浮江，绘于初唐第323窟南壁西段。据《集神州三宝感通录》载，晋愍帝建兴元年（313年），在吴郡吴县松江沪渎口，二人浮立海中，疑为海神，巫祝、道士醮迎，则“风涛弥盛，骇惧而返”。奉佛者礼拜，则风平浪静，二人浮江而至，乃二石佛像，于是请置于通玄寺。画即据此记载而作。画面为：（1）右上，二佛像立于水面，有数人拱手躬立于岸边礼拜。榜题曰：“此西晋时有二石佛浮游吴江淞（应为‘淞江’），波涛弥盛，飘飘逆水而降，舟人接得其佛，裙上有名号，第一维卫佛、第二迦叶佛。其像见在吴郡供养。”（2）右下，有巫祝、道士三人跪于坛前，坛上扬幡带六条，正设醮迎像。榜题曰：“石佛浮江，天下希瑞，请□□□谓□道来降，章醮迎之，数旬不获而归。”（3）一船行于江，二佛及船夫、迎佛人众立船上，岸边众僧俗或跪拜，或躬迎，或立观，沿途来者或骑牛，或步行。榜题曰：“灵应所之，不在人事。有信佛法者，以为佛降。风波遂静，迎向通玄寺，供养迄至于今。”此故事在梁简文帝萧纲所作《浮海石像碑铭》中亦有所述。今人胡道静据“碑铭”和本画确证了古代吴淞江及上海的史地情况。画中骑牛迎佛的一组，生活情趣颇浓，祖母执莲抱孙骑于牛背，儿子牵牛前行，媳妇捧莲随行牛后，孩子回头召唤母亲，祖父拄杖蹒跚紧随赶路。

该窟南北两壁绘制的吴侯迎佛（康僧会故事）、石佛浮江、扬州瑞像等佛教史传画中，一共出现了形式各异、大小不等的舟船12只，其中有属于一般作业船的帆船6只，小木板船3只。这里表现的在中国江南一带发生过的佛教历史故事，这些舟船行驶于长江和太湖中，因此，整个画面是一幅湖光山色的江南水乡风情画。从画面上看，这些舟船的行驶方式有摇橹、拉纤、张帆和自行漂流等。南壁石佛浮江故事所绘为一木板船，前后有划桨船工二人，中立二佛像、二侍者、二比丘。1924年被美国人华尔纳窃毁的《纤夫拉船》图，近由日本有关单位协助复制，该图原位于323窟南壁，为一中型运载船，无帆，上立佛祖并各类人物20余，由二纤夫拉拽着靠岸，这是古代在江河中逆水行舟的唯一方式。绘于该窟北壁的吴侯迎佛（康僧会故事）图中是一只小帆船，船中坐比丘二人，后立船工一人作撑篙状。类似的形象在唐代前期的23窟和446窟亦出现过。

敦煌壁画中最早出现游船也是在323窟。前述纤夫所拉即为游船之一种——幡船，周围挂满各色幡幢，装饰得十分华丽。该窟南壁的湖光群船中还有一只同样的船，但规模较前者为小。另外，公元9世纪末期到10世纪初期建成的莫高窟第9窟的甬道顶部所绘方形伞盖接引船和第9窟北壁的双尾船，也是挂幡幢的游船[1]。

第323窟纤夫头戴笠帽身着半臂。笠帽，单称笠，以竹篾编织而成，夹以笋壳或棕等，与今所见者类似。亦有毡制的，名“毡帽”；以皮革制成的“皮笠子”，属戎装。半臂，即短袖衣。初唐第33窟法华变中的农夫，盛唐第45窟“观音普门品”中的舵师，以及很多弥勒变中耕作的农者，均头戴笠帽，内穿缺袴衫，外

1 参见马德：《敦煌壁画交通工具史料述论（下）》，《敦煌研究》1995年第3期。

套半臂，下着白裤，即此服。

此窟南北两壁佛教史迹画中的山水画是壁画中山水画代表作之一。山水画作为故事的背景，具有完整的布局和细腻的刻画。南壁三个故事主要以两组山脉相隔，右侧山脉呈“C”形走向，将右边故事画环抱，画面右端有一山崖与之相顾盼；左侧山脉呈“之”字形走向，左下部也有一组山峰与之相呼应。两山脉之间又有一峰耸立，使两边相联系。两条河流分别自远方流出，与两大山脉相辅相依，山水结合得非常自然。近景山崖，绿树青藤，描绘仔细。远景处理尤为出色，横雾锁江，烟雨迷蒙，帆影点点，富有意境。北壁“张骞出使西域图”中，行人远去，重山叠岭，乘骑半隐，如见艰辛；东侧轻舟漂流，绿水荡漾，意趣幽远。此窟山水画综合了青绿山水画的多种表现手法，气势宏大，境界辽阔，韵味无穷。

（十六）第 384 窟

第 384 窟，盛唐代表窟之一，覆斗形顶三龛窟。壁画经中唐继续绘制，五代重修；塑像清代曾重妆。主室窟顶藻井画团花井心，周围垂角幔帷边饰，四披画千佛。西壁主龛内塑一趺坐佛、二弟子、二菩萨、二供养菩萨；龛外两侧台上塑二天王。南壁龛内塑一倚坐佛、二菩萨。北壁龛内塑一趺坐佛、二菩萨。此三龛塑像系继隋代第 420 窟表现三世佛之题材与形式，并在主龛塑像内容上增加了供养菩萨与天王。南龛佛之坐式与弥勒经变中弥勒佛相同，主题较明显。人物造型比例适度，体态自然，衣纹线条洗练，菩萨为唐代“丰肌秀骨”之典型，手的造型特别优美。前室中唐画千佛、说法图、普贤变、南方天王、东方天王，尤以东方天王之土红色髭须线描最精，具有吴道子“虬须云鬓，数尺飞动，毛根出肉，力健有余”的用笔风格。

供养菩萨像位于正龛内北侧，长裙裹足，双手合十，单腿胡跪，头向上仰，注视前方。在诚挚的目光中流露出虔敬而有所希冀的神情。跪态自如，稳健踏实。纤巧柔软的手指，体现少女特有的温婉之情。保存基本完整，唯手指稍有残损，色彩乃后代重妆。

前室西壁，即后室门外两侧塑立扶拔，左侧为雄性，头已残，无鼻无嘴，头后卷鬃如狮，皮为五瓣梅花。右为雌性。头无角，鼻大而短，嘴宽、长尾竟从后沿腿股卷向臀后。与塑造佛像之风格相一致，初唐扶拔形体细长而带灵气，盛唐则健壮雄劲而带“辟邪”之威风。

（十七）第 444 窟

第 444 窟弟子头像，弟子画像代表作之一，位于西壁龛内南侧，盛唐绘制。十大弟子之一。头像两眼全神贯注凝视前方，微皱眉头，启齿欲言。虽无题榜，据其形象应是“迦旃延论议第一”。画工之线描功夫可谓炉火纯青，其粗细、虚实、轻重、浓淡、主次、转折无不恰如其分，简练、准确，呼之欲出。加以淡染上下眼睑和颧骨、头皮、络腮胡须，着色富有质感，更增添了人物之特征及其精神状态。此画为敦煌艺术中人物写真之佳作。

（十八）第 445 窟

第 445 窟，盛唐代表窟之一，覆斗形窟。主室南壁之巨型阿弥陀经变，其内容、布局与其他同类题材略异。上方有帝释所施之二珠柱以示昼夜常照，中部左右各一幢幡式高台，犹如《祇垣寺图经》中之经台与钟台，台上各有一组乐伎击鼓奏乐，乐器有横笛、箜篌、琵琶、箫、笙、羯鼓、答腊鼓、鸡娄鼓、韸、铙，演奏者应和着鼓乐拍节扭摆舞动，形体特小，和周围千姿百态之菩萨相映成趣，莫高窟仅此一例。

北壁之巨型弥勒经变包括《佛说观弥勒菩萨上生兜率陀天经》与《佛说弥勒下生成佛经》之内容，上部画弥勒菩萨高居兜率陀天宫，下部以弥勒下生阎浮提龙华树下成佛为中心，两侧为弟子、大妙相、法花林菩萨及天众，佛前儴佉王奉献七宝（金轮宝、象宝、马宝、珠宝、女宝、主藏宝、主兵宝），儴佉王及臣僚、太子、王妃、姝女求作沙门剃度出家，周围画迦叶禅窟、罗刹扫城、女人五百岁出嫁、树上生衣、老人入墓、一种七收、弥勒托生父母修梵摩、梵摩拔提之居所等。此画内容丰富，线描造型技巧高超，其中世俗人物剃度出家之心灵境界刻画尤其生动，为莫高窟唐代 61 幅弥勒经变中最精作品。“一种七收”图内容中出现曲辕犁农具，具有重要的研究价值。

一种七收图亦称耕获图，弥勒经变情节之一，据鸠摩罗什译《弥勒下生经》绘制。经云：“雨泽随时，谷稼滋茂，不生草秽，一种七获，用功甚少，所收甚多。”画中表现了耕地、播种、收割、运载、打场、扬场、粮食入仓等情节，具体地反映了当时农业生产过程和农民的劳动生活，以及使用的生产工具——直辕犁（俗称“二牛抬扛”）、曲辕犁、镰刀、牛车、连枷、六股叉、芨芨草长把扫帚、簸箕等。第 445 窟一种七收图（图 3-2-4）位于南壁左上方，虽被烟熏，但细察尚能辨识。图中播种、收割、挑运、打场、扬场、田间进食等画面，与其他窟同内容的画面基本相同。其特殊之处为：（1）耕作中犁地所用的为“曲辕犁”，此为唐代的先进犁耕工具，很大程度上提高了生产效率。（2）在收获劳作的画面左上方有一收租图，图中有一屋，里间坐一头戴软巾、穿圆领长袍、腰束丝带的主人。他后靠椅背，安闲自在。外间一管家正在跪禀情况。屋外垒积大堆粮食，堆旁为量器。屋内清凉悠闲，屋外烈日劳作，对比鲜明。是唐代地主庄园中监督劳作和催交地租的形象写照。

曲辕犁图，弥勒经变中生产工具画面之一，绘于第 445 窟弥勒经变“一种七收”图中。曲辕犁又名江东犁，是唐代长江流域的先进农耕工具之一。较之前代，其木辕改直为曲，缩长为短，转弯、调头方便；

图 3-2-4　盛唐莫高窟第 445 窟 一种七收图（史苇湘绘）

辕头装可转动犁槃，能双向耕作，提高速度；犁上装犁秤和箭，可调整犁地深浅，利于不同作物深耕浅犁；犁头安犁壁和策，可同时翻地碎土、起亩作垄。此犁操作灵活，轻便省力，便于深耕细作，在中国犁铧发展上有划时代的作用。18 世纪，此犁传入欧洲，对欧洲各国犁铧改良有重大影响。唐代陆龟蒙《耒耜经》对此犁有详载，然无图，不知其形，壁画提供了曲辕犁的具体形象。中国历史博物馆据《耒耜经》及第 445 窟图像制出模型，使人们具体地理解了当时该犁的科学性和先进性。

敦煌壁画中绘制的各种农业生产工具，如实反映了历代生产工具的应用情况，在为我们展示了丰富的农业生产民俗画卷的同时，也反映了当时农业生产工具的发展和科学技术水平。莫高窟盛唐 445 窟绘制的先进的曲辕犁，将我国发明曲辕犁的时代提前到公元 8 世纪，是我国农业科技史的珍贵资料。壁画中其他几十幅犁的形状、耕作形式和中原内地的具有一致性。树木、园林、果品的情况在遗书中均有反映。在一些寺院财产登记簿、民间分家文书、借贷凭据、契约、派遣差役等文书中出现了几十种农业生产工具和日常生活用品（有的工具、家具不见于壁画），大多与壁画中所绘相合。这些内容充分说明河西地区古代农业民俗以及劳动人民在农业生产上所做出的巨大贡献，自然也体现了普遍的社会性色彩[1]。

第 445 窟婚礼图，弥勒经变“婚礼图”代表作之一，位于北壁下部左侧。图中宅第门外设帷帐及“青庐”（唐人谓“百子帐”），帐内宾客对坐饮宴，帐前正举行婚礼：新郎五体投地跪拜宾客，新娘盛装，与傧相侧立于旁。侍婢往来忙碌其间。舞者正伴随着音乐起舞。研究者认为此舞为“绿腰”（亦称“六幺”）。画家生动地展现了当时北方地区的婚礼场面和行礼时男拜女揖的武则天时期的习俗。唐段成式《酉阳杂俎》记载“北朝婚礼，青布幔为屋，在门内外，谓之青庐，于此交拜迎妇”，图中的婚礼场面与此记载基本吻合，是一幅反映唐代社会生活的风俗画。第 445 窟之嫁娶图，婚礼正在进行，新妇盛装站立，新郎正在跪拜（唐代习俗，男拜女揖），贺客数人围坐宴饮，五人伴奏，一人戴冠着袍独舞，侧身背向观众，一手在上一手在下，一足正欲踏地，画中描绘正在欲踏未踏之间，舞姿优美和谐。

拆幢图亦称拆楼图，弥勒经变情节之一，描绘弥勒将儴佉王奉献之宝幢施予婆罗门，诸婆罗门顷刻之间拆毁共分的情景。图中诸婆罗门或假梯攀幢，揭幡取珠，或拎布囊，尽装宝物，或登宝楼，拆木毁阁。佛家以拆幢譬喻人间世俗变幻无常，诱导人们出家求道，皈依三宝。盛唐第 445 窟之拆幢，尤为精彩：一座二层楼阁正在拆除，屋面已经拆开，露出屋顶歇山式梁架，清晰地看见脊檩下由三角形的驼峰支承，屋顶四角有大角梁，后尾交在平梁上，大角梁前端有子角梁，并略微翘起，具体表现出梁架的结构特征，是极为难得的古建筑结构图像。莫高窟壁画中的建筑物很多，唯独此画展示了房屋的梁、柱等内部结构。始见于盛唐，终于宋。

剃度图，弥勒经变情节之一，描绘翅头末城儴佉王、王妃、太子、大臣、婇女等，剃度出家。画面位于经变之中部或下部，由二至六组人物组成。以盛唐第 445 窟为最佳。此画六幅帷幕，按男女分列两厢，每帷幕内有数人：被剃者，正

1 参见王欢：《唐五代宋初敦煌农业民俗考论》，西北师范大学硕士学位论文，2009 年。

襟危坐，法师持刀作削发状，侍婢或跪前掌法具，或立侧手捧袈裟。其表情各异，或窃窃私语，或虔诚合十，或惊恐，或安详。在女剃度一方，有一男子持棍挑起帷布，向内窥视妇女。

二、敦煌盛唐物质文化精粹举隅

（一）佛画

刺绣灵鹫山释迦说法图，丝质绣画。Ch.00260。麻布为底，以彩色丝绣成。盛唐制作。高 241 厘米，宽 159.5 厘米。出自莫高窟藏经洞。画面中部为释迦牟尼立像，右手下垂，左手提袈裟，跣足立于莲花座上。主尊左右各有一男一女。男像残损严重，可能是迦叶和阿难；女像为二菩萨，亦跣足侍立在莲花座上。释迦头上方有镶宝石帷幔，帷幔左右各绣一飞天。画之底部左右各有一组供养人像，女左男右。底部中间有一长方形空部，上已打上界栏，应是书写发愿文的部位，但未写文字。供养人每像旁有一长条状写供养人名，共八条，但仅二条上有文字，且难于辨识。此图原应悬于佛寺供养，至今色泽鲜艳，是敦煌画的精品之一。

引路菩萨图，彩色绢画。Ch.lvii.002。盛唐绘制。高 80.5 厘米，宽 53.8 厘米。出自莫高窟藏经洞。浅褐地色，左上角绘彩云，云上有楼阁长廊，表示净土世界二右上角有“引路菩”三字。画中引路菩萨和随在菩萨身后的贵妇亡灵立于云层上。菩萨面相丰满，有须髭，右手执香炉，左手拿莲茎，茎上挂引路幡（或引魂幡），脚踏白莲，半侧身，略回首。其身后盛装贵妇，体形丰满，蛾眉樱唇，金饰博髻，垂眼下视，神情安详，似已排除一切杂念，随菩萨往生净土。人物造型及衣饰裙服是盛唐时期风行于上层社会的典型式样，与唐画“簪花仕女图”中贵妇、莫高窟第 130 窟甬道南壁“都督夫人太原王氏礼佛图”中十三小娘子形象、服饰、画风均极相似。同题材作品亦见于伯希和图录《敦煌的幡和绘画》篇的图版 130—133。

（二）家居

民居图，壁画中所见较多的居室。或画一较完整之院落，或只画院落之局部。盛唐第 23 窟南壁法华经变中画一大宅院，外有夯土围墙，正面为乌头门，门里小院一侧有小屋数间，似为仆役居处。院门内有宽阔的庭院，其后方有三间较高大的厅堂，两侧有夹屋数间，两侧檐下悬挂帘箔，各房中均置床榻。厅堂相对在二门之侧似有“倒座”房屋。盛唐第217窟南壁法华经变中用“如病得医，如子得母”的譬喻，画成一幅小品。描绘一山丘掩映的小院，三间厅堂，柱上有一斗三升斗拱，屋下砖砌台基、散水，屋内有床并有花砖墁地。床后有屏风四扇，厅堂的右侧有三间耳房，形状如厅堂而稍矮，正对厅堂有乌头门一扇，院墙一段，厅堂中有两妇女坐于床沿，一妇女怀抱一婴儿，庭中堂前有一青年妇女，后随一扶杖而行的老人，紧随一手捧小盒的童仆。院中垂柳拂檐，绿竹两竿，使庭院中生趣盎然，似为清新雅致的小宅。

莫高窟盛唐 217 窟南壁《法华经变》上，依据“药王菩萨本事品”绘制的一幅被称作“得医图”的名画：在一所豪宅内，一位贵妇人盘坐在铺有茵褥的正面有三壶门、足下有托泥的床上，床面上也画有拦水线，床比贵妇的头略高。紧挨着贵妇侧倚坐在床上的侍女，双手抱一被褥中的婴儿，二人关切地注视着婴儿。床后还立有屏风，屋子外面台阶下一侍婢正引领来一位住拐杖儒雅的老郎中，身后跟一名捧药箱的随从。此床大概是不能认作榻的，榻没有这样大的；在该经变的“随喜功德品”中的一房屋内，有一张正面为四壶门并带托泥的大型床，但在床上又放有一张长方形矮型的须弥座式的座（或称平台床），束腰部位画有壶门形装饰，上面共坐三人；该经变中还有一张五壶门和三壶门床，并分别围有三折七扇屏风和三扇画有花草的屏风。盛唐445窟南壁《弥勒经变》左上角“一种七收”图上，收获场面旁边的一所房中一人头戴软巾，身穿圆领长袍，腰束丝绦，安闲地倚坐在带壶门的床榻上，房外管家正向其恭身察报。盛唐 446 窟南壁《观无量寿经变》西侧“未生怨”上，一间房中国王或者阿阇世太子坐在一张四腿长方形矮床上，床上放有一张长条形翘首几[1]。

（三）服饰与妆容

远游冠，汉族帝王首服之一。盛唐第 48、172 窟观无量寿经变“未生怨”故事中之阿阇世王太子，戴卷梁冠，前高而后倾，前有展筩、博山，冠以簪导于发髻。《太平御览》卷六八五引晋徐广《舆服杂注》说：“天子杂服远游冠，太子及诸王远游冠，制似通天也，天子五梁，太子三梁。”冠式与此相符。《新唐书·车服志》说：“远游冠者，（皇太子）谒庙、还宫、元日朔日入朝、释奠之服也。以具服，远游冠三梁，加金博山……犀簪导。”图像与所述基本相符。

红巾抹额，武士戎装之一，敦煌壁画中之刑吏、门卫、射手等均服之。盛唐第 45 窟观音普门品中之杀头刑吏穿红半袖，白衫裹腰，行縢，麻鞋，双手举刀，红巾帕首。盛唐第 320 窟“未生怨”故事宫廷政变图中逮捕国王之武士，衩衣，白裤，乌鞋，佩刀，幞头上加红巾系于额。红巾抹额或红巾帕首，由来已久，秦始皇时已是军容之服。唐韩愈《送幽州李端公序》：“司徒公红抹首、裤靴、握刀。”又《送郑尚书序》：“府帅必戎服，左握刀，右属弓矢，帕首裤靴迎郊。”所说武士戎装与唐代壁画中所见略同。

笠帽半臂，古代服装之一。笠帽和半臂同时穿戴，故名。笠帽，单称笠，以竹篾编织而成，夹以笋壳或棕等，与今所见者类似。亦有毡制的，名毡帽；以皮革制成的“皮笠子”，属戎装。半臂，即短袖衣。此服贵妇、士庶及劳动者均通用。但衣裙质量及穿着差别甚远。贵妇着质高且华丽的衫裙，外套半臂以作美饰之服；劳动者则是在质差的中单之外加半臂，制作亦粗。劳动者多以笠帽与半臂同时穿戴，以方便户外作业。敦煌壁画中初唐第 323 窟纤夫，第 33 窟法华变中的农夫，盛唐第 45 窟“观音普门品”中的舵师，以及很多弥勒变中耕作的农者，均头戴笠帽，内穿缺裤衫，外套半臂，下着白裤，即此服。

大袖裙襦，古代妇女时装之一。汉晋以来贵贱通用裙服。盛唐初第 217 窟的女供养人“新妇令狐氏”头饰抛家髻，身着大袖襦，帔帛，长裙，筋头履。《事物纪原·衣裘带服·大衣》说：“唐则裙襦大袖为礼衣。开元中，妇见舅姑，戴步摇，插翠钗。”与令狐氏衣饰相同。

1 参见杨森：《敦煌家具研究》，兰州大学历史学、历史文献学博士学位论文，2006 年。

丈夫靴衫，亦称幞头靴衫，古代妇女时装之一，是吸收北方少数民族便于骑射的胡服改进而成。在中原，唐初太平公主就着紫衫玉带皂罗折上巾，歌舞于高宗和武后筵前。这种“束装似男儿”的装扮，在唐三百年间蔚然成风，开元、天宝年间达到高潮。《旧唐书·舆服志》云：“或有着丈夫衣服靴衫，而尊卑内外，斯一贯矣。”《新唐书·车服志》亦谓：“宫人从驾，皆胡冒乘马……有衣男子衣而靴，如奚、契丹之服”，“开元中……奴婢服襕衫，而士女衣胡服”。《中华古今注》卷中：“至天宝年中，士人之妻，着丈夫靴衫鞭帽，内外一体也。”这种着丈夫靴衫的女扮男装者，在敦煌盛唐壁画所绘的人物中颇多。第 130 窟“都督夫人太原王氏礼佛图”中的侍婢，头裹透额罗幞头，身穿圆领襕衫，或梳双丫髻，穿圆领衩衣，革带乌靴，即属此服。盛唐第 445 窟“剃度图”中的妇女多着盘领或折领长衫的胡服，亦属此类。直至中、晚唐壁画中，此服仍很流行，穿着者多为供养人行列中的婢女。吴道子《释迦降生图》中执扇侍女、张萱《虢国夫人游春图》中的从骑，20 世纪 60 年代发掘出土的陕西乾县永泰公主墓壁画中侍婢，亦均着此样式之幞头靴衫。

羃篱，古代妇女时装之一。盛唐第 217、103 窟法华经变“化城喻品”中，有妇人头套黑色帷帽，帽上戴笠，仅露面部，笠沿垂网，身着大红长袍，脚穿乌靴，骑骡，前有导引，后有随从。《旧唐书·舆服志》曰：“武德、贞观之时，宫人骑马者，依齐、隋旧制，多著羃篱，虽发自戎夷，而全身障蔽，不欲路途窥之……永徽之后，皆用帷帽，拖裙到颈，渐为浅露。”开元之后有所改变。

头饰，亦称首服、发饰。古代妇女头上之饰物。古人“束发为髻”，始以树枝、藤条、骨刺为簪束导，令其不乱。至战国以后，则逐渐发展成完整头饰——簪、钗、梳篦、步摇、钿等，并以饰之而为美。质地亦有金珠宝玉之属，并精雕细琢各种鸟兽、吉祥纹花等。簪为插定发髻或连于冠发的单股长针，男女通用。钗为妇女专用的双股长针。梳篦为妇女髻上的饰物。钿为插于妇女鬓发上之花饰。唐岑参《敦煌太守后庭歌》中有“侧重高髻插金钿”诗句，可见中原时妆之风已很快传至敦煌。在盛唐第 130 窟甬道南壁“都督夫人太原王氏礼佛图”中，王氏头梳蓬松义髻，插宝钿和梳篦，其女十一娘、十三娘及奴婢，均插花钿、梳篦即是其例。唐宋贵妇插花钗于鬓发还标志其身份和社会地位，并成为礼制。《旧唐书·舆服志》“内外命妇服花钗”条称“（钗）施两博鬓，宝钿饰也”，一品九树，二品八树，三品七树，四品六树，五品五树，宝钿准花树。六品以下则不准插钗、钿。

贴花红，唐宋时敦煌妇女面饰。贴花、点红、点绿之合称。《下女夫词》所谓“头上盘龙髻，面上贴花红”，莫高窟壁画中有此面饰之形象资料。如贞观十六年（642 年）的第 220 窟维摩变中的天女，额上贴云头花钿；天宝间的第 130 窟甬道南壁女供养人像——晋昌郡太守乐庭瓌第十一女额上贴五出梅花，髻侧及面颊点红、腮上饰“绿的”。

（四）乐舞

龟兹舞，指敦煌壁画中带有龟兹风的舞蹈。盛唐第 205 窟北壁第二幅西方净土变中舞者二人在方毯上双双相向起舞，左舞伎身躯微向左倾，右手上举弹指，腕上系铃，左腿微蹲吸右腿（掖腿）；右舞伎身躯背向观众转头面向观众，右手上举弹指，腕上系铃，吸右腿（跨腿），左腿微蹲。舞伎均上身半裸，下系薄纱长裙。舞态为对称式，二舞者配合默契，具有和谐优美的魅力。舞伎的弹指犹如现在维吾尔、乌孜别克民族舞中的弹指打指动作。唐杜佑《通典》说“龟兹人弹指为歌舞之节”，同书对龟兹人的舞姿也作了叙述，“或踊或跃，乍动乍息，蹻脚弹指，撼头弄目，情发于中，不能自止”，正说明当时已流行龟兹弹指舞。

反弹琵琶，敦煌壁画舞姿。莫高窟有十多幅壁画中的乐舞场面都绘有此舞姿。在这些从唐到西夏不同时期的壁画中，舞伎们高髻云鬟，服饰各异，姿态动作千变万化，而背身反弹琵琶则是最特色鲜明、令人叫绝的舞姿。如盛唐第 172 窟北壁观无量寿经变图中两舞伎在方毯上相对而舞，左舞伎吸左腿出胯，身向右倾，右手伸向背后反弹琵琶，右舞伎张开双手正欲拍打长鼓。

（五）交通

唐宋海船。敦煌壁画中真正的海船形象，开始出现是在 8 世纪前期的唐代，即所谓的盛唐时期，以莫高窟 205 窟、45 窟最具有代表性，为大型木帆船，整个船型与泉州湾出土的宋代海船极为相近，只是宋船内舱中的水密舱因在壁画中无法表现而难以识别其有无，但从外部造型上看，应该有水密舱。

同时代的莫高窟 31 窟北壁的海船形象十分特殊，这是一艘船舱为画舫的楼帆船，似乎是游船；船身前低后高，桅杆顶设一只用以导航的鸟，这是我国春秋时代就出现的战船“海鹘”“楼舡”或“鹢船”。据史书记载，这类船一直到唐代还在制造和使用[1]。唐后期的莫高窟 54 窟北壁的则是一艘典型的海鹘：船上大帆扩张，桅顶鹘鸟导航，船身前高后低，尽管画面较小，却十分清晰[2]。

（六）运动

射箭，古代狩猎和战争的手段，现为体育运动项目。敦煌壁画中有各种对射箭的描绘。除用于狩猎的射箭外，还有用于军事的射箭，如晚唐第 12 窟南壁法华经变中的“作战图”，即绘有敌对双方隔岸对射的场面；有用于表演的射箭，如盛唐第130窟东壁北侧“八王分舍利”中一名武士骑马回首弯弓、引箭欲发的英姿；有用于竞技的射箭，如北周第 290 窟窟顶的“射靶图”，绘有三名射手正在进行射鼓比赛。有的还绘有跪射的姿势。在敦煌遗书中也有射箭的记述，见 P.4692、3697、S.5437、328、2947 等。

第三节　中唐石窟艺术（781—848 年）

中唐（即吐蕃时代），自建中二年（781 年）至大中二年（848 年）60 多年中，建窟 55 个，主要为覆斗顶殿堂窟和涅槃窟，彩塑有大型涅槃像和盝顶龛群像。壁画内容更为丰富，各宗各派经变汇于一窟，除文殊变、普贤变、法华经变、观无量寿经变、弥勒变、涅槃变、东方药师经变、天请问经变外，金光明经变、华严

1 参见（北宋）李昉、李穆、徐铉等编纂：《太平御览・舟部》，中华书局，1960 年。
2 参见马德：《敦煌壁画交通工具史料述论（下）》，《敦煌研究》1995 年第 3 期。

经变、报恩经变、楞伽经变、思益梵天请问经变、金刚经变等均为新增，经变下排列屏风画，描绘经变故事，使经变内容更为丰富。此外还新出了五台山图和瑞像图，展示了壁画丰富的内容，特别是经变中的吐蕃赞普礼佛图和吐蕃供养人像表现了壁画的时代政治特色。人物造型真实，线描纯熟，色调清雅，神情娴静，风格清新恬和。但人物形象的精神表现和主题画的意境创造艺术性逐渐下降。

中唐敦煌石窟艺术，敦煌石窟艺术分期之一。指吐蕃统治敦煌时期（唐建中二年到大中二年）（781—848 年）的敦煌石窟艺术。在莫高窟新建 55 窟。吐蕃王朝于天宝以降尽取河西诸郡以后，苦攻敦煌十余年，未克。最后，敦煌民众“粮械皆竭”，始以“毋徙佗境”为条件接受吐蕃统治，因此，汉民仍聚居原地，未遭遣散分割。加之吐蕃赞普崇尚佛教，故而此时敦煌艺术仍承袭汉唐传统并得到继续发展。此时的窟型仍因袭唐制，多为四方覆斗顶殿堂窟，仅在龛内增砌佛床。密宗图像，如不空羂索观音、如意轮观音、十一面观音、千手千眼观音、千手千钵文殊等菩萨尊像有所增多。经变内容也较前增加，主要有阿弥陀、观无量寿佛、弥勒、东方药师、报恩、涅槃、法华、华严、金光明、楞伽、天请问、金刚、文殊、普贤等经变。其中以阿弥陀、观无量寿佛、弥勒等经变较多。由于经变增多，故窟内壁画分布亦与初、盛唐有所不同。其基本形式大致为：一个壁面分上、下两部分。上部画二至四幅经变，下部列绘多扇屏风画，内容与上部经变相呼应，为其详尽之图解。在艺术风格方面，由于一窟之内经变增多而使画幅缩小，失去了盛唐时期通壁经变的整体感和雄浑气势，但却促进画风向结构严谨、工整、纤巧方面转化。由于敷彩多用青、绿、赭、黄及云母粉等冷色，形成肌肤浅染、填色简淡的格调，故而使画幅具有俊爽雅逸、恬淡清新的意趣。尽管在人物性格刻画上远不及前代，但在山川意境、世俗风情方面却有一些新的发展，如第 159 窟维摩诘经变中的挤奶图、第 112 窟报恩经变“鹿母夫人”中的山水画、观无量寿佛经变中的反弹琵琶图、第 158 窟的涅槃变等。另外，如维摩诘经变中的“博弈”“酒肆”“学堂”，弥勒经变中的“婚礼”“坟园”“耕获”等反映唐代世俗生活的画面，都是十分珍贵的形象历史资料。这一时期的塑像大多已毁，但现存者，其技巧之精微、手法之新颖令人嗟叹不已。如第 159 窟菩萨塑像，颜面莹洁如玉，朱唇微点，指若娇兰，披巾飘逸，情态婉柔。尤其是第 158 窟以释迦涅槃像为主体的涅槃变，释迦卧像一副超凡脱俗往升净土的神情，诚为莫高窟塑像中之佳作。围绕此像的壁画，恰如其分地描绘了佛子、天人、外道等不同身份、不同信仰者的思想情绪。整个洞窟形制、塑像、壁画三者有机结合，浑然一体，是中唐时期的一代佳构。总之，中唐艺术就其总体来说，已向世俗化、乡土化方面迈进了一步。

《内容总录》确定 781 年至 848 年间凿建 55 窟。编号是：7、21、43、53、69、92、93、112、133、134、135、144、151、153、154、155、157、158、159、186、191、197、200、201、222、226、231、234、236、237、238、240、258、357、358、359、360、361、363、365、366、368、369、370、447、449、467、468、469、471、472、474、475、478、479。

一 、中唐代表洞窟

（一）榆林窟第 25 窟

榆林窟第 25 窟，主室方形，中有佛坛，前室横方形，有长甬道。此窟弥勒变中有古藏文题记和吐蕃男子与汉族女子的婚礼图，可知建于吐蕃占领瓜州而尚未占领沙州之间，即大历十一年（776 年）至建中二年（781 年）间。主室顶部塌毁，前室五代重修，原作保存十分完好。东壁密教“八大菩萨曼荼罗”，南壁观无量寿佛经变，西壁门两侧文殊变、普贤变，北壁为弥勒变，在经变两侧还有观音、势至、地藏等菩萨单身像。前室东壁南北相对为毗琉璃天王和毗沙门天王，守卫佛国。经变中弥勒变和观无量寿经变是敦煌经变中最精美的作品之一。弥勒变中，弥勒三会表现人生无常，顷刻即逝，得到启示，国王便率领大臣剃度为僧，公主嫔妃削发为尼，在法会两侧以现实生活场景表现了未来的极乐世界种种美妙事物。如一种七收，树上生衣，路不拾遗、夜不闭户，大小便利，地即裂开、便后即合。还有青庐婚礼，女子五百岁出嫁，人寿将终，自诣墓园，等死升天。经变的上部，描写弥勒世界的妙花园（山川花木、蓝天云霞），给人们带来精神寄托和安慰。观无量寿经变保存最完美，中部的佛国建筑，继承了盛唐的宫廷结构布局，表现豪华壮丽、歌舞升平的宫廷景象，七宝池中的化生童子，在绿波中嬉戏，天真活泼，菩萨天人作向心结构，统一和谐，又表现了超越现实的极乐境界。此窟壁画，特别是经变画，在敦煌壁画中保存最完整，形象优美，线描遒劲，色彩绚丽，具有高度艺术魅力，所以美国华尔纳在《榆林窟》一书中写道：“（25）窟壁画惊人的美”，并千方百计地拍照。此窟壁画的艺术成就，在于展现了令人向往的艺术境界和民族风格。在造型、构图、线描、敷彩和传神等方面都有高度的修养和娴熟的技巧。造型有神和人两类。神灵型，富于夸张和想象，菩萨形貌如妇人，衣饰仍保留着印度、波斯成分，动态如舞姿，具有修持中导引意念的神秘感；人的形象富于现实性，中国人面貌，唐人衣冠，客观地体现了当时当地的风土人情，又在“以丰肥为美”的审美理想中体现了唐代统一的时代风格。在构图上对空间境界的表现，继承了传统的鸟瞰式透视法，创造了艺术科学中无限境界的创作模式，如弥勒变中空旷辽阔的自然境界，表现了经变中一览无余的宫苑景色。至于画面构图形式，千变万化，如众星拱月式、三联式、自由式等，但都依据内容需要按对称、均衡、稳定、统一、和谐等审美规律进行布局。线描继承了纯正的吴家样——兰叶描，线的形态、线的组合，简单合理，线的运笔在起承转合、抑扬顿挫、轻重疾徐中，表现了力、情的结合，体现了音乐般的韵律感，赋予人物形象以艺术生命，体现了新的民族风格的精神。色彩是大众化的艺术语言，此窟的色彩美，不像开元、天宝时代金碧辉煌、富丽堂皇，而是逐渐为朴质、纯正、清雅的风格所代替。色以青绿、土红为主，人物晕染，薄施淡彩，似有若无，色感、立体感含蓄而雅致。敷色方法上的涂色、衬色、变色、填色，多种多样，使线、色、形的关系更加和谐。此窟的人和神，通过姿态动作、面部、五官，特别是眼睛，表现内心情思。如为文殊驯狮的昆仑奴，紧勒缰绳，眼盯青狮，身向后倾，用力制止青狮奔跑；如为普贤赶六牙白象的昆仑奴，正好与前者相反，大象笨拙，行动缓慢，昆仑奴举手扬鞭，驱赶大象前行。动物的性格，衬托着两个昆仑奴的神情。路不拾遗，画道旁珠宝闪光，路人走过侧首而不视，袖手而去，不为财宝所动的神情，十分自然。此窟是吐蕃统治时期的杰作，是中国式佛教艺术的又一典范。

榆林窟第25窟观无量寿佛经变，观无量寿佛经变代表作之一，亦系榆林窟壁画代表作，如以时代划分，又是中唐时期的壁画代表作。现存壁画之下部为后代重绘，当年是否绘此经变中之“九品往生”，已不得而知。现存此画面积为高2.57米，宽4.67米。中唐时期，这12平方米通壁大画，无论是莫高窟还是榆林窟，均为屈指可数之作。作为观无量寿佛经变，与前代比，形式内容均无多大变化——中间为西方净土，两边条幅式，画“未生怨”“十六观”，但它又有前代所不具之特点：“未生怨”加进了因果关系——频婆娑罗王前世作恶，断道人粮、水，害死道人，让其转世作嗣子。这一情节，经文中没有。画中人物少而精，主尊周围只有大小十四菩萨；建筑辉煌，色调淡雅，色种少但敷彩协调。与盛唐窟金碧辉煌、绚烂富丽的格调有所不同，而是一种主调简洁明快、清淡舒朗的画风。尤为可贵者，保存至今，除个别人物变色外，余皆完好如新。

八功德水，壁画“西方极乐世界”情景之一。唐玄奘译《称赞净土佛摄受经》云：“极乐世界净佛土中，处处皆有七妙宝池，八功德水弥满其中。何等名为八功德水？一者清净，二者清冷，三者甘美，四者轻软，五者润泽，六者安和，七者饮时除饥渴等无量过患，八者饮已能长养诸根。”在“八功德水”的创作上，画家奇思驰骋，各有千秋。榆林窟中唐第25窟，在细密的水波纹上敷以豆绿色，使水纹柔和而有深浅变化，有“东风吹皱一池春绿”之诗意。

大袖裙襦，古代妇女时装之一，汉晋以来贵贱通用裙服。吐蕃统治时期，襦袖更宽，榆林窟第25窟“未生怨”中韦提希夫人，头饰双鬟望仙髻，着大袖襦，长裙，襦袖之大约三四尺，《新唐书·车服志》说：“淮南观察使李德裕令管内妇人衣袖四尺者阔一尺五寸。”可见襦袖宽大已成风气，唐以后的敦煌壁画中，大袖裙襦比比皆是，与唐制相符。

腰鼓舞，敦煌壁画中的乐舞。榆林窟中唐第25窟南壁观无量寿经变中央有一乐舞场面：舞者一人上身裸露，戴项圈、璎珞、臂钏、手镯，手挽长巾，在方形毯上起舞；肩上挂腰鼓，伸展双臂撒开五指作击鼓状；吸提左腿作腾踏之势；长巾则随节奏回转流动，伽陵频迦鸟拨动五弦在舞者左侧应和；八人乐队分两排坐在地毯两侧伴奏，右侧四人各持海螺、筚篥、笙、曲项琵琶，左侧四人各持竖笛、横笛、排箫、拍板。伴奏者聚精会神，姿态自然优美。虽为娱佛形象，却是当时宫廷乐舞的生动反映。

榆林窟第25窟弥勒经变，弥勒经变代表作之一，位于北壁。弥勒三会画于全图中央，初会居中，二、三会居两侧。初会弥勒佛前，绘七宝、拆幢、剃度等图；二会（右侧）绘龙王布雨、罗刹扫城、弥勒入城、树上生衣、诵经升天、嫁娶等图，三会（左侧）画迦叶禅窟、一种七收、送老入墓、路不拾遗、迦叶献僧伽梨等情节。此图线描精致，刚劲圆润如春蚕吐丝，焦墨痕中略施微染，袭盛唐画风，用笔精到，深得吴道子师法。此图虽承盛唐之风，而画中新郎及宾客已着吐蕃装，当为中唐初期所绘。弥勒经变中有一位僧人坐在一张有四条腿的长床上，此床也可看作榻。

墓园图，壁画中的坟墓及其园地。《佛说弥勒下生经》：“人命将终，自然行诣家间而死”。榆林窟第25窟中唐壁画弥勒净土变左侧画一墓园，墓室为夯土圆形穹窿顶状，一即将命终的老人坐于墓室内床上，前有男女数人作悲哀及跪拜状。床的正面有壶门装饰，其后有屏风，墓外有夯土围墙，一侧有门道正对墓室，两侧有土墩，似为墓阙。斯坦因《亚洲腹地考古记》载有新疆吐鲁番阿斯塔那唐墓安放尸体的木床图片，其床形状与此图相似。

榆林窟第25窟文殊变，文殊变代表作之一，位于西壁门北。构图简明，造型端丽，笔墨晕染，纯熟精湛，承袭了盛唐画风，是唐蕃时代佛教壁画中的上乘作品。此画色线并重，正是当时画坛上流行的“吴装”一派的时代风韵。

芨芨草，戈壁野生植物。草本，多年生，高约两米，多丛生于低洼潮湿处，每年秋后干枯收割。其枝条可编席子，或铺在炕上，或盖在房顶（须上一层厚泥），还可扎成大扫帚，如榆林窟中唐第25窟的“耕获图”，一妇女持一长把扫帚正在扫粮食，即用芨芨草为材料，至今从取材到形状仍在沿用。

鸡娄鼓，打击类膜鸣直胴型乐器。鼓为球形，两端张以皮革，鼓面直径甚小，演奏时挟于腋间，一手拍击，夹鼓之手臂还持鼗鼓，摇晃同时发音。《事类赋》引《古今乐录》曰：“鸡娄鼓，正圆，面首尾，可击之处平，可数寸。”宋陈旸《乐书》载：“左手持鼗鼓，腋夹此鼓，右手击之以为节焉。”敦煌壁画中绘鸡娄鼓甚多，榆林窟第25窟所绘为典型图形。

（二）第53窟

第53窟，代表窟之一，原修于中唐。北壁开一小龛，龛内东、西壁残存佛、菩萨像，似绘于中唐。龛内北壁墨书：“广顺三年岁次癸丑八月十五日府主太保就窟上造二千仁斋藏内记。”广顺三年是公元953年。这时曹元忠任归义军节度使，并自称太保。“藏内记”中所说的“府主太保”，非元忠莫属，而且他还于广顺三年在莫高窟举行过一次二千人的斋会，斋会期间以本窟为储存斋物的地方。后来曹元忠，或其姐妹，对本窟进行了重修扩建，将平面改成方形。覆斗形窟顶，团龙卷瓣莲花藻井，东披画天请问经变，南、北披是华严经变，西披为弥勒经变。东壁上部已毁，下部残存供养比丘画像。南壁西侧画劳度叉斗圣变，已残。西壁开盝顶帐形龛119内残存五代塑佛像一身，龛外南侧画龙王。重修北壁时将中唐小龛封闭，并绘维摩诘经变，已残。1952年从破壁下发现中唐小龛，龛内未发现贵重文物，新编号为第469窟。

（三）第112窟（图3-3-1）

第112窟，代表窟之一。建于吐蕃统治敦煌的早期，为小型殿堂窟。甬道为宋代重画。主室方形覆斗顶，中心云头纹藻井，四披中部作禅定佛，余满饰千佛。正壁开盝顶帐形龛，龛顶饰棋格团花图案及佛、菩萨像。下有马蹄形佛床，唐塑一铺佛、菩萨、弟子五身像。佛床下有壶门，内饰伎乐，弹琴歌舞。龛内三壁屏风画六扇，画九龙灌顶、剃度说法等内容，仿效唐代宫廷六扇联屏制度。帐门两侧画文殊变、普贤变，南壁金刚经变、观无量寿经变，北壁药师变、报恩经变，东壁门上降魔变，门北观音变，门南大势至变。经变下画联屏，表现经变中的故事内容。惜已残破。

从窟内结构、壁画内容和风格看，此窟应属于从盛唐转向吐蕃统治时期的过

图 3-3-7 中唐莫高窟第 158 窟西壁 菩萨弟子伤悼

图 3-3-8 中唐莫高窟 158 窟西壁 天龙八部

莫高窟涅槃经变中多数画此情节。隋与初唐，仅画“寻路疾归”。盛唐第 148 窟与中唐第 158 窟，着重表现哭佛情景，第 148 窟榜题云：“尔时迦叶在耆阇崛山，知如来入般涅槃，以敬佛故，不敢飞空往如来所，将诸弟子，寻路疾行，悲号速往，乃见如来七宝棺，一时哽咽号哭，闷绝昏浊心乱。”这是考释画面的可靠依据。第 158 窟人物刻画生动，深目高鼻的大迦叶，高举枯瘦的双手，猛扑佛棺，老泪盈眶，号啕大哭，痛不欲生之情，惟妙惟肖（图 3-3-9）。迦叶左右画二比丘，紧紧抱住迦叶，以防其扑倒撞伤。迦叶前面画一比丘，伸手欲扶迦叶，劝其节哀。这些附笔更加衬托出迦叶痛不欲生之情。远景山峦起伏，一比丘拄禅杖出山，这是表现迦叶从耆阇崛山跋涉而来。

图 3-3-9 中唐莫高窟 158 窟南壁西侧 迦叶奔丧

帝王举哀，涅槃经变情节之一（图 3-3-10）。经云：释迦牟尼佛去世，迦毗罗等八国国王，“即将臣从，疾往拘尸”，“号哭悲哀，闷绝辟地”。中唐第 158 窟画此情节，不过画工根据当地人的观赏习惯，将迦毗罗等八国国王改成以吐蕃赞普为首，画在最前头，这是吐蕃统治时期敦煌壁画布局特点之一。稍后是华夏皇帝，头戴冕旒，二宫女搀扶。其余 13 人都是深目高鼻，当系西域诸国首领。哀悼方式十分惨烈，割耳、削鼻、刺胸，目不忍睹。史载贞观二十三年（649 年）唐太宗逝世，“四夷之人入仕于朝及来朝贡者数百人，闻丧皆恸哭，剪发、剺面、割耳，流血洒地”。第 158 窟的帝王哀悼图，以图像写实，记录了这种特殊的哀悼习俗，是十分珍贵的民俗史画。

图 3-3-10 中唐莫高窟第 158 窟北壁西侧 帝王举哀

图 3-3-11　中唐莫高窟 158 窟北壁西侧 帝王举哀之剺面自刺

剺面自刺，敦煌及西域一带丧俗图。莫高窟第 158 窟涅槃经变，在卧佛的双足处绘有诸国王哀悼图，画面上呈现出一人用刀割耳，一人两手持双刀剜心，一人以刀割鼻，一人以长剑刺胸（图 3-3-11）。这种表示极度悲痛的特殊方式来自少数民族。“（突厥）逢我国丧者皆剺面表哀。”（《周书·王庆传》）“（吐蕃）其赞普死，以人殉葬”，自刺身亡。（《旧唐书·吐蕃传》）“回纥法（婿死）剺面大哭。”（《旧唐书·回纥传》）敦煌因长期多民族杂处，中唐时又为吐蕃占领，故有此俗。

外道幸灾乐祸，涅槃经变情节之一。“外道”是佛教对其他宗教派别的贬称。经云：“诸魔恶人，见佛涅槃，皆大欢喜。”盛唐第 148 窟西壁画七个外道，面向释迦涅槃像，手舞足蹈。榜题云：“拘尸那城中外道六师闻佛涅槃（下缺数字）欢乐。”中唐第 158 窟涅槃台北侧也画五个外道，闻佛涅槃，欢呼跳跃，乐不可支。人物描绘颇为生动。

第 158 窟献璎珞飞天，飞天代表作之一。中唐绘制。《大般涅槃经后分》“机感荼毗品”谓释迦灭寂后，一切天人于释迦遗体上空，遍散七宝、珍珠、香花、璎珞，微妙杂彩，缤纷如云，遍满虚空。献璎珞飞天是天人之一。飞天头戴宝冠，身披璎珞，乘彩云自空而降，双手执璎珞，虔诚地奉献于释迦遗体，面带忧伤，深刻地表现了悼念之情。

梦见忏悔品，金光明最胜王经变中之一品。始见于中唐，终于宋。此品内容极简单：妙幢菩萨于夜梦中，见大金鼓，一婆罗门击鼓，于鼓声中说种种忏悔及愿望。画面也比较简单，画一婆罗门，手执鼓杖，胡跪于佛前，作击鼓状。这一画面，各时代皆如此，且位置均在说法图之右下方。其代表作有第 158 窟之婆罗门击鼓。此品内容及画面虽然简单，却是辨别金光明最胜王经变之标志。盖经文有云：“金光明鼓出妙声，遍至三千大千界，能灭三涂极重罪，及以人中诸苦厄，由此金鼓声威力，永灭一切烦恼障。”它反映了信仰者之愿望。

象眼，壁画中建筑物的细部名称。建筑物台阶侧面形成内凹的一直角三角形的部位。象眼一词见于宋李诫《营造法式》卷三“踏道”条，中唐第158窟天请问经变中配殿须弥座踏道侧面，已形成与《营造法式》所述相似的该部位的做法。中部一面积较大的三角，有花纹装饰。

散水，壁画中建筑物的细部名称。建筑物台基下铺墁一周的方砖。在壁画上表现殿堂、楼阁台基下一周，多用于等级较高的建筑。见中唐第158窟天请问经变中的须弥座及榆林窟中唐第25窟观无量寿经变两侧的楼阁台基。其作用是便于排泄建筑周围的雨水，保护墙基不受浸蚀。这一建筑技术现在还继续使用。

（五）第159窟

第159窟，代表窟之一，建于吐蕃统治晚期，覆斗形窟。前室西壁在西夏壁画下剥出吐蕃统治时期所绘南北天王，南壁残存阿弥陀净土变，甬道顶画团花图案，甬道南北壁下部西夏绘壶门供宝。后室窟顶残存华盖式茶花缠枝藻井。西壁龛内主尊已毁，现存弟子、菩萨、天王彩塑六身。其造型、姿态、衣饰、色彩均与第194窟基本相似，然内心情思刻画稍逊于前者，但仍不失为上乘之作。龛内独立画屏，绘药师净土变中的“九横死”“十二大愿”。四壁壁画布局，西壁帐门两侧上半部各画文殊变（图3-3-12）、普贤变，南北两壁上半部各画三幅经变的净土式说法图，东壁门南北侧上半部是维摩经变。四壁下半部均为屏风画，画中所绘内容均为其上部经变的情节。这是吐蕃时期将各宗各派的经变绘于一窟的布局格式，形式新颖，容量增大，可称为吐蕃式。晚唐、五代、宋壁画布局多因袭之。普贤变下画屏绘普贤道场峨眉山圣迹，普贤乘象轿，象征恢阔宏大。

图3-3-12 中唐莫高窟第159窟西壁 文殊变

天女奏乐，天童拖巾起舞，梵天挥扇随行，飞天凌空翱翔，远山重叠，丘陵起伏，彩云徐移，境界邈远。文殊变下画屏绘五台山图，文殊乘青狮执如意，遥视前方，上有宝盖悬顶，左右有天龙八部护卫，前后有天女献花，昆仑奴驯狮导行，伎乐演奏，天童起舞，帝释天率眷属赴会。其中尤其以三人组成的乐队神态逼真，表情生动。吹笛者凝神专注，奏笙者神游于曲，并情不自禁地翘脚趾扣拍点板，击板者娱合于节奏，寓情于音声，眉眼含笑，是难得的佳作。屏风画中五台山，可能与华严宗兴起后，吐蕃派人赴中原求五台山图有关。

南壁画弥勒经变、观无量寿经变、法华经变，北壁画华严经变、药师经变、天请问经变等。其中宫殿、乐舞、宝池、化生等宏伟繁复，这种宫廷内院式的净土变，意境已超过盛唐。东壁画维摩经变，门北文殊座下仍为中国帝王及其侍从、大臣，但门南维摩帐下则改变了初、盛唐时期各国国王、王子纷杂在一起的构图，而是以吐蕃赞普及其臣属居于前首，其他国王、王子立于他们之后。其中赞普面貌丰腴，戴红毡冠，发髻垂于两鬓，着翻领左衽长袍，束腰带，佩剑，蹬乌靴，手托香炉，状极虔诚，身后有侍者持龙头盖。这种将赞普和各国国王、王子前后次序的调整以及对赞普行列的着意描绘，反映了吐蕃统治敦煌这个政治历史的现实状况，也留下了当时吐蕃赞普、侍从的着装资料和仪仗制度。另外，维摩论法图下的屏风画中的“阿难乞乳”，表现出大、小牛之间的舐犊之情，也是人们交口称赞的传神之作。本窟线描具有较高水平，其兰叶描尤精，起笔落毫，起承转合，皆与形象融为一体，色彩运用也由盛唐的绚丽灿烂、金碧辉煌逐步转向清淡雅逸、素静爽朗。本窟是形象、线描、色彩三者和谐统一、具有时代新风的重要洞窟。

第 159 窟彩塑，彩塑代表作之一，位于正龛。此铺彩塑原系七身，佛像已不存，现存二弟子、二菩萨、二天王。置于盝顶帐形龛内马蹄形佛坛上。南侧年青弟子双目微下视，双手相握于腹前，神态和悦憨厚。北侧弟子浓眉深目，双唇微启，双手举胸前，有如一位高僧正在持经默诵。南侧菩萨一手上举，一手下垂执巾，头部微侧，肢体大体直立，又微妙地倾斜，于端庄中透着活泼的韵致。北侧菩萨一手上举，一手自然下垂，身材修长，亭亭玉立。两身菩萨端严生动的姿态，起伏变化的肢体，娴雅庄重的神情，莹润洁白的肌体，纹饰富丽和色彩清新淡雅的裙披，和谐地融于一体，富有动人的魅力。两身天王魁伟浑厚，挺胸凸腹，怒目向前，雄健剽悍。此铺塑像不同形象的面相、体态，造型特点鲜明，相互关系对比呼应，如菩萨与天王、静与动、柔与刚、文与武，都在相反相成中得到统一。龛壁精致、清丽的屏风画，其形式、色调同彩塑形成和谐统一的整体。

第 159 窟菩萨像，彩塑代表作之一，位于正龛龛内南侧。云髻高耸，发披两肩，面庞略方，曲眉秀眼，眼角上挑，姿态大体直立，颈项、腰肢、胯部有轻微的“S”形扭曲。一手轻轻上举，一手执握由左肩下垂经过左胯横贯腿部的披巾。肩披海石榴卷草纹半臂，上着茶花纹内衣。素白如玉的胸部外露，佩挂项圈，下系团花纹红罗裙。神情端凝、含蓄、自然。此像造型端严，身躯轻微的扭曲，肢体的起伏变化，披巾的动势，衣裙的华美精致，衣料的轻软质感，色调的清丽典雅，和谐地融合在一起，互为衬托，相得益彰。

方便品，维摩诘经变中之一品。经云：维摩示疾，国王、大臣、王子、官属都去看望。画面表现这一情节时，将头戴冕旒、身着衮服的华夏皇帝及其大臣，画在文殊菩萨下部。将卷发高鼻的一些国内少数民族首领与外国使臣，画在维摩诘下部，与华夏皇帝及其大臣相向而立。吐蕃统治敦煌时期，吐蕃赞普又位居王子、官属之首。中、晚唐以后，“方便品”渐趋格式化，描绘重点转向世俗生活小景，诸如宫廷、学校、赌场、酒肆以及挤奶、钓鱼等，人间烟火味很浓。这些生活小景多绘于经变边角，或者下部屏风画中。莫高窟现存49幅，始于隋，终于宋。以第220、332、103、159窟较好。

第159窟吐蕃赞普问疾图，维摩诘经变“方便品”情节之一。位于主室东壁窟门南侧维摩诘像下部。表现维摩示疾，王子官属前去看望。由于此窟建于吐蕃统治时期，故而吐蕃赞普（图3-3-13）被置于画面中心位置。赞普头戴红毡高帽，结发辫于两鬓，身穿虎皮翻领缺袴左衽袍，腰束革带，佩长剑，项饰瑟瑟珠，右手持香炉，左臂长袖及地，立于龙头曲柄华盖下，神情虔诚。赞普前有三侍者捧供品引路，后有吐蕃侍臣与其他西域诸族首领13人随行，有的赭面黑发，有的束发赤脚，有的头戴毡帽或者毡笠、锦帽。他们实际上是西域诸国王者、使臣，客观地反映了中唐时期敦煌地区民族间的交往。画面敷色简淡，微施薄染，线条柔和细劲，清新爽利，是吐蕃统治时期同类题材中之佳作。

弟子品，维摩诘经变中之一品。经云：释迦病卧，阿难持钵，为其乞乳，至一大婆罗门家，遇维摩诘。维摩唯恐外道得知此事，耻笑释迦已病不治，焉能普度众生，即劝阿难速速潜离，勿使人闻。画面与经文大相径庭，着意表现乞乳情景。以第159窟为例，画一山庄，门口立一中年妇女，手捧奶钵。阿难立其前，持钵乞乳。维摩立阿难后。右上侧为一大母牛，腹下蹲一妇女挤奶。母牛张嘴摇尾，呼召面前之小牛，小牛仰头踢蹄，拼命前奔，然颈有套索，被一男孩用力拉着，不许他去。画工紧紧抓住母牛呼叫、小牛前奔这一刹那，把母牛与小犊之间的母子之情，描绘得淋

图3-3-13 中唐莫高窟第159窟主室东壁窟门南侧 维摩变中吐蕃赞普

滴尽致。

绣铠，古代军将戎装。除金、皮、木质者外，亦有布质者。《唐六典》具列甲十三种，其中白布甲、皂绢甲、布背甲等为布质者。又因在其上多绣流云、缠枝花卉、宝相莲花等，华丽秀美，故名。此铠在中唐之后流行。唐墓中多有出土服此甲的陶俑，如李仙蕙墓彩绘陶俑。《新五代史·周德威传》："天祐七年秋，梁遣王景仁将魏、滑、汴、宋等兵七万人击赵……神威、龙骧、拱宸等军，皆梁精兵，人马铠甲饰以组绣金银，其光耀日，晋军望之色动。"中唐第159、194等窟天王塑像即服此铠。天王高髻，或戴斗牟，身穿甲，兽头含臂，髀浑，战裙，白袴，乌靴，除髀浑以铁甲连缀外，余均绣以卷草花纹。

横笛，吹奏类横管乐器。即今日流行之竹笛。为吹奏乐器中主要乐器，在敦煌壁画中数量最多，仅莫高窟统计，共绘有五百余支。始见于北凉，延续至于宋元。壁画所绘横笛，从形制、挖孔及演奏形式，均与今日传世横笛相似，主要特征是不用笛膜。早期洞窟中的横笛绘制简单，仅用一条黑线表示。后来渐趋丰富、具体，有的还绘有彩色花纹；可看出挖孔及规格，一般都是六孔。在乐队中，横笛居重要之领奏地位，凡有乐队，一般都有横笛，有时一组乐队连用数支横笛，显然是为增加音量，突出高音声部之音响效果。与横笛连类，有一种古称"篪"的横管乐器，周代就有记载和流传，后来消失。篪与笛的分别在于前者为两端封闭、全身髹漆，而笛则不髹漆，也不封口。敦煌壁画所绘皆为横笛，唯中唐第159窟绘有一只带花纹"横笛"，一端堵一塞状物，当视为篪，仅此一例。

笙，吹奏类簧管乐器。由簧管、斗子、吹嘴三部分组成。敦煌壁画所绘的笙，这三个部位差异很大，基本形态是：圆形笙斗，质料为木制或匏制。簧管数量及围匝的形式类似今日的笙，都有茶壶嘴状的吹嘴，但长短及弯曲的形式很不相同。笙在壁画中很普遍，莫高窟绘有三百余只。始于北魏，延续到宋元。早期壁画上的笙只具轮廓，不易辨别细部；唐以后逐渐具体。从形态上看，大小长短、比例和管数均甚悬殊，但基本形制趋向一致，说明笙在唐代已经很成熟。莫高窟第159窟西壁，中唐所绘文殊变中，有一吹笙乐伎，神态极为逼真。他的演奏，进入竞技状态，全身用力，大脚趾高翘，宛若击拍应节，沉浸在一种美妙的音乐气氛中。

（六）第231窟

第231窟，代表窟之一，覆斗顶殿堂型窟。该窟东壁门上供养人（图3-3-14）墨书题记"王考君唐丹州长松府左果毅都尉改""王慈妣唐敦煌录事孙索氏同心供养"，与《沙州文录》《大番故燉煌郡莫高窟阴处士公修功德记》参证，此窟为阴嘉政于唐开成四年（839年，吐蕃统治后期）建造。此窟壁画保存完好。前室为宋代重修，底层露出中唐残画，主室藻井为狮子莲花华盖式。四周环绕伎乐飞天，载歌载舞，云彩飞扬。正龛唐塑阿弥陀佛一身，马蹄形佛床上已无彩塑，龛为盝顶帐形龛，龛四披为吐蕃统治时期出现的新题材——瑞像图，共三十七种。这些瑞像，王玄策的《西国行传》及玄奘的《大唐西域记》中多有记载。瑞像的排列可能是有整体考虑的，有外国瑞像、西域瑞像和河西瑞像三类。外国瑞像题记中有："中天竺波罗奈国鹿野苑瑞像""天竺国白银弥勒瑞像""中天竺摩伽陀放光佛瑞像""阿育王建塔瑞像""尼波罗瑞像"（即水火池）以及"犍陀罗分身

图 3-3-14　中唐莫高窟第 231 窟东壁窟门上方　阴氏父母供养像

图 3-3-15　中唐莫高窟第 231 窟龛顶　双头瑞相

瑞像”。画中双向头瑞像（图3-3-15）祈福的犍陀罗贫士已是吐蕃人，红毡冠，左衽大袍，胡跪捧香炉，仰望佛陀，佛陀低头垂视，充分表现时代和民族特色。有关西域于阗的，有“于阗媲摩城中雕檀瑞像”“于阗海眼寺释迦圣容”“于阗坎城瑞像”“于阗国舍利弗毗沙门天决海”，后者与于阗国历史传说有关。关于河西瑞像的，有“张掖郡佛影像”“酒泉郡释迦牟尼像”“番和县圣容像”，后者即北魏高僧刘萨诃河西神异事迹，这些佛教佛迹传说和感应故事，多出自中原佛徒之手，这正是佛教艺术中国化方面之一。主室按吐蕃时期新布局，展示各种经变。东壁有维摩诘经变、报恩经变。南壁有观无量寿佛经变、法华经变、天请问经变。西壁的帐内南北画文殊变、普贤变。北壁是药师经变、华严经变、弥勒经变。共绘各经变十幅。经变之下联屏屏风画，画相应的经变故事情节，其中有本生故事、因缘故事等，这样使经变主体更完美更单纯，而故事情节也得到独立发展的机会。此外还有供养人画像和装饰图案。

此窟为吐蕃晚期典型宫殿型窟。特点有：（1）瑞像图，展示了新内容。（2）窟主供养人画像置于门上，与正龛相对，画像中置牌位，男女相对，手捧香炉，胡跪供养。侍者捧鲜花侍立。（3）屏风画既表现了独立的本生故事，也表现了经变的丰富情节，结构自由，使经变中的故事情节得到发挥，如善事太子入海、萨埵饲虎、未生怨的宫廷政变、观音救苦救难等，别具风采。（4）经变画有新的发展，宫殿、台阁、回廊、亭台，特别是弥勒变上部兜率天宫与花木相结合，境界辽阔，展现了中国建筑画的高度成就，但艺术的宏伟气势和艺术形象的魅力，已远不如盛唐。

陀罗尼品，法华经变中之一品。此品谓药王菩萨、勇施菩萨、毗沙门天王、持国天王、罗刹女等，如何以各自之神咒（即陀罗尼）来维护传诵法华经者。故事情节简单，神咒无法入画，故以上述人物代替。又，菩萨、天王、罗刹的形象随处可见，只有依靠题榜才能确定身份。现知能辨认者为中唐第231窟、五代第61窟，前者画毗沙门天王，后者画持国天王和罗刹女，其位置均在多宝塔旁。画面小、人物少，仅具姿态，只是法华经变之组成部分而已。

憍睒弥国刻檀瑞像，佛教瑞像图之一。始见于中唐第231窟，晚唐、五代均有绘制。位于主室佛龛和甬道侧壁上方。憍睒弥在中国古文献里，有憍闪弥、拘睒弥、憍赏弥诸多异名，位于今印度阿拉哈巴德西南部。佛像高肉髻，身着袈裟，右臂屈置于胸前，左臂下垂，手把袈裟，立于莲花座上。第231窟像侧有榜题曰："中天竺憍眯弥宝檀尅瑞像。"P.3352《诸佛瑞像记》中列有此条目，和榜题同。S.5659谓："憍赏弥国佛来住于阗国。"S.2113A谓："此像从憍赏弥国飞往于阗国东媲摩城，其像乘云，今见在，殊灵瑞。"《大唐西域记》谓：憍赏弥国"城内故宫中有大精舍，高六十余尺，有刻檀佛像，上悬石盖，邬陀衍那王之所作也。……初如来成正觉已，上升天宫，为母说法，三月不还，其王思慕，愿图形象。乃请尊者没特伽罗子以神通力接工人上天宫，亲观妙相，雕刻栴檀。如来自天宫还也，刻檀之像起迎世尊。世尊慰曰：'教化劳耶？开导末世，实此为冀。'"邬陀衍那王亦译优填王。传此像为佛教偶像制作之始。中国佛教徒制作偶像，咸称本于优填王，即指此像。《法苑珠林》《释迦方志》《增一阿含经》等亦有记述。

迦叶佛住于固城瑞像，佛教瑞像图之一。始见于中唐，终于宋。佛为立像，高肉髻，着袈裟，右臂屈置于胸前，左臂垂直向下，手摄袈裟，赤脚立莲座上。中唐第231窟此图之两侧有榜题："迦叶佛从舍卫（城）腾空于固城住瑞像。"P.3352、S.5659、2113A《诸佛瑞像记》都列有此像条目，谓："迦叶佛亦从舍卫国腾空而住于阗国，人皆虔敬。"在其下还注有小字曰："其像手把袈裟。"舍卫城在今印度北境，拉普提河南岸之塞特马赫特区中。固城，在"于阗……西二百里"。《于阗国授记》谓孙波大军、各部突厥、回鹘和其他不奉佛法者，将到此国，毁灭佛国。尔时诸瑞像从各地来到于阗，保卫其国安全。有佛名富那生之瑞像，来到此国，立于西城，即固城，守护此国边城。张广达、荣新江在《敦煌〈瑞像记〉、瑞像图及其反映的于阗》[1]一文中，考定为于阗固城瑞像之一。

中天竺摩诃菩提寺释迦瑞像，佛教瑞像图之一。菩提寺为释迦牟尼成就菩提之处，在摩竭陀国尼连禅河边。此像始见于中唐第231、237等窟主室佛龛中，在晚唐、五代、宋时，或绘于佛窟甬道侧壁上端，或绘于主室侧壁。佛像立于覆莲上，高肉髻，眉宇间有白毫，袈裟自右掩搭于左肩上，右臂屈置于胸前，左

1 见《敦煌吐鲁番文献研究论集》第三辑，北京大学出版社出版。

臂下垂，紧摄衣角，作说法状。榜题曰："中天竺摩诃菩提寺释迦瑞像。"《大唐西域记·摩揭陀国》"北门外摩诃菩提僧伽蓝"条记此瑞像谓："菩提树北门外，摩诃菩提僧伽蓝，其先僧伽罗国王之所建也。庭宇六院，观阁三层，周堵垣墙高三四丈，极人工之妙，穷丹青之饰。至于佛像，铸以金银。"《法苑珠林》对此亦有略述。

南天竺国弥勒白佛瑞像，佛教瑞像图之一。始见于中唐第231、237等窟佛龛中，后或画于洞窟甬道侧壁上端，或主室侧壁上，终于宋。佛为立像，高肉髻，翠眉，着袈裟，右臂屈置，左臂下垂，手摄衣角。榜题曰："南天竺国弥勒佛瑞像记。"P.3352、S.5659《诸佛瑞像记》有此目。S.2113A在此目下注"其像坐貌"，同画面所见不同。《大唐西域记·健驮罗国》卷二"大窣堵波附近诸佛像"条谓："大窣堵波西南百余步，有白石佛像，高一丈八尺，北面而立，多有灵相，数放光明。时有人见像出夜行，旋绕大窣堵波。近有群贼欲入行盗，像出迎贼，贼党怖退，像归本处，住立如故。群盗因此改过自新，游行邑里，具告远近。"所述与画面及榜题俱合。

如意轮菩萨瑞像，佛教瑞像图之一。始见于中唐第231窟主室佛龛内。菩萨戴花冠，裸上身，高坐于须弥座上。有四臂，两臂高举过顶，手托日月。下右臂屈置于胸前，左下臂屈肘，手中握矩。P.3352、S.5659《诸佛瑞像记》有"如意轮菩萨手托日月"语，与画面所见合。为密宗图像。

摩迦陀国放光佛瑞像，佛教瑞像图之一。始见于中唐佛龛内，如第231窟，至晚唐、五代、宋则移绘于甬道两侧壁上方。佛为坐像，菩萨形，戴花鬘冠，眉宇间绘白毫，着袈裟，袒右肩，结跏坐于金刚座上。座前分画两壶门，每一壶门中各画菩萨头像一个，亦戴花鬘冠，饰瓔珞，胸部以下未绘。榜题曰："中天竺摩迦陀国放光佛瑞像。"《释迦方志》谓："鍮石像……前有青石，奇文异彩。（佛）初成道日，梵王起七宝堂，帝释起七宝座，佛据上七日思维，放光照树，今宝为石。"《大唐西域记》、P.3352《诸佛瑞像记》中均有所记述。

蒲特山观世音放光成道瑞像，佛教瑞像图之一。始见于中唐，后在五代、宋时都有绘制。蒲特山，又译为波多叉拏、弗敌沙、钵铎创那、拔特山，即今阿富汗东北境之巴达克山。中唐第231窟佛龛内，此菩萨为立像，戴菩萨冠、项饰瓔珞，臂、腕戴钏、镯等。袒上身，有披巾。右臂屈置于胸前，左臂下垂，手提净瓶，下身着羊肠大裙，赤脚立莲花座上。第231诸窟榜题曰："观世音菩萨于蒲特山放光成道瑞像。"P.3352、S.5659《诸佛瑞像记》所记内容与榜题同。新旧《华严经·入法界品》亦记有其成道故事。

佛在毗耶离巡城行化紫檀瑞像，佛教瑞像图之一。仅见于中唐第231、237窟佛龛内。图中二佛足踏莲花，并行于海中，俱为高肉髻，着袈裟，两臂屈置胸前，岸边有群山和佛塔。第237窟榜题曰："佛在毗耶离巡城行化紫檀瑞像。"P.3033、3352《诸佛瑞像记》所记与榜题同。S.2113A记"佛在毗耶离巡城行化紫檀像"，旁注曰"其佛在海内行"，与画面同。毗耶离，又译为维耶离、毗舍离、薛舍利等，即今印度达克河以东、木扎法普尔区之毗萨罗。《诸经要集》卷十四谓：佛欲救度 切苦恼者，见此国鸡越吒二众，总五百人，于波罗俱末底河网得一摩梨大鱼遂为说法。鱼即命终升天而为天子，持香花、珠宝供养佛，于是二众发心悔过、烧毁渔网，铜瓶盛灰而埋之。向说法处起塔，塔内尊像俨然。画面所绘即为此像。除此而外，《贤愚经》卷九、《摩诃僧祇律》卷十四、《大唐西域记·弗栗恃国》卷十，都记有此故事。

朱俱半国佛腾空于奴越寺住瑞像，佛教瑞像图之一。见于中唐第231、237诸窟佛龛盝顶四披上。佛为高肉髻着袈裟，内衣显露于外，两臂屈置于胸前，双手合十，乘云自空而降，侧身俯首立于莲花上。榜题曰："朱俱半国佛腾空于奴越寺住。"朱俱半又译为斫句迦、沮渠、朱俱波、朱俱槃，今属新疆叶城县。国王笃信佛教，藏大乘经典最多。

于阗古城瑞像，佛教瑞像图之一。始见于中唐第231、237诸窟龛盝顶四披上，在晚唐、五代、宋时，或绘于佛龛、甬道侧壁上端、主室侧壁。佛像两臂屈置于胸前，双手均大指和食指相掐，余三指竖置，掌心相对，赤脚端立于莲座上。榜题曰："于阗古城瑞像。"此像和五代第72窟佛龛南披的"南无宝境如来"的形姿颇相似，似应为同像异名。

张掖古月支王瑞像，佛教瑞像图之一。始见于中唐第231、237窟佛龛盝顶东披上，在晚唐、五代、宋时，或绘于佛龛，或绘于甬道侧壁上端。张掖，古称甘州，古治在觻得县。佛像倚坐作说法式。榜题曰："张掖郡佛影像，月支王时现。"S.2113《诸佛瑞像记》谓："张掖郡影像古月之（支）王时见瑞像，其像□/□返。"S.5659《诸佛瑞像记》谓："张掖郡西影像，古月支王时现瑞像记。"P.3352《诸佛瑞像记》谓"张掖郡西影像，古月支王时现瑞像记"，和壁画榜题所见相近。

老王庄瑞像，佛教瑞像图之一，仅见于中唐第231窟主室佛龛盝顶西披。佛头高肉髻，身着袈裟，右臂屈置于胸前，左臂下垂，手摄衣裙。榜题曰："老王庄北，佛在地中，马足掊出。"P.3352《诸佛瑞像记》谓"老王庄北，佛在地中焉"，与壁画榜题文字同。S.2113A《诸佛瑞像记》中，亦有所一记。故事内容待考。

于阗国牛头山瑞像，佛教瑞像图之一。始见于中唐，终于宋。始绘于第231、237等窟佛龛盝顶南披，以单个的尊像图表现，后则绘于洞窟甬道顶部，或主室的侧壁，与其他佛教史迹故事画合绘于一起，形成一个以牛头山为中心的大画面。瑞像（佛）端立于牛头山顶，高肉髻，着袈裟，一臂置于胸前，一臂下垂，手摄袈裟。第231窟榜题曰："此牛头山瑞像，从耆山履空而来。"或作"南无圣容像来住牛头山"。S.2113A《诸佛瑞像记》谓："释迦如来从灵鹫山至牛头山顶会八部众说法。"《大唐西域记》谓"王城西南二十余里，有瞿室餕伽山（唐言牛角），山峰两起，岩隒四绝，于崖谷间建一伽蓝。其中佛像时烛光明，昔如来曾至此处，为诸天人略说法要，悬记此地当建国土，敬崇遗法，遵习大乘。"其他如《大慈恩寺三藏法师传》《法苑珠林》《大方广大集经》《一切经音义》和藏文大藏经《牛角山授记》《于阗国受记》《于阗国悬记》《于阗国史》《于阗教法史》等都对此略有记述。

酒泉郡释迦牟尼佛瑞像，佛教瑞像图之一。始见于中唐第231、237诸窟佛龛盝顶北披，在晚唐、五代、宋时，于洞窟甬道侧壁上方及主室侧壁，亦有绘制。其像形状怪异，除着犊鼻裤外，少有其他衣饰，赤脚立于莲座上。榜题曰："酒泉郡释迦牟尼瑞像。"S.2113A《诸佛瑞像记》谓："酒泉郡呼蚕（蚕）河瑞像奇异不可思议，有人来求愿，获无量福，其像坐，菩萨形。"和壁画所见形异。

反弹琵琶，敦煌壁画舞姿。莫高窟有十多幅壁画中的乐舞场面都绘有此舞姿。

在这些从唐到西夏不同时期的壁画中，舞伎们高髻云鬓，服饰各异，姿态动作千变万化，而背身反弹琵琶则是最特色鲜明、令人叫绝的舞姿。中唐第231窟南壁西起第一铺观无量寿经变图中一舞伎在台上反弹琵琶而舞，左脚着地，右腿抬起，似作左右交替腾踏之姿，两侧各有六人乐队伴奏。

（七）第361窟

第361窟弥勒经变，弥勒经变代表作之一，位于北壁，中唐绘制。以弥勒三会为中心，法会下部描绘婆罗门拆幢，儴佉王、王妃、大臣、婇女剃度出家，弥勒诞生系列，罗刹鬼叶华扫城，一种七收，弥勒佛及弟子入城乞食等情节。主殿上部两侧为七宝，送老入墓，迦叶向弥勒佛奉献僧伽梨，迦叶现神通变化等。最上部为兜率天宫。此图之表现手法，经营位置，较之同类其他经变，有独异之处，如把弥勒佛置于殿堂内说法，将一种七收、弥勒诞生系列等情节穿插于引人注目的下部，均属罕例。尤其是“弥勒诞生”画了梦日入怀、树下诞生、九龙灌顶、步步生莲等情节，为敦煌壁画弥勒变中之孤例。由此可确定此窟弥勒变是根据义净译《佛说弥勒下生成佛经》绘制而成。

第361窟建筑画，壁画中建筑画代表作之一，中唐绘制。南壁阿弥陀经变，表现一矩形平面的一座完整寺院，建筑物按轴线对称布局，正面有三开间二层楼阁式三门，庭院后部正中是三间二层佛殿，上层顶为较扁平的覆钵并有塔刹，庭院中部两侧是钟楼及经藏，庭院一周有回廊，四转角处顶上置角楼，寺院有水池环绕。北壁药师净土变正面有三开间二层楼阁的三门，左右是空敞的回廊，院中有一座二层楼阁，每根柱子均向内弯曲，使上下层的外部轮廓形如覆钵。同壁弥勒变中佛殿屋顶用几种颜色表示瓦垄，似为使用多色琉璃瓦的反映。东壁门上的多宝塔，形式特殊，装饰华丽。此窟建筑画绘制精细，可视作唐代建筑高度发展的一种比较客观的反映。

庭园图，壁画中帝王、贵族府第中的园林。仅见于中唐第361窟弥勒变、晚唐第196窟劳度叉斗圣变及五代第61窟佛传故事画中。均为帝王庭园图像。第361窟弥勒变中画庭园一角，左侧三面栏杆围绕，栏杆为竹木编织，表示园林的自然情趣。右侧有堂屋，屋内方砖墁地，檐前张挂幔帏，园内有树木及芭蕉几株。园中有四组人物，表示弥勒诞生前后的有关情节。

儿童嬉戏舞，敦煌壁画中杂技形象。中唐第361窟弥勒经变中有一组儿童嬉戏形象，六位儿童全身裸露嬉戏，中间一童子搭“前桥”，上立一童子双手托盘，左腿抬起，足尖托盘，盘似正在旋转；两侧各有一位童子拍手称快；左端一童子作“虎跳”，右端一童子作“倒立”，动作准确生动。这些动作亦为古代舞蹈、戏曲所吸收。

（八）第468窟

第468窟，代表窟之一，建于中唐，平面方形，覆斗形窟顶。三兔莲花藻井，窟顶四披皆画法华经变。西壁开盝顶帐形龛，龛内现存中唐塑一菩萨二弟子。龛内西、南、北三壁绘药师经变中之“十二大愿”屏风画六扇。龛外帐门南侧有普贤变一铺，北侧为文殊变一铺。龛下画男女供养人十一身。以上壁画风格与第159窟相近，应属中唐作品。东壁窟门南侧画不空羂索观音一铺，北侧为如意轮观音一铺，上部画男女供养人四身。南壁有观无量寿经变一铺，北壁画药师经变一铺。以上壁画风格与第138窟相似，应为晚唐作品。前室西壁窟门上部原有造窟发愿文一方，大部分已漫漶，仅存开头一行："□□元年岁次丁卯五月二十五日。"晚唐、五代时期既为"元年"，又是"丁卯"岁者，只有公元907年。是年四月以前是晚唐哀帝天祐四年，四月以后是五代后梁开平元年。这个纪年为研究者提供了区分晚唐、五代壁画的重要尺度。

中唐468窟北壁《药师经变》东侧"九横死"条幅上，有两张四腿矮方床，都在床面上画有拦水线，面显得很宽，上坐有一人，此床若看作榻也未尝不可。敦煌壁画上唐代的床才画有拦水线，画有此线就意味着床面的制作不是一块整板，而分"大边"和"抹头"以及床面，但尚未看到有45° 格角榫的结构。

二、敦煌中唐物质文化精粹举隅

（一）佛画

瑞像图，佛教图像之一。据《大唐西域记》及《诸佛瑞像记》记载：佛教始无偶像，世人皆以佛之发、爪、舍利及其遗物、遗迹礼拜供养之。其后释迦升天为母说法，长期不归，优填王等思见如来，刻旃檀为像供养，人谓其像圆满，故称瑞像。此为佛教崇拜偶像之始。《方广大庄严经》谓："将欲圣时，输檀王宫先现三十二瑞像。"《涅槃经》谓："如来今现此瑞像，不久必当入于涅槃。"《光宅法华经疏》谓："相据于外，瑞据于内，相即是瑞，瑞亦即相。但，密报称瑞，表异为相。"总之，凡能显神异，表征吉凶者，即称瑞相。在敦煌艺术中，自中唐至北宋，瓜沙曹氏归义军政权灭亡之前绘此者颇多。有代表性者如僧伽罗国施珠瑞像、犍陀罗分身瑞像、于阗国牛头山瑞像等。

摩迦陀国释迦并银菩萨瑞像，佛教瑞像图之一。此两尊像始见于中唐，终于宋。其一为菩萨形，赤袒上身，戴花冠，披巾绕肩，两臂屈置于胸前。左手五指屈，下身着羊肠大裙，坐须弥座上，作说法状。其二为佛形，高肉髻，着袈裟，一臂屈置于胸前，结跏坐于须弥座上，作说法状。两像之间有榜题曰："摩伽（陀）国须弥座释迦并银菩萨瑞像。"S.3352《诸佛瑞像记》谓："摩竭（迦）陀须弥座释□迦并银菩萨瑞像。"

白银弥勒瑞像，佛教瑞像图之一。始见于中唐，终于宋。佛为倚坐像，高肉髻，着袈裟，两臂屈置于胸前，坐金刚座上，莲花承足，作说法状。榜题曰："天竺白银弥勒瑞像。"P.3352《诸佛瑞像记》中有"天竺白银弥勒瑞像"条，和壁画榜题全同。《大唐西域记·摩竭陀国》记有此尊像，谓："菩提树东精舍……外门左右各有龛室，左则观自在菩萨像，右则慈氏菩萨像，白银铸成，高十余尺。"其位置又和"摩迦陀国释迦并银菩萨"二瑞像为邻，质为银铸，三者应为一组。

于阗媲摩城瑞像，佛教瑞像图之一。始见于中唐，终于宋。此像端立，头戴花冠，身着袈裟，左右臂均屈置于胸前。旁书榜题："于阗媲摩城中栴檀瑞像。"《释迦方志》载："瞿萨旦那国东境，其关名尼壤城……从关至媲摩川二百余里，有媲摩城，中有旃檀立像，高二丈余，极多灵异光明。疾者随痛，以金薄贴像上，便愈。其像本在憍赏弥国，是邬陀衍那王所造，陵空至此国北曷劳落迦城。有异罗汉每往礼之。王初不信，以沙土坌罗汉。乃告敬信者曰：'却后七日，沙土满城。'于后二日，乃雨宝满街。至七日，夜果雨土填城，略无遗人。其先告者，予作地穴，从孔而出。东趣媲摩，像亦同至。有记云：'法灭之时，像入龙宫也。'其曷劳落迦城今为大埠。王欲掘宝，必遭风变。"《大唐西域记》亦有类似记述。

陈国圣容像，佛教瑞像图之一。仅见于莫高窟中唐第237窟主室佛龛西披。佛为立像，着袈裟。右臂屈置于胸前，左臂下垂，赤脚立于莲座上。榜题曰："陈国圣容像。"陈国即南朝之陈，是敦煌诸瑞像图中少见的江南瑞像之一。藏文大藏经谓："此旃檀瑞像，曾在汉地一千二百八十五年，六十八年间于于阗的固城，而后四十年在弭药（党项之一部）。"此瑞像和于阗固城瑞像相似。

阿育王建八万四千塔故事画，佛教史迹画之一。始见于中唐窟主室佛龛中，晚唐、五代、宋时则多绘于甬道顶。据《大唐西域记》记载：阿育王于王舍城得阿阇世王所埋舍利，分八万四千份，欲建八万四千塔礼葬供养，罗汉以手遮日，于日光从指缝透出照射之处建塔。画中绘一巨手，张五指遮太阳，阳光透指缝射出光芒。北宋第454窟甬道顶画榜题曰："阿育王建八万四千塔。"S.2113A、P.3033《诸佛瑞像记》及《阿育王经》《阿育王传》《法苑珠林》《善见律毗婆娑》等亦有记述。

舍利弗及毗沙门天王决海故事画，佛教史迹画之一。始见于中唐，终于宋。有的绘于洞窟佛龛盝顶的四披，有的和其他史迹故事画合绘在甬道顶部，或者绘于主室侧壁。画面绘舍利弗，身着袈裟，手持锡杖。毗沙门天王披坚甲，执长矛与舍利弗相对而立，二人枪杖相交，刺堤放水。有的还在其上方画一方城，城侧有佛塔数座，结跏佛数身。画的榜题曰："于阗国舍利弗、毗沙门天王决海时。"《于阗教法史》谓：于阗地区原为大海，佛为救度众生，令毗沙门天王和舍利弗以矛、杖刺破堤岸，放出积水，变海为陆，起塔筑城，建立于阗国。S.2113A记此故事。

观世音菩萨像，彩色绢画，Ch.xxxvi.001，中唐绘制。高74.7厘米，宽55.5厘米。出自莫高窟藏经洞。菩萨立像，面颊丰圆，双肩饱满，细腰，臂长，腰略扭曲，头戴化佛冠，右手托净瓶，左手执花枝，表情庄重。其两侧为供养童男、童女，均着俗装，高仅及菩萨腰际。男童头梳双髻，着圆领中袖衫，束腰带，衫下部的衣摆缀有团花纹图案，下身穿着口沿较肥大的裤子，脚登圆口鞋，面向观音双手合十。女童头发下梳束两髻并向外平伸，上着小翻领中央开襟的中袖衫，其上饰以大团花图案，腰束带于前面打结，下着齐脚面的长袍，脚登圆口鞋，右手执花供养，具有吐蕃统治时期的特点，与敦煌中唐同类壁画风格一致。

观世音菩萨像，彩色纸画，Ch.00401，中唐绘制。高30厘米，宽26厘米。出自莫高窟藏经洞。观世音菩萨坐莲台上，裸上身，饰以璎珞等；丰双乳，乳部绕以透明的披帛。观音右手置膝头，左手置于莲台上，双手均持花，花枝细长；头略向右倾，双目微微向下，作思惟状。构图上，右倾的头和头光，肌体的曲线，两臂的弧度，与两茎花枝的屈曲和花朵的右倾甚为和谐。全图除头光与一段衣裙敷色略重外，其余如莲瓣、莲蓬、衣裙、披帛等，黄色、绿色、红色都很淡薄，宝冠、肉体部分全不设色。画的上部宝盖部分及下部莲座下半残。

千手千眼观世音菩萨图，彩色绢画，Ch.lvi.0019，中唐绘制。高222.5厘米，宽167厘米。出自莫高窟藏经洞。全图以蓝色作地，中部以圆形构图，画十一面千手千眼观世音菩萨结跏趺坐于莲座上。十一颗头作叠塔状，中有一化佛。千手手心俱有一眼，白眼黑睛，目光灼灼。千手中执有几十种法器等物，有日（中画一金乌）、月（画玉兔在树下捣药）、化佛、楼阁、莲花、葡萄、弓、盾、宝珠、锡杖等。千手千眼观音周围，左右对称构图，由上而下分别画有：十方化佛、月光菩萨、天盖、日光菩萨、十方化佛；散花、不空羂索、如意轮菩萨、涂香；梵天王、天帝释；摩诃迦罗、摩醯首罗天王；孔雀王、二天王、龙王、金翅鸟王；火头金刚、功德天等。全图内容丰富，技法工细，色彩鲜明，并有榜题标明所画内容，字迹清楚。

普贤菩萨像幡，彩色绢幡，Ch.xlvi.006，盛唐至中唐绘制。幡首、脚皆失，仅存画像部分。高 57 厘米，宽 18.5 厘米。出自莫高窟藏经洞。绢地浅褐色，普贤乘白象，头戴三珠冠，顶悬华盖，衣红色僧祇支，披纱帛，穿紫色裙袍，作与愿印，形貌端庄丰腴。与榆林窟第 25 窟菩萨近似。

净土图断片，彩色纸画，Ch.00373.a，中唐绘制。高 57 厘米，宽 38 厘米。出自莫高窟藏经洞。此画为药师净土变的残片。左边由上而下，为宝盖的下部，上部是菩提树，中间是一站在鬼形力士手中的裸体小儿，右部存这一力士的一上身，下部存二圆光及二神将的头冠及鼻眼以上部分，此外还存有鹿头之一部。虽残毁过甚，但据此可推断全图规模本为数丈的大幅。因长期封闭在藏经洞中，故色彩鲜艳如新。一片树叶，一朵红花，用不同的绿色、红色分次晕染；一颗明珠，分层染得晶光闪亮。小儿粉红的肉色与力士脸上的赭红、身上的蓝靛形成对比，儿童的黑发又与力士的赤发、绿发相对映。色彩明亮，对比强烈。虽属重彩，但仍浓淡相间，有厚有薄。

维摩经变相图，彩色绢画，Ch.00350，中唐绘制。高 140 厘米，宽 115.5 厘米。出自莫高窟藏经洞。中上部绘毗耶离城，城有门、楼、女墙、角楼等建筑。城将画面分为两部分，下面为其主要部分。右边画文殊来问，周围是菩萨神将等眷属。文殊菩萨以下是帝王听法图，有宫女、大臣等侍立于后。左边为维摩诘坐于带帐胡床上，前有天女侍从及菩萨等，下有神将侍立。维摩诘之下画吐蕃赞普问疾，前后有侍者、大臣。城以上有维摩诘和三组佛说法场面，中间一组画佛国品宝盖供养，左边一组是不思议品借座灯王故事，右边一组画香积品，与莫高窟吐蕃统治时期的第 159 窟画在门两侧的维摩诘经变相壁画比较，有同有异，将文殊与维摩诘同绘于一幅画面上是这幅画的特点。

金刚力士像，彩色绢画，Ch.xxvi.a.005，中唐绘制。高 64 厘米，宽 18.5 厘米。出自莫高窟藏经洞。金刚力士头有火焰圆光，怒眉凸眼，双唇紧闭，胡须倒竖。腰束裙，上身及腿脚袒露于外，肌肉鼓起。左手握拳举于胸前，右手下垂握金刚杵，半侧面立于莲座上，一足前踩，一足后蹬，足趾张开。金刚披帛绕身，冠带飘举，是一愤怒与力的造像。力士身上的线描，凝滞沉郁；以厚重的赭红晕染，突出其块状肌肉，表现了他的雄健和神力。奋张的须发，飞扬的冠带，颇有怒发冲冠之意。线描凝重、色彩浓烈是本画的特色。

（二）生产与家居

中唐 186 窟的扬场情景为一妇女站在四腿高凳上端簸箕扬簸，旁有一男子站立持杈扬场，一人持扫帚掠扫。中唐 231 窟北壁也有一妇女双手端簸箕簸粮食，地上放一木斗的场景（图3-3-16）。中唐240窟的场院画面为一男子持连枷在摊开的粮食上轮打，另一男子持五齿杈扬场，扬出的粮堆前一妇女双手端簸箕扬簸，旁边另有一小堆粮食。另有一人持木锨扬场[1]。

图3-3-16 中唐莫高窟第231窟北壁 妇女端簸箕簸粮食[2]

中唐112窟南壁《观无量寿经变》上方左右侧各有一所房中各置一四方大床，前后各三壶门、左右各二壶门，下有托泥。126窟北壁中唐画《观无量寿经变》“未生怨”上，在一张长条形平台床后和左侧安装有两折六扇屏风，床沿画有五个长方块，表现的实际就是壶门。中唐129窟南壁《观无量寿经变》西侧“未生怨”上，一房中似乎是国王（频婆娑罗王）坐在一张正面四壶门和腿下带托泥的床上，背后、左、右立有五折七扇屏风。该床的三面围有五折扇的屏风，通常多是三折扇或两折扇屏风。榆林窟25窟北壁《弥勒经变》上，一房中，一女子右手托腮伏卧在上有帷帐，后围有数扇屏风的、带三壶门和腿下带托泥的床。又，该经变西侧“墓茔惜别”画面，一老者倚坐在穹庐形墓茔中的床上，床正面有壶门并带托泥，床背后可见到画有山水图的屏风画，老人正与家人依依惜别。敦煌西千佛洞中唐18号（C15号）北壁龛内西壁北数第二幅屏风画《观音普门品》上，有一张前后各三壶门、左右各二壶门，腿下并带托泥的床，其背后立有四扇、左侧二扇、右侧四扇三折扇屏风。

莫高窟中唐159窟西壁南北侧分别是《普贤变》和《文殊变》，象背和狮背的须弥座上配有栏杆的筐床，菩萨坐在中间的莲座上。五代146窟西壁《劳度叉斗圣变》左下侧，有一头大象驮一筐床共八支柱头，中有一人；还有两个大象分别驮有两个围栏上无柱头的筐床。西壁的舍利弗坐的莲花座就是在莲花的边缘部位设置两道半圆围栏，左右各有一出入口，这可看作筐床的变形形式[3]。

1 参见王欢：《唐五代宋初敦煌农业民俗考论》，西北师范大学硕士学位论文，2009年。
2 参见敦煌研究院王进玉主编：《敦煌石窟全集·23·科学技术画卷》，商务印书馆（香港）有限公司，2001年。
3 参见杨森：《敦煌家具研究》，兰州大学历史学、历史文献学博士学位论文，2006年。

（三）讲唱与乐舞

敦煌讲唱文学，敦煌写本中唐五代讲唱故事类作品的总称。现存 80 多种作品，约二百个抄本，包括各种变文、缘起、讲经文、话本、词文、押座文、故事赋等。这些作品都是在中国传统的讲故事、唱歌谣的基础上，吸收以佛教文化为主的外来文化而形成。或由民间艺人在集市赛会上讲唱，以通俗的语言，富于变化的声腔，铺叙故事，描绘人物，反映历史事件、民间疾苦和多方面的社会生活；或由僧人在宗教集会上，用下层民众喜闻乐见的讲唱方式宣扬佛教教义。各类作品体制、内容有所不同，其中变文、缘起、讲经文都是散韵相间，说唱结合。缘起、讲经文均敷衍佛经经文或故事，讲经文且须先引佛经原文；变文除讲唱佛经故事外，亦可讲唱世俗故事。话本、词文则多以历史故事为题材，话本只说不唱，词文有韵，只唱不说；押座文多为韵文，用于佛教宣传；故事赋是介于散韵之间的咏诵体，内容为民间传说或寓言故事。敦煌讲唱文学的内容与形式与佛教的讲经说法有密切联系，又具有鲜明时代特点、地方特点和民间特点，是敦煌俗文学最重要的组成部分。其体制形式和语言风格对宋元话本、宋金院本、元杂剧、明清章回小说和各种地方戏曲，对宋元以后诗赞系与乐曲系讲唱文学（如弹唱因缘、鼓子词、诸宫调、词话、宝卷、弹词等）及近世各种曲艺，都产生了巨大的影响，甚至藏族民间说唱拉麻玛尼也与之有一定的血缘关系。

唱辩，又作倡辩，吟唱和辩说。语见《汉书》卷六十五《东方朔传》“赞”：“刘向言：少时数问长老贤人通于事及朔时者，皆曰朔口谐倡辩，不能持论，喜为庸人诵说，故令后世多传闻者。”有人把东方朔这种滑稽性的吟唱讲说，看作汉代已有说唱艺术的证明。佛经传入中国后，其原有的咏经（转读）与歌赞（梵呗）相结合的读经方法与中国固有的讲唱形式相融合，丰富了唱辩的内容与形式，促进了中国讲唱文学的发展。中唐以后，唱辩在民间与寺院逐渐盛行，亦是敦煌写卷中各类讲唱文学作品的基本表演形式。尤其是俗讲经文，唱辩形式最为完备。如 S.3711《悉达太子修道因缘》开篇讲：“凡因讲论，法师便似乐官一般，每事须有调署曲词。”南朝梁慧皎《高僧传》卷十三《唱导·论》指出：俗讲僧必须“专习子史今古集传”，具备“声、辩、才、博”的能力，所谓“非声则无以警众，非辩则无以适时”。敦煌讲经文为研究唱辩提供了丰富的材料。

民间宴饮乐舞，敦煌壁画中的乐舞。这类题材在汉代画像石中常见出现。在敦煌壁画中多绘在小幅屏风里，或穿插于大幅经变画中，大多为维摩诘变中表现维摩诘出入酒肆、妓院、集市、下等人居所，深入民间“说法”，虽是佛教故事，却可窥见当时民间习俗。如中唐第 360 窟东壁南侧维摩诘变下屏风画“方便品”，在小酒馆里，四人坐饮观看，一人拿拍板伴奏，一男子在桌前舞蹈，袖子挽起，两手握拳左足踏地，动作雄浑。五代第 61 窟东壁北侧维摩诘变，在小酒亭里，中心有一长桌，七人分两排坐饮观赏一着汉装男子，吸左腿，左手在上、右手在下挥长袖起舞，颇似戏曲动作。反映古时民间酒肆歌舞助兴的生活。

毛员鼓，打击类膜鸣蜂腰型乐器，腰鼓的一种。常见于唐代文献，燕乐多部伎中列为编制，曾用于天竺、龟兹、扶南乐中。唐杜佑《通典》载：“毛员鼓似都昙鼓，而稍大。”宋陈旸《乐书》绘有具体图形。在敦煌壁画中，毛员鼓的分辨办法，是稍大，不用绳索，鼓面隆起，腰身略粗，即是。中唐第 237、258 窟，有其图像。据文献所述，毛员鼓与都昙鼓、腰鼓不同处在于此鼓用手拍击，不用鼓槌。但在实际壁画中，却有一手执槌、一手拍击者。

都昙鼓，打击类膜鸣蜂腰型乐器，腰鼓的一种。多见于唐代文献，唐杜佑《通典》："都昙鼓似腰鼓而小，以锤击之。"盛唐第124、148、217窟和第188窟中绘有此图像，特征是鼓身特别细长，不用绳索。

（四）游戏与运动

波罗塞戏与双陆。敦煌遗书P.2999《太子成道经》、P.2718《王梵志诗一卷》均有对双陆的描绘。敦煌莫高窟中唐第7窟东壁门南，绘有一幅两人对弈图。画面中坐者是维摩居士，棋盘左右各六路，乃双陆博戏，两人正在对弈之中。

叠罗汉在我国文物中并不多见，敦煌莫高窟现存有多幅叠罗汉的壁画（图3-3-17）。如，盛唐第217窟北壁绘有一幅童子叠罗汉的场面，一名童子上体前屈，两手撑地，另一名童子站在他背上做"金鸡独立"表演。第220窟南壁西方净土变画中，绘有一名着红上衣、绿短裤的童子双脚站立在另一名同伴肩上。中唐第361窟南壁西方净土变画中，有一幅集体叠罗汉的造型图像。

从嬉水到游泳（游泳运动）。游泳古代也称之嬉水。游泳在我国具有悠久的历史。敦煌莫高窟的壁画中，也有关于古代游泳的形象画面。例如北魏第257窟窟顶后部绘有童子游泳。隋代第420窟观音变中，绘有两人水中游泳。中唐第200窟、231窟观无量寿经变中，均绘有化生童子嬉水的生动场景，盛唐第148窟药师经变中，绘有十余身童子正在水中嬉泳。晚唐第196窟《阿弥陀经变》中，绘有数名童子在池中嬉水的场面[1]。

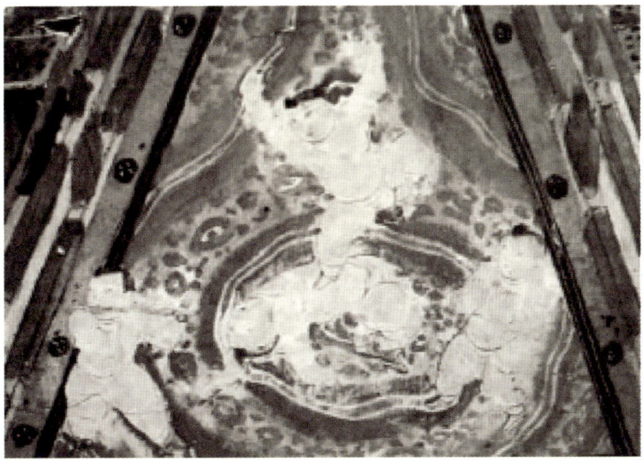

图3-3-17　中唐莫高窟第217窟北壁 童子叠罗汉

第四节　晚唐石窟艺术（848—907年）

张氏归义军，张议潮及其后代执掌归义军政权时期。自唐大中五年（851年）张议潮被任命为归义军节度使，至天祐三年（906年）张承奉建立西汉金山国（金山国之建国年代尚有公元905年、908年、910年几种说法），张氏家族把持归义军政权50余年，正当中原王朝的晚唐至五代初年，故张氏归义军时期在敦煌史上又被称为晚唐时期。

1 参见李重申、李金梅：《论敦煌古代的游戏、竞技与娱乐》，《南方文物》2010年第3期。

张氏归义军初期，归义军政权受到周边少数民族政权的威胁，辖区内也有不少吐蕃统治时期遗留的问题亟待解决。为稳固政权，张议潮及其后继者张淮深首先是尽力求得唐王朝的承认和信任。早在将吐蕃统治者逐出沙州（敦煌）时，张议潮就曾派出多路使者分道向唐廷表示归降，以求尽快确定与唐王朝的隶属关系。大中五年，又派其兄张议潭入朝为质，以取得朝廷的信任。同时，不断向朝廷进贡物品，加强联系。归义军首脑的官职也尽量求得唐廷的正式任命。

其次，在辖区内恢复唐制。取消大部分吐蕃时期编制的部落，重建唐前期在敦煌实行的州县乡里制度，设立与内地藩镇一样的文武官吏及与之相应的一套文书行政制度。恢复被吐蕃禁止的唐朝服装，推广汉语，把汉语作为官方语言。废止吐蕃时期的户籍、土地、赋税制度。重新登记人口，按照唐制，编制新的户籍。对荒田、闲地进行调查、登记，允许官民向官府申请耕种。可申请耕种的土地除官荒田、绝户地外，还包括无力承担土地税的民户的田地。申请土地者在向官府提交申请土地的呈状前，须自行寻找所请土地，在呈状中要陈明请地因由，所请土地的位置与面积。官府核准请地人的呈状后发给公凭，到制定户状时记入户状，即可成为私产。官府审批请地呈状，优先照顾有劳力而又无地或少地的民户。对百姓间自愿对换土地，调整土地位置，官府一般亦予批准。在新的户籍、土地制度基础上，制定了新的税制。赋税的名目主要有官布、地子、柴草等三项。这三项系分别登记，由官府指派布头、枝头、刺头或堰头分别负责按田亩进行征收。

再次，对辖区内的少数民族根据实际情况采取不同方法治理。对粟特、龙家等已开始汉化的少数民族，将其编入乡里，与汉人杂居。对退浑、通颊等吐蕃化较深的民族，则部分继承吐蕃制度，仍用部落的形式进行统治。部落的首领仍称部落使。管理这些部落的虽是汉官，但下达的文书仍用藏文书写。并尽量吸收少数民族头面人物参加政权。

最后，对于在吐蕃时期日益膨胀的佛教势力，采取适当限制的措施。在经济上，削减佛教教团掌握的依附人口，将一批寺户放免为平民，使之成为乡管编户。这项措施不仅削弱了佛教的经济势力，增加了世俗政权的纳税人口，而且让那些被解放的寺户成了归义军政权的坚决拥护者。在政治上，通过分都司限制了都僧统的权力。放免寺户和分都司两项改革都不彻底，在放免一批寺户的同时仍给佛教教团和寺院保留了一部分依附人口，将其更名为常住百姓；“分都司”以后的都僧统仍然保留了相当大的政治经济权力。为避免上述改革引起佛教势力的不满，失去他们的支持，张议潮及其后继者积极从事礼佛、修窟等佛教活动，公开宣布寺院的一切资产均受官府保护，不许侵夺。

通过上述措施，张氏归义军政权得到了境内汉人、少数民族和佛教势力的支持，政治比较稳定，经济也得到发展，对周边少数民族的战争也接连取得胜利。张议潮多次击退周边少数民族的侵扰，并不失时机地率兵东征西讨，扩大势力范围。咸通二年（861 年），张议潮收复吐蕃在河西的最后一个据点凉州，统一了河西。至咸通七年，归义军的势力范围已扩展到整个河西和西州、北庭、轮台、清镇等城。断绝百年的东西交通旧道暂时得到畅通。咸通八年，张议潮入朝，委任张淮深执掌归义军大权。张淮深一方面请求唐廷授予节度使实职，一方面继续抗击回鹘的骚扰，在相当长的一段时间内保持了归义军辖区内的安定和丝路的畅通。但唐王朝方面却长期不授予张淮深节度使实职。到中和年间

（881—885 年），河西走廊东部地区逐渐失控，唐王朝态度的长期不明也使归义军政权内部出现分歧。

为利用大唐的旗帜号令地方，张淮深从中和四年（884 年）起，接连派出三批专使入京乞求节度使旌节。第一批由宋闰盈率领，第二批由高再盛率领，第三批由张文彻率领。光启三年（887 年），三批专使都到达了为避长安兵乱而逃到兴元的唐僖宗驾前。虽然沙州专使使用了上状、对问、送礼、请托等种种手段，唐廷方面仍是尽力拖延，不予明确答复。在三批专使内部，明显地分为两派，以宋闰盈、高再盛为首的一派表示，得不到旌节至死不回；以张文彻为首的一派认为张淮深无大功劳，肯定得不到旌节，再继续交涉也无济于事，不如尽早还乡。这表明在归义军政权内部已形成拥护张淮深和反对张淮深的两派。大顺元年（890 年），张淮深的反对派突然发动政变，张淮深猝不及防，与其妻陈氏和六子同时被杀。因事关张氏家族隐秘，当时人记载这一血案时不敢直书其事，而是采用了曲笔和隐喻，致使张淮深一家死于何人之手无从确知。从张景球所撰《张淮深墓志铭》中使用的隐喻可窥知张淮深系死于自家兄弟之手，因继张淮深执掌归义军大权的是张议潮之子，张淮深的叔伯兄弟张淮鼎（或作张淮口），故张淮鼎很可能是杀害张淮深夫妇及六子的凶手。

景福元年（892 年），张淮鼎病重，其子张承奉年幼不能自立。于是张淮鼎在死前托孤于张议潮的女婿索勋。但索勋并未尽心辅佐张承奉，在张淮鼎去世后乘机自立为节度使。索勋的篡权行为引起了已出嫁给李明振的张议潮十四女的不满。此时李明振已死，张氏与子密谋除索勋。乾宁元年（894 年）前后，张氏与诸子合力，发动政变，杀死索勋。虚尊张承奉为归义军节度使，实权却掌在张氏诸子手中。时张氏长子李弘愿为沙州刺史兼节度副使，次子李弘定任瓜州刺史墨离军押蕃落等使，三子李弘谏充甘州刺史，分掌沙、瓜、甘三州军政大权。归义军的日常军政事务，也由李弘愿代为处理。身为节度使的张承奉，不过是李氏家族的傀儡。李氏家族的行径受到忠于张氏家族的瓜沙大族的反对。乾宁三年初，瓜沙大族又发动了倒李扶张的政变。结果李氏家族的统治被彻底推翻，张承奉重任归义军节度使，真正掌握了实权。张氏归义军内部的接连政变，给活动在归义军周边和辖区内的少数民族提供了可乘之机，凉州、甘州、肃州陆续脱离归义军的控制，至 9 世纪末 10 世纪初，归义军实际控制地已仅有瓜、沙二州。但张承奉并不想消极防守瓜沙地区，不想同周围的少数民族政权改善关系，以求共存，反而想用武力恢复归义军兴盛时的旧疆，并仿效内地的割据势力，建立割据政权，取消归义军称号，断绝与中原王朝的政治关系，终于导致了张氏政权的灭亡。张氏归义军世系：张议潮—张淮深—张淮鼎—索勋—张承奉—李弘愿—张承奉。

晚唐敦煌石窟艺术，敦煌石窟艺术分期之一。指唐大中二年到天祐四年（848—907 年）期间的敦煌石窟艺术。在莫高窟新建 71 窟。建中二年（781 年），吐蕃攻占沙州，统治 68 年。到大中二年（848 年），张议潮率军起义归唐。此后，相继收复了瓜州及河西、伊西、北庭地区。唐王朝于大中五年授张议潮归义军节度使职，统领河西、伊西、北庭等十一州，之后，张淮深、张淮（鼎）、索勋、张承奉等相继执掌归义，直至唐亡。这个时期的敦煌艺术，交织着中原影响、吐蕃烙印和敦煌地方色彩诸种因素。石窟形制开始出现中心佛坛型大窟，窟四壁及顶绘经变画多达十余种，且出现通壁巨幅经变，大者有 40 平方米左右。如第 85、

196 窟的劳度叉斗圣变等。窟中心砌佛坛，坛前有阶陛，坛后有直通窟顶的背屏，坛上塑佛、菩萨、弟子、天王、力士等塑像，类中原帝王金銮殿格局。塑像大多已毁或被后代重修，现存者以第 17 窟洪辩和尚塑像最佳，形神皆备，乃以真人为原型的佳作。

壁画的第一个特点是佛教显宗仍居正统，但吐蕃时期所崇信的密宗图像仍盛行不衰，反映出显密杂陈的特点。此时，除中唐已盛行的东方药师、观无量寿佛、弥勒、阿弥陀、天请问、华严、金刚、维摩、报恩、金光明、楞伽、劳度叉斗圣、思益梵天请问等经变继续绘壁外，还新增添了密严经变和姿态妩媚、风格别致、内容神奇的千手千眼观音、千手千钵观音、十一面观音等密宗图像。第二个特点是具有较浓厚的政治色彩和民族意识，如较多地出现反映忠孝思想、隐喻不忘唐宗汉祖的报恩经变，反映以正胜邪、寓意逐蕃归唐胜利的劳度叉斗圣变，歌颂张议潮收复河西的历史功绩的“河西节度使张议潮统军出行图”等。第三个特点是世俗性加强，如报恩经变中的树下弹筝、楞伽经变中的“屠户”、弥勒经变中的剃度图等，都较真实地分别描绘出纯真的爱情、屠夫的凶残以及市井生活情趣的画面。同时，在劳度叉斗圣变中，还塑造了一些适合于市民的口味、具有鲜明性格特征的喜剧式人物形象群体——劳度叉、六师外道党徒等。至于“宋国河内郡夫人宋氏出行图”及大批与人等高的供养人像，则更是当时贵族形象及生活的直接反映。在艺术表现手法方面，神灵形象多用土红勾线，世俗形象偏重淡墨轻描，前者给人以红润光彩的感觉，后者则产生素面如玉的效果。从总体风格上讲，晚唐艺术因洞窟增大，出现了一些恢宏巨制，画风趋于温和淳厚，在人情物性的描述刻画方面有其独到之处，但程式化之风已露端倪。

《内容总录》确定 848 年至 907 年间凿建 71 窟。编号是：8、9、10、12、13、14、15、16、17、18、19、20、24、29、30、54、82、85、94、102、104、105、106、107、111、114、127、128、132、136、138、139、140、141、142、143、145、147、150、156、160、161、163、167、168、173、177、178、181、183、184、190、192、193、195、196、198、221、224、227、229、232、241、336、337、343、348、349、459、470、473。重修十二窟。编号是：57、75、134、135、144、148、194、217、220、313、338、340。

唐代凿建，但《内容总录》难以确定其初、盛、中、晚者 10 窟。编号是：65、76、81、97、110、131、169、252、344、466。唐代重修，但《内容总录》难以确认其初、盛、中、晚者 1 窟，编号是 288。

一 、晚唐代表洞窟

（一）第 9 窟

第 9 窟，又称张承奉窟，代表窟之一，建于唐景福年间（892—893 年），宋、元、清曾部分重修，中心柱窟。甬道北壁有“……光禄大夫检校司徒同中书门下平章事食……万户侯赐紫（金）（鱼）（袋）（南）（阳）（郡）开国公张承奉一心供养”题记。南壁有“敕归义军节度管内观察处置押蕃落等使银青光禄大夫□□□□检校右散骑常侍兼（御）史大夫索勋供（养）”及“……瓜州刺（史）……

光禄大夫检校左（散）（骑）（常）（侍）（兼）（御）（史）大夫上柱国（陇）西郡李弘定一心供养”“朝散大夫沙州军使银青光禄大夫检校左散骑常侍兼御史大夫上柱国陇西郡李弘谏一心供养”等题记，为研究归义军史的重要史料。主室顶绘迦陵频伽莲花藻井，东披画弥勒经变，南、西、北三披画华严九会，每披各绘三会。中心柱仅东向面开龛，龛内绘本生故事屏风画八幅，南北向面宋、元绘供养人、供养比丘及趺坐佛等画像，西向面元代绘白描“篙山神送柱图”，线条流畅，人物形象生动，建筑写实，此图系非佛教题材。元代藏传佛教盛行，然此图竟能绘入佛窟，颇堪玩味。西壁绘楞伽经变（图3-4-1），南壁是劳度叉斗圣变，北壁为维摩经变，东壁门两侧分绘文殊变、普贤变及供养人画像。甬道顶的佛教史迹画及瑞像图，描绘细腻，色彩鲜明。其中劳度叉斗圣变在莫高窟同一题材壁画中，情节较全，绘工亦较精细。整窟壁画构图多为通壁经变，一扫吐蕃时代壁面被琐碎分割的现象，堪称莫高窟唐代艺术压卷之作。

图3-4-1 晚唐莫高窟第9窟西壁 楞伽经变

见阿閦佛品，维摩诘经变中之一品。经云：妙喜国有佛，号无动，治下也是佛国极乐世界之一。释迦牟尼佛治下的娑婆世界大众，“欲见妙喜世界无动如来及其菩萨声闻之众”，维摩即“现神通力，以其右手断取妙喜世界，置于此土”，故而又名“手接大千”。其表现方法，初、盛唐时画维摩右掌出圆形彩云，云上画阿修罗头顶须弥山，双手托日月，立于大海中。须弥山顶有一佛与数菩萨，阿修罗两侧是房舍。晚唐以后，增加所谓“三道宝阶”，将娑婆世界与妙喜世界连接。宝阶上行人上上下下，熙熙攘攘。莫高窟现存31幅，始见于隋，终于宋。以第335窟与第9窟最生动。

第9窟阿难乞乳图，维摩诘经变“弟子品”情节之一。位于北壁。晚唐景福（892—893年）前后绘制。画面是一豪华院落，院内有行人，此即经文中所说的“大婆罗门家”。大门外站二守卫。院墙外右下角画一群牛、马，一比丘牧放。牧群左侧有一大红母牛，舔一小犊，一妇女在挤奶，阿难立旁乞乳，维摩诘作讲话状，似乎在批评阿难：“止！止！阿难，莫作是言……外道梵志若闻此语，当作是念：何名为师！自疾不能救，而能救诸疾人？可速密去，勿使人闻。”这是莫高窟现存最完整的两幅“阿难乞乳图”之一。根据图下三行残存榜题来看，此图系据僧肇《维摩经注》中之“注文”敷演而成。

第9窟劳度叉斗圣变，劳度叉斗圣变代表作之一，位于南壁，据《降魔变文》。

图 3-4-2 晚唐莫高窟 9 窟南壁 舍利弗宴坐

图中舍利弗与劳度叉分置两端，遥相对坐，变现法术（图 3-4-2）。毒龙与金翅鸟、水牛与雄狮、仙山与金刚力士、宝池与大象、恶鬼与毗沙门天王、大树与风神之斗法场面穿插其间；护弥请佛、精选园地、舍利弗启请释迦助神威、金砖铺地、外道归佛、舍利弗现神变等情节绘于此画的四围。主题突出，一目了然，动静结合，互为烘托，人物塑造传神，刻画细腻，性格突出，妙趣横生。晚唐以后，同类经变之结构布局，内容取舍，基本上以此为蓝本绘制，多无变化。该经变又为研究佛经、变文与变相三者之关系，提供了极为宝贵的材料。

篙山神送柱图，神怪题材之一。位于晚唐第 9 窟中心柱西向柱面。白描。题记存留“篙山神送柱”等字样。南侧下端画白描楼阁一座，外有大臣数人（图 3-4-3），虽受大风冲击，犹翘首望天，衣袖飏扬，神态惊恐，北上方有夜叉状的

图 3-4-3 晚唐莫高窟第 9 窟中心柱西向柱面 篙山神送柱图中之大臣（史苇湘绘）

图 3-4-4 晚唐莫高窟第 9 窟 供养人画像花鸟服饰图案（欧阳琳绘）

a. 全景

b. 局部

图 3-4-5　晚唐莫高窟第 12 窟 弥勒变中的“婚礼图”

“五丁力士”抬一巨柱冲云而下。全图下端模糊，系一画稿。用线粗壮锋锐，挺健有力，属兰叶描一派，仅人物的口唇与榜题牌染有朱色，其他全系素描。

白纱笼袖，古代服装之一。晚唐时敦煌壁画中出现的一种女服。其特点是于袖内另缝一透明白纱，如同小袖状，手置袖内，略见其掌。此式仅见于第 9 窟之女供养人像（图 3-4-4）。

（二）第 12 窟

第 12 窟，又称索义辩窟，代表窟之一。建于晚唐，五代重修。覆斗顶殿堂式中型窟。主室东壁门上方有“窟主沙州释门都法律和尚金光明寺僧索义辩”墨书题记。主室绘经变十幅。西壁龛外南侧画普贤变，北侧是文殊变。南壁上半部绘法华、观无量寿佛、弥勒等经变。北壁上半部为华严、药师、天请问等经变。东壁门北画维摩变，门南是报恩经变。南、北、东三壁经变画下，各绘三或四幅条形屏风画，内容为其上部相应经变之各品故事画。晚唐时期经变画世俗性强，生活气息浓郁，此窟经变画也有不少精彩画面，如弥勒变中的“婚礼图”（图 3-4-5）、法华经变中的“作战图”（图 3-4-6）以及药师经变中的“放生图”等即是。在掌握艺术手段塑造形象中，比前代多有新意，形象勾线，用色各异，菩萨造像以绿描眉，以墨点睛，显出凝神庄重、温静平和之情，别有风采；天王、力士、药叉神将，则以红涂眉，以绿定眼，表现出刚健生气，勃勃英姿，具有明显的西域人特征，在晚唐洞窟中亦独具特色。

第 12 窟药师经变，药师经变代表作之一。位于北壁正中，晚唐绘制。画面上部布局与“西方净土”无异，但中间为药师佛，左手持药钵。结构谨严，画风细致，十二药叉大将叉手胡跪于台榭上听法，下有题榜“东方药师净土变”。下部为四扇屏风，画十二大愿、九横死、供养药师如来、斋僧燃灯、放生。其中之“放生”画面最富生活情趣。

放生图，药师经变情节之一。东晋译本有“放生”赎罪之说，但仅指要求免

图 3-4-6 晚唐莫高窟第 12 窟 法华经变中的"作战图"

除监禁之苦者而言。隋译《药师经》无放生之内容。玄奘译本则有"续命"应"放杂类众生至四十九"之讲究，要求"消除七难"亦应放生。壁画绘"放生"者寥寥可数，其代表作见于晚唐第 12 窟。画一位长者，正在放生。第一只鸟已展翅飞翔；第二只鸟刚脱离长者之手，往上腾飞，其翅膀还未完全展开；第三只鸟还在长者手上。长者跟前，有几人正在观看这一善行，其中一人手牵一羊，羊正抬头仰望获得自由之飞鸟。

于阗勃伽夷瑞像，佛教瑞像图之一。位于晚唐第 12 窟甬道南壁上端。于阗勃伽夷城，在今新疆于田至皮山县间藏桂牙附近。立像，菩萨形，戴花冠，有如吐蕃王者样的头巾，着长衣，如西域王者样，有的洞窟有榜题曰："于阗勃伽夷（泥）城瑞像。"S.2113B《诸佛瑞像记》记此像时谓："昔仁王于侵行阵，两边锋刃交锋，忽有此佛踊现军前。仁王睹已，息甲兵。蒙佛光明，净心便现，其像便住于阗勃伽夷城。"《大唐西域记·瞿萨旦那国》卷十二谓：王谓此像原在迦湿弥罗国。瞿萨旦那国王昔日兴兵伐迦湿弥罗国，经一罗汉劝阻说和，两家释兵交好，并在迦湿弥罗国将此佛像请回，像至勃伽夷城止行，众力均无以启动，故在此城就像环建伽蓝。云云。

（三）第 14 窟

第 14 窟，代表窟之一，建于晚唐。前部覆斗顶，后部为中心柱。窟型为晚唐所少见。主室南北壁绘各类观音图像及观音经变共八铺。南壁绘金刚杵观音、十一面观音、不空羂索观音、千手千眼观音。北壁为金刚杵观音、观音经变、如意轮观音、千手千钵观音。

各幅观音画像姿态各异，或手执法器，或托腮沉思，或端坐凝想。手姿奇巧，臂圆指柔。形象或健康秀美，或俏丽妩媚，风格别致。在莫高窟密宗造像中千手托千钵者，均为文殊菩萨，而以千手托千钵，又戴化佛冠为观音形象者尚不多见。此图下绘大海，海水捧莲而出，千手千钵观音端坐莲上，稳静端严，人景交融，出神入化。海中生扶桑树，有人首蛇身的伏羲、女娲交尾相缠，各手托日、月，缘树环绕而上，日中有金乌、月中绘蟾蜍。汉族传说中的神话形象同密宗观音图像融于一图，形式题材均很新颖。南北两壁金刚杵观音所戴头冠，墨线勾勒，线条运用柔中见刚，绘制规整精细，有金线缕织质感，白色素冠上镶嵌数颗绿宝石，显示出菩萨华贵而又庄重的气度。

整窟壁画以黄、红、绿色为基调，犹如在热烈气氛中注入沉着的因素。在莫高窟，集绘多种密宗观音图像于一窟者，为数不多，此为其一，于研究和理解汉密经义及图像绘制均有珍贵价值。

（四）第 16、17 窟（图 3-4-7、图 3-4-8）

第 16 窟，一名吴僧统窟，晚唐称吴和尚窟。建于大中五年至咸通八年（851—867 年）之间。窟主吴和尚即晚唐河西都僧统洪辩。覆斗顶中心佛坛型窟。位于莫高窟南区北段底层。其上为第 365 窟（七佛堂），顶层为第 366 窟，三窟窟前倚崖统建三层木构窟檐，即三层楼。此上下三层洞窟似为吴和尚独力开凿的系列窟。

图 3-4-7　晚唐莫高窟第 16、17 窟

主室为莫高窟面积最大之洞窟。室内马蹄形中心佛坛上，存清代改修之宋塑九身，坛西沿背屏直接窟顶，绘唐及宋画。四壁壁画为重层，表层为西夏时所绘绿底千佛，色调单一，形象如出一模，缺乏生气。1981 年敦煌文物研究所整修此窟壁画时，曾发现底层晚唐壁画，该画色彩鲜丽如新，线条清晰，似为某种经变净土说法图中的水榭雕栏，以此可窥未变色的晚唐画之一斑。窟顶为西夏浮塑贴金的团凤四龙藻井，四披为贴金棋格团花图案。甬道两壁绘西夏说法图及供养菩萨，南壁中部嵌清代《重修千佛洞三层楼功德碑记》木碑一方，北壁中部为藏经洞窟门。前室无画。

图 3-4-8　晚唐莫高窟第 16 窟（斯坦因拍摄）
一百多年前，经卷从右侧洞窟（17 窟）中取出，放在 16 窟

洪辩像，彩塑代表作之一，位于莫高窟第 17 窟（藏经洞）北壁前禅床上（图 3-4-9）。唐大中五年至咸通三年（851—862 年）间塑

造。洪辩是吐蕃和张议潮统治敦煌时期有地位的高僧，因其收复敦煌、河西有功，敕封为释门河西都僧统、摄沙州僧政法律三学教主，并赐紫，授“京城内外临坛大德”称号。第17窟原是为纪念洪辩建造的影窟，窟内塑造其形象。此像写实，身着水田袈裟，通肩裹体，结跏趺坐，作禅定状。头部颅顶丰隆，面部饱满，额角和颧骨轮廓豁朗，额部和眼角有皱纹，目光含蓄有神，眉头略蹙，若有所思。眉脊、眼角、鼻准、嘴角表现出中年高僧庄重矜持的神情和气派。附属此像背景的壁画，绘菩提树和树枝上悬挂净水瓶、挎袋及树两侧执仗的近侍女和执扇的比丘尼。壁画内容显然与供养高僧有关。壁画与彩塑洪辩像完美结合组成完整的内容。此像保存基本完好，是国内同类题材留存至今时代最早的优秀作品。

山水衲，袈裟之一种。敦煌隋唐彩塑迦叶像，内着襦裙，外披衲衣，饰以山水林木，薄纱透明，五彩缤纷。宋人《行事钞·资持记》谓：世人所弃破碎布帛，收拾斗缀以为法衣，欲令节俭少欲节事，一衲之外更无余物，今时禅品而非法服。裁剪绘彩，刺缀花纹，号山水衲，价值数千，更乃各斗新奇，全乖节俭。晚唐第17窟禅僧洪辩即着山水衲，通覆双肩，深入禅定。

近事女画像，供奉高僧的女信徒画像，位于第17窟(图3-4-10)。近事女即邬波斯迦，是在家持五戒修行，敬奉三宝，供养高僧，照料僧统、寺主生活起居的女子。第17窟为晚唐归义军初期河西释门都僧统洪辩的影堂。北壁床座上有洪辩的塑像；后壁上绘有双树；西侧绘有一身着男装、头绾双髻、左手执

图3-4-9 晚唐莫高窟第17窟 洪辩像

图3-4-10 晚唐莫高窟第17窟 近事女画像

巾、右手持杖的侍女，眉目清秀，容貌端庄，但愁眉轻锁，表情木讷，塑造了一个谨行慎为、小心翼翼的都僧统婢女的形象。无论造型、笔墨、晕染、敷色，均属晚唐人物画的代表作。

(五)第 85 窟

第 85 窟，亦称翟僧统窟、翟家窟，建于唐咸通三年至八年（862—867 年）之间。覆斗顶中心佛坛型窟，为晚唐大型窟之一，甬道北壁有“……都僧统兼京城内……大法师沙门法荣俗姓翟敬造”墨书题记。主室中心佛坛上现存晚唐塑释迦、迦叶及清塑阿难像各一。窟顶为狮子莲花藻井，四壁及顶披分别画弥勒、法华、华严、楞伽、报恩、阿弥陀、金刚、劳度叉斗圣、密严、药师、思益梵天请问、金光明最胜王、维摩诘、贤愚等 14 种经变。其中环绕南、西、北三壁的 42 扇屏风画，为现存较全面地绘制贤愚经变的最早作品。南壁报恩经变之经变题名及各情节榜题犹存。其中善友太子树下弹筝图为公认的佳作。西壁的劳度叉斗圣变及屏风画因崖壁受潮地仗酥碱，大部已模糊。

第 85 窟窟前遗址，莫高窟窟前遗址之一，1964 年敦煌文物研究所考古发掘时出土。第 85 窟开凿于晚唐，窟主是法荣和尚，俗姓翟，故又名“翟家窟”。此窟五代、元代曾重修。下层遗址上原有的殿堂系五代曹议金时期所修，后来毁于火灾。遗址毁坏严重，现仅存部分台基遗迹。台基南北宽 12.4 米，东西深约 4 米。台身高 0.65 米。在下层殿堂遗址的基础上，元代缩小范围又修建殿堂。从残迹看，殿堂原为南北面阔三间（宽 8.9 米），东西进深一间（深 4.4 米）。地面铺设花砖。清理中发现有元代以后的火烧痕迹，也有水浸迹象，崖壁也发生过崩塌，是为上层遗址，今已破坏殆尽。

楞伽经变，敦煌佛教经变画之一。见于中唐第 236 窟，晚唐第 9、85、138、156、459 窟，五代第 4、61 窟，宋代第 55、231、454、456 窟，共 12 铺。据武周时期实叉难陀译《大乘入楞伽经》绘制。此经分七卷十品，大意谓世间万有皆由心造。佛理玄奥，多难入画。经变仅绘“罗婆那王劝请品”“集一切法品”“断食肉品”。识别此经变的特点在于图中央海中突出的细腰山，山顶平阔有楞伽城，佛说法即此城内。海周围有十余铺说法图则为佛解答大慧菩萨之提问。在说法图空隙间绘有若干譬喻小故事画，如画一蛇逐人，人惊慌奔逃，即为经文中“妄取以为蛇”“但自心倒惑，妄起绳分别”，谓误以绳为蛇。又如图中画母子二人，即为经文中“如母语婴儿，汝勿须啼泣，空中有果来，种种任汝取”，此即谓母亲以“无”哄骗婴儿，以说明“法宝离有无”之理。其他还有如屠宰、狩猎、制陶、杂技、照镜、服药、晾衣等 20 余幅画面，虽寓意万有为心造，但却形象地反映了唐宋时期一些生产、生活场面。其中以第 85、61 窟为代表。

肉肆图，楞伽经变“断食肉品”情节之一（图 3-4-11）。经云：“衢路市肆，诸卖肉人，或将犬马人牛等肉，为求利故，而贩鬻之。”佛教本意在于说教信徒不得食肉，但画工却据此经文，画一肉肆，肆内挂肉，肆外置案，案上放肉，案下捆伏一待屠之肥羊，案旁立肉贩，操刀割肉，双目怒视前方野狗。画面与经文本意虽大相径庭，但却真实地记录了中世纪沙州肉市的一角。莫高窟现存中唐至五代“肉肆图”七幅，见第 236、156、85、9、138、459、61 等窟，以第 85 窟最生动。

狩猎图，楞伽经变“断食肉品”情节之一。经文本意在于劝人勿食肉，“食肉

图 3-4-11 晚唐莫高窟第 85 窟 肉肆图

之人，众生见之，悉皆惊怖”，犹如猎师“捕鱼网鸟……狗见惊吠，兽见奔走”。画工据此按照自己的理解，画一“狩猎图”：有带鹰前导者，有握斧拉猎狗者，有持弓背猎物者，还有回头呼唤猎狗者。莫高窟现存中唐至宋“狩猎图”九幅，见第 236、156、85、9、459、61、55、454、456 等窟，以第 85 窟最生动。

制陶图，楞伽经变“集一切法品”情节之一。经云：“譬如陶师于泥聚中，以人工杖轮绳方便，作种种器。”其意为成佛（觉悟）需经渐修过程，犹如陶师制器之生产渐进。画工据此画一陶师，着短裤，裸上身，正在制作陶罐。有的陶师身旁堆泥，或放数只成型陶罐，反映了当时陶器生产的情景。莫高窟现存中唐至宋“制陶图”七幅，见第 236、156、85、9、61、55、454 等窟，以第 85 窟为佳。

象舆图，壁画中一种由象驮负的轿舆。轿有敞顶和盖顶之分，敞顶者四围有栏；盖顶者，栏四角立柱，柱上有平顶或人字屋顶。轿底部用绳分别与象的颈、腹、股各部连系固定，第 85 窟善友太子与公主所乘即此舆。象舆在古印度及东南亚一些地区曾是比较重要且应用较广泛的载重及交通工具，也曾用于战争，为类似于骑兵的战乘工具。敦煌壁画中的象舆，应是随着印度佛教故事流入中国的反映，因此几乎仅出现在佛教故事画中。

波罗奈人身贫供养缘品，贤愚经变中之一品。经云：舍卫国一长者子，出生数日能言。求其父母设斋供佛，并邀其前世父母来家听佛说法。父母尽办佳肴美食供佛斋僧。其两世父母听佛法后均得初果。长者子年长出家，获罗汉果。阿难问此长者子果报之宿缘，佛告之曰，此人前身为波罗奈国一长者子，父亡后贫穷，但笃信释教，自念身贫无所可供佛者，便质身富家劳作，一年得金千两，拟供佛僧。富家向善，亦代为操办斋会，共为供养，故今世皆得闻法而得佛道。晚唐第 85 窟南壁屏风画第十一屏画绘此故事。其画面为：（1）一长者坐于屋内，一女怀抱婴儿，表示长者得子。（2）三高座，居中坐佛，两侧分坐弟子，两世父母分男女坐于高座旁之地上，听佛说法。（3）一佛二菩萨坐莲台上，前置一案，阿难立

马步都押衙”的五对文骑，文骑之间八名军营舞伎分为两列，四人着汉装，戴幞头，四人着吐蕃装，束双髻；后有由14人组成的乐队，舞伎在笙、箫、笛、筚篥、箜篌、琵琶的吹弹声中踏着大鼓、细腰鼓、拍板的鼓点节奏，扬袖起舞，徐徐前行；舞伎前有二人骑马持牌横于道，指挥舞乐的行止缓急。（2）主体部分。其中心为节度使张议潮，也是全画的中心。张氏戴幞头，着大红袍，腰束革带，扬鞭骑白马正过雕栏石桥，其侧有“河西十一州节度使张议潮□除吐蕃收复河西一行图”榜题，其形式与唐太宗骑马过金桥的“金桥图”相仿。张议潮马前有榜题为“散押衙”者三人，正执辔引马过桥，桥前方接伎乐之后有六骑持旌分列左右，榜题有“六砉”二字。其后有执牙旗（榜题曰“门旌”）小幡二人，旗后有二乘骑举皇帝敕授藩镇一方的权力象征的“节麾”，榜题为“衙前兵马使”。“节麾”后有题为“银刀官”者三骑和分列于左右的八名持棒步行卫士。张议潮马后，拥簇骑卫多人，再后为帅军大纛旗及出行将士队伍。（3）辎重后勤部队。这部分画猎骑驰射黄羊、奔鹿和运送军需的驼队等。画卷将张议潮绘于全画中部，形象也较其他人物高大，更以白马过桥来提示和突出主要人物。整个画面长8.5米，高1米有余。人物逾百，骏骑80余，出行队伍旌旗飘扬，延绵浩荡，显示了这支队伍的严整军仪和威武雄风，是一幅珍贵的历史画卷。本画与相对壁面同位置的“宋国河内郡夫人宋氏出行图”同绘于一窟，前者肃穆严谨，后者欢快轻松，恰成对比，可称敦煌壁画出行图中之双璧。晚唐以后出现的“曹议金出行图”“慕容氏出行图”基本上均以此为蓝本。

八人舞，敦煌壁画中的乐舞。见于晚唐第156窟的“河西节度使张议潮统军出行图”及五代第100窟的“曹议金统军图”。“河西节度使张议潮统军出行图”绘在最前面的是骑兵仪仗队，手执长角和旗帜，接着为一队舞乐，八人分为两组，四人一排甩动长袖相对起舞（图3-4-13）。男舞者四人均戴幞头，着花灯笼裤抬左足，右手叉腰举左手于斜上方；女舞者四人头戴冠簪花，有的着花衣，下着花灯笼裤，抬右足，左手叉腰，举右手于斜上方。舞姿颇似藏族“巴塘弦子”。舞者后面两人各背一大鼓，一人举双槌击鼓，再后面有乐队七人执拍板、箜篌、横笛、腰鼓、琵琶等乐器演奏，这是一组行进中的队舞。“曹议金统军图”中的乐舞场面，舞者亦为八人，男四人，女四人，分两排相对起舞，甩动长袖，边舞边行进。乐队12人伴奏。“巴塘弦子”是藏族代表性舞蹈之一，在吐蕃统治敦煌时期，此舞在当地或有流传，其后乃有在壁画上之反映。

画角，吹奏类胴腔乐器，绘有花纹的角。画角是我国古代军营乐器，其形态即将原来之兽角放大，列队吹奏，以示威严。如晚唐第156窟之“河西节度使张议潮统军出行图”，

图3-4-13 晚唐莫高窟第156窟 张议潮统军出行图中舞伎（吴曼英绘）

有军乐一组，四名骑士鼓手前导，后有四名骑士，引颈吹奏大画角，画角为白色，绘有网状花纹，图案清晰，军乐队气势威武、雄壮，当是古代军乐阵容的写实。

衩衣，古代武士骑马服。衣长至膝，下部开长衩，故名。唐王建《宫词》：“每到日中重掠鬓，衩衣骑马绕宫廊。”晚唐第 156 窟“河西节度使张议潮统军出行图”、第 100 窟“归义军节度使曹议金出行图”、第 61 窟维摩诘经变中的仪卫，盛唐第 45 窟观音经变中的大将及强盗等，均着此服。

张议潮供养像，供养人画像。张议潮是 9 世纪中叶收复河西再开丝路的人物。敦煌与河西曾流传歌颂他的一些变文与歌谣，在莫高窟除了绘有纪念他的武功的“河西节度使张议潮统军出行图”外，还有一些他的供养像。甬道南壁西向第一身供养人题名“窟主（河）西节度使金紫光禄大夫……尚书……”即张议潮，画像幞头襕衫，腰插象笏，执炉供佛，像虽漫漶，精神与气度仍存，风骨非凡；其他如第 94 窟、85 窟，均应有张议潮供养像，惜均湮灭。到了五代，开窟者仍有把张议潮供养像画在甬道北壁的，如第 98 窟题记是“故外王父前河西一十一州节度管内观察处置押蕃落支度营田等使金紫光禄大夫检校司空食邑（二）□户实□伍伯户……节受右神（武）将军，太保河西万户侯赐紫金鱼袋上柱国南阳郡张议潮一心供养”，此像是 70 多年后归义军曹氏第一代节度使曹议金追念他的“外亡父”张议潮所绘制。

硬脚幞头（图 3-4-14），幞头之一种，晚唐诸窟男供养人画像多戴此种幞头。第 156 窟河西十一州节度使张议潮像，着圆领赭红襕袍，革带，乌靴。幞头两脚稍圆，斜垂于两肩。宋沈括《梦溪笔谈》卷一说：“唐制，唯人主得用硬脚。晚唐方镇擅命，始僭用硬脚。”《幕府燕闲录》云：“唐中叶已后，诸帝改制，其垂二脚，或圆或阔，周丝弦为骨，稍翘矣。”这些记载与壁画相符。但以敦煌离中原较远而且战乱不息，硬脚幞头的出现比中原稍晚。

图 3-4-14 晚唐莫高窟第 156 窟 硬脚幞头（马强绘）

宋国河内郡夫人宋氏出行图（图 3-4-15），供养画出行图，位置与“河西节度使张议潮统军出行图”相对。绘于晚唐第 156 窟北壁及与其相连的东壁门北壁之下部。宋氏是张议潮的夫人，此图为宋氏夫人春游画卷。全画可分三个部分：（1）杂技舞乐部分。最前面为

图 3-4-15 晚唐莫高窟第 156 窟 宋国河内郡夫人宋氏出行图

"戴竿技"，亦名"顶竿技"，画中一壮汉肩负长竿，四小儿于竿顶山木上伸臂横体、勾脚倒悬，作种种惊险玩技，恰如王建《寻橦歌》所描述的"翻身垂项欲落地，却住把腰初似歇""险中更险何曾失，山鼠悬头猿挂膝"。"戴竿技"侧有一人举竿护持，其后有乐工四人，吹笛、拍板、击鼓以协调小儿动作和制造适合的气氛。竿技之后，是舞伎、乐工献艺，乐工七人吹奏管弦，击鼓打点；舞伎四人，着大袖长袍，围成方阵，踏点迎拍，欢快挥袖，翩翩起舞。（2）出行图主体部分。紧接舞乐之后有车三辆，一辆榜题曰"司空夫人行李车马"，二辆为坐车，车后有两乘六角亭式、八人肩抬的"肩舆"，是宋氏夫人女儿的乘舆。榜题曰"小娘子檐舆"。车及肩舆前后，或有武士护卫，或有婢女多人捧奁盒、衣包，持纨扇，架鹦鹉相随。肩舆之后绘全画的中心人物宋国夫人。夫人束高髻，按一品夫人冠服制，髻上插花钗九树，着青罗大袖襦，长裙，披纱巾，登高头履，骑白马执缰缓行，马侧有一人牵辔引马，榜题为"宋国河内郡夫人宋氏出行图"。夫人前有一女官骑马导行，有乐工数人弹奏管弦，乐工两侧有数护卫。夫人马后有九人捧琴、壶、镜、扇、奁盒和香炉，其中一人着女装，八人女扮男装。画中宋国夫人及所骑白马均较其他随从高大，以突出主要人物。（3）饮食供给部分。画于东壁门北下部，与前画相接。画中绘卫士及引射猎骑和驱驼运酒食仆从多人，黄羊奋蹄奔逃，猎骑疾驰追逐，十分生动。全画人物百余，骏马 30 余，杂技舞乐，车舆驼羊，熙熙攘攘，有张有弛。从中可窥唐代贵族春游踏青的煊赫豪富气派，其气势与规模可与唐初卷画"虢国夫人游春图"媲美。晚唐以后出现的"回鹘公主出行图""慕容夫人出行图"，基本上均以此为蓝本。

敦煌杂技，敦煌壁画中的古代杂技及其研究。中国古代杂技艺术，宫廷和民间都极喜尚，汉唐时达到了繁盛多姿、技艺高超的境界，而且汉初即已开始吸收西域各国的奇技异术在敦煌壁画中，杂技场合虽不像汉画像砖石那样繁多，但也反映了自唐至宋传统杂技艺术的主要特征。主要表现在四个方面：（1）达官贵人家伎侍从人员的杂技。最有名的是晚唐第 156 窟"宋国河内郡夫人宋氏出行图"上的顶竿表演，一人张臂头顶十字长竿，上有四人三层表演，技艺极为高超。顶竿杂技最早见于春秋记载，"侏儒扶卢"即是此类，汉代又称"都卢寻橦"，包括"爬竿""顶竿""车上竿戏""掌中竿戏"等内容。晋末中原大乱，许多人避乱凉州，带来了中土的杂技和乐舞，同时西域诸国的乐舞杂技亦流传至此。五代第 72 窟壁画的"顶竿图"，配有十人的伴奏乐队，则可能是一种富豪宴饮中的表演。（2）民间风俗中的杂技表演。这种表演在壁画中比较分散，最珍贵的可能要数第 61 窟壁画"杂技图"。这是一场露天演出，右立一人面对观众在"量活"（即中国戏法为吸引观众表演者的垫活），两人在竿上或绳上"使活"，上者踩着下者的头顶，前有四人或蹲或坐，一人似在击鼓，左立二人显然是在吹笛、拍板、作伴奏；两位演员既在作缘竿顶技表演，同时又要变幻出桃子，这是一个有特殊技巧和窍门的杂技节目。（3）达官贵人出行仪仗中的杂技演出。以第 156 窟"宋国河内郡夫人宋氏出行图"中的竿木表演较典型，底座女力士双足作骑马式，两手分向左右，似在找重心，以稳定头上两顶木竿的平衡；上部十字架的两端各有一人在进行表演，右边一人手足挂在架上，身躯下垂，左边一人一手抓住架子，全身悬空；竿顶还有一人正用手部支撑表演运动中的水平动作。画面生动活泼，纯是中原文化气象。（4）药叉形象中的杂技艺术。药叉是佛教的护法小神，并兼有伎乐身份，壁画中大多绘在洞窟四壁的最下层。药叉身姿有许多武术杂技动作，如步法中的弓箭步，手式中的双托掌、托按掌、山膀，顺风旗、虎抱头拳等，有的神态滑稽可笑；大多身材短矮，肥胖，蓄八字胡，二目圆睁，目光逼人，一般赤裸上身，专家考证，这些形象不少是来自汉魏角抵杂技表演者和伴舞的丑角形象。

方舞，敦煌壁画中的乐舞。见于晚唐第156窟的“宋国河内郡夫人宋氏出行图”。在出行图前列，有舞伎四人（图3-4-16），站四方，汉装，头梳高髻，身着紫色长袖舞衣，长裙委地，披肩巾，举袖抬足而舞，身体曲线，优美自然，富有民间舞蹈风格。舞人之后有乐工七人，男性，戴圆形帽，穿红、紫、蓝、棕、黄等色长袍，束腰带，持琵琶、笙、笛、筚篥、腰鼓、鸡娄鼓、拍板等乐器，边行进，边奏乐。据《旧唐书·音乐志二》“西凉乐”之“方舞”，有以下四方面与此图相同：（1）表演人数与图形，亦四人，分东西南北之位。（2）舞人“假髻、玉支钗、紫丝布褶”。（3）“西凉乐”乐器有钟、磬、琵琶、笙、笛、筚篥、腰鼓、担鼓等19种，图中之乐器多属之，有中原与西域乐器并存的特色。（4）“西凉乐”之“方舞”出于河西凉州（今甘肃武威），图中之宋国河内郡夫人为河西陇右十一州节度使张议潮之妻。此舞曾传入唐代宫廷，是“西凉乐”部中著名舞蹈。

缬花帽，古代首服之一。用彩缯缝制的丝质花帽。壁画中，乐舞伎和西域国王，多戴此帽。晚唐第156窟“宋国河内郡夫人宋氏出行图”中的乐工、“河西节度使张议潮统军出行图”中之侍卫以及唐代多数维摩诘经变中之国王等，均戴此帽。

马车图，壁画中一种用马挽拉的车。马车是中国古代广泛用于军事和人民生活、生产的运载交通工具。在敦煌壁画的许多本生故事、因缘故事、经变故事画及供养人画像中，都绘有马车，一般是带有顶篷的封闭式（即轿式）马车，多为帝王、大臣及其眷属乘用。如第156窟“宋国河内郡夫人宋氏出行图”中的乘车和行李车。帝王的马车最考究，用两匹或四匹马挽车，制作精细，彩画装饰奢贵，还往往插挂有旌旗。隋唐时代马车流行券顶方车厢，有的券顶前高后低类马鞍形，造型相当漂亮，车厢上还镶嵌有珠宝及其他饰物，显得特别华贵。

清商伎服饰，唐代十部伎服饰之一。清商伎系中原旧乐。晚唐第156窟中，有舞乐一组，女伎四人，头束高髻，着长袖衫，长裙，云头履，肩披画帔，围成方阵，挥袖踏足而舞，回首顾盼，轻松和谐。从乐器到舞姿，均似中原清商伎，《乐府》苏合香词中有：“可怜窈窕女，不作邯郸婚。妙舞轻回拂长袖，高歌浩唱发清

图3-4-16 晚唐莫高窟第156窟 宋国河内郡夫人宋氏出行图中舞伎（吴曼英绘）

商。”

反弹琵琶，敦煌壁画舞姿。莫高窟有十多幅壁画中的乐舞场面都绘有此舞姿。在这些从唐到西夏不同时期的壁画中，舞伎们高髻云鬓，服饰各异，姿态动作千变万化，而背身反弹琵琶则是最特色鲜明、令人叫绝的舞姿。晚唐第 156 窟南壁西端的思益梵天问经变图中，两舞伎在有三角形图案的方毯上起舞，右舞伎面对观者，双手拍击腰鼓，左舞者侧面背身，右手指反弹曲项琵琶，左脚踏地，右脚向后吸起。两侧各有十人乐队伴奏。

小儿车又称篮车，供婴幼儿乘坐和睡寝用。在我国明清以前的文献中，没有发现过有关小儿车的记载，此车起源于何时，尚无确凿记载，也未见有研究成果问世。小儿车绘制于 156 窟前室顶部的报父母恩重经变中，四只小轮支撑着一架四面围遮的篮舆，婴儿熟睡其中，篮舆前上部设有可以折叠的伞盖，后部设有扶手，一青年妇人双手扶车作缓缓行走状。从壁画上看，这辆小儿车的构造和装饰，即使同现代最豪华的同类车相比，也毫不逊色。另外，这辆小儿车也算得上我国历史上极其罕见的四轮车的形象[1]。

莫高窟记，晚唐莫高窟题壁记。墨书于第 156 窟前室北壁左上方。撰者不详。末署咸通六年（865 年）正月十五日。P.3720 有其稿本。记前秦建元之世乐僔禅师杖锡西游来此，见金光如千佛之状，乃于此凿窟造像。后有法良禅师，于僔师窟侧又造一龛，是为莫高窟肇始者。此说本据武周时《李君修慈悲佛龛碑》，然此记首倡乐僔东来之说，影响后世甚大。

（九）第 161 窟

第 161 窟伎乐飞天，飞天代表作之一。位于藻井四周。晚唐绘制。共十六身。演奏曲颈琵琶、腰鼓、筚篥、鸡娄鼓、排箫、拍板、横笛、笙、凤首箜篌、手鼓、铜饶等乐器。在翻滚的云层中，有的匍伏击鼓，有的安坐吹笙，有的倒体悬身弹琵琶。伎乐天与茫茫云海和缤纷的彩云结合在一起，情意盎然。鲜明地显示出晚唐飞天的中国特色。

（十）第 196 窟

第 196 窟，又称何法师窟，代表窟之一。建于唐景福年间（892—893 年）。中心佛坛型窟。为莫高窟高层洞窟之一。甬道有归义军节度使索勋父子供养像，像侧有“敕归义军节度沙瓜伊西等州管内观察处置押番落营田等使守定远将军检校吏部尚书兼御史大夫钜鹿郡开国公食邑贰仟户实封二百户赐紫金鱼袋上柱国索勋一心供养”及“男故太保孙朝议郎守沙州长史兼御史中丞承勋一心供养”等墨书题记。前室存晚唐木构窟檐（残），为莫高窟现存窟檐最早者，亦为国内少有的唐代木构建筑之一。主室中心佛坛的背屏，上接窟顶西披。坛上现存趺坐佛、迦叶、阿难及北侧半跏坐菩萨、立天王各一身，为晚唐塑像之代表作。其中以半跏坐菩萨较佳。坛南侧菩萨及天王塑像，被窟顶塌落的巨石所毁。该石至今尚存于坛上，石面犹存晚唐壁画。窟西壁为完整的通壁巨幅劳度叉斗圣变（图 3-4-17），约 40 平方米。画中形象性格突出，情节生动，色彩犹新，为莫高窟现存同

1 参见马德：《敦煌壁画交通工具史料述论（上）》，《敦煌研究》1995 年第 1 期。

a. 局部

b 局部

c 局部

图 3-4-17　晚唐莫高窟第 196 窟 劳度叉斗圣变

类题材壁画中画幅最大、绘制最精的作品。其余各壁分别绘法华、阿弥陀、金光明、华严、药师、弥勒、文殊、普贤等经变，色彩亦较鲜明，但因窟居高处，阳光直射，故墨线多隐退。

第196窟彩塑，彩塑代表作之一。位于主室中心佛坛。晚唐大顺二年（891年）前后塑造。原作一铺七身，现存一佛、二弟子、一菩萨、一天王，其中南侧的一菩萨、一天王已毁。佛坛后沿有背屏通连窟顶。佛像后靠背屏，结跏坐于莲座上，躯体健硕。其左侧的年老弟子，内穿团花镶边的衬衣和绣花长裙，外罩山水衲，袒右肩，脚蹬僧履，虔恭侍立，启唇欲言。仅有的一身菩萨，游戏坐，左手置于膝部，右手上举，头微右倾，若有所思，丰肥硕壮的躯体，既显其男性魁岸的体魄，又兼有女性丰腴腻滑的肌肤。仅有的一身天王，叉腰，抬臂，屈腿，践踏"恶鬼"，宽厚的脸上，眸子突出，怒目下视。这铺较大的塑像，巍然耸立于佛坛上，有石雕的凝重感。虽彩绘比较精细，但颜面表情、衣褶动势趋向简单，重在表现外在的形似，不重内在的生动，这种趋势开了五代、宋敦煌彩塑的先风。

第196窟弥勒经变，弥勒经变代表作之一，位于北壁。本图与盛唐以后同类经变布局基本相同，唯以小插曲之情节取胜，如一种七收图，由耕种、收割、打场（图3-4-18）、扬场、簸粮、运载的牛车等构成，再现了当时现实生活中农业生产的具体过程和农民的劳动

图 3-4-18　晚唐莫高窟第 196 窟北壁 弥勒经变中的打场图

生活，画中的连枷最为清晰，近代农村所用连枷与其完全相同。

壸门伎乐，绘制在壸门上的伎乐。敦煌石窟坛沿上或沿佛、菩萨座一周下部，画出或浮塑出“壸门”，于其上画伎乐，故称“壸门伎乐”。如晚唐第196窟为双层坛沿，正面上层坛沿壸门内画伎乐，其排列为两舞者为青年男子，一手执莲苞，另一手五指叉开，立于莲花上；上装为大翻领短衫，下着灯笼裤，身披长带。左边舞者吸左腿，右边舞者吸右腿，姿态对称相向而舞，从服饰上看为西域遗风。

二、敦煌晚唐物质文化精粹举隅

（一）佛画

劳度叉斗圣变，敦煌佛教经变画之一。叙述古印度舍卫国大臣须达以黄金铺地的重价，购得祇陀太子的园地建立精舍，请佛说法。但六师外道依恃国王权势，从中作梗，约佛斗法，以胜负决定是否建立精舍。外道推劳度叉出面，佛遣弟子舍利弗应约。斗法中，劳度叉先后变宝山、白牛、宝池、毒龙、黄头鬼、大树等显示法力，又指使魔女以美色诱惑舍利弗。舍利弗则相应地以金刚击宝山、狮王咬白牛、白象踏宝池、金翅鸟啄毒龙、天王烧黄头鬼等破劳度叉之变现。又使天火焚烧外道经坛，强令外道壮士拽巾，戏耍外道。最后，令风神施威，制服魔女，拔起大树，摧倒劳度叉坐帐，迫使外道皈降。现存此画十九铺（莫高窟十四、榆林窟三、西千佛洞一、五个庙石窟一）。其中，北周及初唐（各一幅）的壁画，依据《贤愚经·须达起精舍品》绘制。北周壁画绘于西千佛洞第10窟，共11个画面，分上下两排横列，与早期壁画中的本生画、佛传画形式相同。初唐壁画绘于莫高窟第335窟龛壁：舍利弗、劳度叉分别绘于龛壁的南北两侧，各斗法场面则分绘于舍利弗、劳度叉四周，首次集全部内容于单一画幅中。晚唐（三幅）、五代（九幅）、宋代（四幅）等时期壁画，依据《降魔变文》绘制。画幅往往占据大型洞窟的整个壁面（大者达40平方米左右），画面布局是：舍利弗与劳度叉相对而坐，分别占据画面的左右两侧，两者之间的中部绘斗法的主要情节。劳度叉周围，画外道及魔女在大风之下的狼狈状态，舍利弗身后画天龙八部、助威高僧及风神等，前面绘外道皈降后礼拜、洗头、剃度、净口、换袈裟等画面。整幅画的四周，绘须达买地、议约斗法等情节。同时，画师还充分发挥想象力，增添了悬定方梁、火烧经坛、外道拽巾、风神降魔、外道皈依等在《贤愚经》及《降魔变文》中都没有的情节，更增强了故事性、戏剧性和趣味性，创造出情节曲折生动、性格突出、情趣幽默、喜剧意味浓郁的恢宏巨作，在敦煌壁画艺术中独具一格。其中以第9、196、146、25等窟所绘较好。此画于晚唐、五代、宋时期在敦煌地区壁画中大量出现，与晚唐张议潮逐蕃归唐，寓意“以正胜邪”和其后激励孤悬于西陲、受到其他各族包围的敦煌地区汉族政权图强自立似不无关系。

炽盛光佛及五星图，彩色纸画。P.3995。炽盛光佛坐牛车内，上有华盖，光芒四射。旁有五人像，即五星图，头冠上均作兽形，从上至下为：水星，即辰星，女装，宽袖袍服，一手持笔，一手拿簿，冠上为猿猴，又称戴猴形冠的书记员；木星，即岁星，男性，宽袖袍服，平脚幞头，冠上为猪头，双手托一盘果子；土星，即镇星，男性，束发，上裸，赤足，手执锡杖，冠上为牛头；金星，即太白星，女性，宽袖袍服，横抱一曲项琵琶，冠上为青鸟；火星，即荧惑星，男性，头发直立，中为一马，四臂，分别持弓、箭、剑、戟，上裸，下赤足。金星所持之琵琶，为晚唐流行式样，梨形，广腹，细颈，曲项，四弦，四轸，面板上绘有杆拨，有风眼。在其四相之下，附加三个品位，二短一长，连同四相一共有七个音柱，可证晚唐琵琶的柱制已不限于四相，有加品的趋势。又，这是目前所见第一幅古代琵琶有品的图像。

四观音文殊普贤像，彩色绢画。Ch.iv.0023。晚唐绘制。高 140.7 厘米，宽 97 厘米。出自莫高窟藏经洞。画面分上中下三部分。上部并排为四尊观音立像，自右至左依次为“大悲救苦观世音菩萨”“大圣救苦观世音菩萨”“大悲十一面观音菩萨”“大圣而（如）意轮菩萨”。四菩萨各立于莲花座上，衣着具有印度风格。中部右侧为骑狮文殊像，左侧为骑白象之普贤像，各有昆仑奴牵控。周围有穿汉装的侍者。下部为供养题记和供养人画像。中间题记残存四行文字，据之可知此画成于唐咸通五年（864 年）。题记右边有四尊男供养跪像，最前一位为僧人，榜题“父僧神威一心供养”。其后三像均着官服，中间一像题“兄唐小晟一心供养”（另二条榜题模糊不清）。题记左侧为四尊女供养人跪像。前二位为尼姑；后二位为高髻妇人，应是右列男供养人的家眷。由现存榜题可知是敦煌一唐姓家族的供养画。此画原应十分鲜艳，尽管年久色泽有所深暗，但仍不失为敦煌供养画的精品之一。

观世音菩萨像幡，彩色纸画。Ch.lxiv.003。晚唐绘制。总长度 99 厘米。出自莫高窟藏经洞。全幡系长条形状，画面约占上部一半，高 42 厘米，宽 16 厘米，用敦煌当地之纸做成，供养者用低廉的纸质幡表达虔诚的信仰。

白描高僧像，纸质白描画。Ch.00145。晚唐绘制。高 46 厘米，宽 30 厘米。出自莫高窟藏经洞。画一高僧坐方形毯上，前有一双云头履；右后有一水瓶，左后有一枯树，树枝上挂念珠一串，行囊一只。高僧眉弯、眼细、鼻直，双唇紧闭，项下有喉结，方面大耳，造型稳重成熟。身穿袈裟，眼视前方而又精神内守，双手作禅定印。头部是画师着力刻画之处，眉毛用细笔多次描成，很有质感；眼睑、眼、嘴、脸颊等处都用轻重、粗细、徐疾不同的笔触描成，圆润而结实。衣纹线描变化较多，有铁线、兰叶等描法，显出了袈裟厚重的质地。身后的老树，笔法更加多样，画出了枯枝横生的意趣。此画在敦煌白描画中具有代表性。

白描手印图卷，纸质密宗佛教手姿画。Ch.00143。晚唐绘制。高 15.4 厘米，宽 143.5 厘米。出自莫高窟藏经洞。画面先用横线画出天头地额，中间有淡色的乌丝栏竖线。上下一般以三种手印为一排，共有 38 种，另有九尊立像、二尊坐像和一个人头像错列其间。有人认为可能是在密宗佛教学校中传习使用的，对研究密宗传播历史颇具参考价值。

雕版佛坐像，加色版画。Ch.00421。晚唐刻制。高 10.7 厘米，宽 9.3 厘米。出自莫高窟藏经洞。坐佛像分上下两排，坐姿全同：佛坐于莲花座上，右手在胸前竖起，左手安放于膝上。背后有佛光。线条生硬呆板，整体较为粗糙。其制成过程是：先雕版印出线条轮廓，然后加色。雕版画是彩色套印的前驱，对研究雕版印刷技术史有一定价值。

（二）乐舞与曲词等

归义军乐营，晚唐至北宋时代沙州归义军中专司军乐及散乐的建制。设乐营使及副乐营使领营事，下有都史承办庶务；营内专业人员称音声人，亦简称音声。敦煌遗书中所见乐营使，张承奉时有张怀惠（P.4640），曹议金时有张某（P.3490），曹延恭时有副乐营使阎某（1974年巴黎版《敦煌幡画和绘画解题目录》第74号绢画《延寿命经》供养人题记），曹延禄时有李某（P.4995）。乐营编制规模失载。榆林窟第12窟前室西壁墨书题记《斋粮记》中有“乐营石田奴三十余人□□年每载于榆林窟上烧香燃灯”之文，据此推测，全营编制有在30人以上的。莫高窟第156窟张议潮及宋国夫人出行图中的乐舞百戏场面，在一定程度上反映了归义军乐营的专业分工及表演盛况（图3-4-19）。

队舞，亦写作队僸。原为唐代宫廷乐舞形式（见《杜阳杂编》）。敦煌之记有此舞，见于晚唐时P.3773背《凡节度使新受旌节仪》，有“州府乐伎队舞，临时随”之语。P.4640辛酉年（唐光化四年，901年）“归义军纸破历”载：“二月……十四日，支与王建铎队僸额子麄（粗）纸壹帖。”这是唐代地方州郡亦有队舞之确切文献记载，有重要的乐舞史料价值。

《思越人》，唐人曲词。P.2748背。作者不详。原卷正面抄《古文尚书》，背面开头写此词及《怨春闺》一首，后接抄高适《燕歌行》及《古贤集》等；又有大中四年（850年）文件一通，可证此词亦为晚唐写本。词二首，饶宗颐最早刊布于《敦煌曲》“新增曲子资料”中，后有任二北《敦煌歌辞总编》校释本。因抄写极模糊，第一首缺字较多，似写醉人心态。第二首写少女游园寻伴思春的情

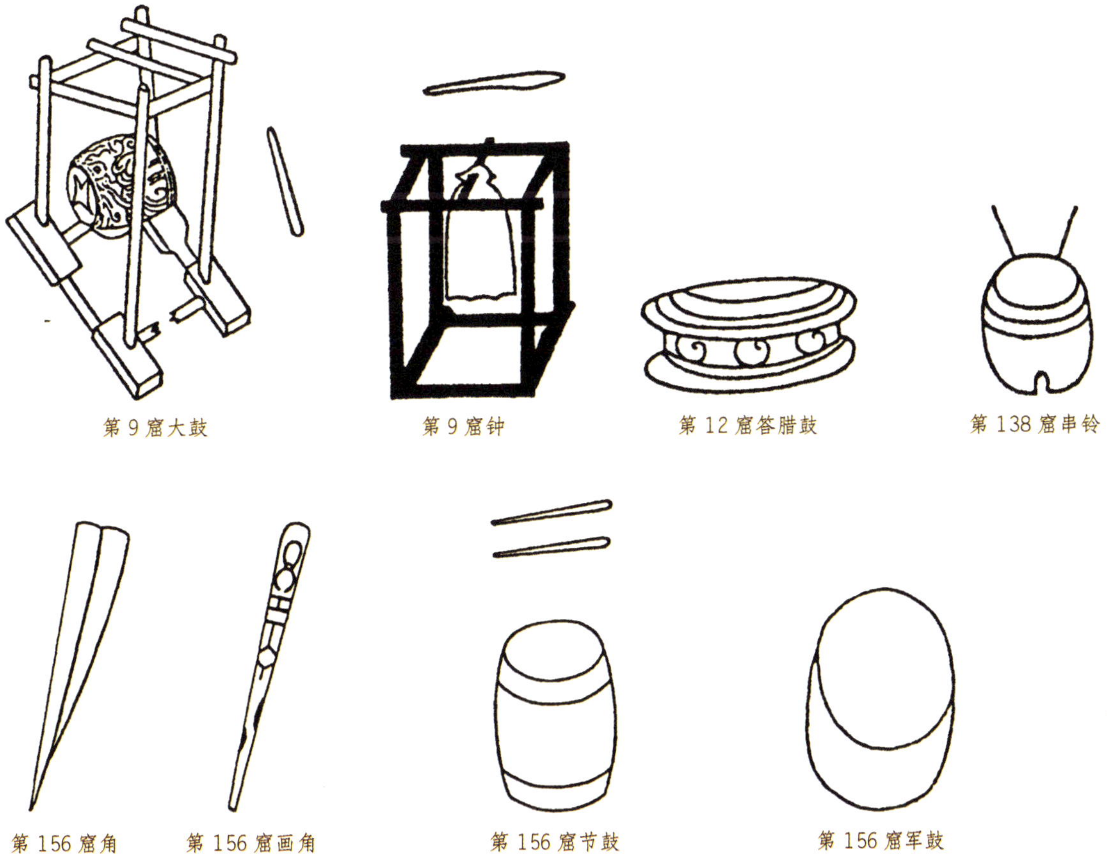

图3-4-19 晚唐乐器（杨森绘）

景。为三、三、六、七、六，七、六、七、六句式。《思越人》词亦见《花间集》，载五代孙光宪（二首）、张泌（一首）、鹿虔扆（一首）所作，句式与敦煌本同。但孙光宪等人诸作下片叶二仄韵，敦煌本则通首叶平，可推知时代较早。五代何光远《鉴戒录》谓陈后主之内臣严凝月等竞唱《后庭花》《思越人》，云：“《思越人》者，亡吴之曲，故胡曾咏史诗曰：‘吴王恃霸弃雄才，贪向姑苏醉渌醅。不觉钱塘江上月，一宵西送越兵来！’”又有赵长卿《思越人》词，句式虽同，但通首押仄韵，与敦煌本正相反。

《怨春闺》，唐人曲词。P.2748 背。作者不详。接抄于《思越人》词后。晚唐写本。词上片写妇人在“好天良夜”月下床前盼郎君归来的愁情怨思，下片写“夜久更深”之时，妇人“频频出户”迎夫婿归来的急切心态与神情，极为传神。词上片四、六、四、五，四、四、四、六句式，五仄韵；下片四、六、四、五，三、三、四、四、六句式，亦五仄韵。任二北云此调形式在“敦煌曲较长之调内或《词谱》同字数之调内从所未见。北宋晁冲之等《传言玉女》，上片作‘四六、四五、四六、四四’，下片作‘四三三、四五、四六、四四’，各四仄韵，全调共七十四字，与右辞（即敦煌本）颇相近；而《传言玉女》与《侍香金童》两调在唐曲调内，则颇有渊源”[1]。

《闺思五更曲》，民间曲词。P.2647。作者不详。晚唐写本。原无题，刘復称之为“五更调小唱”，郑振铎题作“思妇”。全曲原为五首，自一更至五更每更一首。每首八句，均七言，前半后半或有不同韵者。因原卷有残，五更曲辞已全阙，四更阙后半四句余，三更阙前半两句余。内容写闺中思妇长夜不眠，怀念征夫，调琴弄筝，寄托相思之情，并以一片贞心自誓。每首起句虽以“一更”“二更”等为言，然其体实与五更转不同。刘復、傅芸子、任二北等有校录。

《天仙子》，唐人曲词。S.1441。作者不详。共二首。均 68 字，七、七、七、三、三、七，七、七、七、三、三、七句式。第一首写歌女对男子的情思，第二首写男子对女子的情思。用语秀美。唐崔令钦《教坊记》有《天仙子》曲名。段安节《乐府杂录》谓即《万斯年》曲。皇甫松之作为单调仄韵 34 字；韦庄之作有二体，均 34 字，一为单调平韵，一为二仄三平韵。宋沈会宗有双调仄韵 68 字体，与敦煌写本相同。从形式上看，敦煌写本当为晚唐之作。

《敦煌廿咏》，又作《敦煌古迹廿咏》。唐五律组诗。见于 S.6167 及 P.2690、2748、2983、3691、3870、3929 等。作者不详。其中 P.2748 首尾完整，P.3870 前部稍残，余皆残缺不全。篇前短序略记作者行踪及作诗缘起。总 20 首，分别题为：三危山咏、白龙堆咏、莫高窟咏、贰师泉咏、握洼池天马咏、阳关戍咏、水精堂咏、玉女泉咏、瑟瑟监咏、墨池咏、半壁树咏、李庙咏、贞女台咏、安城祆咏、三攒草咏、贺拔堂咏、望京门咏、相似树咏、凿壁井咏、分流泉咏。指咏对象包括山水、草木、池台、祠庙、殿宇、城楼等自然景观和建筑设施；所涉史事上起西汉，下至晚唐，时代跨度几近千年；空间范围以州城为中心，西达阳关，南抵南山，东接悬泉，北至玉女泉，纵横境内数百里；吟咏内容涉及自然和人事、民族和宗教、政治与艺术、历史与现实、客观与主观等许多方面，堪称敦煌史诗。写作上，采取描写与评述相结合的手法，有景有情，可视可感；各诗组合安排亦

1 《敦煌歌辞总编》卷二。

颇具匠心，篇章次第，皆有意象联系可循，结构致密，章法贯通。P.3870 末有咸通十二年（871 年）题记，其《阳关戍咏》又有“可则弃胡塞，终归还帝乡”之句，系用陷蕃淮南裨将谭可则弃蕃逃唐故事（见赵璘《因话录》），可推知当作于晚唐时期。有王重民、马德及日本神田喜一郎校录本。

《秦妇吟》，唐长篇叙事诗。S.692（卷末题“贞明五年己卯岁四月十一日敦煌郡金光明寺学仕郎安友盛写讫”）、5476、5477、5834（卷末题“贞明陆年岁在庚辰拾贰月”），P.2700（后边残阙部分即 S.5834）、3381（卷末题“天复五年［905 年］乙丑岁十二月十五日敦煌郡金光明寺学仕张龟写”），3780（卷末题“显德二［四］年［957 年］丁巳岁二月十七日就家学仕郎马富德书记”及“大周显德四年二月十九日学士童马富德书记”），3910（卷末题“癸未年二月六日净土寺弥赵员住左手书”），3953 及李盛铎藏卷等十个写本。其中有三个写本写明为“补阙韦庄撰”或“右补阙韦庄撰”。虽各卷均有残缺，但互相校补，可成足本。全诗七言 238 句，共 1666 字，在唐诗中堪称鸿篇巨制。作者韦庄，字端己，京兆杜陵（今陕西西安）人。乾宁元年（894 年）进士，官至右补阙，后入蜀为王建书记。王建称帝后，庄为宰相，死于蜀。宋孙光宪《北梦琐言》载：“蜀相韦庄应举时，遇黄寇犯阙，著《秦妇吟》一篇，云‘内库烧为锦绣灰，天街踏尽公卿骨’。尔后公卿颇多垂讶，庄乃讳之；时人号为‘秦妇吟秀才’。他日撰家戒内，不许垂《秦妇吟》幛子，以此止谤，亦无及也。”韦庄《浣花集》及后人所编《全唐诗》均不收此诗。故《秦妇吟》失传近千年。20 世纪初敦煌写卷发现后，王国维、罗振玉在 20 年代初首先辨明了《秦妇吟》写本并刊布校录本，继而又掀起研究热潮。全诗假托一位被黄巢军俘虏的妇女的自述，叙述黄巢军攻入长安前后的情景。诗人将史笔与诗情融于一气呵成的诗句之中，展现了黄巢军占领长安等重要的历史画面，从而较真实地反映了晚唐时代的社会风貌。全诗结构严密完整，情节生动有序，语言丰富凝练、流丽自然，是中国古代叙事诗中的杰作。关于《秦妇吟》的研究情况，可参阅《〈秦妇吟〉研究汇录》。

《王昭君怨诸词人连句》，唐七言叙事古诗。P.2748。作者不详。和《燕歌行》《古贤集》《敦煌廿咏》及大中四年（850 年）文件（残）等同抄于《古文尚书》残卷卷背，可推知为晚唐写本。全诗 28 句，四句一转韵，各自独立成篇，又前后相连，完整叙述了昭君出塞故事，抒发昭君丹青误身、远嫁万里的愁怨之情。诗用连句形式，衔接紧凑，转韵自然，为历代咏昭君诗中罕见。

《佛说观弥勒菩萨上生兜率陀天经讲经文》，唐代讲经文。P.3093。此卷正面章草书，有朱笔校点。“世”字避讳缺笔。纸薄。又唱词内有“诗赋却嫌刘禹锡，令章争笑李稍云”句，刘为中唐时人，李为盛唐时人，可见当是晚唐写本。背书药方。原卷首尾残阙，失题名，按所演绎为宋沮渠京声译《佛说观弥勒菩萨上生兜率陀天经》，因据以拟题。有《敦煌变文集》王重民校录本。

《送师赞》，佛家赞文。P.3120、S.1947。作者不详。皆晚唐写本。共 22 句，基本上是五言韵语。此为沙门弟子悲悼师僧旷寂，在送葬时所唱之词，强调死别的悲哀，而不以死为解脱，是佛教世俗化的文学反映。每句句末缀以“花林”二字，当是赞众和声。

（三）地志与碑记

沙州伊州地志，晚唐地志。S.367。首缺，有尾，存 86 行。末有题记两行云：

“光启元年十二月廿五日张大庆因灵州安慰使副大夫等来 / 至州，于副使边写得此文书记。”第 1—28 行为沙州之部，残存寿昌县龙勒泉以下迄蒲昌海之内容。据诸种沙州志考之，前残部分应是沙州总叙、敦煌县之部及寿昌县总叙，与该县寺窟、镇、堡、关戍、烽亭、山、泽、河渠部分。自 29—81 行为伊州之部，81 行之下半至 84 行，忽出“沙州姚阅山”与“紫亭山”条目及释文，又写“庭州翰海军”“西州天山军”“交河县”“伊州伊吾军”“柔远县”等五个条目而无释文，体例及条目顺序皆与正文不合，但字迹墨色同为一人一时所写。推测为补前所漏抄，并节录沙、伊二州之外与沙伊二州有关的条目。S.788 之“寿昌县总叙”同本卷之伊吾县总叙，皆记本县位置、公廨本钱、户数及建置沿革，体例一致。S.788 寿昌县总叙云“大中二年张议潮收复”，S.367 伊州总叙云“大中四年张议潮收复”，透露二者编纂年代在大中或咸通间，最迟不晚于光启元年（885 年）即张大庆转录之年。据此推断，本卷与 S.788《沙州志》当为同一著作。从张大庆题记知此一著作乃灵州使携来之本，本非沙州所有，张大庆据以转抄，始得在沙州流传。S.788 字体与张大庆手笔迥异，当是后人据张氏原抄本或转录本再次转抄者。张氏原抄本前部残失，而 S.788 基本上可接补张氏抄本前残之一部分，张氏抄本藉 S.788 残卷得以部分地复原，从而可知张氏原抄本至少当有沙州及敦煌县、寿昌县石城镇、播仙镇和伊州及伊吾县、柔远县、伊吾军等内容。其中有关沙州（包括石城、播仙二镇）的部分，虽与《沙州都督府图经卷第三》和《沙州图经卷第五》内容相应，但伊州部分已超出沙州范围，是沙州诸图经所未有者。因知 S.788+S.367 必非沙州所编之本，与张大庆所记“自灵州携来”之说得以互相印证。《唐六典》载，兵部“职方郎中员外郎掌天下之地图及城隍、镇戍、烽侯之数，辨其邦国、都鄙之远迩及四夷归化者”。又云“凡地图委州三年一造，与版籍偕上者，其外夷每有番官到京，委鸿胪讯其人本国山川风土，为图以奏焉，副上于省”。灵州使所携之本，或当为兵部职方汇编的全国总志中之一部分。体例与《元和郡县图志》《贞元十道录》《诸道山河地名要略》等皆不同，唐以来诸艺文志及书目亦不载，为已佚的一种唐代总志。其沙州部分残文可与别种沙州地志互相校正，而伊州以下部分所载，张议潮收复伊州的年代、伊吾祆庙及祆主翟槃陁事迹、纳职县鄯伏陁事迹、窦固碑及姜行本碑以及阿览神的记载，皆赖此以传。

沙州志，晚唐地志。S.788。首尾俱残，存 18 行。据卷内“寿昌县……大中二年张议潮收复”之语，推测本卷当成书于晚唐大中、咸通间。抄本字迹拙率，有勾乙抹废。尤其引人注意的是“欠三峗山古迹事、乐僔事”“欠投龙事，在沙井”“欠玉女泉”之类，皆非底本所当有。推断为抄写者所欲加添之条目及所欲直补的内容。据书法判断，约为五代抄本。其原本当系光启元年（886 年）十二月张大庆从灵州使处借抄之《沙州伊州地志》。S.788 残存内容为敦煌县卷之后部及寿昌县卷之前部，可补 S.367 张大庆抄本之前残部分。又从“欠投龙事”之语，知晚唐时月牙泉为举行投龙仪式地，为月牙泉补记了一段他处不见记载的佚史，同时又是晚唐当地道教活动的一段佚史。

索勋碑，晚唐敦煌碑记。节度判官权掌书记将仕郎兼御史中承赐绯鱼袋南阳张景（球）撰。额题“大唐河西道归义军节度索公纪德之碑”。碑主索勋，字封侯，敦煌人，河西节度太保张议潮之子婿。“授昭武校尉、持节瓜州诸军□□墨鳌（离）军押蕃落□”。主瓜州时，修渠溉田，再葺州城内东北隅古寺一所，“四厢创立，八壁重修，南建门楼，北安宝殿”。复于城隅别建衙署。景福元年（892年）秋九月之末，公特奉丝纶，任河西节度使。此碑约立于景福二年。碑阳原刻《大唐都督杨公纪德颂》。原石断为两截，字多残缺。今藏敦煌市博物馆。清徐松《西域水道记》有录文。

重修宝刹功德记，晚唐敦煌碑记。撰者不详。功德主归义军某镇使“主将边方，星环五年”，“乃见当镇佛刹，毁坏多年，往来巡游，不生（胜）渴仰，割舍资具，诱化诸贤”而重修，使“门楼新架，宝刹重添，四廊梁栋而刱新，绘画不侔于往日”，“于殿上门额，画某变相，东壁画文殊师利并侍从”。文祝“南欲（嶽）洪水，山涌泉波，玉女圣神，长垂哀念……狼烟熊（罢）灭，小贼不侵，路人唱太平之歌”。碑佚。P.3490有抄本。

修文坊巷社创修佛塔记，晚唐敦煌碑记。撰者不详。P.4044有抄本，内云“［修］文坊巷社肆拾贰家创修私佛塔”，后部残缺。文记建塔之由云：“奉为当今帝主，圣寿清平，次及我尚书（按，指张淮深）永作河湟之主，社众愿见平安，先亡息苦，一切有灵，总沾斯福。次愿城隍万姓永固，社稷清平。”又嘱“子孙男生，不违先人，须与修营”，不使毁坏。社官樊宁子等42人，建塔藻画功毕，转经作福，时为光启三年（887年）五月十日。

（四）寺学与伎术院

寺学，佛教僧寺自办学校。原为佛寺教习佛教经、律、论而设，课目分为修习、读诵、礼忏三大类。自晋以来，已有置精舍、授门徒之记载，而有关寺学之具体资料，文献放失，不可得见。独敦煌遗书中多有保存，弥足珍贵。公元8世纪末吐蕃统治敦煌初期，原在河西做官的唐朝文人，不少人遁入佛寺为僧，借佛寺之合法地位讲学授徒，敦煌寺学一时大为兴旺。寺学兼收僧俗生徒，兼设儒家经典、应用文章等世俗科目。后来成为瓜沙起义领袖的归义军节度使张议潮即曾在寺学就读。归义军时期（晚唐至北宋），寺学得到进一步发展，所知金光明寺、莲台寺、灵图寺、三界寺、龙兴寺、净土寺、永安寺、大云寺、显德寺、乾明寺等十所僧寺皆有寺学。寺学就读者称为学郎或学士郎（亦作学仕郎）。尼寺之沙弥尼、式叉尼亦在本寺读经、修禅、礼忏，但无寺学之名及学郎之称。敦煌遗书中保存不少寺学僧俗学郎读物及习字课卷与诗文、题记，寺院入破历中亦时见有关寺学资料。S.371《净土寺试簿帖》为该寺维那督责僧徒诵习佛经之榜文，P.3092有僧人课诵案卷，P.3556有僧尼修习观想案记，注有考评等次之墨批。李正宇有《唐宋时期的敦煌学校》《敦煌学郎题记辑注》诸文论及之。

伎术院，亦称圣教伎术院。晚唐至北宋沙州官办的专业学校。见P.3197背。招收官员子弟，分别教授吉凶礼仪、音乐、医学、历算、阴阳、占卜、堪舆之学。初见于金山国初期，北宋犹存。历法家翟奉达曾就学于此。

（五）风俗与游戏

都河玉女娘子文，晚唐敦煌祭神文。S.343，作者不详，《全唐文》未载。唐沙州城西南18里处甘泉水上筑斗门分水，长20里，名都乡河。水势迸涌，左右分出支渠、子渠数十，灌溉龙勒、平康二乡，为利甚大，但堤堰常毁，时有水患。其水西北流入玉女泉（传说水神玉女娘子居焉），唐时曾于都乡河口修玉女娘子观，每于春时有祭祀活动。此文即为重修都乡河口堰祭祀女神所作。文辞华丽，讲究对仗、排比，颇有气势，可见汉唐文人赋对民间祭文的影响。

僧人养女蓄婢，敦煌僧人习俗。P.3410“寺院帐目”后是僧人崇恩遗嘱，内云：“娲柴小女，在乳哺来，作女养育，不曾违逆远心，今出嫁事人已经数载。老僧买将小女子一口，待老师终毕，一任与娲柴驱使，莫令为贱。”娲柴是崇恩的养女，小女子是奴婢，此遗嘱立于晚唐大中年间（847—859 年）。P.4525（12）“养子契约”云：“僧正崇会……今得宅童康愿昌有不属官女（某）……其女作为养子。”崇会是一位僧官，该契立于宋太平兴国八年（983 年）。僧人养女蓄婢的目的是：“衣食时常而要觅，是以往来举动，随从藉人，方便招呼，所求称愿。”

投壶，古代士大夫燕饮时的一种游戏。以酒壶代替箭靶，宾主在离壶五至九尺外，用规定数目的带皮无镞的箭轮流投射，中多者为胜。晚唐第 19 窟绘有投壶的场景。P.3866《涉道诗》中描述投壶是修道之人优雅的游戏。

（六）书法

论语郑玄注卷第二残卷，唐代楷书典籍写本。P.2510。卷末题记残存“维龙纪二年二月敦煌县”十字，“龙纪二年”即唐昭宗大顺元年（890 年）。抄写者运笔劲健，折笔顿挫尤为明显，只是用笔过于直露，有方刚之气而缺少含蓄的妙韵，如同市井俗语，直白而不文雅。结体端正大方，楷法犹在，推敲起来，笔画搭构得并不讲究，有任笔为体的倾向，是书写过快所致。晚唐的这种近于俗格的书风，在宋代士人中，便放任成了苟简的做派，宋代初年书法的衰败和荒疏，病根在晚唐即已种下，此卷就是楷书体方面的例证。其书法已经偏离了初唐的书法传统。

第四章

割据一隅与画院规制——五代、北宋石窟艺术

第一节　五代石窟艺术（907—960 年）

大顺元年（890 年）至乾宁三年（896 年），归义军内部接连发生政变。先是张淮深及其妻、子被杀，继而是索勋篡权，两年后嫁给李明振的张议潮第十四女又与诸子合力除掉了索勋，最后是李氏家族倾覆，张议潮之孙张承奉重任归义军节度使。归义军的内乱给活动在其周边和辖区内的少数民族提供了可乘之机，甘州被回鹘攻占，占据肃州的龙家也不再听从归义军的号令，凉州因有甘、肃二州相隔，实际上亦脱离了归义军的控制。至 9 世纪末 10 世纪初时，归义军实际控制的已仅有瓜沙二州了。张承奉不甘坐守瓜沙，想用武力恢复归义军兴盛时的旧疆，并于开平四年（910 年）建立了“西汉金山国”，自称圣文神武天子。连年的战争使瓜沙地区经济凋零，不少百姓家破人亡，境内“号哭之声不止，怨恨之气冲天”。失去人民支持的张承奉政权终于在开平五年被甘州回鹘击败，被迫认回鹘可汗为父，成为甘州回鹘政权的附庸。张氏归义军时期，对佛教寺院利用各种方式继续向社会各阶层发展势力，未加干预。归义军统治者还亲自参加设斋、造窟等佛事活动，并公开宣布保护寺院的财产和依附人口。禁止“倚形恃势之人，妄生侵夺”，致使僧尼人数进一步增加到 1100 人以上，在 17 所寺院之外，又出现了不少兰若和私家佛堂。由于佛教势力在政治上已依附于归义军政权，所以其社会势力的发展对归义军政权有利无害。在沙州僧官的倡导下，沙州寺院和当地居民在举行佛教仪式、佛教活动时，大多要为归义军首领及其下属祈福或歌功颂德，这种情况在莫高窟的壁画中也有反映。由归义军节度使出资兴建的洞窟，窟中的供养人像往往不是一人一家，甚至祖宗三代、姻亲眷属都依次排列在一起，简直成了他们列序家谱、光耀门庭的家庙。在第 156 窟还出现了与佛教没有直接关系的规模巨大的张议潮夫妇出行图。

乾化四年（914 年），沙州的另一个大族曹氏家族中的曹仁贵（后更名议金）取代了张承奉，恢复了归义军称号，此后归义军政权一直把持在曹氏家族手中。曹氏归义军政权吸取了张承奉失败的教训，他们努力改善与周边少数民族政权的关系，通过联姻等办法与甘州回鹘、西州回鹘、于阗等少数民族政权建立了在平等基础上友好往来的新关系，以图共存。同时积极恢复与中原王朝的统属关系，接受中原王朝的封号，奉中原正朔，利用旧日唐朝在各族人民心目中的声威，以求在西北各民族中树立自己的正统地位。对内则继续吸收瓜沙望族和少数民族头面人物参加归义军政权，以扩大政治基础。这些措施使曹氏归义军政权既得到了中原王朝和周

边少数民族政权的承认，也得到了境内兵民的支持，使其能在五代、宋初复杂的民族关系中得以生存、发展。

而且，河西西部与西域各绿洲王国间的友好往来及由此带来的相对安定的政治环境，还为密切中原王朝与这些地区的联系和中西交流提供了良好的条件。北宋建立以后，有很多僧人经由河西、敦煌前往天竺（印度）求法，他们在往返途中常在敦煌暂居。很多敦煌僧人或者随同这些返回的内地僧人，或者随同东行的西域僧人，甚至混杂于西域各国商队和使团中频繁出入中原。敦煌与中原、西域联系的加强和各地僧人的频繁往来，促进了各地间佛教文化的交流。一方面敦煌不断向中原王朝乞求本地已欠损的佛经，另一方面那些往来于敦煌的僧人也不断把中原僧人的佛教著述和从印度、西域带来的佛典留在敦煌，同时也将一些敦煌独有的佛教典籍带到中原、西域。敦煌与中原、西域间的佛教文化交流为曹氏归义军时期佛教的继续兴盛提供了良好的外部条件，而曹氏历任节度使对佛教的支持和尊崇则为保持其繁荣创造了良好的内部环境。他们不仅把发展佛教、争取佛教势力的支持作为稳定社会、巩固政权的重要措施，还试图凭借高度发达的佛教文化来提高归义军政权在西北少数民族政权中的地位。

在这样的背景下，敦煌的佛教继续保持着强大的势力。在沙州 17 所大寺名籍上仍有一千多名僧尼。僧尼受到人们的尊崇，享有较高的社会地位。佛教在社会各阶层中仍有巨大的影响。当然，曹氏归义军政权也不是听凭佛教势力自由发展，他们不仅继续将沙州僧官牢牢控制在手中，而且还控制着佛教发展的导向。这一方面表现在几乎一切佛教活动仍要为节度使及其亲属的文治武功大唱赞歌，并为他们祈福；另一方面表现在他们着重支持发展敦煌的佛教文化和佛教艺术，努力把敦煌建设成为西北地区汉化佛教的中心。在他们的支持下，敦煌的佛教在当时无论在藏经方面还是在佛学研究方面都代表了西北地区汉化佛教的最高水平，对西州和于阗佛教的发展都产生了直接影响。在发展佛教艺术方面，他们也是不遗余力，从曹议金到曹延禄，历任节度使都在莫高窟或榆林窟从事过新建或重修活动。在他们的带动下，归义军的各级官吏和很多百姓都参与了上述活动，从而把莫高窟建设成为西北地区佛教徒仰慕的圣地。受曹氏归义军政权控制佛教发展导向措施的影响，这一时期的寺院经济继续衰落。寺院依附人口对寺院的依附关系日趋松弛。寺院的租佃制和出租加工业得到了进一步发展，下层僧徒所承担的劳务日益增多，高利贷收入成为寺院经济的主要支柱。寺院经济的进一步衰落迫使佛教势力更加依赖世俗政权的扶持。

五代敦煌石窟艺术，敦煌石窟艺术分期之一。指五代后梁建立至后周显德七年（907—960 年）期间的敦煌石窟艺术。在莫高窟新建 26 窟。这个时期，瓜沙曹氏接替西汉金山国张承奉政权，重建归义军。曹议金及其子元德、元深、元忠先后任节度使。辖区已缩小为瓜、沙二州六镇，实力大为减弱，但由于曹氏政治举措得当，故而政治稳定，四邻和睦，经济繁荣。佛教文化与艺术形成地区性的繁荣景象。节度使衙门还设立了画院、伎术院，民间也成立了画行，形成了院派特色。石窟形制基本上沿袭晚唐的须弥佛坛、四壁联屏的覆斗形殿堂窟格式。但洞窟规模更大，较晚唐窟更为宏伟壮观。壁画内容有经变画、故事画、佛教史迹画、装饰图案、供养人画像、佛像画之类，虽然与晚唐各窟相似，但是都具有各自的时代特色。经变画有 20 种之多。各种经变均已形成固定格式，公式化严重。惟所发现第220窟新样文殊中，驯狮昆仑奴变为于阗国王，并有题记云："大圣感得于阗国王于……时"，独具特色。多数经变，特别是哲理性强的经变，缺乏生动活泼的艺术表现。故事画内容多来自《贤愚经》。晚唐时已有屏风画，五代则更盛。第98窟屏风画，已集《贤愚经》故事之大成，有三十余品。其中《象护与金象》，是对贪婪国王的讽刺，《梨耆弥七子娶妇》是对妇女聪明智慧的赞扬，等等。这种故事优美、结构自由的风格，在五代特别兴盛。佛教史迹画中出现了当地的题材，如第72窟刘萨诃因缘变，系组合北魏高僧刘萨诃的河西事迹于一壁，内容布局类五台山图，为五代所独有。第61窟五台山图，为莫高窟最大宗教圣迹图。以五峰为主体，组合五台山数百里内胜迹二百余处于一壁，描绘了天界、神人交接界和现实世界，是一幅独特的以现实与想象相结合的"五台山化现图"，内容丰富，意境深远，也是一幅难得的山水画。供养画像五代特别流行，画院内有一批"貌影如生"的肖像画家，如第98窟的甬道两侧超等身巨像，依次列队共168身。人物中包括国王、皇后、节度使、衙门官员、曹氏姻亲、张索家族、出适女子、迎入新妇及侍从奴婢等，宏大的队列，显赫的身份，精美的技艺，是中国肖像画中的一派。五代艺术，主要因袭晚唐传统，在画院画师或画行画匠的率领下，在公式化的经变画上形成了统一的风格，表现技法和艺术水平远远不如唐代，但在肖像画、故事画、山水画和巨型壁画的制作上仍有独特的成就。

五代时期，《内容总录》确定907年至960年间凿建26窟。编号是：4、5、6、22、35、36、40、61、72、86、90、98、99、100、108、137、146、187、189、261、325、346、351、362、385、476。重修一百五十一窟。编号是：12、21、23、26、30、31、32、33、34、38、39、41、42、44、45、46、47、49、53、74、79、80、83、84、85、87、91、113、115、117、119、120、121、123、124、125、126、127、128、129、132、138、140、144、145、155、162、164、165、166、180、184、185、186、188、191、197、204、205、206、208、209、210、217、218、220、225、226、229、236、244、248、251、258、263、265、272、277、278、280、281、287、288、292、293、294、296、297、299、300、301、303、305、306、307、308、311、312、321、322、323、328、329、331、332、333、334、337、339、341、342、347、358、359、360、361、369、374、375、379、384、386、387、388、389、390、391、392、394、395、396、397、398、401、402、412、428、435、436、440、441、445、446、447、448、467、468、469、474、475、483。

一、五代代表洞窟

(一)第61窟(图4-1-1)

第61窟，建于五代后汉天福十二年至后周广顺元年（947—951年）之间，莫高窟大洞窟之一。因窟中弥勒坛上主尊为文殊师利乘青狮塑像，故亦名文殊堂。覆斗顶殿堂窟。窟中有方形须弥座，二层台，高一米余，前有踏步，后有背屏，左右有装饰栏杆，中塑文殊乘狮像，已毁。仅背屏上留一狮尾和脚下莲花残迹。据南壁供养人画像题名"施主敕授浔阳郡夫人翟氏一心供养"，可知此窟为

图 4-1-1　五代莫高窟第 61 窟 内景

曹元忠妻所建功德窟。东壁北侧有一墨书题记“大朝大于阗国天册皇帝第三女天宫主李氏为新授太傅曹延禄姬供养”（图 4-1-2），说明宋代曹延禄曾重画供养人像。通道两侧壁画，有西夏文与汉文对照的供养人题记。十二宫中有蒙古装双童星，证明元代袭用西夏文，北壁有蒙古供养人像。此窟曾经几代重修。开建此窟时，破坏了一组隋代洞窟，北面现在第 62 窟还残存一半。甬道南壁通绘炽盛光佛并诸星图，西端有汉文西夏文对书题记的扫洒尼姑播盃氏愿明月像。北壁为诸星、天官、伎乐、助缘僧及有汉文西夏文对书题记的蒙古供养人画像（残）。

中心佛坛背屏上画菩提宝盖，下为文殊侍从圣众。屏后画立佛，两侧是如意轮观音和不空羂索观音。佛床四周画壶门 24 个，象征木床形制。壶门内绘伎乐，弹琴歌舞。窟顶绘巨大华盖式藻井，中心为五莲团龙鹦鹉，四面为联珠纹、回纹、团花、双凤双麒麟等祥禽瑞兽纹，最外层围瓔珞垂幔，是莫高窟最大的象征性华盖。四披中心说法图，图四围画千佛，四角各有圆拱龛形凹壁，画四大天王，象征镇守四方。四壁上半部，画各宗各派巨型经变。东壁维摩变；门北维摩示疾、各国各族王子均来问疾；门南文殊问病，中国帝王大臣、各族首领同来探望，维摩居方丈，文殊坐宝台，遥遥相对。南壁绘楞伽经变、弥勒经变、阿弥陀经变、

图 4-1-2　五代莫高窟第 61 窟东壁 供养人像

法华经变和报恩经变。北壁绘密严经变、天请问经变、药师经变、华严经变、思益梵天请问经变。东南北三壁共绘经变11种，均属大乘重要经变。这些经变有三种结构形式：一种是佛陀在四面宫殿台阁环绕中说法，形成封闭式结构，如药师经变；一种是佛陀在宝池中说法，圣众环绕，四面均为旷野，海阔天空，乾坤朗朗，属于开放式结构，如法华经变；还有一种是在郊外，文殊、维摩各形成一个中心，遥遥相对，就佛理、佛法展开辩论和神通变化，属对称式结构，如维摩经变。这些经变都已形成公式化的固定模式，艺术水平已渐衰退，仅靠俗文或变文说明内容，成为佛经经变的图解。

此窟主体画是西壁巨大的五台山图，五台山是文殊师利的道场。图高3.6米，长13米，平面46.8平方米。画面分三层。下层表现五台山区内的城池县镇和名胜古迹与当时的社会宗教活动，如河北正定县、忻州定襄县、五台县、石岭关镇、永昌之县等五处，各种店铺、住宿、养马等旅店11处，行旅队伍中有数起送贡使，五起有朝廷的送贡天使、地方送贡使等。中层表现神人交往的宗教活动世界，有大量寺院、楼阁兰若、茅庵塔庙，有修行的和尚，有佛像，有善男信女，也有天空神变。上层主要表现想象的天空幻化神变，共30多处，如雷电云中现，佛手云中现，灵鸟现，金龙云中现，功德天女现，金色世界现，大毒龙二百五十等。整个画面大部分是现实世界的象征图，保存了大量历史资料，加上神化部分，它应属于唐代称之为“五台山化现图”一类的圣迹图。此窟的下部南壁后半部，西壁全部，北壁后半部是屏风画33扇，绘有释迦生平事迹128个画面的佛传故事。除一般以菩萨乘象入胎、树下诞生、太子练武、角力竞技、掷珠定亲、宫中娱乐、夜半逾城、山中苦行、树下思惟、降魔成道、双林入灭、香木荼毗、均分舍利到起塔供养外，还较隋以前同题材壁画增加许多新情节，画了释迦入胎之前的释迦祖先事迹，如云童子献花、降怨王请佛、大地主为奴人分地、茅草王出家修行、甘蔗王童男童女为王立妃等六扇画屏，20个画面。这些情节不仅在中外佛传故事的雕刻和壁画中所无，而且画中人物形象、衣冠服饰、房舍田园、音乐舞蹈、农耕生产、马术武功都中国化了，充分显示了这一鸿篇巨制的中国特色和民族风格，是世界现存古代佛传艺术中最完美的作品之一。

此窟甬道南壁有元蒙时期所绘大型炽盛光佛陀罗尼经变，莫高窟壁画中此经变仅此一幅。按佛教说法，《炽盛光佛陀罗尼经》有消灾禳祸之灵，其时全国天灾人祸仍频，此经变的绘制，当与祈愿消灾有关。画中炽盛光佛处于中央，趺坐于牛车上，身材伟岸，面目慈和，四围有众星官簇拥，云间有“双童星”等十二宫巡回。此画画风细腻，线描运用精到，敷色淡雅，独具一格。此外，如维摩诘经变中的“酒肆”“镜中影”及法华经变中的“火宅”“三车”等在绘画技巧及形象资料方面，都有其可取之处。甬道的北壁及主室东屋下部与南、北壁下部的前半部分绘供养人画像，绘有曹议金、曹元忠、曹延禄三代及其眷属以及曹氏与敦煌世家大族、甘州回鹘、于阗回鹘姻亲的画像，从中可探知当时曹氏归义军错综复杂的社会关系网络，并留下了当时的服饰形象资料。

第61窟佛传故事画，佛传故事画代表作之一。位于南、西、北壁下部。五代绘制。内容据隋阇那崛多译《佛本行集经》。此经共60品，入壁32品，故事描述释迦牟尼的前世和其祖先及今世出家前的世俗生活和出家后传法的事迹。壁画为33扇屏风连接而成的联屏连环画，每扇屏风高1.6米，宽0.87米，绘二至八个情节不等，全画总长28.7米，总面积45.8平方米，共有128个情节。每个情节附有墨书榜题，文字多清晰可辨，每扇屏风可独立成画，连接起来其上部的远山、丛林、彩云可形成统一远景，收取整体效果，其人物和景物采取“深远”（俯视）和“平远”（平视）相结合的构图，使山内山外，屋内屋外一千余人的活动一览无余，尽收眼底。画面细致地表现了释迦前世为云童子的天上生活，今世降生人间作悉达多太子的宫廷生活，及至出家后修行、成佛、说法、涅槃的事迹。此画图文并茂，具有浓厚的生活气息，故事内容首尾详备，是现有佛传艺术品中所仅见。画面反映的广阔的社会生活对研究古代社会有重要的参考价值。

太子回城，佛传故事画之一。现存有北周第290窟、五代第61窟两例。内容据《修行本起经》和《佛本行集经》。故事为：摩耶夫人和太子在卫士和诸侍从导引下回城。第61窟画面一为净饭王与诸大臣至蓝毗尼园迎接太子与摩耶夫人，周围婇女围绕，侍从击鼓吹号；画面二为净饭王和摩耶夫人与太子各乘四人所抬之轿，在卫士和诸释种眷属婇女骑马护从导引下，将入迦毗罗城。此故事均用国王出迎和太子母子回城两个画面来表现。

姨母养育，佛传故事画之一。现存有五代第61窟、宋代第454窟两例。内容据《佛本行集经》。故事为：太子诞生后满七日，其母摩耶夫人即去世，净饭王将太子付嘱姨母波阇波提，并选32女子令其照顾太子。第61窟画面完整，一为王宫内停置着摩耶夫人之棺柩，右侧有五婇女仰首抚面哭泣，空中诸眷属乘云下降，王坐殿内，右旁侍立二臣。城门外二婇女持幢伞引殡车出城，王及臣僚眷属婇女随殡车后离城，上为忉力天宫。二为迦毗罗城净饭王宫，王坐于正殿内，左右侧各侍立二臣，下部太子坐殿内，殿前有一人作舞，左侧二伎乐吹笙，击拍板，右侧四婇女，城门二处都有一人骑马外出。

太子学艺，佛传故事画之一。现存有五代第61窟、宋代第454窟两例。内容据《佛本行集经》。故事为：净饭王命太子跟羼提提婆（忍天）学习兵戎法式。太子不学自会，精通腾跳白象、跨越车马、跳坎越马、射妙走疾、擎钟扑象等技艺。第61窟保存完整。画面一为太子立于马或象背上，手举铁排，或双弓，或箭，或剑作武技，跳过六马，旁有一释子，亦作各种马技；二为太子腾跳双马、四马，立马上射弓、举铁排、铁槊、火盆，并在驼上习学技艺；三为太子举白象擎钟，而释子双手举白象、擎钟不能动；四为太子持旗腾跳跨越四驼，一释子持旗立驼上，太子跳车，太子与释子相扑；五为太子射铁瓮、铁鼓、铁猪；六为太子在车上做种种技巧。画面生动活泼，充满生活气息。

角技议婚，佛传故事画之一。现存有五代第61窟一例。内容据《佛本行集经》。故事为：净饭王欲为太子召妃，即在宫门前堆集种种宝物，令城内诸女来见太子，并施与种种宝物。最后婆私吒族释种大臣摩诃那摩之女耶轮陀罗来见太子，太子与耶轮陀罗一见钟情，即施其指环。净饭王于是遣国师诣摩诃那摩家中求婚，摩诃那摩说，若娶其女，此人必须在技能上最强，否则不行。国师转告净饭王，于是太子答应父王，可与其他人试技，净饭王即下敕，令全城释种男子与太子角诸技艺。画面一为王宫内，太子立王前，身后有二臣僚和一释女，太子持宝物施女，宫门外有一桌，放种种宝器，周围诸释女受太子施与之诸宝器；画面二为净饭王坐殿内，太子立于王前，殿左侧有二臣僚，殿前有国师及臣僚等，宫门外一侍从身后跟随一释童；画面三为净饭王坐宝盖下，两侧侍立臣僚与释童，太子与诸释子坐于王前，太子问父王有无人能与其试技；画面四为太子与诸释子角技诸艺。此故事分四个画面绘在屏风上，前三个画面在一扇屏风上，后一画面在另一扇屏风上。

掷象入坑，佛传故事画之一。现存有北周第290窟、五代第61窟两例。内容据《修行本起经》或《太子瑞应本起经》《普曜经》《过去现在因果经》《释迦谱》《佛本行集经》等。故事为：众释子角技议婚时，提婆达多先入城门，见大象塞门，即杀白象；难陀后至，将大象牵至道左；最后太子至，心怀慈悲，举象至城外，象即苏醒。《佛本行集经》则为太子举象掷于城外，越七重墙，度七重堑，象坠地即成大坑。第61窟画面为一城，城内画王宫，王坐殿内，两旁各立二侍臣；城门内一人牵二白象；城门外难陀牵象离城，太子举象掷于城外。第290窟的画面绘于连环画中，构图简单明了；第61窟绘于屏风画中，画面较复杂。均单幅画面。

相扑角力，佛传故事画之一。现存有北周第290窟、五代第61窟两例。内容据《修行本起经》《太子瑞应本起经》《普曜经》《过去现在因果经》《佛本行集经》《释迦谱》等。故事为：诸释子角技议婚时，以相扑比角力，太子战胜提婆达多、难陀等释子，而且使其身体不损不伤。第61窟画面为诸释子相扑、太子与释子相扑等。第290窟画面简单，第61窟场面较大。均单幅画。

箭穿七鼓，佛传故事画之一。现存有北周第290窟、五代第61窟两例。内容据《修行本起经》《太子瑞应本起经》《普曜经》《过去现在因果经》《佛本行集经》《释迦谱》等。故事为：诸释子为争婚比赛射箭，安七个铁鼓，提婆达多和难陀等均未射穿七鼓，太子用先祖的大弓一箭即射穿七只鼓。第61窟画面为太子与释子射七鼓，均单幅画面。

夜半逾城，佛传故事画之一。现存有北魏第431窟，北周第290、294窟，隋代第278、280、383、397窟，唐代第57、209、283、322、329、375、386窟，五代第61窟，宋代第454窟等诸例。内容据《修行本起经》《太子瑞应本起经》《普曜经》《异出菩萨本起经》《过去现在因果经》《佛所行赞》《佛本行经》《释迦谱》等。第61窟情节、内容更为丰富，增加了净饭王严加禁卫宫城内外，防范太子出家；迦毗罗城内外置兵通夜持更；净饭王梦见帝释幢；净居天下至迦毗罗城，人民皆昏睡；药叉开城门无声；诸天引导太子而行；太子至弥尼迦跋伽婆仙人处歇息；太子解宝冠交车匿还父王；太子持宝刀割发；净居天化作净发师为太子净发；太子欲换猎师所着袈裟；太子换袈裟；猎师取太子衣至梵天供养等。画面分别为净饭王与太子观赏乐舞，城四周设卫士；宫城周围卫士乘马巡逻，城内人均昏睡，太子与侍从立于宫中，城左上角有一天人、四天王及药叉从虚空乘云下降，引导太子出城；太子乘马在诸导从下，于夜半来至城门下；虚空中太子乘白马，四大天王托马足，药叉、大梵天王与诸天左右围绕引导太子而行；山前茅庵内坐一仙人，太子与车匿牵马到此处歇息；太子解天冠，太子解衣物，太子披发于肩，太子与猎师对换衣物，太子脱天衣，一天人取天衣飞至虚空等。其他各窟情节与画面都较第61窟简单。

车匿还宫，佛传故事画之一。现存有北周第290窟、五代第61窟二例。内容据《修行本起经》《太子瑞应本起经》《普曜经》《异出菩萨本起经》《过去现在因果经》《佛所行赞》《佛本行经》《释迦谱》等。故事为：马夫车匿送太子至修行处后，太子即命车匿带宝冠、衣物、璎珞并牵马回国，车匿悲泣离开太子回到国中，国王及太子妃知太子已出家修行，痛哭不已，国人亦十分悲恸。第61窟画面更丰富，一为车匿投身扑地泣别太子；二为车匿与白马在回国途中与民众说太子出家修行之事；三为王宫内净饭王与波阇波提见车匿及白马回还，不见太子，忽然闷绝欲倒。故事均用两或三个画面来表现车匿辞别太子、还宫后王及太子妃痛哭不已等。

降伏魔众，佛传故事画之一。现存有五代第61窟。内容据《佛本行集经》等。故事为：太子放弃苦行，得到正念，行至菩提树下坐金刚座上，发誓要在此树下成道。欲界魔王波旬带其魔军及其眷属用各种办法威胁菩萨，却不能动摇菩萨分毫，于是波旬及诸兵、众鬼神四散逃走。画面一为菩萨行至菩提树下，药叉至魔王边告知菩萨侵入魔王境界；二为菩萨在菩提树下成道，一身能化多身及穿山崖石壁等；三为菩萨坐于金刚座上，周围魔兵扰乱威胁菩萨，终于被菩萨威力退散驰走。

譬喻品，法华经变中之一品。譬喻品主要说明“三界无安，犹如火宅，众苦充满，甚可怖畏”，而众生有如“稚小无知”之小儿，游戏于火宅之中而不觉危险，佛以三车——牛车、鹿车、羊车“引导众生”脱离火宅，并赐以“大牛之车”。此品之画面，从隋代起，就以火宅喻和三车来表现。中唐以后，“火宅”多被布局在法华经变的下部正中，成为识别法华经变的标志之一。已知此品有二十七幅，隋代第420窟规模最大，五代第61窟则保存最为完好。画中的三车是研究各时代《舆服志》的形象参考资料。

信解品，亦称穷子喻。法华经变中之一品。谓有一长者，富比帝王。其独生子不知其家巨富，自幼乞食他国。长者各处寻子，止于一城，父子相遇，但子不识父，避而他往。长者遣人追子，子竟昏厥于地，只好救醒以后随他自便，然后再以“方便之法”雇他来喂马除粪，久而久之，父子相认，长者将全部财产交付其子。长者比喻佛，弟子比喻穷子，财富比喻法华经。画面忠实于佛经。绘“长者止于一城”、追子、穷子马厩除粪、父子相认等情节。画面近于图解，艺术性不高，但马厩、除粪等都是研究民俗学的资料。已知此品有25幅，五代第61窟是其代表。

佛道品，维摩诘经变中之一品。现仅五代第61窟保存一幅。画一佛二菩萨。佛下是飞云，云中画数菩萨，云左为维摩诘作讲话状，从右上角残存榜题看，此乃表现维摩诘说的一句偈语：“智度菩萨母，方便以为父，一切众导师，无不由是生。”画面颇公式化，若不借助榜题，很难辨认。

入不二法门品，维摩诘经变中之一品。五代第61窟现存三幅画面，或画一大殿，维摩诘坐殿内说法；或画一片飞云，云中跪数菩萨。墨书：“珠顶王菩萨曰：正道邪道为二，住正道者则不分别。离此二者，是为入不二法门。”第三幅画面与第二幅相似。三幅画面皆颇公式化，若不借助榜题，很难看懂。

劝持品，法华经变中之一品。此品无生动之故事，唯有佛为弟子授记、弟子誓弘佛法而已，很难表现。在莫高窟，能确定无疑为“劝持品”者，仅见于五代第61窟。绘一菩萨双手合十跪于多宝塔左下方，旁有题榜，文曰“药王大教（应作‘乐’）说二万菩萨弘经”，此乃据经文“尔时药王菩萨摩诃萨及大乐说菩萨摩诃萨，与二万菩萨眷属俱，皆于佛前作是誓言：唯愿世尊不以为虑，我等于佛灭后，当奉持诵读说此经典”删节而成。

镜中影图，维摩诘经变“方便品”情节之一。位于五代第61窟东壁窟门北侧。经云：“是身如影，从业缘现。”画面为一三角架，架上挂一椭圆形镜，似玻璃质，镜前立一男子照镜，镜中映出照镜人形象。镜右墨书榜题：“是时维摩诘游诸世界（下缺数字），人无□□，像从叶（业）缘现，□□镜□□。”这是佛教以照镜为譬喻，说明万物皆妄见，人身如镜中影，虚幻不实，无可留恋。“观众生品”中也有类似说法，如文殊问维摩：“云何观众生？”维摩答：“如镜中见其面。”中唐第159窟主室东壁维摩诘经变下部屏风画中也有“镜中影”。这些壁画是研究中国镜史的珍贵图像资料。

酒肆图，维摩诘经变“方便品”情节之一。经云：维摩诘“入诸酒肆，能立其志”。画面为一酒店，内有数人，围桌对坐。桌上置酒瓶与酒碗。维摩诘立桌前，手挥麈尾，作高谈阔论状。店外有一（或二）舞者，翩翩起舞。晚唐第12窟，五代第98、108、61、146等窟皆有此情节。第61窟还有墨书榜题：“或入诸酒肆，共坐诸□，□教谈章，广为方□，□□生患，□立其志。”这些画面当是归义军时期沙州酒肆的局部写照。舞蹈图像显然为“俗舞”，是研究中国舞蹈史之珍贵资料。

五台山图，五台山又名清凉山。在今山西五台县境内。据《大方广佛华严经》及《文殊师利菩萨现宝藏陀罗尼经》等佛经记载，五台山为文殊菩萨道场所在。北魏时，五台山已兴建了许多寺院，隋唐以后，佛事更为兴隆，带有很多神话色彩的“五台圣迹”被广为宣扬。唐龙朔年间（661—663年），高宗遣沙门会颐至五台山检验佛迹，会颐创制了“五台山图”，在长安一带广泛流传。长庆四年（824年），吐蕃遣使至长安求“五台山图”；开成五年（840年）僧义圆请画博士绘“五台山图”赠送日本高僧圆仁，这样，“五台山图”东传日本，西流河西、吐蕃，影响深远。莫高窟共有六个洞窟绘有“五台山图”，分别为中唐第159、222、237、361窟，晚唐第9窟，五代第61窟。

第61窟五台山图（图4-1-3），壁画中规模最大的山水人物图，也是最大的

图4-1-3 五代莫高窟第61窟西壁 五台山图（局部）

全景式历史地图。位于西壁，五代绘制，长 13 米，高 3.6 米。画中详细描绘了东起河北正定，西至山西太原，方圆五百里的山川地形及社会风情。画面左侧为南台、西台，下部为太原城至五台山的道路；上空画毗沙门天王、阿罗汉赴会；云中化现佛头、龙王、毒龙和雷公。右侧为北台、东台；下部是五台至镇州（今河北正定）道路；上空画观音及众菩萨、阿罗汉赴会，云中有龙王化现。中部为中台之顶，下为五台县城。图中还描绘了高僧、官吏、商贩、善男信女等各种人物以及驮运、担挑、打柴、诵经、拜塔等社会生活场面，尤其是图中所绘城郭、寺庙、楼台、亭阁、佛塔、草庐、桥梁等各类建筑 170 多处，是十分珍贵的古代建筑史资料。图中的地理状况与现实基本一致。本图采用散点透视法，因要突出各大寺院建筑及人物，山水与人物、建筑的比例均不协调，山水仅具象征的图解意味。全图五峰并峙，主次分明，构图满而不乱，装饰性较强，体现了画家驾驭大题材创作大壁画的高超技艺。

图 4-1-4　五代莫高窟第 61 窟西壁 五台山图中的推磨图

簸箕除了在场院中用之外，更多的是用于农家家庭的粮食加工中。例如推磨（图 4-1-4）、磨米或臼米以及酿酒、酿醋、榨油等加工作坊中都要用它簸净粮食，以利加工。这些习俗在敦煌遗书和壁画中都有记载和描绘。如莫高窟五代第 61 窟西壁“五台山图”在两人用脚踏碓舂米的场景旁有簸箕等工具。五代第 61 窟的场院情景为一男子持木锨在一堆粮食前扬场，另一堆粮食前，一妇女正双手端簸箕往下倾倒已经扬簸干净的粮食，另一男子手持扫帚在粮食上掠扫。通过这几个场面可以看出，杈、木锨、簸箕及飏篮这几种扬场工具轮序或交替使用，在扬场过程中是必不可少的工具，这种习俗今天在敦煌乡间仍然可以看到[1]。

大清凉寺图（图 4-1-5），第 61 窟五代壁画“五台山图”中所绘寺院建筑之一。此画榜书“大清凉之寺”。位于全图右侧中部。寺院平面基本作方形，四周设回廊，四转角处各有二层角楼一座，院中轴线上有二层楼阁式佛殿，轴线一侧另有二层楼阁一座，另一侧起三层楼阁一座，面阔三间，楼阁脊上饰以宝珠。其总体颇类日本奈良今存之法隆寺轴线一侧建塔、一侧为堂的不对称布局。

大佛光寺图（图 4-1-6），第 61 窟五代壁画“五台山图”中所绘寺院建筑之一。此画榜书“大佛光之寺”。位于全图中部左侧，寺院平面基本呈方形，四周围绕回廊，四转角处有二层角楼，回廊一侧正中有形如角楼的楼阁，为寺院的山门，院中有庑殿顶的二层楼阁形的佛殿，其正侧两面均为三开间。1937 年梁思成在山西五台山南台豆村发现唐代佛光寺大殿，为七开间庑殿顶建筑，建于大中十一年（857 年）。

1 参见王欢：《唐五代宋初敦煌农业民俗考论》，西北师范大学硕士学位论文，2009 年。

店铺图，壁画中进行商业活动的房舍。第61窟五代画五台山图中，寺塔林立，山间商旅士庶往来频繁，在“忻州定襄县”附近有一“灵口之店”，小舍三间，其前有一人推磨。另一“龙泉店”房舍之前有一牲口，其侧有二人铡草，似为旅客服务。以上诸图虽简略粗疏，但房舍之用途一目了然。

图 4-1-5　五代莫高窟第61窟西壁　五台山图（局部）（大清凉之寺　孙毅华绘）

庭园图，壁画中帝王、贵族府第中的园林。第61窟庭园，周有栏杆，一侧有园门，形似乌头门，门外有小溪，溪上架桥，溪流绕园蜿蜒曲折。庭园以溪为界，溪外有小丘及树丛。园内一侧有三间小殿，殿内一人坐于案前，殿前有宫女及伎乐演奏，殿前遍植花木，空中有飞鸟和鸣。庭园内外，小桥、流水、花树、亭榭、飞鸟、音乐，和悦闲适，统一和谐，浑然一体，据图可窥古代庭园建造之一斑。

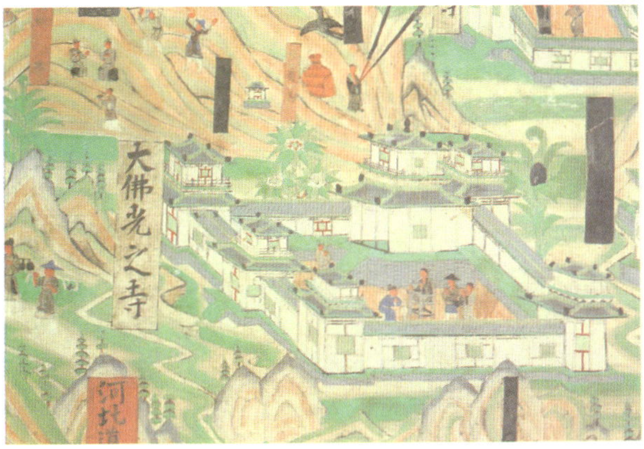

图 4-1-6　五代莫高窟第61窟西壁　五台山图（局部大佛光之寺）

三门图，壁画中建筑群正面并列的三座门。象征佛教的“三解脱门”（空门、无相门、无作门）。盛唐第148窟南壁上部，弥勒经变表现一寺院建筑群，在开阔的正面回廊上，正中有一座三开间单层的大门，两侧各一门，形成“三门”。五代第61窟北壁药师净土变正面绘一大片建筑，正中突出一三开间二层楼的门楼，两侧各挟一形制相同而稍小的二层门楼。唐段成式《酉阳杂俎·寺塔记》第一百四十七条：“……南中三门里东壁上，吴道玄白画地狱变。”释道宣《戒坛图经》记有大型寺院“外门”“东门”“西门”三门并列。三门，亦称山门，以寺院多居山林之处，故有此名。或只有一门，仍呼三门。

于阗公主供养像，供养人画像，位于第61窟东壁门北，五代绘制。并列的另有甘州、沙州二女供养人，共同礼佛。三者虽同是一个家族，却属三个民族。其中于阗公主像十分醒目，头戴高耸的大型莲花凤冠，身着变色左衽黑袍，项饰五层珠、玉、宝石项链，肩披披巾，与第98窟于阗皇后服饰基本相同，发饰耳环近似汉装，与甘州回鹘公主却有基本差异，脸上所贴花钿，既大且密，与凤冠上所嵌翠玉宝石互相辉映，显示出于阗产玉的地方特色。供养像前方有一榜题：“大朝大于阗国天册皇帝第三女天公主李氏为新受太傅曹延禄姬供养。”此窟为曹元忠所建，而曹延禄新授太傅则在宋太平兴国初，两者相差20年左右。原来此像是后来挤绘进去的，现今在壁面上还可看到涂盖后的痕迹。

花子，古代妇女面饰之一，是画在脸上的小花。《格致镜原》卷十引《酉阳杂俎》说：吴孙和误伤邓夫人脸颊，治愈后出一红点，更觉其妍，侍女们便以丹脂点颊以为美。一说秦始皇时已令宫人贴五出花子，“画为云凤”。第61窟五代曹氏眷属、于阗公主均于额上、两颊画云凤、蝴蝶、鸳鸯，并点“绿的”，作花面之饰，“褰裳踏路草，理鬓回花面”（李端《春游乐》诗之一）。“凝翠晕蛾眉，轻红拂花脸，满头行小梳，当面施圆靥。”（元稹《恨妆成》）敦煌曲中也有“留住欠华云一片，犀玉满头花满面”的诗句。花面是唐、五代时期敦煌妇女的时妆。从唐初天女到宋，壁画中女供养人饰花子者很多，五代以后贵妇点饰者更为普遍。

五欲娱乐乐舞又称宫中嬉戏。敦煌壁画中的乐舞。佛教故事谓：悉达太子出家前，其父为劝阻其出家，以声、色、香、味、触五欲诱之。歌舞伎乐为五欲娱乐之一。五代第 61 窟“五欲娱乐”中有乐舞图三幅，其一为一女舞者在亭前舞蹈，亭内王子坐而观赏。舞者头梳高髻，身穿方领口窄袖衫，大口喇叭裤，吸右腿，甩动长袖起舞，亭右侧有拍板、横笛、筚篥伴奏。另一幅是六人乐队分两排坐于地毯上伴奏，乐器有横笛、筚篥、拍板等，中间为舞者，高髻，着方领口短衫，下着大口喇叭裤，吸左腿，右手在上，左手在下，拂袖而舞。另一舞者，高髻，汉装，长裙飘带，挥动长袖起舞。

民间宴饮乐舞，敦煌壁画中的乐舞。这类题材在汉代画像石中常见。在敦煌壁画中多绘在小幅屏风里，或穿插于大幅经变画中，大多为维摩诘变中表现维摩诘出入酒肆、妓院、集市、下等人居所，深入民间“说法”，虽是佛教故事，却可窥见当时民间习俗。五代第 61 窟东壁北侧维摩诘变，在小酒亭里，中心有一长桌，七人分两排坐饮观赏一着汉装男子，吸左腿，左手在上、右手在下挥长袖起舞，颇似戏曲动作。反映古时民间酒肆歌舞助兴的生活。

第 61 窟散花天，飞天代表作之一。位于窟顶西披。五代绘制。散花是飞天的职能之一，《法华经·序品》中说：“六欲诸天来供养，天花乱坠满虚空。”莫高窟唐代翟家碑上说“飞仙缭绕，散空界之天花”。唐吴僧统碑上也说“得道天仙，散花不倦”。唐人所谓飞仙、天仙都指飞天，但已是经过道家思想色彩渲染过的中国式飞天。

第 61 窟是“团龙鹦鹉藻井”，方井向上凸起二重，团龙画于卷瓣莲花中，莲花四周各有一对鹦鹉，四角为摩尼宝珠莲花。二重方井内边饰为团花纹和回纹，井外边饰为八凤八狮子组成的祥禽瑞兽花草纹，垂幔绘三角纹、璎珞纹，色调热烈富丽。此窟为五代后周沙州节度使“敦煌王”曹元忠建造，藻井图案中绘团龙有象征皇权寓意。

举重，古称杠鼎、翘关。北周第 290 窟窟顶绘有悉达太子举白象，五代第 61 窟西壁绘有悉达太子举象、举钟和马上举铁排的图像。

摔跤，古代称角抵。两人徒手较量并力求把对方摔倒的竞技活动。五代第 61 窟西壁绘有两名力士在方毯上进行摔跤的图像，初唐第 321 窟、晚唐第 54 窟也绘有摔跤图。

跳跃，古称距跃、曲踊。比赛跳高度或远度的项目。现代田径运动中，有跳高、跳远等跳跃项目。五代第 61 窟西壁绘有悉达太子腾跳平排站立的双马、腾越四马、腾越六马等图像。

武术，由踢、打、摔、拿、跌、击、劈、刺等动作按照一定程式组成徒手的和器械的各种攻防格斗的功夫、套路和单势练习。五代第 61 窟西壁绘有六人在丛林、空地、河畔练武习拳的场面。S.5511、4398，P.4615、4524《降魔变文》，S.328

《伍子胥变文》，P.2962《张议潮变文》，S.4571、3872，P.2292、3097《维摩诘讲经文》，P.2193《目连缘起》，以及 S.2614、3704，P.2319、3485、3107、4988《大目乾连冥间救母变文》等，均有关于武术的攻防格斗和法力功夫的描述。

剑术，以剑为器械的武术功夫。五代第 61 窟绘有悉达太子练剑的画面。S.6537《剑器词》、S.5637《何满子》、P.4692《望远行》、P.3821《生查子》等均有描绘剑术的词句。

毬杖，指马毬比赛中用于击毬的器材。在五代第 100 窟“曹议金出行图”、第 61 窟“维摩诘说法图”、榆林窟西夏第 13 窟南壁中，可见到堰月形的毬杖。从 S.1366 等写本中还得知当时敦煌曾有过专事制作毬杖的。

（二）第 98 窟

第 98 窟，亦名大王窟。此窟窟主为归义军节度使曹议金，他于后梁龙德二年（922 年）已在瓜、沙自称“拓西大王”，故敦煌遗书《腊八燃灯分配窟龛名数》称此窟为“大王窟”。建于后梁贞明至后唐同光年间（915—925 年）。窟主为归义军节度使曹议金。平面略呈长方形。中心设背屏佛坛，坛上残存坐佛一身，经清代重修。覆斗形窟顶。团龙鹦鹉藻井。四披画十方佛赴会、说法图与千佛。窟顶四角凹陷，形成浅龛。东南角绘东方天王，榜题云：“谨请东方提头赖吒天王主领一切乾闼婆神、毗舍阇鬼并诸眷属，来降此窟。”西南角画南方毗琉璃天王，西北角为西方毗楼博叉天王，东北角有北方毗沙门天王。窟顶四角画四天王（图 4-1-7），用以镇窟，这是五代洞窟的一大特点。东壁窟门北侧上部绘维摩诘经变中之维摩示疾，下部为曹议金三位夫人回鹘公主、矩鹿索氏、广平宋氏，这是天福五年至九年（940—944 年）间曹元深任归义军节度使时重画的。其余三身小娘子供养像为建窟时原画。窟门南侧上部画维摩诘经变中之文殊来问，下部第一、二身于阗国王李圣天及其皇后曹氏供养像也是曹元深当权时期重绘，其余九身供养像为建窟时原画。南壁上部东起是报恩经变、法

图 4-1-7　五代莫高窟第 98 窟 天王

华经变、阿弥陀经变、弥勒经变各一铺，下部东侧为曹氏家族女供养人像17身，西侧画屏风式贤愚经变13扇，大德沙门与归义军节度押衙51身。西壁上部画巨幅劳度叉斗圣变一铺，下部是屏风式贤愚经变16扇、归义军节度押衙56身。北壁上部东起为天请问经变、药师经变、华严经变、思益梵天问经变各一铺，下部东侧有曹氏家族女供养人像17身。西侧画屏风式贤愚经变13扇，归义军节度押衙58身。甬道顶是佛教史迹画与瑞像图，北壁画张议潮、索勋等供养像六身，南壁为曹议金及其子孙供养像十身。此窟是归义军曹氏开凿的第一个大型功德窟，也可以说是家窟。窟内现存供养人画像251身，仅次于第428窟。现存供养人像题名163条，位居莫高窟之首，充分反映了曹氏家族之兴盛，势力之强大。曹氏归义军节度府设有画院，由画院画师们在此窟绘制的11铺巨幅经变，规模宏伟，前所未有。艺术水平虽然不及唐代，但却一仍唐风余韵，蹑步前进。力虽不胜，尚思奋勇，算得上是五代壁画中之最佳代表。

修楼婆主求法故事画，《贤愚经·梵天请法六事品》中故事画之一。内容为：过去有一大国王修楼婆，品德高尚，但自咎无正法教化民众，誓称“有法与我说者，咨其所需”。毗沙门天王欲试其诚，变夜叉至，曰：“若以大王可爱妻、子与我食者乃与汝法。”王从之。夜叉食王娇妻爱子后，颂偈曰：“一切行无常，生者皆有苦。五阴空无相，无有我我所。”王闻偈大喜，告谕民众习诵。毗沙门天王见修楼婆虔心正法，即恢复本形，王之妻、子亦还身如故。经文称，昔时之修楼婆王即今之佛身。晚唐第85窟，五代第98、146窟，宋代第55窟等的南壁屏风画第一、二屏画均绘此故事。其中，第98、146窟画面较完整，第98窟较清楚。其画面为：（1）佛居莲座，数弟子跪于前，一天人乘云降于佛前。表现佛欲涅槃。说《梵天请法六事》。（2）宫城内，王坐殿上，下立数臣。城外有夜叉至，王率臣众跪迎。城下，绘三组夜叉居高座，王率夫人、太子及臣众跪于地。此即表示修楼婆王欲求正法，毗沙门天王化夜叉求食王夫人及太子情节。以下情节转入第二屏画。（3）夜叉居高座，王恭立座前，夫人、太子随于后。此即夜叉说偈画面。（4）毗沙门天王前，王及太子、夫人、大臣恭立。此即毗沙门天王恢复本相，并使夫人、太子复好如初画面。

虔阇尼婆梨王剜身燃千灯求法故事画，《贤愚经·梵天请法六事品》中故事画之二。内容为：国王虔阇尼婆梨为求正法以教化民众，宣称“谁有妙法与我说者，当给所需，随其所欲”。劳度叉闻风而至，要求国王以身刻千孔燃灯始为说法。王从之。得劳度叉偈语：“常者皆尽，高者必堕，合会有离，生者皆死。”帝释问其剜身燃灯以求偈悔否？王誓曰：不悔，若心口如一，我身将平复如故。语毕，果然身体平复。此王即今之佛身。晚唐第85窟的南壁屏风画第三屏画，五代第98窟南壁第二屏画、第146窟南壁第二屏画，宋代第55窟南壁第三屏画，均绘此故事。其中第98窟较完整清晰。其画面为：（1）宫城内王居殿上欲求正法。（2）城外，一骑象者驰向各地宣谕国王求法之心。（3）宫城外，国王跪迎劳度叉。（4）劳度叉升高座，国王及大臣等跪于前誓称愿剜肉燃灯以求正法。（5）王居莲座上，满身黑点，以示剜千孔燃灯。王左右立后妃大臣，对面坐劳度叉。（6）帝释立于云端与王对答，王身平复如故。又，北凉第257窟有此画。

毗楞竭梨王身椓千钉求法故事画，《贤愚经·梵天请法六事品》中故事画之三。内容为：毗楞竭梨王爱民如子，心好正法。劳度叉请以王身椓千钉而为之说法。王从之。劳度叉颂偈后，王即以身椓千钉。帝释天问王何所求，王答唯求佛道。因其心诚，椓钉之身平复如故。晚唐第 85 窟南壁屏风画第三屏画，五代第 98 窟南壁第三屏画，第 146 窟南壁第三屏画，宋代第 55 窟南壁第七屏画，均绘此故事。其中以第 98 窟较完整清晰。其画面为：（1）宫城内，王坐殿上宣布欲求正法。城外，劳度叉至，王率夫人、大臣相迎。（2）劳度叉居高座，王及夫人跪于前求正法。（3）莲座上，王裸身而坐，两侧各一人执钉举锤钉向王身。此故事画在北凉第 275 窟及隋代第 302 窟均有，但仅“椓钉”一个单幅画面。

降六师缘品，贤愚经变中之一品。仅五代第 98 窟西壁屏风画第二、三、四、五、六、七等屏画绘此图。此品由四则故事组成：（1）释迦降六师。（2）波罗满王教民十善。（3）罗睺陀（株杌）缘。（4）油师因缘。四则故事情节曲折，各故事上下连贯，既有联系，又独立成章。画面尚可辨识。

释迦降六师故事画，《贤愚经·降六师缘品》中故事画之一。内容为：王舍城洴沙王得佛教诲获初果。但其弟“信奉邪教”“敬奉六师”。一日，王弟设会供养六师，碍于王兄情面亦请佛及僧众。佛及弟子准时到会时，六师早已抵达并傲踞上座。佛暗施法力，使六师忽居下座。六师虽三次移座上位，但均于倏忽之间又居于下座，丢尽脸面。此时，佛即演唱佛理开导会众，使王弟等初开法眼，获初果或三果，于是转敬三宝而薄六师。六师愤恨，约佛七日后角试奇变。佛应之。临期，释迦忽离王舍城而去毗舍离城，六师谓其胆怯，再约于毗舍离城角试。临期，佛又离城去拘睒弥国。如此多次相约，佛皆临期而先后去越祇国、特叉尸利国、波罗奈国、迦毗罗卫国等。最后，释迦约上述各国国王同聚王舍城，开始与六师对试角变。角变开始，释迦施法 15 日，从第一日到第七日，释迦以多种神变使会众得领佛法之深奥。至第八日，释迦密敕五大神鬼摧毁六师高座，命令密迹金刚追斗六师，使六师奔逃坠河而死，其九亿徒众悉皈依佛法，剃度为僧，聆听佛法并证罗汉果。与会会众有发大心者亦升天。从第九日到第 14 日，又以显法身、色身，演唱微妙法，放金色光，脐生化佛，变现宝车等令大千世界普受佛恩。第 15 日，释迦以手指显地狱受苦之恶报，使与会者发大心得果报生天，地狱众生亦得超生天上、人间。最后，释迦又以足底轮相普示会众，会众咸皆敬服。

五代第 98 窟西壁屏风画第二、三、四、五屏画绘此故事，其画面为：（1）第二屏画上部，屋舍大堂沿壁设坛座，佛及菩萨、弟子尽踞座上。六师徒众立于堂外。此即表示佛施法力使六师失座而佛徒居上座。以下转入第三屏画，从上到下：（2）一王者与六师徒众对面而立。此即为洴沙王劝六师勿与释迦斗法画面。（3）两座王城分绘于屏画的左右两侧，一上一下。又画释迦及四尊者，于两城之间行走，每尊释迦像后分别绘一王者相随。表示佛应斗法之约后往返于各国之间的情节。（4）佛前行，身后有国王及六师等相随。表示佛集众王将与六师斗法情节。以下转入第四屏画：（5）画面中心绘一佛，有弟子、天王、国王等围绕于四周。上部，众多六师徒众来回奔跑。下部，河旁，天王、金刚立于岸上，六师外道多人落水，若干外道跪于佛前。此即表示斗法第八日五大神鬼及密迹金刚摧六师台座，逐六师投河以及九亿徒众皈佛情节。以下转入第五屏画：（6）屏画下部，佛居莲台、头顶华盖、瑞像庄严，一王者跪于前，众王跪于侧。其下绘一方城，城外绘若干牛、羊、狗、狐等畜兽，一些裸身外道跪于地。此即第 15 日佛受洴沙王之请，救世间、地狱众生，以及佛向会众显露足底法轮情节。

波罗满王教民十善故事画，《贤愚经·降六师缘品》中故事画之二。内容为：释迦降六师后，足底显端严轮相，洴沙王问其由，释迦谓之曰：大国王波罗满（慧光），劝民行十善，魔王假波罗满王之名，令各小国行恶。诸小国国王奇之，纷纷讯问，波罗满惊异，亲临诸小国察其由。魔王于波罗满王路途中，化一人引火自焚。王问其自焚因由，其人曰：因行十善故受此苦。王知此乃魔王，故曰：使众人得福报而甘心一人受苦，实无所憾。魔王无计可施，羞惭而去。民知之，仍行十善，钦崇王德。最后释迦说，波罗满即今我身，因教民行十善而得足下千辐轮相。五代第98窟西壁屏风画第五屏画上半部绘此故事：（1）王城外，魔王变人形，向小国民宣救行恶。（2）城内，王坐殿上，下立数人。此即各小国王讯问为何行恶。（3）一人立烈火中，一人立火外。此即魔王假自焚以诋毁十善，波罗满说一人受苦而多人得福应无憾的情节。

罗睺陀（株杌）缘品，《贤愚经·降六师缘品》中故事画之三。内容为：释迦降六师后，洴沙王不解六师为何要与释迦为敌，释迦为其讲述前世因缘：过去无数劫，有国王摩诃赊仇利，忧无子嗣，帝释化药师献药。五百小夫人食之皆生子，独大夫人因药臭食少量药渣而最后生子。其子奇丑，身形矮小，因名罗睺陀（株杌）。年长后，诸兄均娶妇，唯株杌无意于此。后有他国兴兵犯国，五百王子皆兵败，株杌取先祖转轮王之弓、贝，退敌解围，父始爱之，为其娶律师跋蹉王之女为妻。定亲时以其兄为替身，故律师跋蹉王及公主均不知其丑。洞房之日及婚后，株杌早出夜归，熄灯入室，多日而女尚不知其貌。一日，妯娌聚游，各夸夫婿，小弟妇亦夸其夫猛健有力，肌肤细软。诸嫂笑之曰：妹夫奇丑，见之惊吓。是晚，待夫熟睡，公主持灯观之，惊惧不已，逃归本国。株杌醒后，知妻已去，疾马驰追。律师跋蹉王之六邻国国王，闻公主返，均兴兵欲强夺公主为妻。律师跋蹉王退敌无力，诏示全国退六国兵者以女妻之。株杌适至，应募临阵，以弓、贝退敌，斩六王首。律师跋践王再以女妻株杌，并奉之为大王，领摄七国。株杌偕妇返国，苦已形丑，欲自尽。帝释怜之，赠宝珠变其形貌，俊健异常，于是改名为须陀罗扇。同时，又得龙王之助，以金、银、琉璃等七宝筑宫城，总摄四域，化民修善。最后佛说，昔时欲夺公主之六国王，即今之六师，丑王即今之我。五代第98窟西壁屏风画第六屏画绘此故事，画面自下而上：（1）王城外一人持剑冲杀。即五百兄长败退后，株杌迎敌解国之围情节。（2）王城宫内，株杌卧床熟睡，公主持灯探视。（3）屏画上部画三组进攻军队。一队奔向王城，表示六国兴兵欲强夺公主。一队与株杌对阵，株杌挽强弓，独战众敌。另一队亦与株杌对阵，株杌擂大鼓退敌（经文原为吹贝退敌，画家改为擂鼓，大概取鼓之声隆加强威慑力）。（4）屏画上部右侧一王城，城外帝释乘瑞云降，株杌率臣众相迎。表示帝释赠珠情节。（5）王城宫内，株杌与公主对坐。表示株杌改容后与公主和睦相爱。

指鬘皈佛故事画，《贤愚经·无恼指鬘品》故事画之一。内容为：舍卫国波斯匿王辅相之子无恼，聪慧俊美，端正壮伟，力敌千人。年长，受学于婆罗门。无恼拒绝婆罗门妻引诱，婆罗门妻忌恨在心，诬陷无恼调戏侮辱。夫信妇言密计媾害无恼。一日，婆罗门谓无恼，若七日之内杀千人，取指为鬘，则可上生梵天。同时，授刀念咒，使无恼受蛊祟，失去本性，持刀杀人。六日杀人九百九十九，取指作鬘，仅少一人。人皆惧之，怖称为指鬘。其母见子失性，七日未食，即送食寻子。无恼见母，举刀欲杀以补一人之缺。佛见其受蛊忘本作恶，变比丘至，以善相导，诱复本性。无恼听佛言教，悔过自责，皈依佛门，得罗汉道。五代第98窟北壁屏风画第八屏画、第146窟北壁第一屏画绘此故事，后者已模糊难辨，第98窟较清楚。其画面由下而上为：（1）辅相着官服携一小儿。其前一裸上身婆罗门引一小儿离去。此即辅相送无恼就学于婆罗门。（2）屋舍前，婆罗门告别无恼及妻外出。（3）一妇卧于地，婆罗门立于侧。此即婆罗门妻卧地撒赖，诬陷无恼调戏的画面。（4）无恼持刀追母，母逃。本品画面至此结束，其他情节均未入画。

妙音比丘故事画，《贤愚经·无恼指鬘品》故事画之二。此故事与“指鬘皈佛”上下衔接。内容为：波斯匿王闻无恼杀人，遂领兵捕捉无恼。军旅路过释迦祇园精舍，听一比丘颂唱清妙畅和之声，象马军众无不止步倾听。王问释迦，此比丘音声和美，因何宿缘而得此谐声。佛告之曰，过去迦叶佛涅槃后，有国王机里毗欲起塔供养迦叶佛舍利。有四龙王愿资金银、琉璃等七宝建塔，王即派四人监造宝塔，限期完工。临限，三监功成，一监怠慢未就。王责之，监惧且悔，日夜勤作，如期建成。此监见塔宝相庄严，深悔前行，献金铃以赎前过，并誓曰：愿今后生妙音，众生乐闻，得望释迦脱度生死。此监今世得以度化，已成比丘，即无恼指鬘，故有此妙音。五代第98窟北壁屏风画第八屏画绘此故事。画面从屏画中部开始，紧接“无恼皈佛”中无恼追杀母亲画面：（1）波斯匿王骑马领兵捕捉无恼停止于途。此即听比丘悦耳之音、军伍不前画面。（2）波斯匿王跪佛前聆听释迦讲述无恼宿缘。（3）四龙神变人形跪于王前，四监守立于侧。（4）一塔，已初成，塔顶画四人，塔下画两人，以绳吊铃上顶（第146窟亦绘此故事，但画面已模糊）。

毒鸟枭声故事画，《贤愚经·无恼指鬘品》故事画之三。此故事及画面均与妙音比丘故事画前后相接，两者互有关联。内容为妙音比丘（即无恼）得佛所度，波斯匿王欲见其形，但隔墙闻凄厉咳声，就惊怖昏绝。醒后，佛为王讲述前世业缘：无数世前，波罗奈国树林中有一毒鸟，近人人死，靠树树枯，鸟兽皆不得免。白象王一日路经树林，毒鸟鸣咳，象王闻声昏绝。此毒鸟即妙音，象王即波斯匿大王。过去闻其咳声皆惊绝，今亦如此。五代第98窟北壁屏风画第八屏画一上部绘此故事。画面绘两只形似秃鹰的枭鸟飞于空，天上一鸟倒身栽落，地上白象、鹿兔、虎等皆闭目昏卧。

斑足王闻偈从善故事画，《贤愚经·无恼指鬘品》故事画之四。故事及画面与指鬘皈佛故事画有连续关系。内容为：波斯匿王谢释迦降服无恼指鬘，佛说，无恼杀人被我降服不止今世。昔时久远阿僧祇劫，波罗奈国波罗摩达王游猎郊外，途遇母狮，正值母狮发情，求王与其交配，王惧其猛，从之。后母狮生一子，人形但足有斑纹。母狮衔子赴王宫，王知此子乃昔日与母狮交合所生，遂抚育之，取名斑足。王逝，斑足继位，因其夫人毁天祠，祠神迁怒于斑足，施密计使仙人咒斑足将食人肉12年。此后，斑足密令厨师掠孩童供其食。国人孩童失之日多，大臣密访，乃知斑足食人肉，群臣激愤，趁王洗浴伏兵擒之，欲杀。斑足苦求留其生路无效，遂借仙人之力，立地变为罗刹，誓吃众臣妻儿。斑足食人无数，成为众罗刹之首。并欲掠一千个国王杀之设人肉宴，最后掠得须陀素弥王足一千数。须陀素弥王德高心慈，仁爱好施，于婆罗门处得人生真谛之偈语，了悉人生如幻、三界苦空、福祸悲乐无常之道，故视死如归途。斑足异之，愿闻其偈，须陀素弥王转述其偈语并广说杀人恶罪之业报，慈心救世之追福。斑足闻之，顿时开悟，立生慈心，自悔前罪，放还诸王，须陀素弥王亦送斑足还归本国继续为王，善治其国。其时之须陀素弥王即今之释迦，斑足即无恼，斑足所食诸人，即今所杀诸人。五代第98窟北壁屏风画第九屏画、第146窟北壁第三屏画绘此故事。其中第98窟较清晰，画面从下而上：（1）城外，波罗摩达王骑马击猎，途遇母狮。（2）母狮随行诱王。（3）母狮口衔一小儿于途中。（4）王城城门，狮衔小儿入城门。城内，波罗摩达王收育小儿。此即斑足。同此城，同一王形象，又表示斑足因获罪仙人，仙人乘云而下咒斑足将食人肉十二年。（5）城下，一人手牵一孩童。此即厨师为斑足掠小儿以供食肉。（6）四人捕一王者，王头上出一彩云，云端坐一罗刹。此即大臣擒王欲杀，王借仙人之力变罗刹飞空而去。（7）屏画右上角，罗刹（即斑足）捉众王拟办千王肉宴，数王或坐或跪。（8）罗刹擒须陀素弥王乘云飞空而去。（9）屏画左上角，无恼经须陀素弥王教化，释放众王，众王拱手谢须陀素弥。经文中斑足回国继续为王未入画。

二梵志受斋缘品，贤愚经变中之一品。经云：二婆罗门受持八关斋法后发愿，一人求升天，一人愿做国王。求升天者受妻唆使破斋，死后变龙，后者持斋完备转世为王。一日，国王园丁偶得奇果，国王食之甚美，敕园丁每日供奉。园丁无处寻求，龙知之，以一异果相赠，嘱其向国王索八关斋法文回赠以脱龙身，否则，将兴海水淹国。王惧，命大臣寻索，大臣父于房柱中得斋法文呈献，王以赠龙，龙亦以珍宝回赠。王及龙共持八斋，受佛妙法，寿尽升天，终得涅槃。晚唐第85窟南壁屏风画第九屏画，五代第98窟南壁第七屏画、第146窟南壁第七屏画，均绘此故事。其中以第98窟较清晰，画面自上而下：（1）宫城内，王居殿上，园丁躬身奉奇果。（2）海中，龙变人形授果给园丁。（3）大臣家，臣父立室外指房柱有灵验。（4）海边，国王持八关斋经卷赠龙。（5）佛居莲台，王及龙跪于前听法。其侧，王与龙乘彩云升入天宫。此故事亦见于《撰集百经》。

海神难问船人品，贤愚经变中之一品。经云：舍卫国五百商人聘一贤者为导师出海采宝。行船中，海神先后四次提问诘难商人，阻船前进，贤者皆一一对答。第一次海神变丑恶夜叉阻船而问，世上可有更可怕者？贤者答，作诸不善，死堕地狱更可怕。第二次变极瘦弱者问，可有比其更瘦者？贤者答，悭贪嫉妒，不知布施者，死为饿鬼，比你更瘦。第三次化一俊美青年问，可有俊美而胜于我者？贤者答，敬三宝、行诸善，命终生天，形貌端正，你与之比如猕猴比妙女。第四次海神再阻船，取水一掬问，一掬水多还是海水多？贤者答，海水虽多，必有枯竭，而以一掬水供佛施僧，孝父母、济贫穷、予禽兽，其功德历劫不尽，故一掬水多。海神闻之大喜，以妙宝赠诸商人及佛、僧。归国后，贤者及众商人皈依佛法以宝奉佛、僧，后皆得阿罗汉果。晚唐第85窟南壁屏风画第11屏画，五代第98窟南壁第八屏画、第146窟西壁第一屏画，宋代第55窟西壁第八屏画，均绘此故事。第55窟画面漫漶不清，余三者情节布局基本相同。第98窟画面为：（1）屏画左侧自上而下画五只船，每船船头有海神立于水中阻止前进，船上人等皆双手合十。一至四船表示海神变化各种形象诘难和贤者答对，第五船表示海神喜赠妙宝。（2）右侧由下而上绘商人骑马行于归途；商人途中坐地休息，展珍宝于地观赏。（3）其上一佛二菩萨端居莲座，商人、贤者跪向佛奉献海神所赠宝物。

恒伽达缘品，贤愚经变中之一品。经云：一大国辅相，巨富无后，赴恒河摩尼跋罗天祠求子。摩尼跋罗天求毗沙门天王转告帝释，帝释遣一临终天人投生，并应天人所求，待其成人后助其出家修道。此子即恒伽达。恒伽达成人后志在修道，苦于父母不允，欲舍身自杀，但投岩、溺水、服毒皆未死，故欲以犯王法求死。一日，恒伽达趁阿阇世王夫人、婇女于园中沐浴，挂衣树上，即席卷衣饰而去。王怒，逮之处死，引箭三射，箭皆折返不中，惊问其故，恒伽达如实相告，王乃释然，引其至佛所，剃度皈依，聆听佛法，得阿罗汉果。阿阇世王问其宿缘，佛告之曰："以往无数世，波罗奈国梵摩达王偕后妃于林中高歌，林外一人闻声而合，王怒，欲将其处死，为一大臣所救，后奉侍大臣多年，又出家修行，苦思妙法成辟支佛。大臣亦受其惠世世富贵长寿。今恒伽达即当时之合歌者。"晚唐第85窟南壁屏风画第13、14屏画，五代第98窟南壁第九屏画、第146窟西壁第二屏画，宋代第55窟西壁第九屏画，均绘此故事。以第98窟画面较完整。其画面为：（1）圆顶塔内坐摩尼跋罗天，辅相夫妇跪拜求子。（2）云中一方城（天宫），毗沙门天王乘云赴天宫求帝释赐子。（3）一天人乘云降辅相家投生。（4）辅相夫人携一子。表示恒伽达年长欲出家，母不允。（5）一人自山顶纵落；一人自水中漂出。表示恒伽达投崖、溺水皆不死。（6）水池中，六裸妇沐浴，池旁树上挂衣。岸上，恒伽达卷衣而去。六裸妇于水中惊视其卷逃。（7）恒伽达立于空地，阿阇世王张弓引射。（8）屏画正中，一比丘头上出火；一比丘脚出水。表示恒伽达得道后显现各种神变。此品内容亦见《撰集百缘经》。

波斯匿王女金刚缘品，贤愚经变中之一品。经云：波斯匿王夫人生一女，貌奇丑，肤如牛皮，发如马鬃，王嫌之，取名波阇罗（金刚），幽于深宫，不令见人。转眼成人当嫁，王密召一破落豪姓子弟入宫，敕召为驸马、封为大臣，并嘱其幽女于七重深宫，驸马亲掌锁钥。驸马常与众大臣交往，凡聚会，大臣必携妻赴宴，驸马则每会独至，人皆奇之。私议曰：驸马将公主密藏不让见人，若非公主绝美，即奇丑。一日，众臣谋解其谜，共劝驸马豪饮，醉之。窃其锁钥，遣五人潜入王宫密察公主容貌。此时，公主独处深宫，自思终年幽禁不见天日，十分悲戚，于是遥礼释迦以求解脱。佛感其诚，从地涌出，令其容姿变化，殊美异常。公主聆听佛法，尽除诸恶，立时得须陀洹道。五大臣恰于此时入宫，目睹公主天姿国色、举世无双，遂悄然而还。驸马酒醒返宫，见一美妇端坐室内，惊之。公主具述蒙佛恩始末，驸马欣喜异常，遂偕其共见波斯匿王，王及夫人共女及婿至佛前礼拜谢恩，并问金刚女遭遇之宿因。佛告之曰：此女前世为波罗奈国长者女，曾毁骂辟支佛形貌丑陋，辟支佛成道涅槃，长者女知过忏悔自责，笃心向佛。辟支佛亦赦其过。此女即今之金刚女，因前世宿业，故今世先丑后美，并入佛道。五代第98窟南壁屏风画第12屏画、第146窟西壁第八屏画绘此故事。第98窟画面从上而下：（1）王城内，王坐殿上，其下豪姓子躬立。此即王召豪姓子为驸马画面。（2）一屋以墙隔两舍。一舍坐男女六人饮宴；一舍床上卧一人。此即驸马与大臣们饮宴，驸马醉卧画面。（3）深宫高墙内，公主双手合十恭立，佛乘云自天降，使公主由丑变美。城外立四男子。此即大臣密察公主形貌场面。（4）城内，佛坐殿上，下立二女。此即王及夫人及金刚女问佛前世因缘场面。故事画面至此结束，其余情节皆未入画。本品内容与《撰集百缘经》卷九十七中所载相同。

华天因缘品，贤愚经变中之一品。经云：舍卫国一富豪子，降生时天花下坠，积满屋宇，故取名华（花）天。华天成人，设美食供养佛、僧，聆听佛法，皈依释门，得阿罗汉果。其家人亦皆得须陀洹。阿难问佛华天之宿缘，佛告之曰，毗婆尸佛时，一贫人虔心敬佛，虽无钱财，但能敬心于林间采花供佛及僧众，故转世为华天，能随心得其所需。佛最后说，华天因小施而得大佛果，教喻世人“莫轻小施”。五代第98窟西壁屏风画第一屏画绘此故事。惜多已残破，仅能根据榜题及模糊图像辨识：（1）佛前众比丘聚坐，聆听佛法。榜题为：“如是我闻，一时佛在舍卫国，时有一长者生儿，时天雨宝，衣满其舍，宝皆集相卧。”（2）园内一老人及青年采撷花草。榜题为：“□华天比丘于野泽中采其草□恒不谏废而采花时”。

慈力王施血缘品，贤愚经变中之一品。经云：释迦向阿难等讲述憍陈如等五比丘最先听佛说法因缘。佛说，过去世有王，名弥佉罗拔罗（慈力）。性慈心诚，教民十善。众恶鬼邪疫均不能侵民。有五夜叉至王前哭诉：王教民十善，断我饮食，绝我生路，王既慈善，何不悲悯我等？王闻之，愿每日刺血施济夜叉，并立誓，今后成佛定以佛法先度五鬼，以戒定慧血除五鬼之三毒。其时之慈力王即今之佛，五鬼即今之憍陈如五比丘。昔日有誓，故今先得听法。五代第98窟西壁屏风画第三屏画绘此故事。画面为：（1）佛坐莲台，阿难面佛而立。此即听佛讲述憍陈如先得佛法缘由的场面。（2）王城内，王居殿上，五夜叉跪殿下。此即夜叉向王申诉断饮食、绝生路画面。余画皆模糊难辨。关于憍陈如五比丘先得佛法故事，在“设头罗健宁品”中，则谓憍陈如等五人先为木匠，于荒年得佛变鱼施肉活命，故今世亦应先得佛法。

摩诃斯那优婆夷品，贤愚经变中之一品。经云：摩诃斯那优婆夷笃心信佛，夜坐高楼诵习法论，得毗沙门天王及舍利弗、目犍连之助，受五戒法，获五施福，又得见释迦，聆听佛教，更割身肉施比丘治病而得阿那含道。晚唐第85窟北壁屏风画第三屏画、五代第98窟西壁第八屏画绘此故事，但多漫漶。仅第98窟屏画尚能见其大概：（1）左下角一城，城内画面模糊，仅能识别榜题：“彼国有一女人优婆斯。”（2）画面中部，庄园房舍，摩诃斯那坐楼上，毗沙门天王乘云至。（3）城外，立舍利弗、目犍连，其前跪仆人。此即摩诃斯那之仆人请二尊者去主人家受供养的画面。（4）画面上部画四身佛像，每佛前跪一长者或妇人。此即表示摩诃斯那供养佛，佛为其说法，摩河斯那割肉施比丘后佛为其治愈疮伤等画面。

出家功德尸利苾提品，贤愚经变中之一品。经云：百岁梵志尸利苾提欲出家修行，先后投舍利弗、大迦叶、优波离、阿兔楼陀等佛的大弟子及五百阿罗汉，都因其年老不能诵经、坐禅、佐助佛事而被拒绝。释迦知后，敕大目连收其为徒。在修习中，先其出家的少年比丘们对他骄慢、奚落，尸利苾提难忍其辱，欲投水自尽，为其师大目连所救。大目连携其飞空观看一些生前作恶、死后受罪的业报，并指出最后所见的白骨堆，就是尸利苾提前世误杀无辜死后变为大摩竭鱼饿死海边所剩的白骨。以此使其坚定佛理的忍辱精神。尸利苾提受此教后，修习日深，最后得罗汉果。五代第98窟西壁屏风画第十五屏画绘此故事。但损毁较多，能知其情节者有：（1）右上角绘一佛，前有数比丘听佛讲述尸利苾提宿业。（2）左上角两处绘一比丘，一梵志对坐。此即为尸利苾提求舍利弗等收为徒被拒绝场面。其余画面均毁，仅能根据榜题“见女人入沸水镬”“老梵志没水”等得知有本品的内容。

迦旃延教老母卖贫缘品，贤愚经变中之一品。经云：一老婢女，受主人苛虐驱使，衣食不足，寄居无所。佛弟子迦旃延教其以仅有的食钵布施，并授其受斋、念佛、捐嫌弃怨、思惟观佛之法。婢女死后弃尸林野，得生忉力天。后受舍利弗指点而成正果。五代第98窟北壁屏风画第一屏画绘此故事，但多残破难识，仅存画面为：庄园外，一人以绳系老妇双脚弃尸树林。同时还存一榜题："□□人时……在于□王时迦旃延。"

散檀宁缘品，贤愚经变中之一品。经云：舍卫国五百乞儿皈依佛门，得阿罗汉果。但诸信众仍不齿他们曾为乞儿而轻慢之。太子祇陀请供佛僧，也将他们排斥在外。鉴于此，此五百僧遵佛嘱以自己神力往郁单越取上等粳米飞空赴会。太子见飞来五百僧众，威仪巍巍，十分敬仰。当知其就是自己拒请的昔日五百乞儿时，羞惭自责，并请佛示以五百乞儿宿缘。佛告之曰：过去无数世，波罗奈国有一长者名散檀宁，家巨富。时逢国内星灾，12年内将大旱，有二千辟支佛寄食散檀宁家。长者派五百侍者供其饮食。久之，侍者有烦言。有一犬，常随侍者前往请辟支佛进食，一日，侍者忘请，而犬自往辟支佛处吠请。诸辟支佛受食后，谓长者，今日当雨，宜种植。长者如其言，种米麦，稼熟后皆结大瓜，剖之，满盛米麦，合国皆于灾年得其恩泽。五百侍者亦向诸辟支佛忏悔昔日之怠慢，并求来世得以解脱。此五百侍者即后之五百乞儿，因已忏悔故又得正果。昔时之犬即今美音长者。晚唐第85窟北壁屏风画第13屏画，五代第98窟西壁第九屏画、第146窟西壁第七屏画，均绘此故事。其中第98窟画面较完整。第85窟画面虽清晰，惜屏画下半全毁。第98窟画面：（1）庄园外，乞儿乞讨。（2）画五乞儿（代表五百乞儿）跪于地，一比丘持刀为之剃头。此即乞儿皈依佛门剃度。（3）舍廊内，坐佛及诸比丘，侍者捧食步入舍廊。空际，有五人乘云而至。地上一人举手仰空赞叹。此即太子请佛供养，五百乞儿自带粳米飞空赴会，祇陀太子见其威仪，举手恭迎。（4）太子祇陀等跪于佛前，询问五百乞儿前世因缘。（5）在屏画右上角一人鞭牛犁地，两人作收获稼禾状。此即辟支佛言宜时耕种，后得丰收画面。此情节第85窟画面较清楚：屏画上端右角绘一人鞭牛犁地，中一人摘果实，左一人开剖果实。

五百盲儿往返逐佛缘品，贤愚经变中之一品。经云：毗舍离国有五百盲丐，各乞得一钱雇人导引他们去舍卫国朝佛。但佛已至摩竭国，盲丐又去摩竭国，而佛又返舍卫国，如此七经往返得见佛面，而使盲目复明，皈依佛门得阿罗汉果。阿难不解五百盲儿前世业缘，佛说：过去世五百盲儿为商人，迷途山谷中，暗黑无日，不知归路。其商主引臂燃炬，引众人越出暗谷得救。其时商主即今我身。昔时，我救五百商人于暗谷，今亦以光明施五百盲儿。五代第98窟西壁屏风画第十三屏画绘此故事。画面残破甚多，仅能见五处出现佛的形象及两处盲人牵手行于途画面。画虽残，但画中盲人结群联手探步而行的状态，颇真实生动。

富那奇缘品，贤愚经变中之一品。经云：放钵国长者昙摩羡有三子，第三子富那奇为奴婢所生，虽属家奴，但聪明敦厚，善理财。长者死后，两兄分家，富那奇也作为财产的一部，由两兄分取。二兄羡年想独占家产，且知长兄羡那素待富那奇为兄弟，不愿舍弃富那奇，故将财产分为两份，一份为富那奇，一份为其他全部巨产，任长兄选取。长兄忠厚，为免富那奇遭二弟虐待，愿让全部财产与二弟，而取富那奇。富那奇感长兄恩情，尽力使长兄致富，以旃檀香木治愈国王夫人奇病，得万金。长兄遂富。一次，富那奇经商渡海遇难念佛得救，遂笃心向佛，出家为僧，获无漏证果。其后，长兄亦出海经商为龙所阻，得富那奇变金翅鸟所救，兄经此变故亦诚心信佛，并遵富那奇所教设旃檀讲堂请佛说法。佛及弟子各施法力，乘神鸟神兽飞空而至，举国惊异，悉听佛法，其兄合家均得须陀洹果。国中男女亦受其惠，得度化者难以计数。阿难欲知富那奇前世宿缘，佛曰，过去迦叶佛时，富那奇为一长者子，虔心供养佛僧，但曾因一小事呵斥一僧为贱奴，故五百世中恒为家奴，但因其悉心供养僧众，故今世得度。五代第98窟西壁屏风画第十四屏画绘此故事。其画面多有残破，能见者有：（1）上部有一庄园，长者与二子相对而立。其下房舍内长者坐，其侧立一婢女、三子跪于前。此即表示长者遗嘱三子勿分离，要两位兄长善待富那奇情节。（2）海中，船上数人双手合十。此即富那奇出海经商遇怪祈佛得救画面。（3）海船上立二人，海中有龙王（人形）相阻。（4）房舍堂上，比丘沿舍而坐、佛居正中，天空彩云汇集，云中坐罗汉多人。此即富那奇长兄请佛供养画面。（5）佛居莲座，其下跪数人，表示世人见佛圣容及法力，咸皆皈佛。

盖事因缘品，贤愚经变中之一品。经云：昔有二国，一国王名梵天，国有三河，民多而国弱；另一国王名金刚聚，国有一河，民少而国强。金刚聚恃强欲占梵天一河，梵天战败，献一河并以女妻之。后女生一子，生时有七宝华盖覆顶，故名盖事。盖事成人即位为王，治国有方，国富民乐，常以鸣鼓为号聚民赐予美食。梵天失一河后，常思收回，求盖事归还。两王相约于河上磋商归还事宜。此时正值盖事鸣鼓召民进王食。梵天听鼓声，误以为盖事举军进攻，惶惧不已。知其实后，敬盖事王治国之道，愿奉盖事为大王。盖事亦趁日出施法，手召金轮，七宝具足。众生皆受其泽，尽修十善，寿终升天。五代第98窟北壁屏风画第二屏画、第146窟西壁第四屏画绘此故事。其中第98窟较清楚，画面有：金刚聚王向梵天王索河；金刚聚王举兵进攻；盖事王与梵天王乘船会于河上；梵天王奉盖事王为大王等画面。

善求恶求缘品，贤愚经变中之一品。经云：过去无数世波罗奈国有商主名摩诃夜移，生二子，一名善求、一名恶求。成年后，二子各领五百侍从入海经商，中途，粮尽待毙。善求心诚祈神护赐，寻得一宝树，遂得衣食珍宝。恶求后至，生邪心，欲独占宝树，掘根砍伐，被五百罗刹噬食。五代第98窟北壁屏风画第三屏画绘此故事。其画面有：佛为阿难等说法；善求及侍从得宝树施衣食后跪谢宝树；树神变罗刹捉恶求噬咬等情节。故事谓入海经商，然画面中无海，仅绘数骑行于途。

师质子摩头罗世质缘品，贤愚经变中之一品。经云：舍卫国有一婆罗门，名师质，家富无嗣，求佛赐子，佛遣曾以蜜供佛之猕猴投生其家，取名摩头罗世质。此子年长笃信释佛，出家为僧，得阿罗汉果。阿难不解此子为何曾为猕猴，佛述说前因曰：此子于迦叶佛时为比丘，曾嘲笑一挑水比丘酷似猕猴，因出口不慎，故后世为猕猴。但因其笃心向佛，出家持戒，故今世被度，复变人身，得罗汉果。五代第98窟北壁屏风画第11屏画、第146窟北壁第五屏画、第108窟北壁第二屏画皆绘此故事。第146窟画已模糊，第108窟大部毁坏。仅第98窟第11屏画上部绘四猕猴捧钵向佛及僧众献蜜一个画面。

象护品，贤愚经变中之一品。经云：舍卫国一长者生一子。此子出世时，家中金库中也长出一头金象，故取子名为象护。金象大小便溺皆为赤金。子渐长，金象亦随之长，两者相处甚洽，出入进止形影不离。国王阿阇世知此异象，欲据金象为己有，召见象护父子携金象入宫。随即留金象，遣象护父子返。父子出宫，金象亦潜出相随返家。象护知阿阇世王不见金象必将追究，遂出家为僧，金象亦随之。舍卫国人闻金象之异，时来围观嬉逗，误及僧众静修。佛遂使象护遣走金象，自此，金象消失。佛告阿难，象护前世敬奉三宝，曾见佛塔内所塑泥象破败，以雌黄和泥补之，故其后世世受金象卫护。五代第 98 窟北壁屏风画第 12 屏画、第 146 窟北壁第六屏画绘此故事。第 98 窟画面为：（1）屏画右下角庄园内绘长者夫妇喜得爱子并得金象。（2）庄园外，二人前行，一象随后。此即长者父子领金象赴王宫。（3）左下角王城内，阿阇世王居殿上，侧立数大臣，长者父子及金象立于殿下。（4）城外，长者父子前行，金象随后。此即阿阇世王留金象，遣父子归，金象潜出王宫尾随而行。（5）城上方，佛居莲座，其下，象护剃度为僧，金象亦随之。（6）树下坐二僧，金象立于前。表示象护修行，金象侍卫于侧。（7）佛居莲座，其下象护挥手，令象离去。

药草喻品，法华经变中之一品。按照经文，本品主要说明：平等的佛慧，有如甘露时雨，“雨于一切卉木丛林及诸药草，如其种性具足蒙润，各得生长”，“犹如大云，充润一切，枯槁众生，皆令离苦，得安隐乐”。盛唐以前，此品画面生动活泼，画成雨中耕作图。中唐以后，画雷神击鼓，大雨倾盆，人们以袖盖顶避雨，农夫耕地。有的还在地头画平房数间，房外有药草、篱笆。已知此品有 14 幅，盛唐以前第 23 窟为代表，中唐以后五代第 98 窟为代表。

第 98 窟建筑画，壁画中建筑画代表作之一。五代绘制。第 98 窟为大型洞窟，共有大经变画十铺，多数经变中均绘有各种类型的建筑物。维摩变中有城楼、城门、城墙及高座、斗帐；报恩经变、法华经变中有民居、马厩、小城、佛殿；阿弥陀及弥勒变中有寺院、佛殿建筑；华严经变中有反映古代城市规划的“华严城”。画面完好，清晰可辨。

民居图，五代第 98 窟法华经变“信解品”（亦称“穷子喻品”）描写一富商住宅，有回廊一周，廊上大约每隔一间设直棂窗，正面门屋三间，歇山屋顶，院中前部有横廊，把住宅分为前后两院，后院较大，是住宅的主要部分，后院正中有三间厅堂，下有砖砌台基，上有歇山屋顶，院中有多人活动。与宅院相邻有夯土墙围成一畜厩，正面有乌头门的院门。厩院中有低矮的草窝铺，为仆役所居，其前有一人持箕一人持帚作扫地状，左侧有槽头及牛、马三头。两院的功能明确。

学堂图，维摩诘经变“方便品”情节之一。位于第 98 窟东壁窟门上部。五代初绘制。经云：维摩诘“入诸学堂，诱开童蒙”。画一殿堂，老师坐炕上，双手捧书卷。其前立维摩诘，左手挥麈尾，右手举起，似向老师说教。老师右侧画四学生，手捧书卷，其中两人读书，两人向老师与维摩诘张望。晚唐第 12 窟东壁窟门北侧亦画此情节。这两幅壁画是晚唐、五代时期沙州学堂的局部写照。

于阗国王供养像，供养人画像。五代、宋初之窟多绘有此像，以第 98 窟东壁门南侧李圣天画像（图 4-1-8）最佳。像前方有墨书榜题：“大朝大宝于阗国大圣大明天子……即是窟主。”于阗国王李圣天，据考证，即于阗国狮子王尉迟沙缚婆，由于前代尉迟氏曾有功于唐室，赐姓李，子孙相袭，到五代后梁时建年号“同庆”，10 世纪时与沙州曹氏归义军政权有密切联系，娶曹议金之女为皇后。此像系归义军曹氏将外戚国王尊奉为“窟主”之举。画中国王高约 2.8 米，头戴冕旒，冠顶有北斗七星、走龙、宝珠等装饰，冠盖下盘龙缠绕，嵌以绿色宝石，与前后下垂的各六行旒珠互相辉映。身着衮袍，腰围蔽膝，衮衣两肩各绘日月，袖上各绘龙、虎、黻、黼（斧纹）、云纹，虽未全部符合《周礼》《尚书》等汉文典籍记载的“十二纹章”，但其冕服威仪，后晋天福三年（938 年）的册封使高居诲曾赞谓“（李）圣天衣冠如中国”，此说在壁画中也大体得到证实。国王双脚所穿的高头履，也是中原贵族常着之鞋。由于李圣天是一方之王，他头上的华盖两端绘有两个飞天护持，这在莫高窟其他民族供养人的华盖装饰上很少见到。在于阗国王供养像脚下，有一从地涌出半身的女神承托其双脚，据于阗国传说，于阗国王是北方天王毗沙门后裔，始祖从天王额上生出，故特崇北方天王。由于绘塑天王脚下有地神护持，于阗国王即是毗沙门后代，也就是他的化身，故在画像上也享有此种殊荣。于阗是产玉之国，画像上也有一定反映，国王双手各戴宝石戒指，腰间佩玉雕拳形柄佩剑，与中原帝王画像有所不同。

图 4-1-8 五代莫高窟第 98 窟东壁门南 于阗王供养像（摹本）

平天冠，汉族帝王首服之一。唐贞观十六年（642 年）之第 220 窟维摩诘经变中的汉族帝王及第 98 窟五代于阗国王李圣天像所戴冕旒，均属此冠。画中冕旒，板平而长，前后垂珠十二旒，上饰北斗七星，下饰珠宝及金龙，与《宋史·舆服志》所载相符。但李圣天除戴冕旒外，头后尚垂红绢带。圣天为回鹘族，受后晋石敬瑭册封为“大宝于阗国王”，故在画像中着汉族帝王冠服，但垂珠仅六旒，盖帝与王在头冠上之差别。其头后所垂红绢则如《洛阳伽蓝记》卷五“闻义里”条所载，于阗国“王头著金冠似鸡帻，头后垂二尺生绢，广五寸以为饰”，乃属古代西域民族服饰。

展脚幞头（图 4-1-9），幞头之一种。五代第 98 窟甬道南北皆为张、曹家族显赫人物超等身的供养人画像，但所戴幞头不同。北壁西起第一身为晚唐归义军节度使张议潮，着圆领赭红袍，革带乌靴，硬角幞头。第二身为五代归义军节度使曹议金，靴袍未改而幞头已成展脚，两脚平伸成一字，时代差别非常鲜明。展脚幞头始于五代，形制规矩，两级均为方形，棱角毕露，两脚平伸于两侧，长尺余，已具后来乌纱帽形式。《云麓漫抄》卷三说："至刘汉高祖始仕晋为并州衙校，裹幞头，左右长尺余，横直之不复上翘。"《事物纪原》也曰："国朝幞头用漆纱二等展角，各长一尺二寸，文武官公服同用。"《宋史·舆服志五》记载，幞头之制："五代渐变平直。国朝之制，君臣通服平脚……其初以藤织草巾子为里，纱为表，而涂以漆。后惟以漆为坚，去其藤里，前为一折，平施两脚，以铁为之。"五代、宋初敦煌壁画中之幞头，与中原服制完全相同。

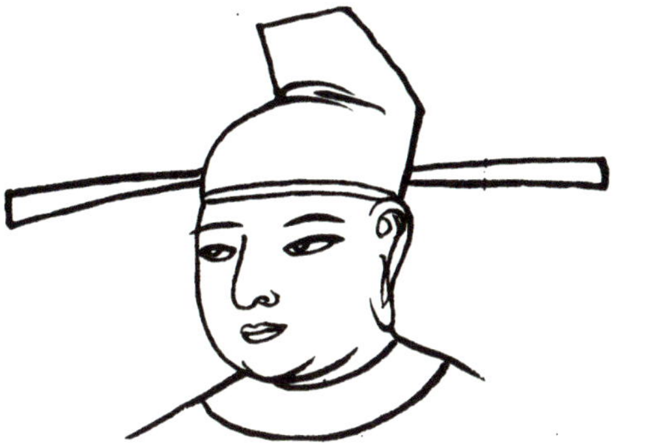

图 4-1-9　五代莫高窟第 98 窟 展脚幞头（马强绘）

图 4-1-10　五代莫 98 窟东壁门南 于阗皇后曹氏供养像（史苇湘绘）

于阗皇后供养像，供养人画像。绘于五代、宋初大窟中。以第 98 窟最为著名。在此窟于阗国王的身后，即其皇后曹氏供养像（图 4-1-10）。像前有绿色榜题，上书"大朝大于阗国大政大明天册全封至孝皇帝天皇后曹氏一心供养"。曹氏是曹议金之女，大约在后唐初年远嫁于阗，后晋天福三年（938 年）受后晋册封。皇后头戴大型莲花凤冠，钗笄三层，嵌满绿玉宝石，两鬓作抱脸髻，发上饰五枚四瓣花绿色宝石，项饰五层珠玉项链，身着左衽礼服，两肩披帛，脚着绣花平鞋，与同窟沙州贵族女供养人服饰稍有不同。皇后身后有男女侍从。

花面，又名花脸、花颜，古代妇女面饰，花钿、花子的统称。敦煌唐宋壁画中的女供养人画像，特别是五代诸窟，如第 98、61、108 等窟的女供养人画像，头梳高髻，两鬓包面，髻上戴凤冠，插步摇，颈饰瑟瑟珠，胡粉涂面，画蛾眉，点口红，面饰花钿或画花子。

（三）第 100 窟

第 100 窟，亦名天公主窟，窟主是曹议金回鹘夫人，按照回鹘人习惯，"妻号天公主"。故敦煌遗书《腊八燃灯分配窟龛名数》称此窟为"天公主窟"，建于后唐清泰二年至后晋天福四年（935—939年）曹元德任归义军节度使期间。这时曹议金已经去世，由其回鹘夫人为窟主，长子元德主持修建工作。平面方形，覆斗形窟顶。团花卷瓣莲心藻井。四披画十方佛与千佛。四角凹陷。东北角绘东方提头赖吒天王，东南角为南方毗琉璃天王，西南角画西方毗楼博叉天王，西北角有北方毗沙门天王。东壁窟门北侧上部是维摩诘经变中之维摩示疾，窟门南侧上部画维摩诘经变中之文殊来问。南壁上部东起为报恩经变、阿弥陀经变、弥勒经变。西壁开盝顶帐形龛，龛内原有塑像已毁，现存清塑一佛、二弟子、二力士。龛外南北两侧台上清塑文殊、普贤各一。帐门南侧上部画药师佛赴会，中间绘普贤变。帐门北侧上部为药师佛赴会，中间是文殊变。北壁上部东起画天请问经变、药师经变、思益梵天问经变。全窟四壁下部以西壁龛下正中为界，从西壁起，经南壁，到东壁，画归义军节度使曹议金出行图。又从西壁起，经北壁，至东壁，绘曹议金回鹘夫人出行图。这是敦煌壁画中仅次于张议潮统军出行图的第二幅出行图。甬道南壁有曹议金、曹元德等男供养人像11身，北壁画曹议金回鹘夫人及其女儿等女供养人像11身。

（四）第108窟

第108窟，亦名张都衙窟，代表窟之一，窟主为归义军应管内衙前都押衙张淮庆，字思美。他是归义军节度使曹议金的妹夫，P.2482《张府君邈真赞》中说他"联亲于台庙"，即指此事。建窟时间约在后唐清泰二年至后晋天福四年（935—939年）之间。平面方形。中心设背屏佛坛。覆斗形窟顶。藻井已毁。四披残存赴会佛与千佛。四角残存天王像。东壁窟门北侧上部绘维摩诘经变（图4-1-11）中之维摩示疾，下部画比丘尼四身，女供养人三身。窟门南侧上部为维摩诘经变中之文殊来问，下部有曹氏家族女供养人五身，其中有曹议金夫人钜鹿索氏、广平宋氏。南壁东起画报恩经变、法华经变、阿弥陀经变、弥勒经变各一铺。下部为屏风式贤愚经变六扇，曹氏家族女供养人14身。贤愚经变中有榜题，经研究核对，S.192即此壁贤愚经变中摩诃萨埵以身施虎品与二梵志受斋品的榜

图4-1-11　五代莫高窟第108窟东壁窟门上部 维摩诘经变中酒肆图

题底稿，二者只差一字。西壁的劳度叉斗圣变，大部分已经脱落。北壁东起有天请问经变、华严经变、药师经变各一铺，另一铺经变已毁。下部画屏风式贤愚经变四扇，女供养人 13 身。甬道顶是佛教史迹画、瑞像图。甬道南壁画男供养人七身，其中第一身是已故归义军节度使曹议金，第二身是在任节度使曹元德。甬道北壁画男供养人七身，前三身题名已漫漶，其中应有窟主张淮庆。张、曹两家都是九、十世纪敦煌大族。窟内供养人画像（图 4-1-12）与题名真实地记录了大族之间的联姻关系。

图 4-1-12　五代莫高窟第 108 窟 回鹘王供养人画像

阿育王造神瑞多变塔图，佛教史迹画之一。晚唐、五代、宋窟中都有绘制。多绘于甬道顶部，少数绘于主室侧壁。其中以五代第 108 窟甬道顶保存最好。画面绘五层重檐佛塔一座，各层正面开门，塔顶有轮相，塔身中部两侧垂吊柳枝。塔正前方，画有僧俗数人，有观赏交谈者，有胡跪迎请者。榜题曰：“其塔阿育王造，神变多能，余□神变。”S.2113B《诸佛瑞像记》谓：“其寺无忧王之所建立，寺中佛牙舍利白，月圆满时辉神光，睹者众庶咸来供养，见斯瑞□流传、咸欣授记。其塔阿育王建造，神瑞多能，余有神变，庶如斯记。”

昙延法师隐居画，佛教史迹画之一。始见于晚唐，终于宋。以五代第 108 窟甬道的一幅保存最好，画中一高僧，着水田袈裟，结跏坐绳床上（有的洞窟空置一绳床，高僧坐于床侧的蒲团上），与一俗者对谈。榜题曰：“此百梯山延法师隐处。”P.3033《诸佛瑞像记》有此目，所记与榜题同。唐释道宣《续高僧传・昙延法师传》谓：师姓王氏，十六听妙法师讲涅槃，深悟其旨。又听华严大论等，“皆超略前导”，后隐居于南部太行山百梯寺，居士薛道衡寻访质疑，深服其旨论高妙。画面所表现者正为薛道衡居士寻造质疑时的情景。

二、敦煌五代物质文化精粹举隅

（一）佛画

于阗固城加你释迦牟尼佛瑞像，佛教瑞像图之一。始见于中唐第 231、237 等窟主室佛龛顶部，终于宋。以五代第 72 窟佛龛顶所画保存最好，佛头为高肉髻、翠眉，着袈裟，双领下垂，结跏坐于狮子座上。两臂均屈置于胸前，五代第 72 窟榜题曰："伽你释迦牟尼佛从舍卫国来在固城。"S.2113A《诸佛瑞像记》谓："释迦牟尼佛从舍卫国腾空于固城住。"《牛角山授记》谓，尔时世尊应诸诸天人曰：此国将因我之福佑而地位特出。在即将来临的战乱之世，孙波及其大军，各部突厥、回鹘和其他不奉佛法者将到此国，毁灭此国，尔时如来诸瑞像将从各地来到此国，守护此国边境。此国将以其神通力而免于彻底毁灭。继诸瑞像之到来而诸菩萨、众多天人、威武龙王也将接踵而至，他们将打翻在各国作恶者，挽救众生免遭敌人毁灭。名富那生之瑞像者，立于西城——固城，守护此国边境。

濮州铁弥勒瑞像，佛教瑞像图之一。位于五代第 72 窟佛龛。佛像侧身俯视，左臂屈置胸前，掌向下，指微屈，食指指地。右臂下垂，立于莲花趺上。侧有榜题："濮州铁弥勒瑞像，今改为濮阳郡是。"S.2113、P.3352 所记与榜题同。S.5659 为"汉州铁弥勒瑞像，今改为汉阳郡"。据史籍记载的州郡置废，对照绘画时代，应为淮阳郡，S.5659 的"汉阳郡"所记有误。

妙吉祥菩萨瑞像，佛教瑞像图之一。始见于五代，终于宋。以第 72 窟佛龛所见保存最好。菩萨结跏坐于莲花座上。座下两侧，各画一金刚力士，举臂擎莲花座，榜题曰："南无妙吉祥菩萨。"妙吉祥菩萨即文殊师利菩萨的异名。据《于阗教法史》载，于阗国王地乳，为阿育王之子，婴儿时，因相师断言其成人后权势将胜过乃父，被阿育王弃之于于阗。毗沙门天王及妙吉祥天女指地涌出乳汁喂养，后为于阗国王，故于阗尊毗沙门天王等为护国之神。

刘萨诃瑞像图，佛教史迹画之一，位于第 72 窟南壁，五代绘制。据传后燕时有并州西河离石僧人刘萨诃西行，至凉州番和县（今甘肃省金昌市永昌县）北，遥望御谷，称此处当有像出，若此像"灵相圆备"，则世乐时康；如其有缺，则世乱民苦。"尔后八十七年，至正光初，忽大风雨，雷震山裂，挺出石像"，有身无首（见《高僧传》二集卷二十五"魏文成郡沙门释慧达传"）；北周武成二年（560 年）凉州城东二百里七里涧发现佛头，"奉至山岩安之，宛然符合"。保定元年（561 年），因其灵异而在凉州置"瑞像寺"。建德（572—578 年）初，佛头频落，《续高僧传》称："后周灭佛法，仅得四年……知者察之，方知先鉴。"民笃信之，奉之为地方瑞像。隋大业五年（609 年）炀帝巡幸河西，重修该寺，亲书题额，名"感通寺"，并诏令天下照形摹绘。唐改为"圣容寺"。今名"后大寺"，寺壁尚存唐乾元元年（758 年）游人墨书"圣容寺塔"题记，山下殿内尚存依山刻凿的有身无首高浮雕石像一躯，高约丈八。其头现存甘肃省永昌县文化馆。第 72 窟此画下部遭水浸漫漶不清，上部画面仍较清晰。画中有一高大石像，像两脚间置一佛头，表示从七里涧迎回佛头置于脚下尚未安装，有榜题曰："圣容像初下无头时。"像身搭木架，若干工匠于架上安装佛头，榜书曰："却得圣容像本头安置仍旧时。"画中还有各国信徒捧供宝行于途中在像前跪叩，以及乐队、百戏、官员供奉礼拜等庆典场面。此画情节甚多，有榜题 30 余条。关于刘萨诃瑞像，除第 72 窟的壁画外，在初唐第 203 窟、盛唐第 302 窟均有高浮雕塑像。中唐第 231、237 窟亦有小型绘画，并有"盘和都督□仰（御）山番和县北圣容像"榜书，但均为单身像，无第 72 窟"瑞像图"所绘各种情节。

马头观音画像，密宗画像之一。马头观音亦称马头大士、马头明王。《大圣妙吉祥菩萨秘密八字陀罗尼修行曼荼罗次第仪轨法》和《陀罗尼集经》"何耶揭利婆观世音菩萨印咒品”均有其形象的具体记载。“何耶揭利婆”为梵语，汉译为“马头”。敦煌壁画中之马头观音，与绢画不同。后者以观音头上画马头表示，莫高窟则有两种形式：五代第98窟甬道顶之马头观音，马面人身，上身着天王装，下为菩萨装；五代第146窟则马面人身，上身全黑，左手托珠，下身着斑马裙。此裙正中有缝，左为红白相间，右为黑白相间，乃独特之斑马。古于阗将马头观音作为护法神，因而在莫高窟也作为瑞像绘于众多于阗瑞像群中。

拘尸那城中纯陀故井，佛教史迹画之一。始见于晚唐，终于宋。画中一方形井槛，一人就井汲水。五代第146窟甬道顶画侧榜题曰：“拘尸□中，纯陀故宅，为佛□。”《大唐西域记》卷六“拘尸那揭罗国”条：“城内东北隅有窣堵波，无忧王所建，准陀（纯陀）之故宅也。宅中有井，将营献供，方乃凿焉。岁月虽淹，水犹清美。”又，S.2113B《诸佛瑞像记》《大慈恩寺三藏法师传》《法苑珠林》《长阿含经》《大般泥洹经》《大般涅槃经》亦记有此故事内容。

沐太子水成油河故事画，佛教史迹画之一。始见于晚唐，终于宋。画面仅画一潺潺小溪，岸边猛兽奔突。五代第146窟甬道顶部此画榜题，尚留有“油河”二字。此画表示释迦诞生后，龙王吐温冷之水洗浴太子，故此水流出成为圣迹。P.3033《诸佛瑞像记》谓：“舍卫城南大林中，释迦如来生地，沐太子水成油河，今现流不绝，立塔记之。”S.2113A.《法苑珠林》《大唐西域记》《方广大庄严经》《因果经》《释迦方志》等，均有类似记述。

第99窟十大弟子画像，弟子画像代表作之一。五代绘制。人物形象保存完好，色彩鲜丽。尤其是佛右侧的三身，不仅注意其外表特征，如高鼻深目、浓眉大眼、满脸皱纹，以示区别，还着意刻画内在感情，如手持经卷的一位弟子，虽年轻，然表情严肃，很有“持戒第一”之意味。此画线描工整，惜缺乏笔墨情趣。

栈道图，法华经变“化城喻品”情节之一。初、盛唐时代，“化城喻品”形式多样，但均为赏心悦目之行旅图。晚唐以后之“化城喻品”，篇幅缩小，“化城”不再是“西域式”，亦无“导师”引路，而代之以取宝者过栈道来表示路途艰难。五代第6窟栈道图保存得最为清晰：悬崖陡壁之间，栈道蜿蜒，栈道梁（现代建筑称“悬臂梁”）从山崖中伸出，上铺木板，沿边设栏杆。身背行装者数人，正从此通过。山那边，疲惫已极之旅行者，头枕行装席地而卧；山这边，一毛驴无人驱使，任其自在，表示上栈道之前，主人已将其丢弃，否则无法通过。上述内容，全系画工之创造，并非出自经籍。

沥粉堆金。即在主体的粉线、粉点上贴金，敦煌民间传统用牛胶和熟石膏如泥，装入防潮的皮囊内，口接一细管，用时面壁挤压皮囊，粉从管出，绘成图案，称沥粉，待粉干透，再涂胶水于沥粉线纹上，贴以金箔，即成沥粉堆金。此法始于五代，在曹氏家族的供养像上，尤喜用沥粉堆金表现妇女身上的装饰，如第428窟前室甬道上的回鹘公主等三女供养人头上的凤冠、胸前珠串，均沥粉绘成；西夏时也用沥粉堆金绘菩萨璎珞环钏。

佛传之苦修、沐浴图，彩色绢画。Ch.1v.0012。唐末、五代绘制。高69厘米，宽19.3厘米。出自莫高窟藏经洞。内容是释迦牟尼出家后成道前修行的两个故事。苦修图表现太子静坐于远离尘世的山洞中潜心苦修的情景。画中太子枯瘦如柴，上身赤裸，下身着犊鼻裤，双腿盘结坐于茅草上。洞两侧巨石耸立，洞前两侧各卧一鹿。尼连河水浴图绘一湍急小河，岸边有一垂柳，瘦弱的太子右手抓柳枝，探脚入水。全画略敷淡彩，以墨线的粗细、墨色的浓淡和着笔的轻重刻画形象。此画与莫高窟第196窟壁画极为相似，可以看出，壁画、绢画均出于当时师承相同的画家之手。

温大眼供养弥勒佛像，彩色绢画。法国吉美博物馆EO.1135[1]。五代后晋天福五年（940年）绘制。高76厘米，宽51厘米。出自莫高窟藏经洞。画面上半部为供养像，弥勒尊佛结跏趺坐于莲座，莲座又置于一供坛上。四周画大目犍连、阿难陀、花严菩萨、大吉祥菩萨、慈氏菩萨等侍从像，下半部中间为施主温大眼诸兄弟供养发愿文，其右为温大眼之父温再德供养像，其左为母马氏供养像。温父身着官服，姿态安详。二供养像均眼目传神，足见画技之高超。由发愿文右侧题记知此画成于七月十四日。

药师如来、如意轮观音、金刚藏菩萨像，彩色纸画。Ch.xxi.0015。五代绘制。高84厘米，宽76.5厘米。出自莫高窟藏经洞。这幅画两面有图，正面是药师、如意轮、金刚藏，背面是团花图案，同裱在一张麻布上。正面居中画药师如来结跏趺坐于莲花宝座上，身穿田相袈裟，外披紫红袈裟；左手置膝头，持药钵，右手上举锡杖；背后有身光头光，顶上有宝盖。药师如来左右侍立二菩萨，左题“南无延寿命而（如）意轮菩萨”，右题“南无延寿命金刚藏菩萨”，与一般所称东方药师三圣为药师佛、日光、月光菩萨不符。背面图案中的团花用淡红、紫红、黑色、绿色等层层晕染勾勒。

观世音菩萨像，彩色绢画。Ch.liv.006。五代绘制。高77厘米，宽48.9厘米。出自莫高窟藏经洞。画面正中为一观世音菩萨立像，跣足，立于莲花座上，莲座由流云托起。头戴化佛宝冠，左手擎起，右手下垂。菩萨面庞丰满，容貌安详。背后有六根修竹。菩萨右侧有一侍立的和尚，左侧有一托花盘的女像供养人。此二像仅及菩萨像高度之半。女供养人像上有题识：“亡弟试殿中监张有成一心供养。”和尚头上的题记为：“众生处代（世）如电光，须臾叶（业）尽即无常。慈悲观音济群品，爱何（河）苦痛作桥梁。舍施净财成真象，光明曜（耀）晀彩绘庄。惟愿亡者生净土，三余（途）免苦上天堂。时天复拾载庚午岁七月十五日毕功记。”天复十载即后梁开平四年（910年）。敦煌虽知中原已改换朝代，但未对唐王朝显示忠诚，故仍用唐年号纪年。

文殊菩萨、普贤菩萨像，彩色绢画。前者Ch.xxxvll.005，高218.7厘米，宽114.8厘米；后者Ch.xxxvll.003，高219.4厘米，宽115.2厘米。右上角和左上角各有一弧形边饰。出自莫高窟藏经洞。文殊骑狮，普贤乘象，四周均围绕眷属、乐队及执绳牵狮象的昆仑奴。从题材内容、画面经营、人物布局、绘画风格或左右角的弧形边饰看，两画之间还应有一幅释迦牟尼佛绢画。两画的文殊、普贤应分挂于释迦图左右两侧，三者应是一帧统一的画幅。就两画人物造型面宽而短、眼睛细长、敷彩淡薄、色调明快柔和等来看，当属五代时期作品。

1 法国吉美博物馆藏敦煌文物编号。1909年11月，伯希和将他在敦煌所获绢纸绘画、麻布刺绣、丝织品、木雕、竹草等材料制的经帙等文物资料，入藏于卢浮宫，数百件，编在EO.号下。以后，部分材料转移到吉美博物馆收藏。1947年，吉美博物馆成为巴黎国立博物馆的亚洲艺术部，收藏在卢浮宫的全部敦煌资料都移入吉美博物馆。

水月观音图，彩色绢画。Ch.lvi.0015。五代、北宋绘制。高 70.5 厘米，宽 55 厘米。出自莫高窟藏经洞。图分上下两部分，上面是水月观音，下面为供养人。水月观音裸上身，半跏坐于池畔平台上，水中有莲花开放，头顶有花，周围有树，冠上有化佛，嘴上有蝌蚪胡，项下、双臂、腕上有瓔珞钏饰，左手前伸持柳枝，右手托宝瓶。画中的供养人像较大。左边一身头戴幞头、手捧供品，坐于毯上作供养状，身后立一小童双手捧花。右边一身比丘，双手持香炉，炉中香烟袅袅，亦坐于地。身后立一双手合十的小沙弥。水月观音及供养人前画有榜题牌，均无字。

地藏菩萨像，彩色绢画。Ch.0084。五代绘制。高 55.5 厘米，宽 39.8 厘米。出自莫高窟藏经洞。画面中上部的地藏菩萨身穿田相袈裟，结跏趺坐于莲座上，左手置于膝头，手中持火焰宝珠；右手举于胸前，拇食二指捻扶锡杖。菩萨身后和脑后有圆形的身光、头光，饰以圆形、半团花、云纹等图案。整个菩萨身后有一大圆，染以白色。构图上，身光的圆与头光的圆相交，又都包括在外圈的大圆中，菩萨圆形的脸庞也与之相谐调。只有莲座超出了大圆圈之外，使构图既圆和又有稳定感。下部左边，画有一供养童子，双手捧花。中间有一榜题长条，无字。右边未画。全图敷色较清淡。

地藏十王图，彩色绢画。Ch.0021。五代绘制。高 91 厘米，宽 65.5 厘米。出自莫高窟藏经洞。图的中部地藏菩萨居中半跏而坐，右手持宝珠，左手扶锡杖，头上有宝盖，足下有莲花。地藏两旁及下部，画有从秦广王到五道转轮王等十王及道明、狮子等。十王大多手捧笏板（亦有执笔者），作王者坐像，也有武将装者，面前均置案，案头有卷及砚等，卷上有字。十王前后左右，有侍者或立或展卷与王。下部左边画阎魔王起立作审问状，有崔判官侍立。中有一牛头牵一戴长枷罪人，对业镜而立，镜中画一人持斧杀牛。与同时期的其他同类题材的画相比，这幅画中的恐怖场面较少。画面下部有供养人数身，左边三身，一为持炉比丘尼，二身为女供养人，俱跪地供养。右边前一持炉比丘，身后一沙弥侍立，最后一男供养人双手合十跪地供养。

行道天王图，彩色绢画。Ch.xxxvii.002。五代绘制。高 61.8 厘米，宽 57.4 厘米。出自莫高窟藏经洞。绢地呈绿褐色。右上角榜题："水路天王行道时，施主徐汉荣一心供养。"画面可分下、中、上三段：下段（约占全画面的九分之一）画海及海岸，水中有莲花、鸳鸯、游童戏水、龙王及龙女等，岸边有鹿，描写龙王龙女海上来迎等场面。中段（约占全画面的三分之二）画毗沙门天王骑白马奔驰，前后左右眷属（药叉形象）围绕，有的擎旗，有的捧塔，有的执斧、弓、箭等诸般兵器，还有的持珊瑚等海中珍宝。马后有一男子作太子装，双手执笛，一贵妇双手合十，向天王供养礼拜。天王于马上回身作说话状。上段（约占全画面的九分之二）绘建筑及远山，以表现天王行道途中的环境与景色。

行道天王图，彩色绢画。Ch.0018。五代绘制。高 61.8 厘米，宽 57.4 厘米。出自莫高窟藏经洞。画中描绘北方毗沙门护法天王，由具神力的武士陪伴，正在穿越大海。天王右手擎金戟，左手有紫云飘忽，托起一佛龛。天王前方，吉祥天女手端浅金花乞福盘；另一侧为一白发老者。画之顶部有一射手正在将飞翔的羽翼雷怪射下。是藏经洞所出绢画的上乘之作。

白描罗祐通供养观音像，纸质白描画。P.4060。观音坐于佛龛内，衣带略作兰叶，阶陛及观音面孔用铁线描画。两童子双手合十，跪于阶陛两侧。画之下部为供养人像，施主居于左侧侍立，双手合十，一仆人牵马曲立于右侧，双手亦合十。供养人像左侧（画面左下角）有题记云："施主会稽镇曷（遏）使罗祐通一心供养。"唐末五代罗氏家族显赫者有罗通达、罗盈达及其兄弟罗文达、罗文通、罗进通、罗通顺等。此罗祐通可能与之为同辈兄弟，知此画约成于五代时期。

白描狮子图，纸质白描画。Ch.00147。晚唐或五代绘制。高 29.8 厘米，宽 42.8 厘米。出自莫高窟藏经洞。由木笔或苇笔画成，构图简练，用笔娴熟，寥寥数笔，一只雄狮跃然纸上，很可能是一幅大型画的局部之粉本。

雕版佛坐像，黑白版画。Ch.00417a、b、c。唐末、五代刻制。高约 30 厘米。出自莫高窟藏经洞。自上至下由五排坐佛像组成，所有佛像坐姿全同：佛坐于莲花座上，双手持钵，体态安详。线条十分简单。每隔二十一个佛像便有一手写佛历日期注记，如第八日、第十四日、第十五日、第二十三日、第二十九日和第三十日，可能是供养者所书。

雕版阿弥陀如来像，黑白版画。Ch.xliii.003。五代刻制。高 26.7 厘米，宽 17.1 厘米。出自莫高窟藏经洞。分上下两部分，上部为阿弥陀佛造像，下部刻阿弥陀佛供养受持法。上部正中有一大圆，阿弥陀佛造像在大圆中坐莲台宝座上，头上螺髻，身披袈裟，袒露右臂，双手作定印，结跏趺坐。头光是两个同心圆，背光为三个同心圆，头光背光的火焰纹联成一气。中间是圆，圆之外则是方形。左右各刻一长方形题牌，以莲花相承，左边书"四十八愿阿弥陀佛"，右边书"普劝供养受持"，同围在横长方形的框中。下部受持法云："夫欲念佛修行求生净国者，先于净处置此尊像。"

雕版观世音菩萨像，黑白版画。Ch.lvi.0026。五代刻制。高 20 厘米，宽 13.4 厘米。出自莫高窟藏经洞。菩萨站莲台上，上有宝盖；头戴化佛宝冠，冠带飞扬；裸上身，披帛，项下有璎珞宝饰；着长裙，赤足。左手于胸前捻莲花，右手下垂提净瓶，腰身及腿略屈，以避免造型的板滞。观世音两旁刻有竖长框榜题，右侧为"大慈大悲救苦观世音菩萨"，左侧为"归义军节度使检校太傅曹元忠造"等字样。在另一幅同样的版画（S.242、Ch.00185.d）中有"时大晋开运四年"及"匠人雷延美"的题记。故推测此画亦应刻于是时。

雕版观世音菩萨像，黑白版画。Ch.00185.d，又见 P.4514（6）。五代刻制。高 31.7 厘米，宽 20 厘米。出自莫高窟藏经洞。画面分两部分，上部为菩萨像，下部为发愿文。菩萨头戴宝冠，顶部有帷幔，脚踩莲花座，全身为站姿。左手竖起，右手提一净瓶。面庞圆润，肌肤丰满。像之正面左侧竖书"大慈大悲救苦观世音菩萨"，右侧竖书"归义军节度使检校太傅曹元忠造"。发愿文共十三行，九十九字，从中可知此菩萨像由曹元忠出资雕印于后晋开运四年（947 年）七月十五日。发愿文之后有"匠人雷延美"五个小字。此画对研究曹氏归义军历史和其时敦煌地区的雕版印刷有重要价值。

雕版观世音菩萨像，黑白版画。Ch.liv.0010。五代刻制。高 30 厘米，宽 9.6 厘米。出自莫高窟藏经洞。菩萨头梳高髻，戴宝冠，裸上身，项臂有璎珞披帛，左手提净瓶，右手持柳枝，着裙，半侧身立于莲台宝座上。由于宝座高、发髻高、火焰头光高，加之天地头的空白，所以观世音造像显得身材颀长，亭亭玉立。观世音菩萨周围框中饰以图案，左侧顶框刻"大慈大悲救苦观世音菩萨"及奉持方法“清净心每早奉念一千口”。

（二）乐舞与曲词

宴会嫁娶乐舞，敦煌壁画中的乐舞，出现于弥勒经变故事画中。榆林窟五代第 38 窟嫁娶图中，一男子着汉装，头戴乌纱幞头，身穿圆领服，下着瘦腿裤，吸左腿，身向左前倾，拂长袖翩然起舞，女子执长柄扇（歌扇）站立一旁为其伴唱。新娘站立，新郎跪拜，正行交拜之礼。

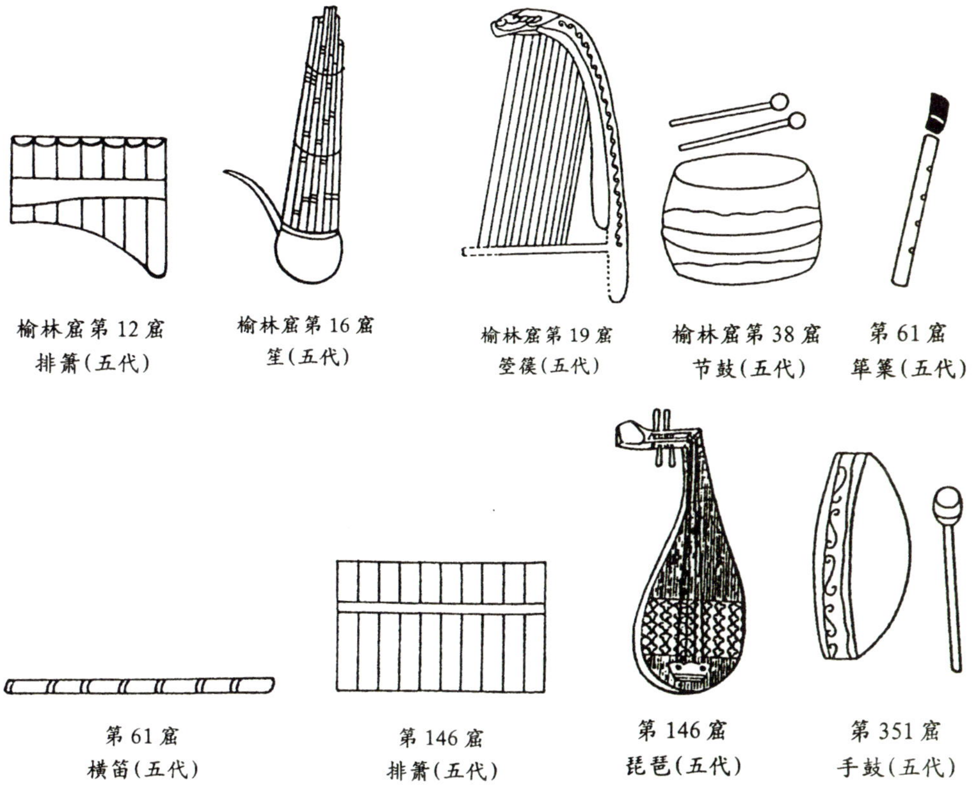

图 4-1-13　五代乐器（杨森绘）

手鼓，打击类膜鸣扁胴型乐器。形似今日新疆地区的手鼓，状扁平，木框只一面蒙皮。演奏时一手持鼓，一手拍击，或以小锤击之。与今日不同者唯边框无小铁钹或小环。鼓面绘有图案。在敦煌壁画中，此鼓出现不多，莫高窟盛唐第 379 窟，五代第 6、351 窟及榆林窟元代第 3 窟及第 10 窟绘有此鼓图像（图 4-1-13）。

曲子别仙子，敦煌写本。S.7111。是敦煌发现的唯一一件五代时期词、乐、舞节要合纂抄本。此卷首标曲子名，接写此曲之舞谱序词，又抄《曲子别仙子》歌词三首，第一、二首之间注“绝乙”二字，第二、三首之间注“共送”二字，是为音乐标语。本卷透露的正曲、急曲子、慢曲子三者组合成套的信息，对理解“敦煌曲谱”中在专名曲谱之后往往接抄“急曲子”或“慢曲子”，提供了新的思路。

（三）家居

敦煌五代至宋代，中国家具的发展正经历一个重要的过渡阶段，即低矮型的传统家具向高型家具转变，人们的起居形式由席地跽坐向垂足倚坐发展，从而最终完成转型。

五代99窟北壁千手眼观音变东侧条幅上，在一所房屋中放有一张四足床，左右各一短帐，带帐床壁画中不多见。五代61窟南壁楞伽经变上，一座大堂，堂基础用五层青石或砖垒砌，正中为绿色斜面台阶，堂内有一张正面约有九土黄色壶门，并在腿下带土红色托泥的特长形矮床，床面为石绿色，拦水线部分为土红色，上共坐有五人，二男二女一侍者，二男子为箕踞坐，二女子为站姿，侍者也为站姿。还是此经变上，一病人头枕枕上仰卧于壶门式床上，左右各二壶门、前后各五壶门，腿下有托泥，床面为石绿色，拦水线和托泥部分为褐色，画的壶门为土黄色。大英博物馆藏敦煌五代纸画《十王经画卷》中，一张前后各三壶门、左右各二壶门并有托泥的床上，一位被捆的人被火焰包围。敦煌壁画与藏经洞出土的绢画、纸画上所画家具图像没有什么差别，几乎相同，而且多数床后围有屏风，这是带壶门和托泥床的一个普遍形式。

敦煌独特的床——四面围帷幕的床。莫高窟390窟甬道顶五代画地藏与十王厅上，两边各画五幅带帷幕的长方形床，上面还都放一张四周围有帷幕的小长案，床上多为二人坐。384窟甬道顶五代画地藏与十王厅上，一王坐在床上，前有一帷幕书案，床面下部四周围着幕布，不见床腿。这种床榻，在别处也是罕见的，可视为敦煌壁画中独特的一类床图像[1]。

（四）风俗活动

行像，装饰佛像巡行街衢以纪念佛祖的庆祝活动。纪念佛诞的称为佛降生相，纪念佛逾城出家的称为太子出家相。这一节俗起源于古印度，后经西域、敦煌传播到中原内地。在传播过程中，行像的日期出现两种情况，于阗奉四月八日佛诞说，其行像以四月一日为始，至十四日行像乃讫。中原内地亦以四月八日为行像日。唐五代敦煌地区却远绍古印度遗制，以二月八日为行像日。其行事大致分三个阶段：（1）准备。从正月中下旬起，敦煌都僧统司下辖的营设司和诸寺，便忙于修治佛的塑像和画像，见P.3490、2040背（3）、2049（1）等，造作菩萨头冠、缝制幢伞，见P.2049（2），民间信众也积极进行各种准备工作。二月六日起，各寺燃灯，揭开节日序幕，见P.3490、2040背（2）等；二月七日，僧官巡视道场，营设司造帖通告各界，见P.2032背（4），2040背（3）等。（2）行像。二月八日，僧俗官员齐集道场行法事，各色侍佛人抬释迦佛像和菩萨像，擎举绢画佛像，自北门出发，巡行街衢，百姓临街瞻仰，至道场散施祈福，官署踏歌助兴，寺院举行赛天王法事，举城倾动，隆重热烈，见P.2032背（1）（2）（4）、2040背（1）（2）、2049（1）（2）、1053背、3490等。（3）善后。二月九日，收拾佛像和诸道具，赏劳师僧和诸色侍佛人，历时半个多月的行像活动始告结束，见P.2049（2），2638、3234背（6），3763等。

燃灯，佛教的一种仪式。《无量寿经》（下）曰："悬缯燃灯，散花烧香。"可见燃灯与花、香都是对佛的供养，也是僧侣和信徒积累功德的一种形式，故佛经中有《施灯功德经》一卷，北齐时由那连提耶舍译出，在中国传播。由此又演为正月十五坊市燃灯的节俗。唐五代敦煌地区也盛行此俗，但受社会经济力量制

1 杨森：《敦煌家具研究》，兰州大学历史学、历史文献学博士学位论文，2006年。

约，一般只限于在寺窟中燃灯，且灯数不多，一夕便罢。另外，二月八日佛诞节和十二月八日“腊八”之夜，也要遍窟燃灯。敦煌佛教对诸节燃灯很重视，都僧统司下设灯司，配备燃灯法仕教授负责燃灯节的运筹工作，并制有《燃灯文》供僧俗、官民祝节诵读。燃灯之日僧俗官员上窟贺节，寺中备有酒食招待（见P.2049 背 a、b 两件后唐时期沙州净土寺的《入破历》）。由于灯节开支繁多，寺院财力难以独立承担，民间信众有自愿结成的“燃灯社”，凑集油、粮给附近寺院。故燃灯成为敦煌地区官民同庆的盛大节日。灯的样式，S.1316 曾提到影灯，即在纸灯笼上绘出各种图像，灯笼燃亮时，图像清晰显示出来。

腊八燃灯，敦煌岁时民俗。《譬喻经》云：“佛腊月八日降伏六师外道。”敦煌行燃灯之俗，以示庆贺。敦煌石窟腊八燃灯分配窟龛名数，又作腊八燃灯分配窟龛名数。唐写本残经一段背面衬纸上的一份写本文书。原为吴曼公所藏，现藏敦煌研究院，编号为 0322 号。首行为“十二月八日夜□（壗）□（沙）社人遍窟燃灯分配窟龛名数”。十二月八日为佛教节日，俗称“腊八”，故吴氏将其定名为“敦煌石窟腊八燃灯分配窟龛名数”。文中开列有阇黎、禅师、僧政、法律、都头、押衙、行者等燃灯社人分配到的燃灯窟龛名称和盏数，文末申明所列社人的责任及未能尽责时的处罚规定，最后是时间和出布告人的头衔姓名：“辛亥年十二月七日□门僧政道真”。道真是敦煌名僧，见于多件文书，依据道真的活动时间，本件之辛亥为后周广顺元年（951 年）。从教团对于燃灯的重视和遍窟燃灯盏数之多，可以想见唐宋时期敦煌地区腊八节诸佛窟灯火辉煌、僧俗信众齐集佛窟礼拜的热烈景象。从燃灯社人包括僧、俗、官、民，以及它由僧官主持调度如意的情形，可知当时燃灯社的组织管理概况。文中提到当时敦煌许多佛窟的位置、特点和原有名称，为研究敦煌佛窟提供了宝贵的线索。

第二节　北宋石窟艺术（960—1036 年）

乾化四年（914 年），沙州的另一个大族曹氏家族中的曹仁贵（后更名议金）取代了张承奉，恢复了归义军称号，此后归义军政权一直把持在曹氏家族手中。曹氏归义军政权吸取了张承奉失败的教训，他们对外努力改善与周边少数民族政权的关系，通过联姻等办法与甘州回鹘、西州回鹘、于阗等少数民族政权建立了在平等基础上友好往来的新关系，以图共存。同时积极恢复与中原王朝的统属关系，接受中原王朝的封号，奉中原正朔，利用旧日唐朝在各族人民心目中的声威，以求在西北各民族中树立自己的正统地位。对内则继续吸收瓜沙望族和少数民族头面人物参加归义军政权，以扩大政治基础。这些措施使曹氏归义军政权既得到了中原王朝和周边少数民族政权的承认，也得到了境内兵民的支持，使其能在五代、宋初复杂的民族关系中得以生存、发展。而且，河西西部与西域各绿洲王国间的友好往来及由此带来的相对安定的政治环境，还为密切中原王朝与这些地区的联系和中西交流提供了良好的条件。北宋建立以后，有很多僧人经由河西、敦煌前往天竺（印度）求法，他们在往返途中常在敦煌暂居。很多敦煌僧人或者随同这些返回的内地僧人，或者随同东行的西域僧人，甚至混杂于西域各国商队和使团中频繁出入中原。敦煌与中原、西域联系的加强和各地僧人的频繁往来，促进了各地间佛教文化的交流。一方面敦煌不断向中原王朝乞求本地已欠损的佛经，那些往来于敦煌的僧人也不断把中原僧人的佛教著述和从印度、西域带来的佛典留在敦煌，同时也将一些敦煌独有的佛教典籍带到中原、西域。

敦煌与中原、西域间的佛教文化交流为曹氏归义军时期佛教的继续兴盛提供了良好的外部条件，而曹氏历任节度使对佛教的支持和尊崇则为保持其繁荣创造了良好的内部环境。他们不仅把发展佛教、争取佛教势力的支持作为稳定社会、巩固政权的重要措施，还试图凭借高度发达的佛教文化来提高归义军政权在西北少数民族政权中的地位。在这样的背景下，敦煌的佛教继续保持着强大的势力。在沙州十七所大寺名籍上仍有一千多名僧尼。僧尼受到人们的尊崇，享有较高的社会地位。佛教在社会各阶层中仍有巨大的影响。当然，曹氏归义军政权也不是听凭佛教势力自由发展，他们不仅继续将沙州僧官牢牢控制在手中，而且还控制着佛教发展的导向。这一方面表现在几乎一切佛教活动仍要为节度使及其亲属的文治武功大唱赞歌，并为他们祈福；另一方面表现在他们着重支持发展敦煌的佛教文化和佛教艺术，努力把敦煌建设成为西北地区汉化佛教的中心。在他们的支持下，敦煌的佛教在当时无论在藏经方面还是在佛学研究方面都代表了西北地区汉化佛教的最高水平，对西州和于阗佛教的发展都产生了直接影响。在发展佛教艺术方面，他们也是不遗余力，从曹议金到曹延禄，历任节度使都在莫高窟或榆林窟从事过新建或重修活动。在他们的带动下，归义军的各级官吏和很多百姓都参与了上述活动，从而把莫高窟建设成为西北地区佛教徒仰慕的圣地。受曹氏归义军政权控制佛教发展导向措施的影响，这一时期的寺院经济继续衰落。寺院依附人口对寺院的依附关系日趋松弛。寺院的租佃制和出租加工业得到了进一步发展，下层僧徒所承担的劳务日益增多，高利贷收入成为寺院经济的主要支柱。寺院经济的进一步衰落迫使佛教势力更加依赖世俗政权的扶持。

曹延禄执政晚期，归义军再度与甘州回鹘发生战争，引起瓜沙民众的不满。咸平五年（1002年），归义军内部发生兵变，曹延禄与其弟曹延瑞被迫自杀。延禄的族子曹宗寿在众人推举下掌握了归义军政权，宋廷遂任命曹宗寿为归义军节度使。战争和内乱使曹氏归义军政权迅速衰落，而沙州地区的回鹘势力在这一时期却得到了迅速发展，成为与归义军政权抗衡的重要力量。此时，归义军政权已不堪一击，任何外来的攻击和内部的骚乱都足以使其倾覆。这使得在归义军政权庇护下的沙州佛教势力感到极度恐慌。景德三年（1006年），信奉伊斯兰教的黑韩王朝灭掉于阗佛教王国。这个消息很可能被沙州寺院从东逃的于阗人那里得知。在佛教像法灭尽思想的影响下，在穆斯林东进的威胁下，莫高窟的一些寺院将一些重要的经卷和佛像、幡画等集中起来，收藏在原来存放各寺剔除的经卷、外典、过时文书、旧幡画、佛像的洞窟中（今编号为第17窟），并将该窟洞口封闭起来，做了必要的掩饰。以后，由于当事人和知情者逐渐离开人世，藏经洞的情况也就不再为世人所知[1]。天禧四年（1020年）和天圣元年（1023年），曹贤顺曾两次向宋廷进贡物品。自天圣元年以后，曹氏归义军政权从史籍中消失。根据相关材料

1 关于藏经洞的封闭，学术界还有别的说法，参见“藏经洞”。季羡林主编：《敦煌学大辞典》，上海辞书出版社，1998年12月，第60—61页。

推测，它可能是在天圣六年至景祐四年（1037 年）间被沙州回鹘所取代。

北宋敦煌石窟艺术，指北宋统治敦煌地区七十六年（960—1036 年）期间的敦煌石窟艺术。在莫高窟新建十五窟。敦煌地区的执政者一直是归义军曹氏，其中以第四代节度使曹元忠卓著功勋。他们继承先辈的遗政，宗奉中原赵宋王朝为正朔，对外以联姻手段，东交甘州回鹘可汗，西结于阗李氏，友好相处，共保“丝绸之路”畅通；对内振军兴农，励精图治，保持了多年的相对安定局面，为已是夕阳残照的敦煌艺术继续发射余晖，提供了充足的物质条件与相对安定的政治局面。而曹氏画院的设置，又为发展敦煌艺术聚集了一批能工巧匠。曹氏家族一直“广荣释教”，“仰仗慈门”，使沙州（今敦煌）成为河西走廊地区的佛教中心。作为佛教圣地的莫高窟，官民僧俗仍然开窟不止，造像不绝。洞窟建筑形制仍然沿袭晚唐、五代旧式，无新变化。以第 55 窟为例，平面略呈纵长方形，中间偏后建马蹄形佛坛，前有登道，后有背屏，通连窟顶。覆斗形窟顶，四角凿凹入浅龛，龛内画四天王。下层多数窟前修木构殿堂，中、上层窟前也有窟檐、栈道相通。可惜多数已毁，目前仅存四座窟檐，其中第 427、444、431 窟窟檐内还分别有乾德八年（970 年）、开宝九年（976 年）、太平兴国五年（980 年）的建造纪年。这些窟檐与壁画中的大量建筑图像资料，珠璧相映，都是研究宋代建筑的珍贵资料。塑像多遭破坏，所剩无几，现仅存三十身，其中佛像十二身，菩萨像八身，天王像三身，力士像七身。在宋代洞窟中，只有第 55 窟塑像保存比较完整，堪称宋塑代表。在巨大的马蹄形佛坛上，塑“弥勒三会”群像，现存倚坐弥勒佛像三身，菩萨三身，弟子一身，天王一身，力士二身。以彩塑形式表现“弥勒三会”，在中国石窟艺术中这还是首创。造像风格，衣冠服饰，表现技法，都是一仍唐风，但远不及唐塑生动。第 234 窟团龙藻井中的浮塑五龙，奋昂疾驰，劲健有力，组成流畅波动的曲线，颇富速度感与节奏感，也是宋塑中之佳作。

壁画前期仍然以大幅经变画为主。现存主要经变画有：弥勒经变九铺，维摩诘经变八铺，药师经变八铺，观无量寿经变六铺，华严经变五铺，天请问经变五铺，法华经变三铺，报恩经变三铺，劳度叉斗圣变三铺，金光明经变三铺，楞伽经变三铺，思益梵天问经变二铺，密严经变一铺。这些大幅经变画与唐、五代相比，有两点明显变化，一是数量大大减少，二是更加程式化。风格如槁木，情采似死灰，此乃就其总体比较而言。如果具体分析宋代大幅经变画，其中也还不乏佳作。例如归义军节度使曹元忠修建的第 55 窟，无论建筑、塑像、壁画，都是规模宏伟，不亚于前代，力虽不胜，尚思奋飞。第 76 窟南壁的法华经变，别创一格，共画八个条幅，上下各四幅，每幅称一卷，每卷都以释迦灵鹫山说法为主题，周边穿插小故事画，单独看，是一幅独立的画，合起来，构成一铺完整的法华经变。第 15 窟弥勒经变，画在覆斗形窟顶四坡，构图严谨，布局合理，人物、景色描绘细腻，颇富晚唐壁画余韵。宋代新出现两铺大幅经变画。一是对称地画在第 76 窟南北壁的千手千眼观世音菩萨广大圆满无碍大悲心陀罗尼经变，北壁以十一面观音为主尊，左右配以“不受十五种恶死”的小故事画；南壁以戴化佛冠的观世音菩萨为主尊，左右配以“得十五种善生”的小故事画。每个小故事画旁都有墨书榜题，标明故事内容。二是八大灵塔变，画在第 76 窟东壁，以窟门为界，南北各画四塔，分上下两排。下排四塔已毁，上排四塔完好，根据榜题记载，分别是释迦牟尼佛降生第一塔，初转法轮第三塔，祇园精舍第四塔，猕猴奉蜜第七塔。

供养人画像中也有一些好作品，例如第 61 窟东壁北侧太平兴国五年（980 年）左右重画的于阗公主像，头戴凤冠，脸贴花钿，身穿朱衣，手擎香炉，清新俊逸，亦神妙矣。第 244 窟甬道南北壁画两身于阗太子像，画工只用几笔遒劲有力的墨线，就勾画出两位太子的童真、机灵、可爱，为宋窟人物画中所少见。壁画用线主要是墨线与赭红线，除少数尚称遒劲外，多数缺乏笔力。连这个时期的所谓战笔，实际上也是线描功夫衰退的表现。至于用色方面，富丽光彩的朱砂等减少，灰暗的大绿、赭红以及用铅粉调和银朱氧化变色后的茶褐色壁画，比比皆是。尤其到了后期与西夏交叉的一批洞窟，几乎是一片绿海。一进这类洞窟，立即给人以清冷、乏力、呆滞的感觉。唐代的金碧辉煌不见了。

莫高窟艺术的衰落有多方面原因。入宋以来，中国佛教各宗更趋衰落，服务于佛教的石窟艺术也随之而式微。北宋郭若虚在其名著《图画见闻志》中曾说："若论佛、道（画）……近不及古。"海上"丝绸之路"的日益发展，取代陆上"丝绸之路"，敦煌也渐渐失去了它在中西交通方面的重要性。这些因素的综合作用，势必影响到敦煌艺术的发展。尽管瓜沙曹氏地方政权极力扶持佛教，耗费大量人力物力开窟造像，然而终归还是"无可奈何花落去"。尤其到了曹氏政权末期，东遭西夏的进攻，西受伊斯兰教势力的威逼，势孤力单，再加上内部的权力之争，互相残杀，根本无力开凿新洞窟。就是重绘的一批前代洞窟，也是满壁如出一模的千佛、菩萨，像剪纸般地贴在绿地墙上，纵横成行。即使装饰图案，也失去北朝生动活泼、隋唐自由舒展的风格，变成了规范化的、呆板的"回纹"。

《内容总录》确定 960 年至 1030 年间凿建十五窟。编号是：25、55、73、152、174、230、233、235、256、355、364、377、443、452、454。重修九十七窟。编号是：7、9、14、15、34、35、46、58、59、65、67、76、89、94、112、116、118、122、133、135、136、137、141、142、145、146、161、166、167、169、170、171、172、175、176、177、178、182、188、189、192、193、197、198、201、202、203、204、220、227、231、242、243、257、259、260、264、268、275、285、289、290、302、320、335、366、368、370、372、373、376、378、380、381、383、393、405、406、407、420、421、424、427、429、430、431、437、442、444、449、451、456、457、459、467、470、478。

一、北宋代表洞窟

（一）第 55 窟（图 4-2-1）

第 55 窟建于宋建隆三年（962 年）前后，窟主曹元忠，平面方形，覆斗形窟顶，双龙卷瓣莲花藻井。

中央设背屏佛坛，坛上塑弥勒三会，现存十身，表现弥勒三次集会说法之群塑，为宋塑中之精品。《佛说弥勒来时经》云：弥勒初会说法，九十六亿人得阿罗汉；二会说法，九十四亿比丘得阿罗汉；三会说法，九十二亿沙门得阿罗汉。莫高窟仅本窟有此题材塑像。现存倚坐弥勒佛像三身，分别塑在佛坛西、南、北三边，成三角鼎足之形，以示弥勒三会。还有菩萨像三身，弟子像一身，天王像一身，分别侍立三弥勒佛侧。另塑力士像二身，肩负弥勒佛座。这是莫高窟保存最好的一组宋代彩塑，造型、衣饰，一仍唐风，惟不及唐塑生动有力。佛坛背屏连接窟顶西披。佛坛南佛座东侧彩塑天王像（图 4-2-2），身着戎装，作叉腰、手抬、肩扛、头顶佛座的姿态。面部宽厚结实，眸子突起，怒目而视。威猛有力。形象衣饰仍保持唐代余风。莫高窟今存宋塑极少，天王像仅此一身，基本完好。

图 4-2-1　北宋莫高窟第 55 窟 内景

窟顶西披画弥勒经变，与佛坛上的弥勒三会群塑相呼应，珠联璧合，相得益彰，莫高窟仅此一例，十分珍贵。东披绘楞伽经变，南披是法华经变，北披为华严经变。窟顶四角凹陷，东北角有东方提头赖吒天王（图 4-2-3），东南角是南方毗琉璃天王，西南角为西方毗楼博叉天王，西北角画北方毗沙门天王。

东壁窟门南侧上部绘金光明经变，下部已毁。窟门北侧上部有密严经变，下部西夏重绘供养菩萨六身。南壁东起画弥勒经变、观无量寿经变、报恩经变、观音经变，下部是屏风式贤愚经变十二扇。第六屏绘《贤愚经·梵天请法六事品》

图 4-2-2　北宋莫高窟第 55 窟佛坛南佛座东侧彩塑天王像

图 4-2-3　北宋莫高窟第 55 窟 天王

故事画之四，昙摩钳投火坑求法故事画。内容为：昙摩钳太子欲求正法，帝释天化为婆罗门，请太子入火坑以示诚意，太子从之，婆罗门遂以正法偈语相授。太子听法后践约投火。此时，大地震动，火坑化为华池，太子乘莲华出池此太子即今之佛。其画面为:（1）宫城内，太一子坐殿上求正法，帝释天化为婆罗门至。（2）国王遣使乘象去各地谕告全国太子将舍身求法。（3）太子及婆罗门立于烈火旁，众大臣于后劝阻。（4）婆罗门居高座为太子及大臣说正法。晚唐第85窟南壁屏风画第四屏画，五代第98窟南壁第三屏画、第108窟南壁第三屏画、第146窗南壁第三屏画，均绘此故事。第55窟南壁第七屏画，绘《贤愚经·梵天请法六事品》中故事画之三，毗楞竭梨王身椓千钉求法故事画。

西壁画劳度叉斗圣变，下部绘屏风式贤愚经变十四扇。北壁东起画天请问经变、药师经变、思益梵天问经变、佛顶尊胜陀罗尼经变，下部为屏风式贤愚经变十一扇。第55窟壁画中有三层六边形楼阁式塔。方形塔每面三间，有的中间开门，两次间开窗，有的仅中间开窗，二层以上设平座及栏杆，塔身每向上增加一层，层高与宽度逐层减少，塔顶置塔刹。

甬道在西夏重修时将宋代曹氏家族供养画像全部覆盖。近世不知何人于何时破坏西夏壁画，剥出曹氏部分供养画像。伯希和于1908年写的《敦煌石窟笔记》中已经记录有南壁以曹议金为首的男供养人题名五条，北壁以回鹘公主为首的女供养人题名三条。

宋代诸窟以第55窟为代表，窟中一组塑像仍然保留着唐代的风韵。随后西夏统治了敦煌地区，这一时期的壁画融入了党项族的审美元素，不少人物的服饰和装束都带有党项族的特点。其壁画风格喜欢用石绿等冷色调，配上沥粉堆金的方法，达到一种金碧辉煌的效果。

（二）第76窟

莫高窟第76窟系唐代开凿、北宋重修的一座中型洞窟。华盖（藻井）四周绘伎乐飞天。这身伎乐飞天，身卧彩云，一手执钟，一手弄鼗，而且为罕见之三鼓连摇。飞天面相宽而丰满，眼睛上下以土红弧线画出突出的眼球，手指和脚趾上多一道弧线。这是瓜沙曹氏画院宋代壁画人物造型上特色之一，云彩的装饰性很浓，但流动缥缈的生动性不足。

东壁绘八大灵塔变。八大灵塔变是糅合《大乘本生心地观经·序品》《佛说八大灵塔名号经》以及佛传中有关情节创作而成。莫高窟现仅存此铺，以窟门为界，南北各画四塔，分上下两排。下排四塔残损。上排四塔完好，有释迦牟尼佛降生第一塔，初转法轮第三塔，祇园精舍第四塔，猕猴奉蜜第七塔。从画面看四座塔的造型结构相同，均为单层四角叠涩顶佛塔，由基座、塔身和塔顶三部分组成。塔顶两侧悬挂巨幡，幡外侧各有两身飞天。塔座为金刚座形，塔身正面有莲瓣形龛。人物、情景在简略中求生动，赭红线描劲细有力，是宋代壁画中之上乘。

释迦牟尼佛降生第一塔，位于第76窟东壁窟口南侧。画面中央是塔，塔正面开龛。龛外左右各有一人骑羊。羊前腿腾空，后蹄踏卧象，不解何意。塔下正中有墨书榜题："粤我本师释迦牟尼佛泯形兜率，降迹迦毗，乘白象而示应示生，蹋青莲而指天指地，净饭王捧持太子，阿私仙占相吉凶，称云定是法王，救度一切，果然厌四生苦，奉观六道群迷，逾城弃生死之萦纡，雪山证菩提之满果。此处降生第一塔也。”画面按榜题所述顺序，共绘九个情节：（1）树下诞生。（2）九龙灌顶（皆在龛内）。（3）王捧太子。（4）相师占相。（5）夜半逾城（皆在塔右）。（6）辞别车匿。（7）雪山落发。（8）六年苦行。（9）熙连澡浴（皆在塔左）。上述情节全是佛传故事。画面中的人物、情景，虽嫌简略，但亦抓住了重点。出场人物不分贵贱，都穿犊鼻裤，在敦煌壁画中少见。菩提树下成佛第二塔已毁。

菩提树下成佛第二塔，位于第76窟东壁，已毁。

初转法轮第三塔，位于第76窟东壁窟门南侧。塔形同释迦牟尼佛降生第一塔。塔龛内画三佛，合十，结跏趺坐。这时释迦已悟道成佛，三佛为其法身、报身、应身。塔下正中有墨书榜题：“于是慈云普覆，悲智发明，应因地之愿心，受梵王之启请，赴波罗奈国鹿野苑中，化昆季之五人，始宣扬于四谛。此处初转法轮第三塔也。”榜题上部画一法轮，左右画二鹿，以示“初转法轮”。塔外右侧画三菩萨，合十跪于莲上，榜题云“普贤菩萨摩诃萨等赴法会”。塔外左侧也有三菩萨，合十跪于莲上，榜题云：“文殊菩萨摩诃萨等来赴法会。”塔外右下角画五人，穿俗装，立，榜题云：“教化昆季五人处。”“昆季五人”指憍陈如等。塔外左下角画五比丘，着袈裟，合十立，榜题云：“五比丘闻四谛法轮时。”“五比丘”即憍陈如等五人皈依佛门。

祇园精舍第四塔，位于第76窟东壁窟门北侧。塔形与龛内三佛同“初转法轮第三塔”。塔下正中墨书榜题：“遂向舍卫城内祇陀园中，给孤虔诚铺金买地，建立精舍，足立……”塔外右侧画二人，面塔而立。前者穿袈裟，是舍利弗赴祇陀园；后者着俗装，为给孤长者铺金买地。残存榜题云：“舍利弗……给孤长者□祇……”塔外左侧画二人，穿世俗装，面塔而立，这是祇陀太子与给孤长者请佛安居精舍。榜题云：“祇太子给孤长者请佛安居。”塔外右下角有五人，合十跪地，榜题云：“外道师五人归依佛时。”塔外左下角画二人，前者合十跪地，后者合十立，榜题云：“波斯匿王献花供养。”三道宝阶第五塔、耆阇崛山说大乘第六塔均毁。

三道宝阶第五塔，位于第76窟东壁，已毁。

耆阇崛山说大乘第六塔，位于第76窟东壁，已毁。

猕猴奉蜜第七塔，位于第76窟东壁窟门北侧。塔形同“释迦牟尼佛降生第一塔”。塔下正中墨书榜题：“吠舍城内猕猴奉蜜于世尊，佛即纳之，身心欢喜而作舞，失足陷井，命终升天。此地兴隆第七塔也。”此故事出自《摩诃僧祇律》第二十九卷。画面从左下角开始：三比丘立着交谈。比丘上部是二菩萨，面向塔立，榜题云：“菩萨声闻从佛会时。”塔外右侧画猕猴采蜜。塔龛内释迦牟尼佛倚坐莲座上，接受猕猴献蜜。龛外右下角猕猴欢喜起舞，失足陷井丧生，榜题云：“猕猴献蜜欢喜作舞陷井。”上部画猕猴乘云升天，榜题云：“猕猴命终得升天上散花供养。”画工仅用几笔赭红线描，把猕猴专心一意仰观树上的蜂蜜，稚诚地向佛献蜜，因佛受蜜而高兴得手舞足蹈，失足陷井，两腿朝天拼命挣扎等猴子特有的机灵天性，都勾画得相当成功。娑罗双树涅槃第八塔已毁。

娑罗双树涅槃第八塔，位于第76窟东壁，已毁。

第76窟南、北壁千手千眼观世音菩萨广大圆满无碍大悲心陀罗尼经变，据唐伽梵达摩译本绘制。这是新出现的一种经变，莫高窟仅此一铺。南壁画以戴化佛冠的观世音菩萨为主尊，左右配以“得十五种善”小故事画；北壁绘以十一面八臂观世音菩萨为主尊，左右配以“不受十五种恶”小故事画。每幅小故事画旁都有墨书榜题，内容与经文基本一致。画面清晰如新，在南北壁对称地画同一经变，而内容又不相同，这在敦煌壁画中属孤例。

（三）第 454 窟

第 454 窟亦名太保窟，俗称娘娘殿，建于北宋开宝七年至太平兴国五年（974—980 年）之间，窟主为归义军节度使曹延恭及其夫人慕容氏。平面方形，中心设佛坛，覆斗形窟顶，浮塑团龙藻井。窟顶东披绘弥勒经变，西、南披是法华经变，北披为华严经变。窟顶四角凹陷，东北角画东方提头赖吒天王，东南角有南方毗琉璃天王，西南角是西方毗楼博叉天王，西北角画北方毗沙门天王。东壁窟门北侧上部绘维摩诘经变中之维摩示疾，下部是于阗公主等女供养人八身。窟门南侧画维摩诘经变中之文殊来问，下部为于阗王等男供养人六身。南壁东起有楞伽经变、观无量寿经变、报恩经变、天请问经变各一铺，下部东侧画女供养人十二身，其中第四身题名“窟主敕授清河郡夫人慕容氏一心供养”，西侧绘屏风画须达拏太子本生。西壁上部画劳度叉斗圣变一铺，下部为屏风画须达拏太子本生与佛传。北壁上部东起画梵网经变、药师经变、思益梵天问经变、佛顶尊胜陀罗尼经变各一铺，下部东侧是女供养人十三身，西侧画屏风画佛传。甬道顶绘佛教史迹画与瑞像图，南壁为曹议金祖孙三代男供养人及侍从十身，其中第五身题名窟主曹延恭，北壁画男供养人八身，题名全部漫漶，疑为慕容氏家族。清代在佛坛上塑假山，并塑送子娘娘一铺十二身，故而俗称此窟为“娘娘殿”。送子娘娘像已毁。

敦煌莫高窟宋初第 454 窟东披弥勒经变反映“一种七收”的画面中，发现了一幅三脚耧播种的形象资料。一农民一手摇耧一手扬鞭赶牛播种，三只耧脚下清楚地绘出一条象征铁耧脚开沟的线条。更值得注意的是，在耧的旁边还画了三条线，表示用三脚耧播过的土地。耧为双直辕，辕端有格，这些都与李寿墓唐代耧犁相似。上端有一横木把手，稍下又有一横木。横桄上置一梯形耧斗。耧斗下部与耧腿、耧脚也有构件相连。通过对比，我们可以看出，宋代三脚耧比唐代耕犁有所改进。这种耧的构造，已基本上具备了今日所用三脚耧的各部件。与河西地区新中国成立初期乃至目前农村部分农民使用的二脚三脚耧基本相同。

宋代梅尧臣于嘉祐二年（1057 年）在汴京（今河南开封），作《和孙端叟寺农具诗十五首》，其中第三首为：“《耧犁》：农人力已勤，要在布嘉种。手持高斗柄，咀泻三犁垄。月下叱黄犊，原边过废冢。安知侠少年，玉食金羁拥。”诗中的“手持高斗柄，咀泻三犁垄”就形象描写了播种用的工具是三脚耧犁。454 窟壁画比梅尧臣诗早 80 年左右，说明宋代普遍使用的是三脚耧。

敦煌壁画三脚耧是我国历史上宋代播种耧的唯一形象资料。这一珍贵史料的发现，不仅为研究我国宋代耧犁的构造提供了重要依据，同时它也使我们能够上接汉、唐，下连元、明、清，把我国两千多年来耧犁的发展演变史系统地联系起来，这不仅对我们了解敦煌及其河西古代播种工具的应用情况有很大意义，而且对我国的农业考古和农业科技发展史的研究而言，也是极其珍贵的形象资料。

农作中，施肥也有特定的习惯。首先要掌握用粪的时机，像种韭菜，要深挖韭畦，下“水加粪”，其后“每剪即加粪。”其次要掌握作物与粪肥的适应性：种植葫芦宜用“油麻、绿豆秸及烂草”；种植木棉、枸杞以“牛粪”为佳；薯蓣应该避免使用“人粪”而要用“牛粪”；种植茶要用小便、稀粪、蚕沙；种百合则尤宜鸡粪。甘肃有民谚“种地不用问，精耕多上粪。”敦煌莫高窟壁画454窟《弥勒经变》中就绘有在播种过程中，田间一位农夫双手举起木掀扬洒粪土的情节[1]。

安世高史迹画，始见于晚唐，终于宋，以北宋第454窟甬道顶的一幅保存最好。据《高僧传》“安清传”绘制。谓安世高游化共亭湖，行船遇蟒神，蟒神原是其学道时之同窗，因愤怒而堕为蟒，为共亭湖庙神，将命终，惧死后堕地狱，故求救于世高。世高为其祝祷授记，蟒始别去。由两个画面组成：（1）殿堂中，有似龙蛇的怪物，头伸于堂外。殿前两人，一人执长柄香炉供养，一人祈祝。（2）山顶崖穴中，有似龙蛇怪物举首吐舌，江河对岸，数人举手离别。此即安世高为湖神授记和湖神送别安世高情节。P.3033《诸佛瑞像记》、S.2113A《集神州塔寺三宝感通录》卷下，庾仲雍《荆州记》、临川康王《宣验记》、昙宗《塔寺记》等均载有此故事。

乌杖那地踊石塔史迹画，乌杖那亦译为乌苌、乌仗、乌缠、乌长、乌场等，在今印度河上游及斯瓦特地区，在敦煌壁画中始见于晚唐，终于宋。其画绘于甬道顶，多和其他史迹画合绘于一图。画面为一多面体柱形大塔，顶有轮相，底为覆盆莲花基座。在北宋第454窟甬道顶画中尚存榜题：“地踊石塔高四十三尺……”P.3033、S.2113B《诸佛瑞像记》中记曰：“北天竺乌杖国石塔，高四十尺，佛为天说法，其塔从地踊出，至今见在。”《大唐西域记》《法苑珠林》《释迦方志》均有记述。

阿育王建八万四千塔史迹画，始见于中唐窟主室佛龛中，晚唐、五代、宋时则多绘于甬道顶。据《大唐西域记》记载：阿育王于王舍城得阿阇世王所埋舍利，分八万四千份，欲建八万四千塔礼葬供养，罗汉以手遮日，于日光从指缝透出照射之处建塔。画中绘一巨手，张五指遮太阳，阳光透指缝射出光芒。北宋第454窟甬道顶画榜题曰：“阿育王建八万四千塔”。S.2113A、P.3033《诸佛瑞像记》及《阿育王经》《阿育王传》《法苑珠林》《善见律毗婆娑》等亦有记述。

佛顶尊胜陀罗尼经变，北宋初期才出现的经变，仅第55、454两窟各绘一铺。构图一如净土变，主佛中央下方绘方形坛图，中置一瓶，佛两侧绘有“四镇天王”，下端绘帝释天于初夜来诣佛所，向佛问“善住天女”因缘。此种经变用于祈求“消灾免难”，可能由沙州入朝僧从内地携来画稿或小样绘制。

二、敦煌北宋物质文化精粹举隅

（一）佛画

法华经普门品变相图彩色绢画，Ch.xxi.001，北宋绘制，高107厘米，宽61.5厘米，出自莫高窟藏经洞。此画数处被烧，因经烟熏，整个画面较灰暗。其特点是：（1）观世音菩萨头顶之化佛不画在宝冠上，而画在右手所持的莲花枝头上；（2）在普门品变相图中出现飞天和供养人画像；（3）在描写种种苦难中出现了骆驼追

1 参见王欢：《唐五代宋初敦煌农业民俗考论》，西北师范大学硕士学位论文，2009年。

逐人的场面。绢画下部有施主像和建隆四年（963年）发愿文，施主题名已模糊不清。绢画绘工颇为粗拙，但就有明确年代题记和整体画风而言，具有断定同期绘画时代的价值。

樊继寿供养千手千眼观音像彩色绢画，法国吉美博物馆MG.17659[1]，北宋太平兴国六年（981年）绘制，高189厘米，宽125厘米，出自莫高窟藏经洞。观音跣足直立于置在供坛上的莲座上，有背光，周围画众多侍从和变相，如：华严菩萨助会、飞仙赴会、梵王助会、如意轮菩萨助会、孔雀王菩萨助会、饿鬼乞甘露时、地藏菩萨来会鉴物时等，内容繁多。下部中间为二十四行文字的一篇“功德记”。其左侧为施主樊继寿及仆从的供养像。樊继寿身着官服，手持香炉，面前直立，虔诚供养。此画内容丰富，线条细腻，彩绘精工，堪称上品。从“功德记”和施主题名可知，此画成于六月十五日，樊继寿其时官衔为“节度都头银青光禄大夫检校国子祭酒兼御史中丞”。

父母恩重经变，据《父母恩重经》（亦称《佛说父母恩重经》）绘制。此经有两种文本，一种是佛说父母孕育抚养子女恩德诸事，斥不孝子忤逆之罪。另一种除上述内容外，还加入汉族丁兰、董黯、郭巨、闪子等二十四孝中的传说故事。就目前所知，敦煌艺术中仅六幅：（1）中唐第238窟后室东壁门南；（2）晚唐第156窟前室门北；（3）盛唐第170窟北壁宋画；（4）中唐第449窟东壁门北宋画；（5）伦敦大英博物馆藏S.67、68宋代彩色绢画（载日本讲谈社《西域美术》II图28）；（6）甘肃省博物馆藏宋淳化二年（991年）白描画。其中，第238窟画面因烟熏难以识别，第170、449等窟因墨线褪蚀，只能据色块识其情节之大概。第156窟墨线虽存，但部分残损，仅存七个画面。伦敦藏本稍残，但情节画面不多。只有甘肃省博物馆藏本保存最好，画面、榜题多而完整、清晰。上述六画形式可分两类，一为说法图下绘父母诸种恩德，第156、449窟及伦敦藏本即如此。一为在说法图两侧分绘有关内容。伦敦本及甘博本下方还绘有供养人画像。甘博本的画面是：说法图下有“佛说报父母恩重经变”及经文抄文一方；宋“淳化二年岁次辛卯父母恩重经变宋淳化二年白描画本五月廿二日”“绘佛邈真记”一方。画中有九个情节，右侧自下而上：（1）男女二人对坐交谈，榜题为“父母之恩昊天网极”。（2）一妇人倚坐，榜题是“人生在世父母为亲非父不生非母不养”。（3）屋内男女二人对坐，屋外侍女在盆中为婴儿洗浴，榜题为“十月将满产后母子俱洗□（显）洗浴时”。（4）母怀抱婴儿哺乳，榜题是“母慈其子开怀出乳以乳乳之时”。（5）一交叉双木栏车（第156窟为四轮栏车），内卧婴儿，母跪于车前抚逗婴儿，榜题为“或在栏车摇头弄脑时”。（6）儿骑于母颈上前行，父随于后，榜题为“父母将子随行加胫（架颈）时”。（7）交叉双木栏车两侧，父母跪坐于毡上，榜题是“父母养育卧于栏车时”。（8）父母行于途，幼儿牵母衣随行，榜题为“或复曳腹（服）通行呜呼向母时”。（9）地毡上父母分坐两侧，居中小儿张手扑向父母，榜题为“父母怀抱含笑未语和弄扑□时”。左侧画面自上而下：（1）男女二人对坐交谈，榜题为“或侍□药□其上过不得□（徧）□□”（此条画面榜题均难

1 法国吉美博物馆藏敦煌文物编号。伯希和自敦煌带回的文物，原来都收藏在卢浮宫，这些文物材料在1947年全部移入吉美博物馆之前，就有少量文物资料入藏该馆，编在MG.号下，包括绢纸绘画、幡、经帙等。

释解）。（2）一男子向父母跪拜，榜题为“孝子不□（娇）必有慈顺”。（3）一男子离父母而去，榜题为“娇子不孝，必有五□（謫）”；（4）男女二人伫立于空地上，榜题为“父母年老气力衰微时”。（5）屋内子、媳并坐，年迈父母踯躅于屋外，榜题为“得他子女私房室内共相欢乐”。（6）一人裸身躺于池内，池四周起火，无榜题。（7）二男女相对而立，榜题为“子亦长大求索妻时”。上述各节榜题文字多与经文相合或大同小异，仅少数为画者自加，但均不离经文的主题。六幅画均无二十四孝情节，可知所据为第一种文本。行孝是儒家的伦理道德思想，历代帝王均大力提倡。佛徒为立足于汉地，亦有伪托“佛说”而自撰宣扬孝道思想之作，由于伪造痕迹过于明显，故历代佛教经目大师颇多微词，均判之为伪经。不过因其符合汉族伦理道德观念，故民间十分流行，因属“伪经”，所以很难大量入壁画，仅有数幅而已。

父母恩重经变相图彩色绢画，Ch.lii.004，Ch.lxi.008，北宋绘制，高 134 厘米，宽 102 厘米，出自莫高窟藏经洞。绢地呈浅灰绿色，下半部破损严重。内容布局分上、下两段：上段绘变相图，下段书发愿文，绘施主像。画面四周饰有两到三层叠晕的菱形纹花边，上下段之间，也用这种花边相间隔。上段变相图从内容布局上讲又可分为上下两部分：上部绘佛说法图（即通常各种变相图中之“序品”）。图以释迦为中心，佛左右有听法眷属（弟子、胁侍菩萨、天王及供养菩萨等），佛头顶置华盖，远景绘山林云气，即佛说此经的耆阇崛山。下部为经文中所讲父母对子女如何恩重如山的各种情节，这些画面分置于佛前香案下书写经文榜题之两侧，共六组画面，采用左右对称的构图形式。下段中央有一块书写施主愿文的榜牌，惜大部破损，内容已难完整识读。榜牌两侧分别绘男女施主及眷属像。第一身男像题名“故父归义军节度押衙……史中丞上柱国……”其身后之子题名“男学仕……”第一身女像题名“慈阿刘一心供养”，身后之女题名“女三娘子□（长）□（胜）一心供养”。绢画有以下特点：（1）一反常规地将阿难像列为上首（佛左侧）而将迦叶列为下首（佛右侧）。（2）画工比较精细，技巧颇为熟练。尤其人物肤体着色明快润泽，晕染柔和自然，为敦煌绢画肖像画之杰作。画中对神佛和俗人的晕染采用了不同的方法，前者用西域凹凸法，后者用中原传统的晕染法。

佛画粉本，纸质，Ch.xli.004，五代、北宋绘制，高 55.5 厘米，宽 38 厘米，出自莫高窟藏经洞。此粉本是一幅坐佛画稿，佛正面结跏趺坐于莲花上，顶有华盖和菩提树。除头光外围用赭红描过轮廓线及身光用黑色描过波状光环外，其余全为小孔组成的轮廓线。形象结构严谨，造型准确。图稿的上、中、下各有一道墨线，可能是使用粉本时为防备挪动位置所作的记号。

雕版大随求陀罗尼轮曼荼罗，黑白版画，Ch.xliii.004，北宋刻制，高 41.7 厘米，宽 30.3 厘米，出自莫高窟藏经洞。画面不大，但内容极为复杂，中间以一大圆形莲花边纹图案为主，中心是一很小的密宗佛像，坐在莲花座上。佛像周围是梵文咒语。大圆之外下有二天王像，上有流云。边框的图案也很繁杂，下部有汉文文字，记述发愿内容和雕印年代：“太平兴国五年（980 年）六月二十五日雕板毕手记。”上部两侧各印“施主李知顺”和“王文沼雕刻”。李知顺当是有财之施主。全画刻工细致，线条流畅。

（二）建筑与装饰

窟檐为洞窟前依岩建造之洞窟木构外檐，是防止风沙雨雪损坏石窟的保护性措施。现存晚唐第196窟与宋初第427、444、431、437窟等五座唐宋窟檐均三开间四柱，柱下有木悬臂梁挑出形成栈道，以解决上层洞窟间的交通，同时也丰富了石窟外观。在现存洞窟中，根据石窟外岩壁上遗留的梁椽孔洞遗迹判断，约三百个石窟均曾建造过窟檐。第427窟建于隋代，前后室大型中心柱窟。有宋代新修三间四柱木构窟檐一座。大梁上有墨书题记："维大宋乾德八年岁次庚午正月癸卯朔二十六日戊辰，敕推诚奉国保塞功臣归/义军节度使特进检校太师兼中书令西平王曹元忠之世创建此窟檐记"。乾德无"八年"，实即开宝三年（970年）。

莫高窟的建筑实物中，宋初第427、431窟有六铺作斗栱，第437、444窟有五铺作斗栱，宋初斗栱结构简洁，比例雄大，反映了比较古朴的结构风格。莫高窟宋代第427、430、431、444窟修建的窟檐，均绘有伎乐。这些宋代舞姿，虽继承唐代传统，但体态不及唐之丰腴，而稍趋瘦削和秀美，飘带花样日趋繁杂。第430、431窟檐内共有四幅伎乐图，两幅是乐伎，一人盘坐弹筝，似戴银甲正在拨弦，动感很强；另一乐伎亦盘坐，双手持拍板正在击节，全神贯注。另两幅是舞伎在画的中央，左侧舞伎为飞天形象，戴珠宝冠，上身裸露，胸饰瓔珞，飘带绕身，戴手镯，双手似欲合十，跪蹲，姿态轻盈飘逸；右侧飞天舞伎上身全裸露脐，戴瓔珞，下着长裙，胯间有同心彩结，右手上举，食指与小拇指伸直，其他三指相撮，左臂下垂曲肘，松松握拳，屈右腿腾空而起，似欲乘风归去，造型极为生动。第431窟窟檐正脊两端作龙首怪兽状。

（三）碑记

曹元忠及夫人修北大像殿堂记，北宋莫高窟碑记，S.P.77，撰者不详。记乾德四年（966年）五月九日归义军节度使特进检校太师兼中书令托西大王曹元忠及妻凉国夫人翟氏，斋月至莫高窟南谷小住，简选僧俗二十四人于大王窟（莫高窟第98窟）内抄写《大佛名经》十八部，施于本州一十七寺各一部，发送西州一部。又见北大像殿堂下面两层材木损折，诱谕都僧统及僧俗官吏重修。五月二十一日、二十二日两日换柱，因见材木损折较多，势必大修。二十四日夜，大王夫人从南谷回来，乃决意大修。二十五日便缚棚阁上，材木缔构，至六月二日完工。都僧统钢惠、僧政启愿、信力及归义军都头知弟子虞侯李幸思助修。十二僧寺各派十二人，又征木匠五十六人，泥匠十人，共三百零六人。僧人由官家供食三天，以后当寺供给；工匠全由官家供食。梁栋自莫高窟谷中采早岁干枯之木，椽干由施主二人供备，乃自城区斫来。全部工期十二日，用工三千六百七十二。六月四日，大王夫人离窟返城。此记给研究曹元忠夏季起居及莫高窟大佛殿建筑史提供了具体的资料。

（四）交通

海船形象再次在敦煌壁画中出现是十世纪后期的宋代初年，曹氏归义军时代营造的莫高窟55窟和榆林窟38窟中。前者是一艘大型穹庐帆船；后者为一大型双头双尾庐帆船。虽然它们的穹庐舱都可用于作业或游玩，但月弓形船体本身则说明其为海船无疑。榆林窟38窟的海船是所有唐、五代、宋时期双头、双尾、庐、帆等船形象的集大成者。从我国现存的古代舟船的形象和实物资料看，可以用来同敦煌壁画中的舟船资料进行比较的，大概只有泉州宋代海船。这里需要说明一点，壁画海船与宋代海船（复原）还有一个明显的区别：前者是单帆，后者为群帆，这可能与地处沙漠深处的壁画作者对航海知识的了解程度有关。这是无法苛求于古人的。

敦煌壁画中丰富的古代舟船资料，出现了同史籍记载的不一致之处。传统的看法认为，在我国魏晋南北朝隋唐时代，陆上交通高度发达繁荣时期，我国的造船业一度处于停滞阶段，秦汉以后我国造船业的再度复兴是在宋代，这就是大型航海船的出现[1]。当然，宋代是我国航海业的高度发达时期，这一点不可否认，但敦煌壁画中出现的规模最大的海船是在唐代前期。如果莫高窟 205、45 窟中的海船就是泉州湾的那种海船，那么我国制造和使用大型海船的历史应该提前三百多年。在这里，敦煌画中的古代舟船形象资料，向史籍和传统观念提出了挑战。

我国有悠久的制造和使用船的历史，但目前实物资料却十分缺乏。在这种情况下，敦煌壁画中的古代舟船形象资料，还比较集中和系统地反映了我国舟船制造和使用的历史。而且，在公元六世纪至十世纪的北周至宋代的壁画，表现的是从我国远古、上古时代的小筏、小木板船一直到十世纪大型海船的制造和使用的历史发展和变迁过程。这就是说，敦煌壁画中的古代舟船形象资料，是我国远古至宋代船史的缩写[2]。

（五）计量

敦煌古代酒作坊不少，量器也被广泛应用于酒的计量上。敦煌遗书记载了古代酒的计量单位。例如现藏敦煌研究院的一件宋代乾德二年（964）所立的归义军衙门酒账和续卷为我们提供了不见于历代律历志或礼乐志的容量计量单位：瓮、角、豆、升、合。更为难得的是，由于酒账及续卷共有 213 笔账目，使我们得出了这些计量单位的“进位”。一瓮 = 六斛。这种逢六进一的计量比较特殊。1 豆 =10 升，1 升 =10 合，1 角 =l5 升[3]。

（六）历日

敦煌历日，敦煌莫高窟藏经洞所出历书的总称。现知近五十件。除俄藏三件（Дx.506a、429、1247）[4] 外，绝大多数已经公布。其中最早的一件是北魏《太平真君十一年、十二年历日》，最晚的是北宋《淳化四年癸巳岁具注历日》，前后跨五百四十四年。出土汉简历谱最晚者是东汉桓帝元嘉三年（153 年）历，传世历本最早者是南宋《宝祐四年会天万年具注历》，中古时代的历书实物除四件出自吐鲁番阿斯塔那和哈拉和卓古墓群，其余均出自莫高窟藏经洞。敦煌历日源自三个方面：（1）中原王朝颁布的历书，如前述北魏历书，又如唐代《乾符四年丁酉岁

1 参见阴法鲁、许树安、刘玉才主编：《中国古代文化史（上下册）》第九章第四节，北京大学出版社，2008 年。

2 参见马德：《敦煌壁画交通工具史料述论（下）》，《敦煌研究》1995 年第 3 期。

3 参见敦煌研究院王进玉主编：《敦煌石窟全集 · 23 · 科学技术画卷》，商务印书馆（香港）有限公司，2001 年，第 11—12 页。

4 俄罗斯科学院东方研究所圣彼得堡分所藏敦煌写本编号。

具注历日》；（2）由唐代剑南西川成都府流入敦煌的私家历日，如《中和二年壬寅岁具注历日》；（3）吐蕃统治时期（786—848年）和敦煌归义军时期（848—1036年）当地编撰的历日，是敦煌历日的主体部分。除中原王朝颁布的历书外，各地自编并行用的历日均属“小历”性质。前者是中央王朝权力所及的重要标志，后者多是王权式微以及中原历日不能及时颁发所造成。《中和二年壬寅岁具注历日》就是成都地区出现的私印历日之一种，其时黄巢农民军入长安，僖宗出逃，中央历日不能及时颁发。敦煌当地本来一直使用中原王朝颁发的历书，自从吐蕃占领后，吐蕃统治者使用十二地支或十二生肖，以及将汉族六十甲子改变后的纪年方法，当地汉人颇感不便，于是开始自编历日并加以行用。张议潮收复河陇后，虽然敦煌重归唐廷，但当地自编历日已成习惯，于是一直延续到宋初。敦煌当地自编历日多为私家撰修。现知撰人有翟奉达、翟文进和安彦存，吐蕃统治时期和归义军前期的撰历人未详。翟氏是敦煌望族之一，现存五代时期的敦煌历日几乎都出自翟奉达之手。翟文进是翟氏大家族成员之一，可能是接替翟奉达担负撰历之任。约宋初，撰历之任才转入安氏家族如安彦存之手。他们所撰历日均题日“撰上”，“撰”是说明作者，“上”是上呈给归义军节度使衙，再由使衙颁下行用，同中原王朝以历日行用区域为其权力所及的标志很相像，也反映了归义军政权的相对独立性。

敦煌历日有丰富的科学、文化和民俗内容。其科学内容，主要表现在历法所含的历学和数学内容。如，北魏太平真君十二年（451年）历日曾做过两次准确月食预报，是传世和出土历书中所仅见，对研究中国古代的日月食理论和预报的精确程度意义重大。其文化内容更加丰富多彩，如九宫图形的演变（参见“年九宫”“月九宫”）、六甲纳音术（参见“六甲纳音歌诀”）、建除十二客、年神方位、月神日期方位等，对探讨中国古代术数文化具有重要价值。其民俗内容，也颇堪重视。如为死者做“亡七斋”（参见“太平兴国六年辛巳岁具注历日并序”），本是佛教文化，因适应中国民众对父母生前孝养和死后追念而演变为民俗。“不煞生”是佛教戒条，注入历日反映了佛教文化在敦煌的兴盛。另如奠日、藉田日被注入历日，均从敦煌历日开始。敦煌历日数量多，时间跨度长，结合出土汉简历谱、吐鲁番出土唐代历书以及宋以后的传世历本，可以研究中国古代历法内容的演变。研究结果表明，自汉至北魏，历书内容变化不大。一般仅具月大小、纪日干支，另有少量的历日丛辰项目，如反支、三伏、腊日、血忌、八魁、建除十二客、社日，这些也不是同一时期的历书都具备。至唐代，历注内容开始增多，如增注天恩、天赦、母仓等。据文献记载，历注之真正由简到繁的变化，始自唐代僧一行的《大衍历》，这为敦煌历日所证实。敦煌历注的丰富内容还奠定了宋至清代历注的基本格局，宋以后的历注内容变化不大。敦煌历日经历了由简到繁的发展过程，研究者分作繁、简两种。简本历日多在吐蕃统治敦煌初期，如《元和三年戊子岁具注历日》《元和四年己丑岁具注历日》和《元和十四年己亥岁历日》各历。其特征是序言简单，甚或无序。月序仅具月大小和月建干支，有的是月大小和天道行向。历日只有三栏内容：（1）日期、干支、六甲纳音和建除十二客；（2）弦、望、节气、物候、社、奠、藉田等注记；（3）吉凶注，或繁或简。在此基础上，时间愈后，内容愈繁。如宋《雍熙三年丙戌岁具注历日并序》，以及《太平兴国三年应天具注历日序》《太平兴国六年辛巳岁具注历日并序》《太平兴国七年壬午岁具注历日》，都是典型的繁本历日。其普遍特征是，序言很长，内有年九宫图、年神方位、推七曜直日吉凶法及各种杂忌法等。月序则有月大小、月建干支、月九宫图、得节之日、天道行向、月神日期方位、四大吉时和日出入方位。历日内容分八栏：（1）日期、干支、六甲纳音和建除十二客；（2）弦、望、藉田、社、奠、腊，甚或七鸟、八龙等；（3）节气、物候；（4）逐日吉凶注；（5）昼夜时刻；（6）日游；（7）人神；（8）蜜日注。敦煌历日由简到繁的演变，是一份不可多得的文化遗产。

太平兴国三年应天具注历日序，北宋历书，相当于公元 978 年，S.612。卷首题“大宋国王文坦请司天台官本勘定大本历日”，王文坦或即宋代司天少监王处讷。仅存序言，无历日。序言有年九宫图及众多的年神方位；“国忌日”记载王朝八个国忌日期。另有所谓“六日得辛”“七龙治水”，开后世此项历注之先河。又有“太岁并十二元神真形各注吉凶图”，线条清晰流畅，为现存敦煌历日所仅见。此外有“推逐日人神针灸法”“金神在”“推杂种莳法”“推小运知男女灾厄吉凶法”“血忌日”“洗头日”“周公八天出行图”“宅龙”“九曜歌咏法”“六十相属宫宿法”等内容，后世许多迷信历注可比照此卷加以稽考。现存尾部有不少空白部位，似未抄完。

太平兴国六年辛巳岁具注历日并序，北宋敦煌当地行用历日，相当于公元 981 年，S.6886 背。原有纪年，首尾基本完整，但序言仅抄开头数行，以下空出大片位置未抄。月序仅记月大小和月建干支。历日双栏，上单月，下双月。每日分三栏：（1）日期、干支、六甲纳音和建除十二客；（2）洗，即“洗头日”的略书；（3）吉凶注，仅逐日具注到正月十二日，以下每隔数日一注。与同年中原历相比较，正月朔早一日，六月、八月、九月朔各迟一日。此历又在六月二十六日下注“马平水身亡”，七月三日下注“开七了”，此后每隔七日一注，直至“七七”和“百日”，是宋初以“七七”祭奠亡灵的记录，也是研究佛教“亡七斋”转变为中国民俗的重要资料。

太平兴国七年壬午岁具注历日，北宋敦煌当地行用历日，相当于公元 982 年，S.1473+S.11427B 背。题“押衙知节度参谋银青光禄大夫检校国子祭酒翟文进撰”。原有纪年，存卷首至五月六日。序言有年九宫图、年神方位、推七曜直日吉凶法、十二直日吉凶法及十二支日吉凶法等。每月月序记月大小、月建干支、月九宫图、月神日期方位及四大吉时等。每日分七栏：（1）日期、干支、六甲纳音和建除十二客；（2）弦、望、往亡、灭、没等；（3）节气、物候；（4）吉凶注；（5）昼夜时刻；（6）人神；（7）日游。蜜日墨书注于当日顶端。正月一日特别注明“岁首”。此历内容相当完备，是研究归义军曹氏政权历日制度的重要文献。

雍熙三年丙戌岁具注历日并序，北宋敦煌当地行用历日，相当于公元 986 年，P.3403。“押衙知节度参谋银青光禄大夫检校国子祭酒兼监察御史安彦存纂”。原有纪年，尾部注记有少量字迹残损，其他基本完整。序言除有年九宫图、年神方位、推七曜直日吉凶法及诸种杂忌法，另有《三白诗》一首，亦用于选择吉凶。月序记月大小、月建干支、月九宫图等，历日用乌丝栏隔为七栏：（1）日期、干支、六甲纳音和建除十二客；（2）弦、望、藉田、往亡、没等；（3）节气、物候；（4）吉凶注；（5）昼夜时刻；（6）人神；（7）日游。蜜日墨书注于当日顶端。全历共八项内容，其内容之完备，在敦煌历日中不多见，是最具代表性的繁本历日

（参见“敦煌历日”）。与同年中原历相比，二、六、七、十二月朔日各早一日。

端拱二年己丑岁具注历日，北宋敦煌当地行用历日，相当于公元 989 年，S.3985、P.2705。前者只存“端拱二年具注历日”题笺一行，后者存十月十八日至十二月二十九日。历日安排与《雍熙三年丙戌岁具注历日并序》全同，可能也是安彦存所撰。卷末有题记：“勘了刘成子”。与同年中原历相比，十一、十二月朔日各迟一日。（邓文宽）淳化四年癸巳岁具注历日北宋敦煌当地行用历日。相当于公元 993 年。P.3507。原有纪年，存正月至三月。每月写成一条，系由完整的具注历本摘抄而来，有人称为“月历”。每月顶端有月大小、月建干支和月九宫图。朔日记日期、干支、六甲纳音和建除十二客。以下仅择记节气、物候所在日，蜜日和弦望日，昼夜时刻及各种祭祀日期等，而非逐日具注。其形制在敦煌历日中极为独特。所闰十一月比中原历闰十月迟一月，四月朔早一日，八、十一、闰十一、十二月朔各迟一日。

五代、宋，是瓜沙曹氏政权时期。曹议金家族五世为瓜沙节度使，统治百余年，利用官府之力设立画院、伎术院，聚集了一批工匠艺人，包括画家塑匠，专门开窟画像，营建洞窟四十余个，其中大型代表窟有第 98、61 等窟，形制继承晚唐传统，雕塑残存不多，壁画内容更为丰富，经变增加到二十种之多，劳度叉斗圣变为其代表，场面宏伟，画面情节近八十个，内容榜题七十六条，超过了《贤愚经》“须达起精舍品”的内容。五台山图是一幅巨型宗教胜迹图，它巧妙地把宗教性、历史性、艺术性结合在一起。屏风画中的故事画已不是经变的附属内容，而是独立的故事画，如贤愚经变和佛传画，佛传画连续十三扇屏风，一百三十多个画面，是当今发现的最完整的中国式佛传连续画。供养人画像已成为石窟的主要内容之一，一家一族，祖宗三代，排列一窟，等身画像，超身巨像，排列在甬道两侧或绕窟一周，托名供佛，实为宣扬豪门世族，肖像画的成就十分显著。由于都勾当画院的画师是石窟艺术的主要制作者，因而形成了统一的画院风格和明显的公式化倾向，使人物的精神面貌和意境创造缺乏内在的生命力和审美理想。

第五章
沙洲回鹘石窟艺术（1030年前后—1068年）

沙州回鹘俗称黄头回鹘，归义军后期活动在瓜、沙地区的回鹘。北宋初，党项羌常与甘州回鹘冲突，一部分回鹘部众西移瓜、沙，故名沙州回鹘。太平兴国二年（977年）后，多次贡使于宋、辽。景祐三年（1036年），党项族攻占肃、瓜、沙等州。沙州回鹘在抵抗失利后率众撤离敦煌。宝元元年（1038年），党项族建立西夏。康定二年（1041年），沙州回鹘率众进攻沙州；次年，攻克沙瓜二州。在沙州回鹘占据沙州时期，始终奉北宋为正统，使用宋朝年号，多次向宋廷入贡，不向西夏屈服。乾道元年（1068年），西夏再克瓜沙，沙州回鹘政权灭亡。这一时期回鹘人虽为统治民族，但汉人仍占很大比例，再加上回鹘人长期受汉族影响，故其政治制度、佛教艺术都是汉族和回鹘文化交融的结晶。

沙州回鹘敦煌石窟艺术，指居住于瓜沙地区的回鹘族于莫高窟、榆林窟、西千佛洞等处开凿或重修的敦煌石窟艺术。十世纪后期至十二世纪初叶，世居瓜沙地区的回鹘族，逐渐形成一股强大势力，在曹氏家族衰微、无力抵御外力入犯的情况下，瓜沙地区的回鹘族于1030年前后掌握了瓜沙政权，史称“沙州回鹘”。在莫高窟凿建一窟，重修十五窟；榆林窟现存二窟，西千佛洞现存五窟。其艺术，早期沿袭宋窟遗风，后期则形成了具有简率粗放、构图疏朗、色调明快、装饰趣味浓郁、人物造型圆润丰满的民族风格。尤其在用色上，多以铁朱为底、配以少量石绿、石青和纯白色，色调温和，少晕饰，具有典雅富丽、重视装饰效果的特点。其风格显然受到吐鲁番地区伯孜克里克高昌回鹘艺术的影响。另外，在题材上新出现了十六罗汉图、行脚僧图、编织纹、波状云头纹卷草边饰和回鹘族男女供养人画像等。形成题材、艺术上独具特点的沙州回鹘艺术。

刘玉权《关于沙州回鹘洞窟的划分》[1]确定1030年至1068年间凿建一窟，编号是：330。重修十五窟，编号是：306、307、308、363、399、418、244、409、237、148、309、97、310、245、207。

一、沙州回鹘代表洞窟

莫高窟第409窟原建于隋代，沙州回鹘时期重修。主室东壁门两侧分绘《回鹘可汗礼佛图》和《回鹘王妃礼佛图》。东壁门南侧《回鹘可汗礼佛图》中，回鹘可汗面相浑圆，两眼

1 刘玉权：《关于沙州回鹘洞窟的划分》，《1987年敦煌石窟研究国际讨论会文集》，辽宁美术出版社，1990年。

细长，身材丰厚敦实。头戴莲瓣形尖顶高冠，身着圆领窄袖团龙纹长袍，腰间束带，上挂解结锥、短刀、荷包等，脚穿毡靴，手持长柄香炉礼佛。可汗像前下方还绘有一位少年像，应该是可汗之子，手捧供盘作供养状。其衣冠服饰与可汗像相同，只是袍服上没有团龙纹饰。回鹘可汗身后有侍从 8 名，他们均头戴无檐扇形冠，用一条红带系于颌下，身着圆领窄袖印花长袍，腰束双带，足蹬白色长靿靴，分别手持伞盖、羽扇、宝剑、弓箭、金瓜杖等仪卫器物。这幅《礼佛图》是敦煌石窟中保存最完好的回鹘可汗礼佛图。与此幅《礼佛图》构图相同、回鹘王供养像相同、保存较完好的还有莫高窟第 148、237 窟和西千佛洞第 16 窟中回鹘王供养像。

莫高窟第 409 窟主室东壁门北侧绘《回鹘王妃礼佛图》，图中有两身回鹘王妃像，应是东壁门南侧回鹘可汗的王妃。两身王妃的面容已不清晰，但服饰保存完好。她们头戴桃形凤冠，冠后垂红结绶，博鬓抱面，耳垂耳珰，内穿圆领衫，外穿弧形大翻领窄袖长袍，袍裾曳地，胳膊上饰有一条水平装饰线，长裙正中有“十”字交叉装饰线。两位王妃均双手袖于胸前，各持一支鲜花，立于地毯，作虔诚供养状。与此回鹘王妃服饰相同、保存较完好的还有莫高窟第 148 窟中的回鹘公主供养像，和西千佛洞第 16 窟中的回鹘王妃供养像。莫高窟第 148 窟主室东壁门南侧在两身回鹘男供养人之后，有几身回鹘女供养人像，手执鲜花，虔诚供养。其中最前面的一身女供养人画像，头戴如意博鬓金冠，身穿弧形大翻领窄袖，弧形领上纹饰为忍冬纹[1]。

第 207 窟双飞天为敦煌回鹘时代绘制，位于龛楣中。两身飞天于蓝天中各以一手共托一篮鲜花，又各以另一手撒花碧空。飞天面相丰肥而条长，高鼻眼，显然受到高昌地区回鹘时期壁画的影响。

二、敦煌沙洲回鹘物质文化精粹举隅

回鹘西迁（840 年）后至公元十四世纪左右所使用的主要文字为回鹘文，来源于中亚粟特文，其语言属阿尔泰语系突厥语族中的东支。既用于各种内容的写本中，也用于碑铭中，元代还用于木刻本中。历史上回鹘文曾对周围民族的文化发展有过很大影响，在元代，回鹘文为蒙古族所采用，经过若干变化后，成为蒙古文。十六世纪后，满族又从蒙古族那里接受了这种文字，形成满文。敦煌回鹘语文献，可分为两大组。一组为藏经洞出土，另一组是莫高窟第 464 窟等元代洞窟出土。这些文献几乎都流落到国外，分别存于伦敦英国图书馆、法国国立图书馆、瑞典人种学博物馆和日本京都有邻馆等处。有少数几件残文保存在敦煌研究院、甘肃省博物馆、国家图书馆等处。除几种册子式的元代文献外（为王道士从其他洞中发现后放到藏经洞写本堆上层），藏经洞出土的五十件文献（其中存于伦敦的约二十件，存于巴黎的约三十件），多属于十一世纪以前。有四个文种，一件《摩尼教徒忏悔词》用摩尼字母写成，二至三件用藏文字母写成（如《佛教教理问答》），四件用古代突厥文字母写成（如《占卜书》），其余用回鹘文写

---

1 参见谢静、谢生保：《敦煌石窟中回鹘、西夏供养人服饰辨析》，《敦煌研究》2007 年第 4 期（总第 104 期）。

成。其内容：十九件为书信、商品账目等世俗文书，十三件为佛教、摩尼教和未能确定性质的宗教文献，四件为官方文书、诗歌片断、杂记等（详见法国哈密顿的《敦煌九—十世纪回鹘文写本汇编》）。十一世纪以后的回鹘文文献，多属于元代。约有十六、十七件，其中重要的有《俱舍论安慧实义疏》《佛教诗歌集》等。前者为迄今发现的少数篇幅大而较完整的回鹘文献之一，它不仅对回鹘语文的研究具有重要意义，而且因其汉文本已佚，对汉文佛典的研究也具有参考价值；后者全为回鹘作者创作的宗教诗歌，有的在艺术上达到很高水平，在回鹘文学史上占有重要地位。此外，伯希和还从 181 窟（伯希和编号，今编为第 464 窟）得到三百六十三件回鹘文残叶（内十三片为蒙古语），日本森安孝夫在《讲座敦煌》第六卷《敦煌胡语文献》中有详细描述。

瓜沙曹氏政权晚期，十一世纪前期，回鹘、西夏同时崛起，回鹘据沙州，莫高窟出现了一批回鹘窟，第 409、207 等窟是其典型。代表形制均为殿堂窟，壁画内容以药师佛、行脚僧、十八罗汉、回鹘王像等为代表，形象丰圆，线描粗放，色彩简洁疏朗，颇受西州回鹘壁画影响。

第六章

西夏石窟艺术（1036—1227 年）

西夏，自称大夏，又称白高国，位于宋国之西，故称，党项羌拓跋氏所建。党项羌从唐由原居地向今西北地区迁徙，拓跋部以夏州（今陕西靖边）为中心发展。宋咸平五年（1002 年）党项首领李继迁于灵州（今宁夏灵武）建西平府，为都城。天禧四年（1020 年），子李德明迁都怀远镇（今宁夏银川），改名兴州。结好辽、宋，开拓河西，多次同吐蕃、回鹘作战。德明子元昊取甘、凉、瓜、沙、肃诸州，尽有河西地，于宝元元年（1038 年）建国。辖境"东尽黄河、西界玉门、南接萧关、北控大漠，境土方二万里"，最盛时达二十二州。曾于肃州置蕃和郡，甘州置镇夷郡，设宣化府。全国设左右两厢十二监军司，河西右厢置甘州甘肃军司、瓜州西平军司、黑水镇燕军司、黑山威福军司，后又设沙州监军司。夏大安八年（1082 年）宋五路伐夏，国母梁后集甘、肃、瓜、沙之民赴兴州议大举反攻。天祐民安四年（1093 年）二月，乾顺令瓜、沙诸州严兵备于阗入侵。贞观十年（1110 年）九月，瓜、沙、肃三州饥，乾顺命发灵、夏诸州粮赈济之。天盛十七年（1165 年）西平公任得敬图谋分国，欲置夏主仁宗于瓜、沙二州。蒙古兴起，天庆十二年（1205 年），成吉思汗领军攻入河西，纵兵掠瓜、沙诸州，夏主桓宗不敢拒。乾定元年（1223 年）五月，蒙古攻沙州。四年（1226 年），成吉思汗率十万军征夏，破黑水城，屠肃州，取甘州，下西凉府，献宗死。末帝赵晛宝义二年（1227 年）三月，沙州破，六月赵晛降蒙古，夏国亡。传十帝，历一百九十年。崇奉佛教，于瓜、沙二州及河西诸佛寺窟中，多修建寺庙，营造佛窟。

乾道元年（1068 年），西夏再克瓜沙后，沙州回鹘政权灭亡。从此西夏加强了对沙州地区的控制。西夏的统治机构模仿北宋，故西夏统治时期敦煌的政治制度、生产方式没有发生重大变化，只是将瓜沙二州的统治中心从沙州移到了瓜州，州以下仍设县乡里等行政机构。终夏之世，对外战争频繁，沙州和西夏管辖的其他地区一样，徭役、兵役均十分繁重。敦煌作为西夏的西大门和与西域联系的关口，还担负着沉重的边防任务。而且，这一时期敦煌还曾发生几次严重的旱灾和蝗灾。长时期的动乱和严重的自然灾害使敦煌地区的经济迅速衰落。西夏长期与宋廷为敌，不准西域各国通过敦煌与河西向宋朝贡，对过境商人也课以重税。迫使西域各国使者和商人避开西夏辖区，改由塔里木盆地的南沿经青海进入中原。而从事东西经商最活跃的回鹘人则较多使用从中亚到蒙古的草原之路。自南宋时起，海上丝绸之路也日趋活跃。敦煌逐渐失去中西交通咽喉和中西经济、文化交流中转站的重要地位，其商业和文化也渐趋衰落。西夏统治者既信奉巫术和多神教，也笃信佛教。作为佛教圣地的敦煌在西夏时期仍受到人们的重

风扇，两手各握一扇门拉手，一推一拉，进行鼓风。据画中三人所穿南宋服饰，所绘风扇应为当时的鼓风设备。中国古代冶炼鼓风，始用皮囊，到汉代发明排扇，并逐渐发展到使用马、骡、驴、水等作启动排扇的动力。据考古和文献记载，其他地区所发现的均为单扇，唯敦煌壁画中为双扇，这种双扇活门能交替开闭鼓风，使风量、风压均匀，连续不断，这在宋代，当属先进。关于此图，英国李约瑟的《中国科学技术史》及论文《中国铸铁冶炼方面的领先地位》中均有介绍和论述。

图 6-2　西夏榆林窟第 3 窟东壁千手千眼观音经变中酿酒图（刘玉权绘）

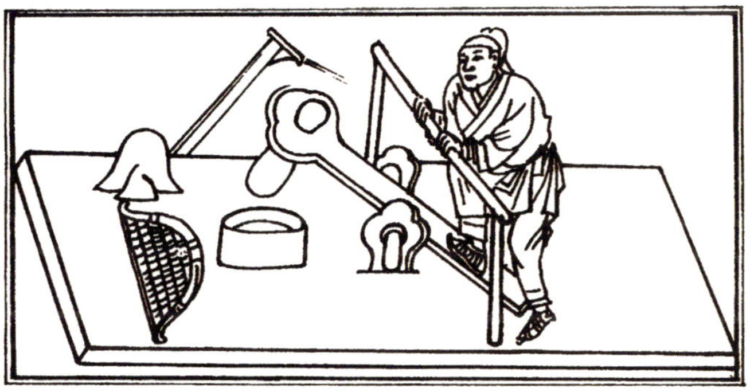
图 6-3　西夏榆林窟第 3 窟东壁千手千眼观音经变中踏碓图（刘玉权绘）

酿酒图（图 6-2）。画面绘一炉灶，灶台上叠压四层大小不同的方形和梯形器物，顶有烟囱。一妇女半跪灶前正往炉膛添柴，另一妇女持钵立于灶旁。地上有酒壶、高足碗、木桶、贮酒槽等器物。似属家庭式酿酒作坊。中国利用谷物酿酒，可上溯至商周。到唐宋时代，酿酒技术、器物、设备已有较高水平，并可酿制蒸馏酒。敦煌壁画中灶上覆叠的方形器物，据何丙郁和英国李约瑟在《中世纪早期中国炼丹家的实验设备》中考证，应属酿造高浓度烧酒的蒸馏器。

踏碓图（图 6-3）。在四川彭县（今彭州市）太平乡东汉墓中就有以圆木为杠杆、以木杵舂石臼的画像砖。在莫高窟五代第 61 窟“五台山图”、莫高窟元代第 465 窟也有此图像。到唐宋时期，已改圆木为板，踏板缩短，支点合理，踏者双臂扶架，较汉晋时期更加方便、省力、安全。敦煌壁画中上举三幅踏碓图，反映了这种改良了的工具及其操作情况。其中西夏的图像中，将支撑杆板的立柱改为能随板起伏而活动的轴木，操作更为灵便。在缺畜缺水地区，则以人力踏碓，更实用。

西夏为党项族建立的政权，曾统治河西走廊一带，在敦煌地区建窟（或重修）数十个，洞窟的壁画中有西夏的伎乐。莫高窟西夏第 97 窟的童子飞天，秃头，梳一小辫，下着靴，左手托花盘，右手高举，持花正欲撒下。莫高窟第 61 窟甬道绘一西夏女子弹奏琵琶，姿态甚为娴雅。榆林窟第 3 窟西夏壁画中的乐舞图，舞伎二人上身半裸，斜披绸带，露一肩，下着长裤短裙，赤足，戴冠，颈部、手臂戴璎珞、臂钏、手镯等装饰品，二舞伎手中握长长的飘带，卷起波浪式的绸花，左边舞伎吸右腿，右手上举，右边舞伎吸左腿，左手上举，相对而舞，姿态雄健，具有游牧民族的特色。舞伎和乐队三、四人，在狭小的有栏杆的密室里舞蹈，场面虽小，却可窥见西夏宴享娱乐舞蹈的概貌。此图可与甘肃武威现存西夏文“敕感应塔之碑铭”碑首舞伎的舞姿相比较，感应塔碑左右侧各有一舞伎，体态丰腴、健美，面貌姣好，上身裸，戴宝石冠，身向左右倾，赤足，手持绸带做对称动作，舞姿豪放中含有妩媚，都堪称西夏舞蹈的珍品。东千佛洞第2窟西夏供养伎乐，造型极为奇特，一对舞伎头戴莲花冠，裸体披长带，两舞伎双腿相勾连，左舞伎以左臂挽右舞伎右臂，高举过头，平托供品五种，两舞伎赤足戴足环，右舞伎以左足为支撑点，左舞伎以右足为支撑点，交叉成“X”形，匠心独具。

榆林窟西夏第3窟千手经变乐器图，是据《千手千眼观世音菩萨广大圆满无碍大悲心陀罗尼经》绘制。千手中每手各持一物，全图布满日常生活的器物图形，乐器这一项，则有：横笛、拍板、笙、钹、方响、琵琶、钟、金刚铃、排箫、箜篌、胡琴、鼗鼓、阮、锣、扁鼓、腰鼓等，是壁画乐器图像中最集中、最完善、最具写实性的一幅。其中凤首箜篌和扁鼓是此图所独有，弥足珍贵。此铺所绘胡琴，是板胡形制，系蒙有木板的扁筒形。可见此种乐器当时已臻于完备，其演奏姿势为左手持琴，右手持弓，与今日演奏方法相同。榆林窟的胡琴图像，是中国壁画中出现胡琴之最早者。扁鼓，其形状为鼓身扁圆，中间略突出，两面蒙皮，周围边沿以小铁钉固定，如今日民间所用之书鼓。

（三）榆林窟第29窟

榆林窟第29窟，位于榆林窟东崖北端的上层，创建于西夏，元代补画窟顶壁画。因建筑形式、画、塑内容为藏密式样，故又名“秘密堂”，建于西夏乾祐二十四年（1193年），覆斗顶形窟（图6-4）。窟中央设方形基座佛坛，座上有四层圆坛，坛上存清代彩塑数身。壁画交融汉密与藏密艺术，形成自身的独特风格。人物造型具有鲜明的西夏党项族特点，是西夏佛教艺术成熟时期（即西夏后期）的典型作品。窟室内遭受不同程度的烟熏。

第29窟西壁绘制真义国师西壁智海供养像，西夏仁宗李仁孝乾祐二十四年（1193年）绘制。国师头戴金镂英雄冠（与该窟武官供养像“沙州监军”所戴之冠相同），上身内着圆领短袖右衽紧身小衫，外披右袒袈裟，头后有项光，顶张伞盖，结跏趺坐于佛床上。

图6-4 西夏榆林窟第29窟 窟顶藻井

僧前上方墨书西夏文题记："真义国师西壁智海。""国师"一名，源于印度，在中国则肇于北齐。系国主对有较高学识和威望的僧人的封号。西夏时期前后十帝，封赠国师共十三位，真义国师西壁智海为其中之一。此像是榆林窟中仅见的西夏国师像。内室西壁门北侧下列僧人供养像旁西夏文榜题。计两行，一行译为"出家僧人庵梵子一心归依"，二行译为"行愿者……有月成一心归依"。

榆林窟第29窟内室西壁门南上部大身武官供养像旁楷书墨写西夏文题记，十四行七十五字，分别记各供养人的职称和姓名。内有沙州监军司长官赵麻玉、其长子瓜州监军司官员赵祖玉等。赵祖玉供养像，头戴金贴起云镂冠，两侧饰翼，身穿圆领窄赭袍，下有横襕，以示下裳，两腹束护髀，腰带长垂，脚登乌皮靴。这就是《宋史·夏国传》所述之"武职则冠金贴起云镂冠，银贴间金镂冠，黑漆冠，衣紫旋襕，金涂银束带"，"垂红缨"。记述与壁画基本相符。旁有西夏文墨书榜题"瓜州监军通判赵祖玉"，知西夏监军司设有通判，其为该窟粧修施主。榆林窟第25窟外室甬道南壁西夏文发愿文，内记施主沙州、瓜州监军司官员及其眷属男女一行一百余人，于丑年正月到榆林窟礼佛发愿，作大乘忏悔等佛事。墨写行书，二十三行，部分文字剥落，存二百二十余字。

第29窟西壁男供养人群像中表现有秃发像，秃发像是西夏时期出现的一种发式图像。西夏党项族旧俗本为披发，李元昊为建立独立的大夏王国，推行了一系列的改革措施，颁布秃发令即为其中之一。他先自秃发，然后令国民三日内全部秃发，违者众可屠之。据出土西夏文物表明，当时的秃发样式至少有全秃，即剃成光头和髡发两种。髡发像是指留其周边头发而秃其顶，第29窟西壁男供养人群像图后部的侍童像即为此种髡发样式。据此可知西夏史中关于"秃发令"的推行并非全为光头一种形式，而是还有髡发，成年人与少童、男性与女性都并不完全一样。

第285窟北壁西面第一禅洞内墨书十行八十一字。记西夏雍宁乙未二年（1115年）九月二十三日，麻（尼则）氏兰、嵬立盛山、酩布氏夏园、麻（尼则）嵬名乐、酩布那征乐、骨匹狗成、麻（尼则）氏乐、麻（尼则）口盛等八人共同行愿，来到山寺庙（莫高窟）烧香事，领头人为酩布氏夏园。麻（尼则）嵬立、酩布、骨匹、嵬名皆为党项族姓氏，麻（尼则）嵬名乐为复姓人名。题记上方绘一佛塔，旁列秃发供养人四身手持供养花向塔敬礼，反映西夏平民行愿朝佛的情景。此外宁夏石嘴山市西夏省嵬城遗址出土的瓷人头像等，都表现有西夏人的秃发形象。这些出土文物与史料记载相互印证，对研究西夏发式习俗有一定价值。

榆林窟第29窟西夏女供养人穿着背子。背子袖长至腕，两裾（前襟）平行而不合缝，两腋下开有长衩。女子背子，长与裙等。上织绣凤鸟等花纹。有两种，其一，于腋下和背后加带，腰加勒帛束扎；其二，于腰间不加勒帛，任两襟敞开。宋代男女士庶通用之服。其源说法不一，有谓源于秦二世，有谓源于隋炀帝宫人，有谓源于半臂和武士服，加长袖管而成。

榆林窟第19窟后室甬道北壁墨书题记，全文三十字："乾祐廿四年□□□日画师甘州住户高崇德小名那征到此画秘密堂记之。"记乾祐廿四年（1183年）甘州画师高崇德到榆林窟绘密宗洞窟壁画事。是莫高窟、榆林窟中仅见的西夏画师题记，对研究西夏晚期密宗壁画有重要价值。所绘密宗洞窟疑为榆林窟第29窟，该窟有浓郁的密宗色彩。

据主要供养人像的西夏文题名，此窟可能是当时总握瓜沙二州军政大权的地方最高长官（监军司首领）的功德窟。由于此窟有明确开窟年代，故可作衡量西夏后期洞窟和艺术的标尺。就地方和民族特色而言，第29窟是榆林窟西夏意味最浓郁的一窟，是敦煌石窟晚期艺术的代表窟。

（四）第65窟

第65窟，始建于盛唐，现存彩塑和壁画为西夏时重修。西夏统治敦煌长达一百九十多年，在莫高窟修建洞窟七十六个，但是没有留下一条建窟纪年，这就为西夏洞窟的排年造成很大困难。可是第65窟西壁龛外南侧联珠纹边饰上有墨书西夏文游人题记题记一行，专家译释为："乙丑年五月一日，福全凉州中搜料，到沙州地城。我城圣宫沙满。为得福利，故弃二座众宫沙。我法界有情，一切皆共聚，当西方净国之深。""乙丑年"是惠宗大安十一年（1085年）。第65窟是西夏洞窟，据此题记，可证此窟当建于1085年以前，这就为西夏洞窟排年找到了重要依据。

根据壁画和题记等的层位关系，可断此窟重修于西夏早期。从而，可据此作为划分曹氏晚期窟与西夏早期窟的标尺。该窟壁画题材之内容、布局、构图、技法风格及装饰图案均与曹氏晚期窟近似，而在重修的彩塑上，已可看出西夏党项族艺术的一些特点和风格。

（五）第491窟

第491窟又名西夏小龛。新发现洞窟之一。1964年敦煌文物研究所进行窟前考古发掘时发现。此窟包括一小龛及龛前建筑遗址。龛高1.8米，宽1.1米，进深0.75米，盝形顶，龛内残存塑像四身，一半结跏趺坐佛居中，二供养人胁侍两侧，另有一小菩萨像（疑他处混入）。供养天女像彩塑现存实物仅有第491窟的二身。南侧一身保存较完整。两像侍立于此窟主尊半跏坐佛两侧，着世俗装束，头梳双鬟髻，身穿当时贵族妇女的礼服（袿衣），脚穿尖头鞋。一身微露笑容；一身凝眸遐思，面相略方，额宽颐小，颧骨微突，鼻梁与额齐平，造型上具有西夏时代特征。

龛西壁画一佛、二女供养人。北壁各画二立菩萨，各壁下部画壶门，壶门内绘摩尼宝珠图案。窟前残存南北夯土山墙，应为原窟前建筑之部分。由于窟龛受潮，塑像、壁画酥碱，部分漫漶。在敦煌石窟中佛侧不塑弟子、菩萨而塑供养人像，仅此孤例。此窟现仅存浅龛，彩塑藏敦煌研究院。

二、敦煌西夏物质文化精粹举隅

（一）西夏文（蕃文）

西夏文又称蕃文，记录党项族语言的文字。夏国主李元昊命大臣野利仁荣创制，西夏广运三年（1036年）颁行，被尊为国字。属表意体系，共六千余字，字体方整，结构仿汉字。用于书写与各国的往来表奏、境内官私应用文书，撰写法律、历史、文学著作，编纂各类字典，翻译汉籍和佛教经典，篆刻金石等。西夏时期，敦煌为西夏管辖，西夏文流行此地约三百年。敦煌地区最早的西夏文文献是天赐礼盛国庆元年（1069年）的瓜州审案记录。在莫高窟、榆林窟的三十九个窟中残留有西夏文题记近百处，计二百三十二行，一千三百余字。

第61窟甬道北壁十二身供养比丘像旁榜题。各榜题均以西夏文、汉文并列墨写比丘名，楷书，灰地，高22厘米，宽5厘米，约属西夏晚期或元代。如助缘僧索智尊、梁惠觉、吴惠满、讹特惠明、嵬名智海、□惠宝、尽惠嵩、杂谋惠日、翟嵬名九等。其中嵬名智海为西夏皇族僧人，又见于莫高窟第340窟甬道北壁墨书，三行五十五字，记西夏晚期修建寺庙者皇族僧人嵬名智海于亥年六月二十四日因修建佛尊发愿而记。翟嵬名九为汉、党项复姓人名。“助缘僧”在榜题西夏文中为“行愿者”三字。榜题对研究当时的佛教活动和当地西夏文、汉文的流行有参考价值。

第61窟甬道南壁炽盛光佛像后扫洒尼姑像旁榜题。以西夏文、汉文并列墨书比丘尼名，楷书，灰地，高128厘米，宽10厘米，汉文为“扫洒尼姑播盃氏愿月明像”，西夏文译文为“燃灯行愿者袜墨氏愿成明”。“播盃”和“袜墨”为同一西夏党项姓氏的汉文译音。榜题对研究当时的佛教活动和当地西夏文、汉文的流行有参考价值。

洒扫尼姑像其线笔力挺拔，力透纸背，落笔时用力顿挫，形似铁钉之头，运笔疾速，收尾笔毫轻起，线迹头粗尾细，如鼠尾之细长，故称“钉头鼠尾描”。此线出现较晚，敦煌唐代壁画有时画力士、药叉健壮的体魄，高隆的肌肉，偶尔有类似的描法。

榆林窟第15窟外室甬道北侧通道东墨书五行，残留三十一字。其中有“南方阇普梅那国番天子国王”之称。“南方阇普”即佛教所称的南赡部洲。“梅那”为西夏党项族称谓“木雅”“木纳”（minyak）的西夏文对音，这里应是西夏国名。此为在题记中首次发现的国名，对研究西夏的国名有参考价值。

榆林窟第15窟前室东壁甬道口北壁上方墨书汉文四百五十六字，属西夏早期。后记年款“国庆五年岁次癸丑十二月十七日”。“国庆五年”即西夏天赐礼盛国庆五年（1073年），十二月十七日，则当1074年1月16日。内记阿育王寺赐紫僧惠聪（俗姓张）与弟子共七人在榆林窟住持四十余日，“看读经疏文字，稍薰习善根种子”。并记当时榆林窟“山谷内甘水常流，树木稠林，白日圣香烟起，夜后明灯出现”，反映出西夏早期榆林窟的自然环境和佛事活动的盛况。又记“愿惠聪等七人及供衣粮行婆真顺小名安和尚，婢行婆真善小名张你，婢行婆张听小名朱善子，并四方施主普皆命终于后世，不颠倒兑离地狱，速转生于中国”。表明当时西夏人认为西夏属于中国。愿文中的佛寺职称对了解当时的寺庙也有参考价值。榆林窟第16窟有内容相同的发愿文。

第443窟东壁光定己卯年汉文题记，红地，高46厘米，宽30厘米，缺行、脱字较多，残留五行七十四字。尾题“时大□（夏）□（光）□（定）己卯九年五月初一日□始至六月初一日结经记”。时为光定己卯九年（1219年），僧人在莫高窟作长达一个月的佛事活动。距西夏灭亡仅八年，为莫高窟中最晚的西夏题记。

（二）西夏文佛经

敦煌西夏文佛经，1959年莫高窟党泉河东岸最南端一小塔婆内出土，皆木刻经折本，共三种。其中两种为出图本《妙法莲华经·观世音菩萨普门品》，一种首尾完具，木刻经折本，纸质薄细柔软。页面 20.5 厘米 ×9 厘米。共五十八面。第一、二两面为通栏水月观音图，高宽 15.5 厘米 ×17.5 厘米。其余页面上下双框，框内下部刻印西夏文经文，高约 11.3 厘米，每面五行，每行十字或九字。经文译自后秦鸠摩罗什汉译本。上部约高 4 厘米，分段绘图，共五十四幅。各幅图皆为下面经文的图解，依各段经文的行数多寡而长短不一，构图简练。最后半面三行是施经发愿文。为中国目前所见较早的图解本佛经。对研究西夏文佛经在敦煌一带流传和当时绘画的特点有重要参考价值。同时出土的还有一种西夏文《妙法莲华经·观世音菩萨普门品》残本，也是上图下文，仅存十面，与前者版本不同。第三种为《金刚般若波罗蜜多经》，首尾完具，共一百零八面。分三十二分，每分前有标题。前两种佛经为国内所仅见。对研究西夏文佛经及其在敦煌一带的流传有重要参考价值。三种均藏敦煌研究院。

西夏文六祖大师法宝坛经译自汉文，与敦煌所出唐代法海辑录本相近，翻译时所据汉文底本接近《坛经》原貌。目前已散见十二纸，保存内容仅为《坛经》的小部分。原文有校改痕迹，或系初译校订本。对校勘《六祖坛经》和研究西夏禅宗在瓜州一带的流传有参考价值。背面为西夏天赐礼盛国庆元年至二年（1069—1070 年）所记西夏文瓜州审案记录。今分藏于国家图书馆、中国历史博物馆、北京大学图书馆和日本龙谷大学等处。元至正八年（1348 年）速来蛮西宁王所立莫高窟造像碑上也刻有西夏文字。

西夏据瓜州时，在榆林窟建造了一批洞窟，第 3、29 等窟为其代表。壁画显、密结合，汉密、藏密结合，大型净土变与密宗曼荼罗共存，特别是水月观音图是榆林窟和东千佛洞的珍品，还有党项族男女供养人像，展现了党项民族风貌。壁画以线描造型，薄施淡彩，发挥了中原李公麟一派白描传统，在西夏壁画中独树一帜。

第七章

蒙元石窟艺术（1227—1368年）

宝庆三年（1227年），蒙古帝国攻占敦煌。同年，西夏灭亡。成吉思汗将敦煌隶于八都大王。至元十三年（1276年），忽必烈将敦煌收归中央政府直接管辖，在此复置沙州。在蒙古帝国和元朝统治时期，敦煌在中西交通中仍占有重要地位。经由敦煌、河西的交通路线再度成为联结西域与中原的主要通道。蒙古帝国和元朝的版图比汉、唐都大，和西域在政治、经济、文化方面的联系也比以往更加密切。为了保证过往使团的需要，蒙古帝国统治者窝阔台在敦煌和河西的瓜州、肃州等地设置了驿站，敦煌是河西通道的一个重要补给站。元统治者曾采取招抚流民、设置屯田等措施来恢复敦煌地区的经济。但此时敦煌的地位已远不能与汉、唐时期相比。由于海上丝绸之路的发展和北方草原之路的继续频繁使用，敦煌未能恢复中西交通必经之地的地位。又由于自宋代以来，中原王朝的都城逐渐向东、向北迁移，距河西、敦煌愈来愈远，使敦煌在全国的战略地位逐渐下降。再加蒙古帝国和元朝疆域广大，敦煌失去了经营西域的基地的作用。它不过是河西通道上的一个补给站，却不像汉唐时期那样是对整个西北地区甚至国都的安危都有重大影响的边防军事重镇。这就决定了蒙元统治者对敦煌的重视程度必定是有限的。在很长时间内，沙州并不是专镇边防重地的蒙古军的驻防地，只有部分汉军且屯且戍。直至大德七年（1303年），元统治者才在御史台的建议下派一万蒙古军分守沙、瓜等地的险要地方。至元二十九年（1292年），元统治者从沙州、瓜州往甘州强制移民，人烟稀少的敦煌地区益显荒凉。蒙古帝国和元统治者采取儒释道并重的政策，十分注意扶持和利用佛教。莫高窟现存的蒙、汉、藏、梵、西夏、八思巴等六种文字的《六字真言偈》乃是镇守沙州的西宁王速来蛮及其妃子、太子、公主、驸马等出资于至正八年（1348年）刻立的。至正十一年，继速来蛮镇守沙州的牙罕沙则对皇庆寺（莫高窟）进行了重修。在统治者的倡导和带领下，佛教在这一时期仍然受到敦煌各族人民的信奉，莫高窟的开窟造像活动也仍在断断续续地进行。

蒙元敦煌石窟艺术指蒙古族于南宋宝庆三年占据沙州至元亡（1227—1368年）以至明洪武五年（1372年）冯胜西征、沙州归明的一百四十余年期间的敦煌石窟艺术。这一时期莫高窟新开洞窟八个，重修洞窟十九个。现在保存有当时画塑艺术品的洞窟四个，即第3、95、464、465窟。窟型有中心柱窟和覆斗顶形窟。元朝疆域大于汉唐时期，中断的“丝绸之路”复通，西藏也正式归于中央政权。西宁王速来蛮和其妃屈术等，又在敦煌修建皇庆寺，弘扬佛教。使敦煌莫高窟的佛教艺术在继承前代的基础上，又吸收了许多新的外来技艺，一展新貌，具有明显的时代特点。塑像除了泥制的彩塑而外，还采用了夹纻新工艺制成雕像（第465窟）。壁画所绘的内容，也主要是密宗所信仰和尊奉的神祇等，千手千眼观音、密宗曼荼罗双身像、骡子天王、舍利宝塔、炽盛光佛等。按内容又可以分为汉族地区流行的显密和藏族地区流行的藏密两大系统。前者以第3、95窟（图7-1）等为代表，后者以第465窟为代表。在艺术表现形式上，也有明显的不同。表现显密内容的，是在前期绘画技艺的基础上，加以发展和创新，绘制出新颖的题材和画面，如第3窟壁画，即以遒劲的铁线描勾勒出人物躯体的轮廓，然后淡施晕染，绘出肌肤，给人以凹凸、向背分明之感。在人物衣饰的处理上，采用中国固有的传统画法，生动多变流畅活泼的折芦描，将复杂的衣褶、飘带等画得飞扬飘举，层叠有序，人物形神也表现得惟妙惟肖，跃然于壁，是一代新作。另一种是以吸收西藏等地传来的新因素、新技法，创作出新作品，如第465窟壁画，布局采用散点式的排列组合法，将人物、动物、植物等，排列组合，形成织锦般的背景。人物的造型则采用展示法绘成，使人们能够看到其多个侧面。衣饰上则少用折芦描表现，这同第3窟明显不同。人物亦改变了过去常见的或坐式雷同的模式，改用三角形式的排列法，表现出人物多变的姿态，形象逼真，各有不同。总之，不管是采用传统的画法，还是吸收外来的新技艺所创作出来的作品，都堪称敦煌莫高窟佛教艺术中的奇葩，达到一个新的水平和高峰。夕阳无限好，只是近黄昏，元代的莫高窟佛教艺术，犹如灿烂的晚霞，由于明代的封关，敦煌被置于关外，继之而来的是莫高窟艺术发展史的终了。

图7-1　元莫高窟第95窟 罗汉

蒙元时期《敦煌石窟内容总录》确定1227年至1368年间凿建八窟。编号是：1、2、3、95、149、462、463、465。重修十九窟。编号是：7、9、18、21、61、76、85、138、146、190、285、316、320、332、335、340、413、464、477。

一、蒙元代表洞窟

（一）第3窟

元代第3窟，小型殿堂窟。正龛北侧观音像南下方有“史小玉笔”墨书画工题名，第444窟亦有两处“甘州桥楼上史小玉到此”的题记，纪年为“至正十七年正月五日”。故此窟壁画当作于此时前后。主室覆斗顶，藻井中心浮塑四龙，四披饰古泉纹，已模糊。正壁开龛，塑像已毁，龛顶呈盝形作小团花图案，四周饰云头纹、回纹、卷草纹、联珠纹边饰和垂幔，象征锦绣悬帐。第3窟除门顶、窟顶、龛内以外，余均画观音菩萨。可称之为“观音洞”。

西壁龛外两侧画“披帽”观音，南侧一身尚有榜书隐约可见：“救苦救难观世音菩萨上报□□下资住……”东壁窟门北侧画“七宝施贫儿”，观音菩萨垂右臂、伸掌，掌心中金、银、真珠、珊瑚、玛瑙、象牙等源源流淌，小儿捧钵接取；南侧画“甘露施饿鬼”，观音菩萨左手倒握净瓶，观音所到之处祥云萦绕。其下画面已漫漶，隐约可见一人张口接食之态。“七宝施贫儿”与“甘露施饿鬼”本是千手观音经变（敦煌遗书中亦称“大悲会”）中的两个情节，一般绘于主尊观音菩萨之左右下方，分开来单独表现者，仅此窟一例。按佛经的原意，只要口念观音咒语，便可免除十五种恶死，获得十五种善生，以及解脱现实苦难等，获得心灵上的满足。因而，观音这一题材，在显教、密教中都经久不衰。

南北两壁均画千手千眼观音经变，但内容略有不同。南壁正中画千手千眼观音立于莲花上，身后为月轮，千手均在月轮之中。观音菩萨为“十一面”：最下层为三面，一正面二侧面；第二层为七面，一正面，二半侧面，四侧面；第三层一面，为佛面。除“佛面”以外，其余各面额上均有眼。千手之中，有四十二只大手，除当胸两手合十、腹前两手捧法器外，余皆空手，各手心均具一眼。菩萨之顶上为一“化佛”，左右上方各一飞天，左右两侧站仙人、天女，左右下方为结跏趺坐于莲花上之天女、仙人，皆双手合十作礼拜状。如按经文，形状大同小异者众，因壁画无题榜，上述人物为谁难以认定。

北壁之“千手千眼观音”（图7-2）虽同为“十一面”，但第一层为五面，第二层也是五面，唯“佛面”之安排相同而已。菩萨之千手，亦具四十二大手，最上之左右手，举“化佛”安于己顶，据《千光眼观自在菩萨秘密法经》，此像应定名为“灌顶观自在”。经云：“若人欲得一切如来灌

图7-2 元莫高窟第3窟北壁千手千眼观音图

顶授记者，应修顶上化佛法，其灌顶观自在像，相好庄严如上无异（指所有千手千眼观音），唯二手举顶上安置化佛。”中间之左右手，作莲花合十，安于胸前。腹前两手捧物，莫知其名。下面左右二手，左手持“军持”，右手持拂。菩萨之左右上方为飞天。左右两侧之仙人、天女，一似富贵长者（衣领、袖口皆黄金为饰），一似雍容华丽之夫人，历来之出版物皆比附莫高窟藏经洞出土之绢画，命名为“婆薮仙”“辩才天”（或曰“功德天”）。但绢画上凡有题榜之“婆薮仙”皆作“瘦皱裸形相”，与此壁画人物相去甚远。因此，尚难定名。就绘画艺术而论，布局谨严，造型准确，仙人、天女神秘色彩较少，多为中原人物形象。

此窟为元代唯一的汉密观音窟，壁画的制作、艺术语言、民族风格都具有显著的特色。壁画地仗的制作，系以沙、土、石灰混合的三合土一次完成，色彩可以渗入壁画，黏结牢固，更无画后剥落之病。其效果类似意大利的湿壁画，但不是湿壁画。它与宋代李明仲《营造法式》上的制壁方法类似，是敦煌元代壁画制作的新成就。此窟壁画突出地展示了线描造型的功能，特别以多种线描塑造形象，以细而莹润的铁线表现人物面部和肌肤，有细腻丰满之感；以棱角毕露的折芦描画衣纹，体现布料衣纹厚重的质感；以游丝描画蓬松的须发；以丁头鼠尾描表现力士隆起的肌肉。不同质的物体以不同的线描去表现，体现了变化中统一完善的造型美。十一面千手眼的形象，是想象的，但是在真实的基础上加上想象和幻想，以解脱人们现实生活中的苦难，朴质的艺术语言（线、色）给想象的形象以生命力，它在观者的审美享受中，给人以精神慰藉。

（二）第61窟

第61窟，建于五代后汉天福十二年至后周广顺元年（947—951年）之间，莫高窟大洞窟之一，此窟甬道南壁有蒙元时期所绘大型炽盛光佛陀罗尼经变。最早的“炽盛光佛”画像当推唐乾宁四年（897年）正月八日张淮兴为画表庆神而作的“炽盛光并五星”绢画，为沙州地方画工所作，一派晚唐艺术风貌。此窟甬道南壁大型炽盛光佛陀罗尼经变是元代统一中国，再通丝路后从内地带来的新画风。

第61窟甬道南壁壁画仅存上端大部分，画风精细新颖，气势雄壮。炽盛光佛安坐车内，指顶火轮，日月男女星官随侍两侧，抱琵琶天女导行于前，车后一绿体四臂星神头作真武像，一手执剑，一手持戟，一手执绢索，另一手提人头，踏云奔随于后，可能是使人恐惧的“荧惑星”。画面风鼓云涌，龙旗猎猎，衣带飘扬，众星官簇拥随行，云间诸星有“双鱼”“双童”“天平”“蝎子”“蟹”诸星座。整壁画面用“兰叶”“铁线”两种线描交替勾勒，朱墨之外间或贴金，原画当时十分灿烂。元代皇庆年间全国各地地震、冰雹、干旱、水涝时有发生，按佛教说法，《炽盛光佛陀罗尼经》有消灾禳祸之灵，其时全国天灾人祸频仍，此经变的绘制，当与祈愿消灾有关。

炽盛光佛陀罗尼经变中还绘制了黄道十二宫中的八宫，所谓黄道十二宫，实则为天文占星术。画中每一圆圈为一星，内画一形象代表星座宫名，如：“白羊宫”“狮子宫”“双女宫”“秤宫”“蟹宫”“蝎宫”“双鱼宫”“女（童）宫”与甬道北壁高僧像上空的星球内画的“瓶宫”“弓宫”“金牛宫”“摩羯宫”合为十二。

施萍亭：《建平公与莫高窟》，《敦煌研究文集》，甘肃人民出版社，1982年。

段文杰：《略论莫高窟第249窟壁画内容和艺术》，《敦煌研究》（创刊号），1983年。

樊锦诗、关友惠、刘玉权合撰：《莫高窟隋代石窟分期》，《中国石窟·敦煌莫高窟》中文版第二卷，中国文物出版社、日本平凡社，1984年。

苏莹辉：《敦煌壁画供养者举隅——北朝早期人物服饰史料简介》，《故宫文物月刊》（第8期），1984年。

刘玉权：《关于沙州回鹘洞窟的划分》，《1987年敦煌石窟研究国际讨论会文集》，辽宁美术出版社，1990年。

马德：《敦煌壁画交通工具史料述论（上）》，《敦煌研究》，1995年第1期。

马德：《敦煌壁画交通工具史料述论（下）》，《敦煌研究》，1995年第3期。

［日］斋藤理惠子著，贺小萍译：《敦煌第249窟天井中国图像内涵的变化》，《敦煌研究》，2001年第二期（总第68期）。

潘春辉：《北周武帝灭佛莫高窟幸免原因蠡测》，《敦煌学·第二十四辑》，2003年。

陈清香：《云冈石窟多臂护法神探源——从第8窟摩醯首罗天与鸠摩罗天谈起》，云冈石窟研究院编：《2005云冈国际学术研讨会论文集·研究卷》，文物出版社，2006年。

谢静、谢生保：《敦煌石窟中回鹘、西夏供养人服饰辨析》，《敦煌研究》，2007年第4期(总第104期)。

张元林：《观念与图像的交融——莫高窟285窟摩醯首罗天图像研究》，《敦煌学辑刊》，2007年第4期。

李重申、李金梅：《论敦煌古代的游戏、竞技与娱乐》，《南方文物》，2010年第3期。

谢静：《敦煌石窟中蒙古族服饰研究之二——蒙元时期汉族服饰对蒙古族服饰的影响》，《敦煌研究》，2010年第5期(总第123期)。

杨森：《敦煌家具研究》，兰州大学博士论文，2006年。

范婷婷：《敦煌莫高窟西魏第285窟供养人像服饰研究》，东华大学硕士学位论文，2007年。

王欢：《唐五代宋初敦煌农业民俗考论》，西北师范大学硕士学位论文，2009年。

四、图册

段文杰主编：《中国壁画全集·石窟壁画》，天津人民美术出版社。

1991年起天津人民美术出版社陆续出版。石窟壁画部分共十六册，其中敦煌壁画部分共十册，即从第十四册至第二十三册，依次为北凉、北魏，西魏，北周，隋，初唐，盛唐，中唐，晚唐，五代、宋，西夏、元。

敦煌研究院王进玉主编：《敦煌石窟全集·23·科学技术画卷》，商务印书馆（香港）有限公司，2001年。

图书在版编目（CIP）数据

中国古代物质文化史．绘画．石窟寺壁画．敦煌 / 王治编著．
-- 北京：开明出版社，2018.9
ISBN 978-7-5131-0002-1
Ⅰ．①中… Ⅱ．①王… Ⅲ．①物质文化－文化史－中国－古代
②敦煌壁画 Ⅳ．① K220.3 ② K879.41

中国版本图书馆 CIP 数据核字 (2018) 第 200609 号

出 版 人：陈滨滨

责任编辑：谭天佼　董晓君　柴　星
美术编辑：郑雯月
装帧设计：羽人·高伟

出　版：开明出版社（北京市海淀区西三环北路 25 号青政大厦 6 层）
印　制：保定市中画美凯印刷有限公司
开　本：889×1194　1/16
印　张：19.5
字　数：300 千
版　次：2018 年 9 月 北京第 1 版
印　次：2018 年 9 月 北京第 1 次印刷
定　价：150.00 元

ISBN 978-7-5131-0002-1

9 787513 100021 >